"十四五"国家重点出版物出版规划项目

中宣部2022年主题出版重点出版物

国家社科基金
GUOJIA SHEKE JIJIN HOUQI ZIZHU XIANGMU
后期资助项目

马克思主义

当代价值的微观研究

陈学明 著

南开大学出版社
NANKAI UNIVERSITY PRESS

天津出版传媒集团
天津人民出版社

图书在版编目(CIP)数据

马克思主义当代价值的微观研究 / 陈学明著. -- 天津:南开大学出版社:天津人民出版社,2022.12
ISBN 978-7-310-06416-8

Ⅰ.①马… Ⅱ.①陈… Ⅲ.①马克思主义—价值(哲学)—研究 Ⅳ.①B018

中国国家版本馆 CIP 数据核字(2023)第 013171 号

马克思主义当代价值的微观研究
MAKESIZHUYI DANGDAI JIAZHI DE WEIGUAN YANJIU

南开大学出版社、天津人民出版社出版发行
出版人:陈　敬
地址:天津市南开区卫津路94号　　邮政编码:300071
营销部电话:(022)23508339　营销部传真:(022)23508542
https://nkup.nankai.edu.cn

天津新华印务有限公司印刷　新华书店经销
2022年12月第1版　2022年12月第1次印刷
710毫米×1000毫米　16开本　18.5印张　280千字

定价:88.00元

如遇图书印装质量问题,请与本社营销部联系调换,电话:(022)23508339

目　录

绪　论

　　无论时代如何变迁,科学如何进步,马克思主义依然占据着真理和道义的至高点,马克思主义仍然有着任何理论和学说不可替代的作用和功能。我长期从事马克思主义当代价值的研究,也出版了一系列著作,例如《走近马克思》《永远的马克思》《情系马克思》《中国为什么还需要马克思主义》《马克思与当代中国》《马克思主义哲学与中国道路》《中国正道:回答关于马克思主义在当代中国的重大理论和现实问题》等。所有这些著作都围绕着一个主题:马克思主义对当今人类、当今世界、当今中国为什么还具有重大意义,以及具有怎样的重大意义。

　　实际上,我所做的主要是在宏观上阐述马克思主义的当代价值。随着研究的不断推进,我逐渐意识到,对马克思主义的当代价值仅仅从宏观上加以说明还是不够的,马克思主义的当代价值还有一个与宏观相对应的维度,即微观的维度。我们说马克思主义是我们的"看家本领",这一"看家本领"不仅是用来帮助我们正确地认识和改造人类社会、认识和建设我们的民族和国家,而且还指引我们提高个人的素质和底气,指引我们不断地成长。这就是说,马克思主义对我们个人来说,特别是对我们提高个人的核心竞争力而言,也至关重要。

　　我长期在高等学校任教,每年招收本科生、硕士生和博士生,每年也送走自己的本科生、硕士生和博士生。我发现,这些学生走上社会后能否真正成为不世之才,超群脱俗,为国家做出贡献,主要取决于其内在的素质和底气,而他们走上社会后出现分化,即有的在不长的时间内就家成业就,而有的则在很长一段时间内一直步履维艰,原因也正在于他们的素质、底气有差异。培养学生内在的素质和底气,提升与这种素质和底气紧紧联系在一起的内在的核心竞争力,是我们高等学校教师的责任和担当。学校的职责就是培养人,而培养人除了给予其一定的知识和技能之外,就是增强其内在的素质和底气。

　　增强学生内在的素质和底气,在学校里当然主要依靠学习。古今中外的优秀理论都有这样的功能，所以古今中外的优秀理论都应当学习，但无疑，马克思主义的世界观和方法论是其中的精髓和统领。马克思主义能够为我们培养素质和底气，增强核心竞争力提供十分丰富的理论资源。通过引导学生认真地把握马克思主义的世界观和方法论，引导他们把马克思主义的世界观和方法论转化为他们内在的素质和底气，是大学教育，特别是马克思主义理论教育一个不可或缺的重要方面。

习近平于2018年5月2日在北京大学师生座谈会上的讲话中指出："要抓好马克思主义理论教育，深化学生对马克思主义历史必然性和科学真理性、理论意义和现实意义的认识，教育他们学会运用马克思主义立场观点方法观察世界、分析世界，真正搞懂面临的时代课题，深刻把握世界发展走向，认清中国和世界发展大势，让学生深刻感悟马克思主义真理力量，为学生成长成才打下科学思想基础。"①

这段话实际上深刻地阐明了今天的年轻人学习和把握马克思主义必须从两个方面着手：一方面，学会运用马克思主义立场观点方法观察世界、分析世界，真正搞懂面临的时代课题，深刻把握世界发展走向，认清中国和世界的发展大势；另一方面，让学生深刻感悟马克思主义真理力量，为学生成长成才打下科学的思想基础。虽然这两个方面有着内在联系，但不可否认，这两个方面的着力点也是有所不同的。如果说前者是对马克思主义的宏观把握，那么后者则是对马克思主义的微观感悟。

非常遗憾的是，目前高等院校虽然普遍重视马克思主义的理论教育，但这种理论教育主要着眼于培养学生正确地认识和把握世界，特别是正确地认识和把握我们的国家与民族。这样做当然是十分必要的，但显然缺少了用马克思主义理论对学生进行人生观教育、用马克思主义来培育学生内在的素质与底气这一环节。当然，用马克思主义来培养学生正确地认识和把握世界与中国的过程，在一定意义上也是用马克思主义来培育学生内在的素质和底气的过程，如果学生真正能够正确地认识世界与中国，其内在的素质与底气也会随之提升。但是这并不说明对学生进行专门的马克思主义素质教育已经没有必要，也并不说明这种"宏观的"马克思主义教育可以代替"微观的"马克思主义教育。

鉴于上述认识，我最近几年对马克思主义当代价值的研究，主要转向对马克思主义对提高个人的素质与底气的功能的研究。我把原先那种着重于研究马克思主义对我们正确地认识世界与中国的功能的研究，称之为马克

---

① 习近平：《在北京大学师生座谈会上的讲话》，《人民日报》，2018年5月3日。

思主义当代价值的"宏观研究",而对马克思主义提升个人的素质与底气的功能的研究,则称之为马克思主义当代价值的"微观研究"。

当我的研究有了一定的积累,取得了一定成果以后,我就以"马克思主义当代价值的微观研究"为题,在许多场合向不同的人群,特别是向青年学生作演讲,结果产生了广泛的积极影响。这一著作就是在讲稿的基础上形成的。

马克思主义对增加个人的素质与底气的功能是全方位的。我总结出其中最主要的四个方面,这一著作也正是从这四个方面展开了马克思主义当代价值的微观研究:

其一,马克思主义能够使我们确立起崇高的理想信念。

对于人活着为什么要有理想信念,古今中外的许多思想家都作出过论述。翻开人类社会的文明史,展现在我们面前的是一幅幅仁人志士所描述的理想信念蓝图。这些思想家的论述尽管精彩绝伦,可还属于零碎的思想火花,真正对此作出全面深入论述的则是马克思主义思想家,特别是马克思主义的开创者——马克思本人。

马克思主义认为,追求理想信念是由人的本质所决定的。在马克思主义那里,理想信念就是具有主体意识的人所独有的一种观念现象,人具有主体意识,就必然要追求理想信念。马克思在揭示人的内在本质时,特别剖析了隐含在人的内在本质中的一对矛盾,即"有限性"与"无限性"之间的矛盾,他正是在剖析这一矛盾的过程中进一步论证了人追求理想信念的必然性。当我们真正明白了马克思主义对"什么是人"的分析,就会自觉地把确立崇高的理想信念作为塑造有意义的人生最重要的环节。

世界上有众多的理想信念,正如人们的认识有对错、高低之分,理想信念也自然有好坏优劣和高低之分,并非所有的理想信念都能帮助我们走出黑暗,奔向美好的未来。马克思主义在理想信念问题上对我们的作用,主要不在于告诉了我们必须具有理想信念,而是在于进一步告诉了我们究竟要有什么样的理想信念。我们把马克思主义理论转化为内在的理想信念,主要是指转化为内在的共产主义的理想信念。

共产主义只是许多绝对目标中的一种,以共产主义为奋斗目标的理想主义也只是许多理想主义中的一种。那么为什么我们一定要以共产主义作为自己的绝对目标呢?为什么一定要把自己的理想信念建立在以共产主义作为绝对目标的基础之上呢?为什么一定要使自己的生命活动通过为共产主义而奋斗来获得意义呢?这正是马克思主义,特别是马克思的唯物史观所要告诉我们的道理。马克思的唯物史观不但使我们知道必须做一个理想主义者,而且使我们知道必须做一个以共产主义作为自己绝对目标的革命理想主义者,也就是说,必须把自己的理想信念确立为实现共产主义。共产主义的理想信念是以马克思主义作为理论依据的,而马克思主义是迄今为止人类思想智慧的最高境界,它揭示了人类社会的本质和规律,它的一个重大意义就在于为人类确立了共产主义这一崇高的理想。共产主义的绝对目标是建立在客观的历史规律基础上的,共产主义的内涵是由马克思主义的唯物史观释放出来的。

马克思和恩格斯在运用唯物史观论述共产主义的理想信念之时,世界上存在着各种宗教信仰。也就是说,马克思和恩格斯是在各种宗教信仰把人们的信仰安放在五花八门、林林总总甚至相互抵牾的神灵上时,提出他们的共产主义理想信念理论的。他们在论证确立共产主义理想信念的必要性与必然性的同时,特别注重揭示共产主义信念与各种宗教信仰之间的区别。我们在学习马克思主义理论并确立自己的共产主义理想信念时,应当也完全有可能把共产主义理想信念与各种宗教信仰区分得清清楚楚。这就是:各种宗教信仰的对象是虚幻的,都是把信仰者自身引向"他在""彼岸世界",实际上将信仰安置在无法企及的天国;而共产主义的目标尽管可能还是非常遥远,但它不属于"他在"而是属于"此在",不属于"彼岸世界"而属于"此岸世界"。马克思和恩格斯并不是以救世主的身份站在道德的高地去完成说教,而是立足唯物史观,提出人类真正应当追求的理想王国是一个公正、合理、利于广大劳动者并使人类实现共同进步的社会——共产主义,这样的社会不是存在于虚幻的天国和仁慈的上帝那里,而是存在于现实世界之中。

各种宗教信仰的方式是通过无法验证的"信"而被接受与信仰,仅仅是出于"相信"而就信仰了,根本无需信仰者了解和考察宗教的本质,树立和维系信仰的不是理性,而是"盲信盲从"。共产主义信念所提供的从来都是科学的行动指南,它没有神秘的迷信情结,是因为科学的认识和论证才被"信"和接受。对各种宗教的信仰者、崇拜者来说,他们清醒地认识到自身与信仰和崇拜的对象"上帝""神"之间的距离,他们往往在"上帝"和"神"的面前把自己贬到最低,然后卑微地在渴求神的恩典中获得一点点安慰和信心;共产主义信仰的崇高性表现在,它给予信仰主体心理愉悦和对美好未来的期盼,并指引信仰主体自觉地追寻和向往。

马克思主义不仅告诉我们为什么要确立理想信念,以及应当确立什么样的理想信念,而且告诉我们如何用共产主义的理念信念来指导和鞭策自己,即如何用共产主义理想信念武装起来,将共产主义的理想信念化为自己的精神力量。我们通过对马克思主义理论的学习,首先要用共产主义理想信念来引领自己。对于每一个人来说,沿着正确的方向前进,即拥有正确的方向感,比什么都重要,我们一定要保持自己在理想追求上的政治定力。其次要用共产主义理想信念来激励自己。我们要不停地沿着正确的方向走,需要有强大的精神动力,共产主义的理想信念就能够为我们提供这种精神动力,共产主义理想信念对我们个人除了起着方向引领的作用之外,还具有动力支持的功能。最后要用共产主义理想信念来约束自己,要以共产主义理论规则来审查、检视、校正自己的行为。一个人共产主义的理想信念的坚定性如何,在很大程度上就是看其对自己的约束力如何。

共产主义的理想信念对我们来说如此重要,那么我们怎样才能真正确立起共产主义的理想信念呢?对此,马克思主义也有许多论述。马克思主义在理想信念问题上有着许多的论述,或许最重要的是告诉我们如何真正确立起共产主义的理想信念。我们仅仅知道一样东西非常好是不够的,更应知道如何才能拥有这样东西。正如一切科学知识都不是人类本性中所固有的一样,马克思主义理论以及由此形成的共产主义理想信念也不可能是与生俱来的。共产主义理想信念绝不会"自发地产生出来",绝不会在我们的头脑中"自动地强化起来",它必须从外界不断地"灌输进去"才能"巩固"起来。这样,我们要确立共产主义的理想信念,就必须自觉地接受马克思主义的"灌输",把马克思主义理论作为"看家本领","真学、真懂、真信、真用",通过不断提高自己的马克思主义理论素养来打牢共产主义理想信念的根基。坚守共产主义的信仰固然要旗帜鲜明地以马克思主义为指导,但更为根本的是通过现实的共产主义运动去追求。我们一定要将共产主义理想信念内化于心,外化于行,加强共产主义理想信念的实践体验。事实告诉我们,接受共产主义的理想信念,提高自己对共产主义的科学认识的水平,仅仅靠理性的训练是不能完全奏效的,必须同时以现实的生活需要为背景,以个体的情感体验为纽带,以自己的实践活动为出发点,研究当下人们共同关心的现实问题,才能使自己产生切身的感受,引导自己真正树立起坚定的共产主义理想信念。共产主义理想信念并不神秘和缥缈,我们完全可以从实践活动中加深对它的体验和感受,深化对它的认识,丰富对它的理解。

其二,马克思主义能够使我们领悟正确的价值评判标准。

有些学者把马克思主义称为"人学",这有一定的道理,因为整个马克思主义学说在某种意义上确实是围绕着"人"展开的。马克思和恩格斯从各个角度对人作出了分析,其中一个重要的角度就是剖析了人总是用自己的价值评判标准来审视、评判面临的人、事、物的特征,并且深刻地阐述了人的这一特征对于人自己的重要意义。今天我们学习马克思主义,一方面是增强运用价值评判标准来审视一切的自觉性，另一方面则是让马克思主义的价值评判标准深深地印在我们的脑海里。

我们在面对人、事、物的判断时，当然首先是判断对象的真与假，即围绕着"是"的判断，但我们的判断绝不能仅仅停留在这里，还要进一步判断对象的美与丑、善与恶、利与害、好与坏等，即围绕着"应该"的判断。也就是说，我们仅仅知道什么是必然的还是不够的，还得知道什么是应该的。意识的活动是丰富多彩的，它一方面要思考对象"是什么""为什么""会怎么样"等，另一方面还得分析对象对主体"有没有价值""有什么价值""有多大价值"等，即分析"应该如何""最好如何""我希望如何"等。前者就是所谓的事实判断，而后者就是所谓的价值判断。如果我们顺着马克思主义的思路走，我们对人、事、物的评判，必须从事实判断的基础上进一步上升到价值判断。

我们面对人、事、物，不仅要进行事实判断，更要进行价值判断。价值判断总是在一定的价值评判标准的导引下进行的，即在进行评判时我们头脑里总有一个用以衡量的尺度。这就是说，评判的标准是必须先行确立的，没有相应的标准，评判者是无法进行评判的。马克思在评判资本主义制度时头脑中就有一个鲜明的价值评判标准，他正是用这一评判标准得出结论：资本主义私有财产制度是资本主义一切罪恶的根源。他说："衡量这一内容的尺度就是衡量罪行的尺度。对于财产来说，这种尺度就是它的价值。"随着马克思价值学说的逐渐完善，尤其是其商品价值思想真正形成后，这一批判性的价值评判标准就更为鲜明和突出。按照马克思主义的观点，评判活动的前提性也是核心性的问题就是评判标准的问题，所谓评判就是以一定的尺度、标准来量度对象。这样我们从马克思主义那里进一步明了，确立正确的评判标准是评判活动的首要环节。

主体作为社会性的人，他认识、评判事物的时候头脑并不是一张白纸，而总是接受传统的、既有的各种知识、各种观念，再经过自己生活经验的整合，形成自己的一定的知识结构和理论视野，形成自己的价值评判标准，即他总带着一定的价值评判标准去进行认识和评判的。任何人都不可能脱离自己的社会环境和教育环境来进行认识和评判，也不可能摆脱既有的价值评判标准来认识和评判。

谈及人的价值评判标准，马上会碰到一个问题，这种人的价值评判标准或者说价值规范是不是普世的、中性的？马克思主义在这个问题上旗帜鲜明，即马克思主义重视人的价值观念，但并不认为世界上有普世的、中性的价值观念，只要这种价值观念是以理性的形式出现的，它们就不可能是普世的、中性的。我们学习马克思主义的价值理论，这一点是必须要深刻领悟的。推崇"价值中立"者，无非一是要求人们停留在"事实判断"上而不要进入"价值判断"的层面，二是认为即使进入了价值判断的层面，用以判断的标准也应当是普世的、中性的。这两个方面的主张都与马克思主义背道而驰。仅仅知道我们必然会用价值评判标准来审视面对的一切还是不够的，关键还在于要知晓价值评判标准是如何产生的。马克思主义价值理论的核心就是，告诉人们价值评判标准从何而来。毛泽东曾写有名篇《人的正确思想是从哪里来的?》，所谓人的正确思想说到底就是人的正确的价值评判标准，毛泽东论述人的正确思想从哪里来就是论述人的正确的价值评判标准从哪里来。在马克思主义的经典著作中，有不少就是论述人的正确思想、人的正确的价值评判标准是如何产生的。马克思主义经典作家关于历史发展与人的发展的论述，许多涉及人用以衡量人、事、物的尺度的形成问题。马克思主义的一个重要功能就帮助人们确立正确的价值规范。我们可以从这些经典著作中，深刻地领悟到究竟怎样确立正确的价值评判标准。

人必须拥有自己的价值评判标准，但这些价值评判标准不可能都是经过自己的亲身实践感悟而成的，它们具有先在性，我们拥有的大多数价值评判标准是现成的。实际上，我们来到这个世界上，面临着许多价值评判标准供我们选择。那么在这些价值评判标准中我们如何作出自己的选择呢?我们将接受哪些价值评判标准为我所用呢?无疑，马克思主义的价值评判标是最佳的选择。列宁说过，马克思主义之所以万能，就是因为它正确。我们同样可以说，马克思主义的价值评判标准之所以是最佳选择，也在于它正确。

我们在学习马克思主义的过程中，会渐渐地明白马克思主义的价值评判标准之正确:第一，由于它们来自无产阶级革命斗争实践，马克思主义的价值评判标准作为马克思主义理论的重要组成部分，它们的产生，与马克思的革命实践活动密不可分。第二，因为它们代表人民群众的根本利益诉求。任何价值评判标准都是与人的需要和利益紧密相连的，关键是看其代表了谁的需要和利益。马克思主义的价值评判标准代表的是广大人民群众的需要和利益，它是广大人民群众的利益诉求在价值观念上的体现，支撑马克思主义的价值评判标准的是以人民为本的原则。第三，源于它们批判地继承了传统的价值观念。任何一种理论都是从已有的思想资料出发，其形成都有一定的思想理论基础，马克思主义的价值评判标准也不例外，它们直接以前时代和同时代价值观念作为自己的理论和历史的逻辑前提，它们不可能是横空出世、无中生有的。第四，因为它们体现了科学性与价值性的统一。马克思主义的整个价值理论是建立在历史唯物主义基础之上的。历史唯物主义的科学性与价值性的统一,也决定了其价值评判标准的科学性与价值性的统一,这是古今中外所有价值观念所不能比拟的。第五,由于它们处于不断的创新与发展之中。真正合理的、正确的价值评判标准不可能是抽象的,而是应当具有鲜明的历史性。也就是说,合理的、正确的价值评判标准是通过每一个特定时代和特定历史阶段来加以特定的表现的,它们的尺度是历史的,即会随着历史的变化而作出相应的改变,马克思主义的价值评判标准就具有这样的特征。

马克思主义让我们知晓了哪些是马克思主义的价值评判标准。马克思主义的基本观点就是马克思主义的价值评判标准,马克思和恩格斯对马克思主义基本原理、基本观点的阐述,就是对马克思主义的评判标准的阐述。我们在马克思主义基本观点的指导下观察、研究面对的人、事、物,就是用马克思主义的评判标准来评判面对的人、事、物。我们不否认,在所有马克思主义的基本观点中,有一些随着历史条件的变化而显得不合时宜,但与此同时我们得承认,马克思主义的绝大多数基本观点没有过时,仍然闪耀着真理的光辉。这就是说,马克思和恩格斯当年为我们确立的价值评判标准,绝大多数仍可用来评判今天面对的事情。习近平在纪念马克思诞辰200周年大会上提出我们当下必须学习和实践马克思主义的九个方面的理论,这九个方面的理论就是我们必须掌握的马克思主义的基本理论,也是我们用于判断是非的马克思主义基本的价值评判标准。这九个方面的理论,亦即九个方面的价值评判标准是:马克思主义关于人类社会发展规律的思想、马克思主义关于坚守人民立场的思想、马克思主义关于生产力和生产关系的思想、马克思主义关于人民民主的思想、马克思主义关于文化建设的思想、马克思主义关于社会建设的思想、马克思主义关于人与自然关系的思想、马克思主义关于世界历史的思想、马克思主义关于政党建设的思想。

其三,马克思主义能够使我们掌握科学的方法。

一个人仅仅立下志向是不够的,还要有实现志向的手段和方法。方法对于我们实现志向有引导作用。今天,我们要通过学习马克思主义来提升自己,提高自己的核心竞争力,一个重要的方面是要把握马克思主义的方法。此时,我们确实要认真思考,我们应当从马克思主义那里寻求哪些思想资源呢?方法很重要!换句话说,马克思主义的研究方法和辩证的思维方式是我们最需要借鉴和学习的。没有对这种辩证方法的融会贯通和熟练运用,我们很容易在错综复杂的现代社会迷失方向。

我们不能孤立地认识马克思主义的方法论,而是必须把马克思主义的方法论与世界观结合在一起加以把握。马克思主义的方法论本来就是与世界观紧密联系在一起的。只有在马克思主义的世界观中来认识马克思主义的方法论,才能深刻认识其丰富的内涵和重大意义。马克思主义既是世界观又是方法论,是科学的世界观和科学的方法论的统一体。这个统一体,不是说世界观作为一部分,方法论又作为一部分,这两部分结合成一个统一体;而是说马克思主义整个体系及其每一个原理,特别是马克思主义哲学体系及其每一个原理,既是世界观,又是方法论。我们平时总把马克思主义的内涵表述为马克思主义的立场、观点和方法,实际上这三者具有整体性的特征,也就是说,这三者是一个具有内在联系的有机整体。立场制约着观点和方法,观点和方法又蕴含着立场,它们作为马克思主义所具有的不同属性,内在统一于马克思主义理论之中。世界观与方法论、真理性与价值性、历史与逻辑、抽象性与具体性等方面的高度统一是马克思主义立场观点方法整体性特征的具体表现。深刻理解、牢牢把握马克思主义立场观点方法所具有的整体性特征,是正确坚持和运用马克思主义立场观点,特别是正确运用马克思主义方法的根本前提,在理论和现实中都具有重大意义。

马克思主义不仅告诉我们马克思主义方法论的重要意义,以及马克思主义方法论的特征,而且告诉我们马克思主义方法论究竟有哪些。对于我们来说,后者显然更为重要。马克思主义方法论是我们成就事业的看家本领。马克思主义方法论内容丰富多彩,其各种形态,来源于马克思主义全部的科学原理。理论和方法的统一、本体论和方法论的统一,决定了马克思主义方法论具有复杂的结构,我们可以从不同的层次加以分类和考察。其中,最基本也是最应当掌握的就是从经济关系中寻找根源的方法。确实,能不能把错综复杂的社会现象截然划分为社会意识和社会存在两大类,能不能认为一切社会意识都根源于社会存在,还有待于作进一步研究,但如果连从总的来说社会存在是原生的、社会意识是次生的这一马克思主义最基本的唯物主义观点也不认可,哪还有什么马克思主义立场可言?我们面对的是大量的社会现象,特别是大量的社会意识和精神现象,难道不借助于马克思主义从经济关系中寻找根源的方法,而依靠其他什么方法就能理出一个头绪来?从经济关系中寻找根源的方法,是马克思主义独具特色的方法。马克思是在德国思辨哲学传统中成长起来的学者,曾是思辨色彩极为浓重的青年黑格尔派的重要成员。特殊的研究经历、研究对象和理论诉求,使马克思奋起反叛德国古典哲学尤其是青年黑格尔派哲学的思辨传统,决然地从思辨的"天国"下降到现实生活的"人间",走向现实的人及其社会历史性生活。这样的客观情势促使马克思对哲学方法论进行了根本性转向,目标是吸取经验主义哲学传统中的有益成分,最终形成独具特色的从经济关系中寻找根源的方法。

从狭义来理解,马克思主义的方法论就是马克思主义辩证法,而马克思主义辩证法的核心就是矛盾分析法。矛盾分析法是辩证法的核心,也是整个马克思主义方法论的核心。我们学习和运用马克思主义方法论,最主要的当然是学习和运用矛盾分析法。矛盾分析法是马克思主义方法论中最普遍、最本质、最根本的法。在一定意义上,坚持马克思主义方法论,就是坚持矛盾分析法。马克思主义辩证法即唯物辩证法,其作为客观辩证法的反映,是由一系列哲学范畴按其内在联系组成的科学体系。马克思主义辩证法的诸要素从不同的方面揭示了事物联系和发展的一般性质。其中,通过质和量、对立和统一、肯定和否定等范畴所揭示的质量互变、对立统一和否定之否定规律是马克思主义辩证法的三大基本规律。在这三大规律中,马克思主义辩证法特别注重对立统一的规律,认为对立统一规律在这三大规律,乃至在整个马克思主义辩证法中处于核心地位。马克思主义辩证法又强调,要理解对立统一规律,首先必须正确理解马克思主义辩证法的矛盾范畴。而正确理解马克思主义辩证法的矛盾范畴,实质上就是要正确地理解同一或同一性、对立或斗争性这些范畴的基本含义及其相互关系。马克思主义辩证法认为同一性与斗争性是事物矛盾的两种相反的属性,但二者又是互相联系,不能分离的。中国改革开放的关键是如何面对资本主义,即如何正确地对待资本主义这个"对立面"。中国的理论界在改革开放之初就对马克思主义哲学进行了正本清源、拨乱反正,其中就包括对马克思主义的矛盾学说的清理,恢复了马克思主义矛盾观的辩证本性。而指导中国人民正确地面对资本主义这个"对立面"的正是辩证的矛盾观,特别是其中关于同一性和斗争性的相互关系,以及各自在推动事物发展中的作用的论述。

西方马克思主义开创者卢卡奇把马克思主义归结为辩证法,又提出辩证法的核心是总体性理论,保持"对总体性的渴望"是无产阶级阶级意识的主要标志。应当说,卢卡奇的这一见解是深刻的,总体性方法在马克思主义方法论中的地位正越来越被人们所认识。而这一方法常常被人们所忽视,实际上其现实意义实在不应当被低估。人与人之间能力与水平上的差距,往往源自把握总体性的能力与水平上的差距。卢卡奇谈及总体性方法运用的诸多方面,但最受重视的是总体中的历史纬度。总体性原则的核心内容是历史性。所谓的历史性,就是指人的一切活动都是在一定的历史中发生的,要真正理解当下的人的活动,只有把其置入历史的总体之中。总体性原则体现在当下,就是要将每一个当下理解为历史的总体。当下既是历史链条中的一环并包含着从前所有的经历，又是自立于从前而对未来的展望。总体性原则是理解当下与历史之间辩证关系的钥匙。我们倘若明白了这一点，就应该善于通过把当下平凡的工作视为历史的总体的一个环节，善于说明当下平凡的工作与长远目标之间的密切联系，来使之获得意义。

阶级分析的方法已为当今许多人所敬而远之，这一词甚至已近乎处于"失语"的状态。实际上，阶级分析方法是马克思主义的基本方法，只要在人类社会中阶级还没有被完全消灭，马克思主义的阶级分析方法就还行之有效。我们不能对之持回避态度，而应正确地加以理解和使用。以邓小平同志为主要代表的中国共产党人的可贵之处正在于，他们不但根据特定时期的所有制的占有状况、生产关系与生产力的适应情况作出了阶级斗争仍然存在的正确判断，而且还合理地分析了这一时期阶级斗争的具体的特殊形式。他们坚持联系生产力、生产关系发展的特定阶段来观察阶级斗争，即坚持对阶级斗争作历史的分析，这样他们不仅认识到了阶级斗争仍然存在这一"普遍性"，而且还揭示了新的历史时期阶级斗争表现的"特殊性"。虽然目前在国内的报刊上很少见到对我国客观存在的阶级差异、阶级矛盾甚至阶级对立加以公开的分析，但是还可以不时地发现进行所谓"阶层的分析"。最有影响的是把我国所有民众分为若干个层次，对各个层次之间的界限作了严格的划分。承认我国现阶段存在着各个阶层之间的区别，在一定意义上也等于承认我国现阶段存在着阶级之间的区别。实际上，阶层分析是马克思主义的阶级分析的一个组成部分，这种阶层分析实际上就是阶级分析，阶级分析内在地包含着阶层分析。

其四，马克思主义使我们具有健康的生活方式。

一个人如果没有正确的生活方式，即不是正确地活在这个世界上，其生活方式不是向上的、健康的，那么他怎么能具有竞争力呢？怎么能立大志成大业呢？我们究竟应当用什么样的理论作为思想基础来指导我们走出人的生活方式危机并进行美好生活的建设呢？古今中外许多理论都能给予我们启示，但无疑人类只有在马克思主义，特别是在马克思主义关于人的存在方式理论的指导下，才能真正走向享受美好生活的未来。马克思主义在当今世界一个不可忽视的现实意义，就是帮助我们形成健康的、真正"属人的"生活方式。

从马克思关于人的本质的各种论断，以及由此引发的他对人的生活的思考中我们可以领悟到，他所说的人的存在方式的基本内涵就在"全面"二字上。马克思的人的全面发展理论与唯物史观是同步形成的。马克思在创立其唯物史观的过程中，提出了注重人的全面发展的生活方式理论。唯物史观的基本内容和实质是认为人们的生产方式决定人们的思想和欲望,但并没有由此进一步推论出,人们的主观欲望就是想获得最大的物质利益,更没有推论出这种欲望构成人类历史发展的主要动力。马克思的唯物史观乃至整个马克思主义的目标不在于不断助长和满足人的物质方面的欲求,而在于使人摆脱经济决定论的枷锁,使人的完整的人性得到恢复,实现自身的全面发展。

马克思主义是批判资本主义的象征,它是作为资本主义的对立面而出现的。只要当今资本主义仍然存在内在矛盾,只要生活在这一社会中的人仍然非常痛苦,那么马克思主义就不会过时。在马克思那里,实际上存在着两种批判资本主义的方法:一是像《资本论》所做的那样,主要批判资本家如何榨取工人的剩余价值,也就是说,主要批判资产阶级对无产阶级的经济剥削和政治压迫;二是像《1844年经济学哲学手稿》那样,以人道主义和异化理论,特别是人的全面发展理论为出发点,批判资本主义社会如何造成人的生活方式的畸形发展,如何摧残人性。这两种批判有着内在联系,但侧重点不一样。我们以前较多地关注前一种批判,而忽视后一种批判。实际上,后一种批判在马克思那里占有很大的分量,并且随着时代的变化,这一种批判的现实意义越发鲜明地呈现出来。

创建新的生活方式刻不容缓。那么我们应当按照什么样的原则来创建新的生活方式呢?为了找到构建新的生活方式的正确原则,我们需要求助于中国优秀的传统文化,也需要借鉴西方文化的精华,更应当从马克思主义那里获得启示。马克思主义对人的生活许多方面都作出过精辟的论述。

第一,马克思主义告诉我们如何看待和进行劳动。马克思主义给予我们的启示是必须基于人的本性来研究人的生活。也就是说,今天我们要研究什么是美好的生活,一个前提就是必须搞清楚,人究竟是什么?什么才是构成人区别于其他一切动物的本质性的东西?按照马克思主义的理论,人的本性就是自由自觉的活动,即劳动。这一思想不仅体现在马克思的早期著作《1844年经济学哲学手稿》中,而且贯穿于马克思一生的著作中。马克思一生对什么是人的本性作出过各种表述,但最核心的还是把人的本性表述为劳动。既然人的本性在于劳动,那么人只有在劳动中才能真正实现自己的潜能和本性,从而也只有在劳动中才能获得真正的幸福。正是人类的劳动活动,才能根本地、全面地保障人的生存的需要、享受的需要和发展的需要,也只有在劳动中才能实现生活的美好和幸福。美好生活的核心是劳动的幸福。

第二,马克思主义告诉我们如何看待和进行消费。马克思从来没有把人的本质归结为只是追求丰裕的物质生活,所以马克思所期望的人的生活方式也并不是消费主义的生活方式。马克思对资本主义的批判主要在于资本主义社会一方面使人的劳动堕落成为被迫的、异化的、无意义的劳动,另一方面又把人引向一种只知道物质消费的"残废的怪物"。为了改变那种以消费主义为核心的生活方式,并相应地创建出一种与此迥然有别的新的生活方式,当今我们应当从哪里入手?按照马克思主义的观点,需要做的事情很多,但以下三个方面是必须要做的:一是必须切实地把我们的注意力转移到生产领域,引导人们不是首先在消费领域而是在生产领域获取满足;二是必须全面地满足自己的需要,特别是精神和文化方面的需要;三是必须在物质消费领域打断"更多"与"更好"之间的联结,使"更好"与"更少"结合在一起,实现从"由量的标准转向质的标准"。

第三,马克思主义告诉我们如何看待和进行交往。随着市场经济的普遍推行,信奉人都是自私的这个观念的人与日俱增。而实际上,正是在这种观念的影响下,社会变得越来越尔虞我诈、善自为谋、唯利是图。我们确实需要一种能正确地揭示人与人之间应该具有的关系的理论,来矫正目前的人际关系,并指引人们去建立符合人的本性的、能使人的生存真正具有意义的新的人际关系。在这一问题上我们只能再一次求助于马克思,因为在马克思主义中包含着如何正确处理人际关系的基本准则,而唯有这些准则才能使我们建立起真正使我们的人生具有意义和价值的人际关系。我们要根据这些准则实现从"利己主义"的个人向社会化的、高尚的人的转换,建立一种和谐、共生、互利的新型的人际关系。

第四,马克思主义告诉我们如何看待和享受爱情。马克思主义之所以要推翻资本主义社会,一个重要的理由是让人们充分享受爱情婚姻生活的快乐。按照马克思和恩格斯的设想,进入社会主义社会后,爱情婚姻生活将出现以下三个特点:一是由于资本主义私有制的消灭,经济因素不再对婚姻关系产生巨大影响;二是婚姻的基础是爱情,其他功利权衡在新的一代成长起来后不再存在;三是只有以爱情为基础的婚姻才是合乎道德的婚姻,因而也只有继续保持爱情的婚姻才合乎道德。即使是处于社会主义初级阶段,我们也不能放弃对马克思和恩格斯所构建的那种爱情婚姻生活的追求,我们必须朝着这一方向去努力。我们不能超越历史阶段去做将来才能实现的事,但不等于现在什么都不能做。"只有以爱情为基础的婚姻才是合乎道德的",虽然不能作为现实道德意识的出发点,但这一道德尺度的正确性不能加以怀疑,还是应当在一定的范围内加以使用,或者说,加上一些限制条件后加以使用。

第五，马克思主义告诉我们如何看待和享受休闲。马克思为我们构想的美好的生活方式，最高层次应当说就是闲暇的生活方式。马克思主义理论体系的核心终极价值是个人的自由全面发展，它有两个内在逻辑基点：一是劳动，二是休闲。我们一定要深入领会马克思主义的休闲理论，并以此为精神力量，构建我们理想的闲暇生活，当我们不仅具有了自己的闲暇生活，而且赋予了这一生活以文化含量后，我们的生活才能说是真正美好的。知晓了马克思和恩格斯关于"自由时间"的论述，我们会深深感到今天有这么多的闲暇时间用来享用是多么来之不易。这说明，新时代中国特色社会主义社会离共产主义的目标已越来越接近了。我们应当充分珍惜和享受这来之不易的闲暇时间，尽量使自己通过休闲活动获取美的享受和愉悦，自觉地通过闲暇活动来促进自己的全面发展。

　　对于马克思主义能够提升我们个人的素质与底气的功能，我们还可一一列举下去，但无疑主要是以上五个方面。

一、马克思主义与崇高的理想信念^①

"志不立,天下无可成之事。"这里的"志"主要是指人的理想信念。对于任何人来说,再也没有什么比确立崇高的理念信念更重要的了。习近平曾经把理想信念比作精神上的"钙",认为没有理想信念,就会"缺钙",得"软骨病",站都站不起来。对于一个国家和民族来说是这样,就具体的个人而言也是如此。一个没有信仰的民族和国家是可悲的,一个没有信仰的人是可怕的。那么崇高的理念信念来自哪里? 答案是来自马克思主义,马克思主义对于我们具体的个人的作用首先在于帮助我们确立崇高的理想。马克思主义是理想和信念的家园,只有回到马克思主义这个家园,才能树立崇高的理想信念。正如习近平所指出的:"坚定的理想信念,必须建立在对马克思主义的深刻理解之上,建立在对历史规律的深刻把握之上。"^②下面我们就看一看马克思主义是怎么样通过其微言大义给予我们崇高的理想信念的。

(一)人活着要有理想信念

对于人活着为什么要有理想信念,古今中外的许多思想家都作出过论述。翻开人类社会的文明史,展现在我们面前的是一幅幅仁人志士所描述的理想信念蓝图。尽管东西方在论述理想信念的具体表征上有所不同,但

---

① "信仰""理想""信念""理想信念"等是同一序列的概念,它们之间的含义有差异,但基本内涵大致相同,它们反映和概括的都是人类精神活动和社会活动中同一个领域中的现象。在我国学术界和理论界,这四个概念常常同时并用,在马克思主义经典作家的著作中,"信仰""信念""理想"这三个概念也未见严格的区别,在党的重要文献中,"理想""信念""信仰"是同等程度的概念,经常可以相互指代。我们在这里,主要用"理想信念"这一概念来表述人所特有的这一精神现象。凡是能够用理想信念表述的均用这一概念来表述,而这一概念实在无法贴切地表述的,则使用另外三个概念。

② 习近平:《在庆祝中国共产党成立95周年大会上的讲话》,《人民日报》,2016年7月2日。

是其包含的核心内容是基本一致的，都表达了超越现实和追求美好的至关重要性。

例如，《论语·颜渊》中有一段孔子与其弟子的对话就谈到了信仰："子贡问政。子曰：'足食，足兵，民信之矣。'子贡曰：'必不得已而去，于斯三者何先？'曰：'去兵。'子贡曰：'必不得已而去，于斯二者何先？'曰：'去食。自古皆有死，民无信不立。'"孔子提出治国安邦有三件大事：一是百姓能够丰衣足食，二是国家做到军备强大，三是人民有信仰。而在这三者中，信仰是最重要的，即使民众不能丰衣足食，国家军备难以强大，民众的信仰也不可丢掉，否则将无法安身立命。孔子在这里之所以把"信"视为比"食""兵"还重要，就是因为在他看来，信仰乃是人的安身立命之本。

梁启超说过这样的话："信仰是神圣，信仰在一个人为一个人的元气，在一个社会为一个社会的元气。"①梁启超用"元气"来说明信仰对人的至关重要性。

苏格拉底说，未经省察的人生是不值得活的，他要人们经常检视自己的生活，赋予生活以意义，让生活插上理想信念的翅膀。在他看来，人有了理念信念，其生活才有意义，才值得活在世上。

康德说："有两样东西，我们愈经常愈持久地加以思索，它们就愈使心灵充满日新月异有加无已的景仰和敬畏：在我之上的星空和居我心中的道德法则。"②他所说的"在我之上的星空"就是指信仰，他认为信仰犹如"星空"，被人们景仰和敬畏，并内化为人们内在的道德律令，以此来审查、检视、校正自己的行为。

印度著名诗人泰戈尔认为："人类永久的幸福不在于获得任何东西，而在于把自己给与比自己更伟大的东西，给与比他的个人生命更伟大的观念，即祖国的观念、人类的观念、至高神的观念。这些观念能使人类更容易舍弃他所有的一切，连他的生命也不例外。"③他所说的这种伟大的观念就是人的信仰。他认为，信仰能赋予人以使命感、崇高感，甚至能激励自己承受某些不幸，作出自我牺牲。

这些古今中外的思想家关于人何以要有理想信念的论述，还可以一一列举下去，但无疑总的来说，他们的论述尽管精彩绝伦，可还属于零碎的思想火花，真正对此作出全面、深入论述的则是马克思主义思想家，特别是作

---

① 转引自蔡尚思：《中国现代思想史简编》（第二卷），浙江人民出版社，1982年，第273页。

② [德]康德：《实践理性批判》，韩水法译，商务印书馆，1999年，第177页。

③ [印度]罗宾德拉纳特·泰戈尔：《人生的亲证》，宫静译，商务印书馆，1992年，第97页。

为马克思主义的开创者——马克思本人。

1.追求理想信念是人的本质特征

马克思主义认为,追求理想信念是由人的本质所决定的,所以要知道人活着为什么要有理想信念,就必须先要明白人究竟是什么。

马克思既认为,人直接地是自然存在物,是"自然界的一部分"①,又强调,人不同于自然界的其他动物。不同点在于,自然给动物圈定其只能在一个特定的范围内活动,动物就安分地在这个范围活动。人则不一样,人有可以思考的大脑,人依靠自己的头脑通过制造和使用工具从事生产劳动,向自然界索取自己所需的生活资料,也就是说,人能够使自然界为自己的目的服务。马克思把人脑的出现视为人与动物区别的重要表现。人脑是人的中枢神经系统,其功能就是指导自己的活动。这种指导作用来自它对客观世界的反映,这就是所谓人的"意识"。

马克思明确地把人与动物的区别归结为人脑的出现,实际上也就是归结于人具有意识。马克思这样说道,动物也生产,但动物的生产是无意识的,而人的生产活动是"自由的有意识的活动"②。费尔巴哈曾经把人所特有的这种本质称为"类本质""类生活""类意识""类存在"等。马克思借用了费尔巴哈的这些说法,进一步阐述了人所具有的这种"类特性"的意义。他认为,意义之一是人能意识到自身及其活动的存在,这样就把自己同自己的生命活动区别开来;意义之二是由此超越了自身的存在,在其面前出现了一个未来的目标,甚至投向了一个具有无限性的终极之点。这就是说,按照马克思的观点,人总具有超越当下、面向未来的超越性,他尽管活在"当下",但"当下"的生活总被未来的"理想"所照耀,从而要筹划面向未来的新的生活。

人作为一种具有意识的存在物,就要赋予自己的活动以主动性、目的性、超前性。最主要的是要把当下的实际目的加以升华,从中普遍化出一种生存的绝对目标,并使一切活动与这一绝对目标发生关系,同时也使自己当下的活动具有方向感和意义。对于把自己的生命活动作为自己意识和意志的对象的人来说,确立自己在宇宙中的位置,搞清楚自己能够也应当通往的方向,当然比自己的实际目的的活动要重要得多、根本得多。人们所探索到的能把自己的生命活动统一起来的"绝对目标",就是人的活动的终极依据或全部生存的意义,也就是人的自我身份的确立和自我规定的实现。如果

---

① 《马克思恩格斯全集》(第42卷),人民出版社,1979年,第95页。
② 《马克思恩格斯文集》(第一卷),人民出版社,2009年,第162页。

没有这种"绝对目标",人就是了无生趣的破碎的非人。如此说来,人如果真正能通过自己的意识展现自己的本质属性,那么他就必然把自己的生命活动与终极目标联系在一起,也就是说,他必然是个理想主义者。马克思就这样从意识的产生赋予了人活动以主动性、目的性、超前性等特性出发,论证了人作为人必然要有自己的目的和生存指向,从一定意义上讲,也必然要有自己的理想信念。

在马克思主义那里,理想信念就是具有主体意识的人所独有的一种观念现象,人具有主体意识,就必然要追求理想信念。理想信念具有主观性的特征。在理想信念的发生和形成中,主体的这种主观能动性不断要求超越现实和超越自身的强烈愿望。这种愿望根源于主体的需求和现实之间的矛盾。它激发着主体力求超越当下的时间和空间,跨越历史的界限,去探寻和追求更加美好的未来,以及自身人格和素质的更加完善。这里,主体的这种超前认识的能动性是最关键的,它是人的主观能动性的突出表现,正是它使主体在观念上建构起未来世界的"理想的意图"有了可能。这种超越现实和超越自身的愿望虽然还不能说就是理想信念,但它是理想信念发生和形成的一种内在力量。①而它一旦形成,就成为人的精神世界的主导力量,成为人的世界观和价值观在奋斗目标上的集中体现,对于人的行为选择和价值取向具有决定性影响。所以在马克思主义那里,所谓理想信念,就是人们基于意识基础上的对美好未来的向往。

2."有限性"与"无限性"的对立是理想信念产生的内在机制

马克思在揭示人的内在本质时,特别剖析了隐含在人的内在本质中的一对矛盾,即"有限性"与"无限性"之间的矛盾。马克思正是在剖析这一矛盾的过程中,进一步论证了人追求理想信念的必然性。

任何事物都有有限性和无限性的一面,人也不例外。马克思认为,人双重的存在着,主观上作为他自身而存在着,客观上又存在于自己生存的这些自然无机条件之中。人"并不是自然给予的现成存在,也不是一经存在便不再变化,而是在社会历史中生成,在历史中发展的存在"②。"人以其需要的无限性和广泛性区别于其他一切动物。"③人一方面作为个体存在于现实世界中,受到时空、资源等客观条件的限制;另一方面作为具有能动性、创造性的

---

① 参见兆戈:《理想概念内涵的探析》,《上海社会科学院学术季刊》,1989年第4期。
② 转引自郭凤志:《人性:社会塑造与主体性选择的统一》,《东北师大学报》,2001年第6期。
③ 恩格斯:《自然辩证法》,人民出版社,1984年,第26页。

"类"生存,去实现无限性的理想,满足自身的无限需求。①总而言之,一方面,人是有限的存在物,他的认识水平、实践能力乃至其生命的存在都是有限的;另一方面,人又是无限的存在物,他的无拘无束的自由意识必然要将其引向一个理想的至极之境。

有限与无限之间的这种对立,成为人们无法回避的根本性问题。对于个体而言,生命是有限的,人总是要死的,且是不可逃避和逆转的。于是人就面临着必然思考的一系列重大问题:如何战胜死亡,克服对死亡的恐惧,特别是对"死亡恐惧"的恐惧;如何超越有限的生命,赋予有限生命以无限的意义,实现从有限到无限的升华;如何超越世俗,抛开物欲,实现纯粹精神的追求,从此岸达至彼岸。②

有限性与无限性这对矛盾总是要得到解决的,因为人类终究要生存下去。解决的一个重要途径就是建立自己的理想信念,即借助于理想信念来缓解有限性与无限性的对立。身处"有限性"之中的人,面对未来的无望、面对生活路途的不可掌控,希望通过理想信念来找到解救之路,获得精神的安慰与寄托。理想信念表现为人们在社会实践中逐渐形成的对于某种主张、学说或宗教的信服与坚守,体现了人类超越现实,对于未来理想状态的精神追求。理想信念所昭示的,不仅是人走向未来的自觉,而且是人走向光明未来的意图和信念。理想信念有其特定的所要解决的问题域,例如:给人们提供一个关于世界本质的终极解答的问题,给人类社会建构一个理想目标的问题,使人类的本质达到绝对超越的自由问题等,这些都属于所谓终极关怀和终极追求的问题。人类的自主意识会不断地提出这些问题,并不甘失败地寻求对这些问题的解答。而解答这些问题,就属于信仰的范畴。这样,就人本身来说,他不仅活在当下,更活在未来。从这一意义上说,理想信念作为人类独有的精神现象,其产生源于人为了克服内在的有限性与无限性的矛盾的需要。理想信念作为人的存在形式,源于人的精神本性的内在矛盾,在有限向无限转化和超越的过程中,信仰应运而生。

理念信念通过表达美好愿景的精神标识来克服人自身内在的有限性与无限性矛盾,所以它实际上就是人对自己未来的期许,是对描述未来生活的一种思想、理论和行为模式的信赖,也可以说,它是一种未来意识。未来意识是人们对事物未来发展变化情况的反映,之所以把理想归属未来意识,是因为理想正是人们对事物未来发展变化情况的观念反映。理想信念是人们

---

① 参见杨昳婧等:《马克思主义信仰的哲学沉思》,《理论月刊》,2013年第11期。

② 参见张轩等:《马克思主义信仰及其构筑》,《科学与无神论》,2019年第6期。

在对事物未来多种情况反映的基础上,对符合主体价值需要的、完善的、美好的一种情况或者说一种模式的选定。未来意识是孕育理想信念的母体,未来意识为理想信念的建构提供思想来源。①

3. 人要活得有意义就必须有理想信念

马克思主义还通过探讨人生怎样才有意义,论述了人生在世确立理想信念的必然性和必要性。

按照马克思主义的观点,动物只是生存,而人则是生活,生活与生存的区别就在于生活要有内涵,要追求一种精神性的存在。对每个人来讲,他不仅要活着,而且还要活得有意义、有价值。苏格拉底说,未经省察的人生是不值得活的,这实际上是告诉我们,要经常检视自己的生活,赋予生活以意义。著名哲学家冯友兰也强调,要提高人生境界。他认为,人与其他动物的不同之处在于,当人做什么事时,人知道自己是在做什么,并且意识到是在做这件事。正是这种理解和自我意识使他正在做的事情对他有了意义。人的各种行动带来了各种意义,这些意义合成一个整体,构成了人生境界。②马克思曾反对"人的意义"的提法,但他反对的不是对人与意义的关系的探讨,而是要说明:意义除了是人的,难道还有其他什么东西的意义吗? 他说:"好像人除了是人之外还有什么其他的意义似的!"

那么怎样才能使人生具有意义呢? 对此,马克思主义的回答是明确的,这就是塑造有意义的人生,最重要的是要有崇高的理想信念。人要活得有意义,就必须有理想信念。理想信念是人们对某种主义、学说或宗教的极度信服、尊重和崇拜,这种信服、尊重和崇拜对人生的意义就在于,它可以不断地塑造着人的精神世界,彰显着人的精神追求的终极目标。理想信念是人生在世对人生价值和意义的一种自觉状态,它能够满足人的精神需求以及人对生活的价值探寻,加强了人对生命意义的思考。理想信念作为一种终极性的精神力量,对人的生活方式、价值追求、精神状态发挥重要的作用。弗洛姆认为:"存在方式的信仰首先不是一种对特定观念的信仰(尽管也可能是),而是内心的一个目标,一种态度。"③有了这种目标和态度,人就会产生强烈的意义感,觉得活在这个世上十分充实和满足。人即使在现实的生存、发展过程中会遇到很多困难、挫折、失败,由此会遭受打击,但只要心中

---

① 参见荆品娥:《理想的本质内涵探讨》,《河南师范大学学报》(哲学社会科学版),2004年第5期。

② 参见徐斌:《论坚定马克思主义信仰》,《马克思主义研究》,2013年第3期。

③ 转引自林方主编:《人的潜能和价值》,华夏出版社,1987年,第344页。

有着理想信念,对人生有着意义感,就会想尽一切办法去克服和战胜这些困难、挫折、失败。正因为理想信念充分地体现了人自身的意义感,所以作为人类的一种精神存在方式,它一方面内化于人的心理深层,深刻影响着人的思维模式、判断标准与价值选择;另一方面又外化于人的社会实践过程,支配并决定了人们的具体社会行动的性质、内容与核心价值取向。弗洛姆甚至还提出:"人在信仰中存在,而非占有信仰。"①

正因为马克思主义把理想信念与人生的意义联系在一起,所以马克思主义又把理想信念的问题视为一个价值和价值观念的问题。但它不是一般的价值观念问题,而是统摄整个价值观念的核心问题,因而也是世界观、价值观、人生观的集中体现。理想信念作为人的最基本、最深刻的精神活动,体现着人对价值理想的建构或最高价值的承诺,融系着人对精神家园和终极关怀的寻觅,因而它在根本上影响人的精神生活和社会活动,凝聚着人的世界观、价值观、人生观。人都是生活在意义世界之中的,哪个人不会追问和关怀自己生活的意义?每一个"精神健全"的人,都必然对自己的存在和生活进行意义的设定,进而在漫长的人生历程中"直觉"和"肯定"这种意义,以给自己的行为提供精神动力。这种对人生意义的"直觉"和"肯定",不是别的,正是个人的人生信仰。②

4.坚守住自己的理想信念

恩斯特·布洛赫是德国当代著名的马克思主义哲学家,他在《乌托邦精神》与《希望的原理》等著作中,用特定的语言表述了马克思主义关于人活着就要有理想信念的理论。他的核心理论"乌托邦观理念"与"希望原理"在某种意义上揭示了马克思主义的信仰维度。我们可以借助于他的理论,进一步理解马克思主义对理念信念的必然性与必要性的论证。③

布洛赫引进了一个哲学范畴,即"尚未"(not yet)。"尚未"可以指现在不存在但将来可能存在的东西,也可以指现在部分存在将来可能比较完整地存在的东西。用这样的观念去看待世界,世界就是一个尚未定型、尚未完成的过程,它不可能被封闭在现在,而是向各种可能性开放,向未来敞开;而用

---

① 转引自林方主编:《人的潜能和价值》,华夏出版社,1987年,第344页。

② 参见荆学民:《社会哲学视野:信仰的两大类型及其关系》,《求是学刊》,2004年第1期。

③ 正因为布洛赫的理论在一定程度上揭示了马克思主义的信仰维度,所以国内有学者提出通过借鉴布洛赫的理论,思考当下马克思主义信仰大众化的出路。参见贾鹏飞:《关于马克思主义信仰大众化的几点思考——基于布洛赫希望哲学的视角》,《思想政治教育研究》,2015年第1期。

这样的观念去看待人,人也体现为一个尚未完成的过程。他强调,人本质上不是生活在过去和现在,而是生活在将来。人并不是站在终点上,他总是处在到某处去的路上。人总是沿着自己的地平线向前移动的、趋向将来的活生生的东西。人总是一个欲望着和要求着的自我。①

要真正弄明白布洛赫把人确定为"尚未"的含义,还须进一步了解他从意识的层面对人的分析。布洛赫指出,在人的意识领域的两边还存在着"无意识"(the unconscious)的领域,它们分别是"不再意识"(no-longer conscious)和"尚未意识"(not-yet conscious)。"不再意识"是过去的领域,它代表着还没有达到人的高度的纯粹的生物性,它的原则是重复。与之相反,"尚未意识"是未来的领域,它代表着人的高度。布洛赫认为,人是不可能在"不再意识"中达到关于我们的存在的真理,但这并不等于说我们注定永远处于黑暗中,因为我们还有"尚未意识",我们可以在"尚未意识"中、在对未来的希望中、在希望的状态下遭遇到我们的存在本身。"我们的黑暗"虽然无法在"不再意识"中被照亮,却可以在"尚未意识"中被照亮。

布洛赫强调,"尚未意识"是一种期待、一种希望,也可以说是一种理想信念。它将给我们带来那照亮当下的黑暗的乌托邦之光。如此的希望、期待、理想信念虽然也是一种无意识,但它与"不再意识"全然不同,尽管这样一种希望有时也让人感觉像一种回忆,但它绝不是那源自生物的冲动的回忆。"尚未意识"作为一种无意识是指向黑暗中的光明的,而绝非指向曾经是某种过去。

布洛赫认为,真正能体现人与动物之区别的,正是这种"尚未意识"的存在。人的存在是尚未完成的,人能够在对存在本身的不断追问中创造人的历史。对于身陷危机之中的现代人来说,重新回到这个真正的出发点,就意味着我们要在这个绝望的时代中坚守住希望,坚守住理想信念,要勇敢地面对"我们的黑暗",要再次打开那条在希望中照亮"我们的黑暗"的乌托邦道路。布洛赫认为,人应当也完全可以凭借"尚未意识"守住希望、守住理想信念,而守住了希望和理想信念,我们也就守住了这条具有"绝对"的高度的人本主义道路。希望、理想信念之所以决定着这条人本主义道路的成与败,是因为它能够通达乌托邦的现实,为我们的行动提供必然性的根据;它能够使我们直面"物自体"的难题,不再向虚假的外部世界屈服,不再寻求任何外在的凭靠。他还提出,在现代性危机的条件之下,留给我们的别无其他,唯有希望和理想信念。只要我们能守护住希望和理想信念,我们就不致彻底毁

---

① 参见俞吾金、陈学明:《国外马克思主义哲学流派》,复旦大学出版社,1990年,第511页。

灭,因为我们的灵魂可以在希望和理想信念中包容那"尚未"达到的彼岸。现代人在希望和理想信念中前行,就意味着现代人在希望和理想信念中追求对"物自体"的自我启示。在这条自我启示的道路上,我们既是旅者,又是指南针,我们自己为自己的行动确立方向。

(二)究竟要有什么样的理想信念

马克思主义论证了人必须树立理想信念,但实际上世界上有众多的理想信念,正如人们的认识有对错、高低之分,理想信念也自然有好坏、优劣之分,并非所有的理想信念都能帮助我们走出"黑暗",奔向美好的未来。马克思主义在理想信念的问题上特别告诉了我们究竟要有什么样的理想信念。对于马克思主义,我们应该从三个层面去理解:其一,马克思主义是严谨、完备的科学理论体系;其二,马克思主义是意识形态;其三,马克思主义是一种信仰。把马克思主义理解成一种"信仰",就是说马克思主义为我们确立了一种崇高的理想信仰。

马克思主义告诉我们应当确立的理想信念就是共产主义,告诉我们共产主义理想信念是人类历史上最科学、最崇高的理想信念。共产主义的理想信念是以马克思主义作为理论依据的,而马克思主义是迄今为止人类思想智慧的最高境界,它揭示了人类社会的本质和规律。马克思主义的一个重大意义就在于,为人类确立了社会主义、共产主义这一崇高的理想。社会主义、共产主义的绝对目标是建立在客观的历史规律基础上的,社会主义、共产主义的内蕴是马克思主义的唯物史观释放出来的。

共产主义只是许多绝对目标中的一种,以共产主义为奋斗目标的理想主义只是许多理想主义中的一种理想主义。那为什么我们一定要以共产主义作为自己的绝对目标呢?为什么一定要把自己的理想信念建立在以共产主义作为自己的绝对目标的基础之上呢?为什么一定要使自己的生命活动通过为共产主义而奋斗来获得意义呢?这正是马克思的理论,特别是马克思的唯物史观所要告诉我们的道理。马克思的唯物史观不但使我们知道必须当个理想主义者,而且使我们知道必须当个以共产主义作为自己的绝对目标的革命理想主义者,也就是说,必须把自己的理想信念确立为实现共产主义。

1.唯物史观是最伟大的发现

恩格斯在马克思墓前的讲话中,把唯物史观视为马克思一生两个最伟大的发现之一。按照马克思在《〈政治经济学批判〉序言》中对唯物史观的经典表述,唯物史观的基本内容有如下要点:

其一,马克思在这里揭示了人类历史的总画面,贯穿其中的一个基本思想是把社会及其发展视为自然历史过程。这就是说,马克思认为社会同自然界一样也是有规律的发展过程,社会规律也是客观的、必然的、不以人的意志为转移的。当然,社会这个自然过程同纯粹自然界有着明显的区别,自然过程是盲目的、不自觉的,根本无须人的参与,而社会则不然。

其二,马克思在这里揭示了作为自然历史过程的人类历史的内在逻辑。马克思明确强调,社会的历史本质上是物质资料生产方式的历史,是社会基本矛盾合乎规律地运动发展的过程。社会形态之所以一个比一个更高级、更复杂,其根本原因就在于它们有较前更先进的生产力和同这个生产力相适应的生产关系,有以这种生产关系为基础的社会组织形式和社会意识形态。

其三,马克思在这里揭示人类历史的内在逻辑,也就是揭示人类历史发展的根本动力。马克思提出,人类历史中存在着两对基本的矛盾,这就是生产力和生产关系之间的矛盾、经济基础与上层建筑之间的矛盾,正是这两对矛盾各自的相互作用和矛盾运动构成了人类社会发展的根本动力。在此基础上,马克思提出了生产关系一定要适合生产力状况、上层建筑一定要适合经济基础状况的规律。

其四,马克思在这里揭示了人类社会的总框架。人类社会是统一物质世界中最高级、最复杂的一种物质存在形式,马克思对这一存在形式的总框架作出了深刻的概括。马克思把整个社会形象地比喻为一座极其复杂的建筑物,它有自己的基础,又有自己的上层建筑。马克思借用这个比喻,提出了社会形态是经济基础与上层建筑的统一体。

其五,马克思在这里揭示了人们的思想动机背后的深刻根源。马克思强调,决定人们思想动机的,乃是社会的经济关系,即人们为解决物质生活问题而从事的生产和生产中结成的关系。不是人们的意识决定人们的存在,而是人们的社会存在决定人们的意识。人们的思想动机、人们的意识总是这样或那样地、直接或间接地受人们的物质生活利益所制约、所支配。

其六,马克思在这里揭示了社会由低级到高级发展的基本途径,即原始社会、奴隶社会、封建社会、资本主义社会、共产主义社会这五种社会形态的依次更替。这五种社会形态是典型的社会形态,但实际存在的社会形态是复杂的、多样的,社会形态的典型性并不排斥具体道路的多样性。问题在于,这种多样性和特殊性乃是对社会形态的普遍本质和典型性的具体阐发,而不是对普遍性和典型性的否定。

其七,马克思在这里揭示了社会革命是历史发展中的必然现象。之所以是必然的,就在于社会基本矛盾的尖锐化。当一个社会形态在它所能容纳的全部生产力发挥出来以前,就对它进行革命是注定要失败的,同理,当一个社会形态其生产关系已变得腐朽、变成生产力发展的严重障碍之时,阻碍对其实施革命也是要注定失败的。马克思断言,资产阶级的生产关系是社会生产过程的最后一个对抗形式,而正在资产阶级社会内部成熟起来的生产力是解决这种对抗的物质基础。

其八,马克思在这里揭示了社会革命的本质。这就是先进阶级用革命手段推翻反动阶级的统治,用先进的社会制度代替腐朽的社会制度,这样就把人类社会推向更高阶段。而在这个过程中,就能最大限度地解放生产力,调动广大人民群众的积极性,促进整个社会的发展和进步。

上述这些马克思关于唯物史观的基本要点,确如恩格斯所说,是划时代的基本发现,马克思主义的真正力量也体现在这里。马克思主义的敌人所害怕和憎恨的,也主要就是这些。如果连这些马克思主义的最基本、最核心的内容也不认可,那就根本没有资格称为马克思主义的追随者和信奉者。

2.历史规律是客观存在的

必须明确,马克思的唯物史观的宗旨就是确认历史发展规律的客观性。从而也就不难理解,为什么有些人向唯物史观发难总始于否定历史规律的客观必然性。在上面所分析的马克思关于唯物史观的经典表述中,有两个地方值得人们特别注意:一是马克思指出"人们在自己生活的社会生产中发生一定的、必然的、不以他们的意志为转移的关系",这里马克思非常清楚地使用了"一定的、必然的、不以他们的意志为转移的"限制词,这里的"一定的、必然的、不以他们的意志为转移的"就是客观必然性;二是马克思强调"人类始终只提出自己能够解决的任务,因为只要仔细考察就可以发现,任务本身只有在解决它的物质条件已经存在或者至少是在生成过程中的时候,才会产生",马克思在这里同样讲得非常清楚,正是历史的发展具有不以人的意志为转移的客观性,因此人类始终只能提出自己能够解决的任务。

当然,作为唯物史观的创立者,马克思强调历史发展的客观必然性必然贯穿于其所有著作的始终。例如,马克思在《路易·波拿巴的雾月十八日》中说道:"人们自己创造自己的历史,但是他们并不是随心所欲地创造,并不是在他们自己选定的条件下创造,而是在直接碰到的、既定的、从过去承继下来的条件下创造。"①又如,马克思在1846年致帕·瓦·安年科夫的信中指出:"人们能否自由选择某一社会形式呢?决不能。在人们的生产力发展的一定状况下,就会有一定的交换和消费形式。在生产、交换和消费发展的一定阶段上,就会有相应的社会制度、相应的家庭、等级或阶级组织,一句话,就会有相应的市民社会。有一定的市民社会,就会有不过是市民社会的正式表现的相应的政治国家。"②马克思在这封信中还指出:"人们不能自由选择自己的生产力——这是他们的全部历史的基础,因为任何生产力都是一种既得的力量,是以往的活动的产物。可见,生产力是人们应用能力的结果,但是这种能力本身决定于人们所处的条件,决定于先前已经获得的生产力,决定于在他们以前已经存在、不是由他们创立而是由前一代人创立的社会形式。……由于这一简单的事实,就形成人们的历史中的联系,就形成人类的历史,这个历史随着人们的生产力以及人们的社会关系的越益发展而越益成为人类的历史。"③所有这些论述显然是一种历史决定论的思想,而历史决定论的前提就是确认客观的历史规律的存在。

恩格斯把唯物史观作为马克思一生中两个伟大发现之一,而在他看来,马克思发现唯物史观也就是发现人类历史发展的客观规律。这可以从他对马克思的这一发现所作的概括中充分看出:"正像达尔文发现有机界的发展规律一样,马克思发现了人类历史的发展规律,即历来为繁芜丛杂的意识形态所掩盖着的一个简单事实:人们首先必须吃、喝、住、穿,然后才能从事政治、科学、艺术、宗教等等;所以,直接的物质的生活资料的生产,从而一个民族或一个时代的一定的经济发展阶段,便构成基础,人们的国家设施、法的观点、艺术以至宗教观念,就是从这个基础上发展起来的,因而,也必须由这个基础来解释,而不是像过去那样做得相反。"④

确实正如恩格斯所言,由于马克思发现了客观的历史规律,或者说发现了历史规律的客观性,从而为历史的生成特征提供了一个现实的基础。近代以来,有多少哲学家企图解开历史发展的秘密。所有这些哲学家都正确地看到了历史的生成性。从维柯到启蒙思想家,从赫尔德到全部的德国古典哲学,他们对历史的理解都贯穿着一种内在的统一性,都提出历史是生成

① 《马克思恩格斯选集》(第一卷),人民出版社,1995年,第585页。
②③ 《马克思恩格斯选集》(第四卷),人民出版社,1995年,第532页。
④ 《马克思恩格斯选集》(第三卷),人民出版社,1995年,第776页。

的。问题在于,他们都未能为历史的生成特征提供一个现实的基础,从而历史的发展在他们那里仍然是一个谜。马克思当然也认为历史是生成的,但他与这些人的根本不同之处在于,他通过对人的本质及其生存方式的理解,将历史与人的存在统一起来,从而为历史的生存性提供了一个现实的根基。这个现实的基础就是被他揭示出来的客观的历史规律。从我们所引用的马克思的这些话中就可以知晓,马克思确实认为历史是人们自己创造的,但马克思又认为,创造历史的人是历史的、现实的、具体的人,而并非超历史的、想象的、抽象的人。每一代人在社会上开始生活,即开始创造历史时,不管他们愿意与否,都务必要面临和接受前人留给他们的生产力和生产关系。这些生产力和生产关系,对于他们来说,当然是不以他们的意志为转移的,亦即客观存在的。非常清楚,离开了客观的历史规律这一点,就无从把握马克思的唯物史观,更无从把握在历史的生成问题上马克思与形形色色的西方哲学家的区别之所在。

3.共产主义是人类的必然归宿

既然客观的历史规律是存在的,那么也就合乎逻辑地得出结论,共产主义目标也是不能否定的,人类最后必然要走向共产主义。

有些人之所以如此致力于否定历史规律的客观性,说到底就是为了否定社会主义、共产主义代替资本主义的必然性,否认人类的共产主义这一奋斗目标。所以这些人在嘲笑客观的历史规律的同时,也在那里嘲笑共产主义目标。

马克思发现人类历史是一个自然历史过程,并且把客观的历史规律揭示出来。按照这一客观的历史规律,资本主义必然灭亡,社会主义、共产主义必然胜利,人类必然会最终走向共产主义。马克思在《共产党宣言》中庄严地宣告:"资产阶级的灭亡和无产阶级的胜利是同样不可避免的。"[①]一个人只要真正认可马克思的唯物史观,认可马克思这一基本理论所揭示的客观的历史规律,就必然认可这两个"不可避免",即认可资本主义必然灭亡,社会主义、共产主义必然胜利,就必然确立起共产主义的信仰。这两个"不可避免"和共产主义的目标,既是马克思的唯物史观合乎逻辑地得出的必然结论,当然实际上也是马克思的唯物史观的重要组成部分。北京大学的黄楠森教授在苏东一批社会主义国家纷纷易帜之时,坚定地对我说:人类社会的最终发展趋势,要么灭亡,要么共产主义,没有第三种可能。在我看来,这

---

① 《马克思恩格斯选集》(第一卷),人民出版社,1995年,第284页。

是他基于对马克思的唯物史观的透彻理解,对社会发展的客观规律的深刻把握才得出的结论。

关键的是,共产主义的崇高目标不是马克思面壁凭空提出来的,它依据的是不以人的意志为转移的客观发展规律,当马克思发现了人类历史发展的客观规律,也就揭示了人类的共产主义崇高目标。必须明确,共产主义的崇高目标是客观存在的,它是社会矛盾首先是社会基本矛盾合乎规律地运动发展的必然结果。如前所述,生产力和生产关系之间存在着内在的、本质的、必然的联系。马克思的唯物史观把社会发展中的这种必然联系称作生产关系一定要适合生产力状况的客观规律,根据这一规律,人类最终走向共产主义是不可避免的,因为生产力总有一天会发展到这样一种程度:唯有共产主义的生产关系才能适合它的状况。共产主义的必然性存在于生产力和生产关系的矛盾运动之中。在唯物史观产生之前,人们对这个规律基本上是没有认识的,从而即使也谈到"大同世界",那也只是空想的臆测。唯物史观产生以后,由于人们从社会发展的必然趋势来认识共产主义的崇高目标,从而对共产主义的追求才真正变得科学、理性、现实。

马克思科学地揭示了人类社会从必然王国向自由王国飞跃的必然性。从必然王国向自由王国的飞跃过程,也就是从前共产主义向共产主义飞跃的过程。人类从必然王国进入自由王国之日,就是共产主义到来之时。共产主义是人类历史进步的必然归宿。正因为自由王国的到来并非空想,所以共产主义的到来也并非空想。尽管共产主义并不是人类社会的终极状态,但共产主义毕竟是获得彻底解放的真正人类历史的新开端。尽管共产主义离开我们当前是那么遥远,尽管共产主义的实现不是一朝一夕之功,但共产主义绝不是什么虚无缥缈的、可望而不可即的东西,它是客观存在的人类社会的发展目标。共产主义是从现实中发展出来的一种合理的社会制度,是人类最崇高的理想。

非常有意思的是,当我们根据马克思所揭示的历史发展的客观规律,坚信资本主义必然灭亡,社会主义、共产主义必然胜利之时,有些人却用马克思在《〈政治经济学批判〉序言》中所阐述的"两个决不会"来加以"回敬"。马克思在《〈政治经济学批判〉序言》中指出:"无论哪一个社会形态,在它所能容纳的全部生产力发挥出来以前,是决不会灭亡的;而新的更高的生产关系,在它的物质存在条件在旧社会的胎胞里成熟以前,是决不会出现的。"这些人企图用马克思在这里所讲的"两个决不会"来冲淡和稀释"两个必然",或者说"两个不可避免"。这样,他们对马克思的唯物史观的全部研究就紧紧盯住这"两个决不会"不放。实际上,马克思在这里所讲的"两个决不会"

再一次表明,马克思所认为的历史发展规律是客观的,既然物质生产方式是社会发展的决定力量,从而一种社会采取何种社会形态、何种生产关系,则完全取决于物质生产的发展水平。正因为如此,马克思在阐述"两个决不会"后马上又指出,"人类始终只提出自己能够解决的任务","任务本身,只有在解决它的物质条件已经存在或者至少是在生成过程中的时候,才会产生"。在一定意义上,"两个决不会"思想是对"两个必然"理论的重要补充。关键在于,马克思在这里说"无论哪一个社会形态,在它所能容纳的全部生产力发挥出来以前,是决不会灭亡的",并不意味着马克思认为"所能容纳的全部生产力"尚未完全发挥的社会形态,是永远不会灭亡的,说一种社会形态现在不会灭亡,不等于就是说它将来也不会灭亡。而且在一定意义上说,现在的不灭亡,即现在充分地发挥其容纳的生产力,正是说明它正处于灭亡的过程之中。可见,现在的"决不会"灭亡证明不了它的永恒性。说穿了,当今有些人之所以如此执迷于"两个决不会",就是为了说明资本主义制度的永恒性和共产主义的不可能性。在我们看来,这些人最好还是直接表明自己的观点,而大可不必借用马克思的话迂回地加以说明。用马克思所说的"两个决不会"来观察当今资本主义,我们自然可以得出这样的结论:资本主义在它所能容纳的全部生产力发挥出来以前,是决不会灭亡的,而社会主义、共产主义的生产关系,在其物质存在条件在资本主义的胎胞里成熟以前,是决不会出现的。当然如前所述,我们绝不能由此进一步作出推论:资本主义会永远源源不绝地发挥其生产力,永远不会灭亡,从而社会主义、共产主义是永远不会成功的。面对资本主义制度,下面两种态度都不可取:一是在它所能容纳的全部生产力发挥出现之前,就急于要推翻它,急于宣布它马上要死亡,急于要进入社会主义和共产主义;二是因为它现在不可能死亡,于是就把它美化为一个永恒的社会制度,就强调它不可能被社会主义、共产主义所替代。显然,当今后一种不可取的倾向具有更大的市场,当今的主要危险不是人们看不到资本主义的生命力,不充分地发挥资本主义的内在潜力,而是在展开资本主义的生产力之时,竟忘记了它总有一天还会被社会主义、共产主义所取代。

4.确立理想信念应当是确立共产主义的理想信念

既然共产主义的目标是现实的、必然的,那么我们确立理想信念就应当确立共产主义的理想信念,应当理直气壮做个以共产主义为远大目标的革命的理想主义者。

随着共产主义目标被否定和嘲笑,革命的理想主义也招致否定和嘲笑。

对历史规律的客观性的确认、对共产主义目标的确认、对理想主义的确认，是紧紧地联系在一起的。马克思在《德意志意识形态》中曾提出过这样一个著名的命题："实践的唯物主义者即共产主义者。"①我们在这里可以进一步说，共产主义者即理想主义者。唯物史观、共产主义、理想主义，是三而一、一而三的概念，对其中的一个的否定，必然同时是对其他两个的否定；反之，对其中的一个的肯定，也必然同时是对其他两个的肯定。理想主义以共产主义目标为存在前提，而共产主义的目标又以唯物史观为哲学基础；反过来说，唯物史观内含着共产主义的目标，而共产主义的目标又决定了理想主义的生活态度。

高尚的人必须具有明确的终极目标，必须是个理想主义者，这大概不会有多少争议。关键在于，以什么东西作为自己的终极目标和理想。显然，共产主义只是许多绝对目标中的一种，以共产主义为奋斗目标的理想主义只是许多理想主义中的一种。那为什么我们一定要以共产主义作为自己的绝对目标呢？为什么一定要把自己的理想主义建立在以共产主义作为自己的绝对目标的基础之上呢？为什么一定要使自己的生命活动通过为共产主义奋斗而获得意义呢？这正是马克思的理论，特别是马克思的唯物史观所要告诉我们的道理。马克思的唯物史观不但使我们知道必须做个理想主义者，而且又使我们知道必须做个以共产主义作为自己的绝对目标的革命的理想主义者。也就是说，必须把自己的理想确立为实现共产主义。从某种意义上说，一个没有绝对目标和理想的人是一个破碎的人，是一个非人，而一个只能把自己引向"他在"的绝对目标和理想的人，同样是一个破碎的人，是一个非人。由于共产主义的绝对目标是建立在客观的历史规律基础上的，所以共产主义的目标不会把我们引向"他在"，不会把人的本质变成幻想的现实性。共产主义的目标具有真实的现实性，以共产主义作为自己奋斗目标的理想主义者，既是理想主义者，同时又是现实主义者。

正因为马克思提出的共产主义理想是建立在对人类历史深刻的考察的基础上的，所以它绝不是乌托邦，而是具有现实性的。我们都知道，在原始社会之后有一个较理想的社会——奴隶社会，奴隶社会之后有封建社会，封建社会之后有资本主义社会，那么在资本主义社会之后也应当有一个更理想的社会，至于将这一社会命名为共产主义社会还是其他什么，那无关紧要。这里最重要的是，我们要坚信这一社会是比资本主义社会更理想的一个现实的社会，我们朝着这一方向前进，以这一社会作为奋斗目标，是顺理

---

① 《马克思恩格斯选集》（第一卷），人民出版社，1995年，第75页。

成章的。这一社会、这一奋斗目标，深深地扎根于自己坚实站立的大地上。有了这样一种信念，我们就不会怀疑自己是否处在向更高级社会前进的阶段上，不会误以为人类社会是在走下坡路的过程，不会相信那些所谓"世界末日即将来临"的胡言乱语。

把人类社会发展规律作为共产主义理想信念的基础，就是将人类社会发展进步的信念作为树立共产主义理想信念的基础来把握共产主义理想，共产主义理想是人类社会进步信念的一个自然延伸，虽然承认社会进步未必就会相信和追求共产主义理想，但是如果不相信人类社会是发展进步的，没有社会进步的信念基础，那他就一定不会相信和追求共产主义理想。如果不承认人类社会的变化有其客观规律性，不承认社会的变化有发展进步性，不承认我们处在向更高级社会前进的阶段上，而是以为人类社会是走下坡路的过程，当前社会处于末世末劫甚至世界末日即将到来的前夕，对人类社会的未来悲观失望，那么就很难树立起共产主义远大理想。由此可见，共产主义远大理想并不是一个孤立的事情，并不是没头没脑地让人觉得唐突的事情，而是与人们坚实站立的土地、与人们切实生活于其中的社会、与人们对幸福未来的期盼联系在一起的一种理想信念。

5. 马克思主义理想信念是科学共产主义理想信念

共产主义的理想信念是建立在马克思主义唯物史观基础上的，所以相信马克思主义必然相信共产主义，马克思主义理想信念就是共产主义理想信念。邓小平就提出："马克思主义的另一个名词就是共产主义。"①

与马克思主义理想信念同日而语的共产主义理想信仰，严格地说，应当是科学的共产主义理想信仰。在马克思主义产生以前，也有共产主义信仰，但那是乌托邦的共产主义信仰，这种具有空想性质的共产主义信仰不是马克思主义理想信念。而在马克思主义产生之后，由于它的科学性和巨大影响力，特别是在社会主义国家，"共产主义信仰"不再是泛指，而成为"科学共产主义信仰"的特指，从而与"马克思主义理想信念"成为等同的概念。②所以马克思要我们确立的理想信念，确切地说是科学共产主义的理想信念。

正如马克思并非一开始就是马克思主义者一样，马克思也并非一开始就是科学的共产主义信奉者。马克思主义经典作家在创立马克思主义时

---

① 《邓小平文选》(第三卷)，人民出版社，1993年，第137页。
② 参见刘建军：《论中国共产党人的信仰家园》，《河海大学学报》(哲学社会科学版)，2014年第1期。

期,无疑吸收了"空想共产主义"的一些合理思想,但与此同时摒弃了这种"共产主义"的空想性质。在人类历史上,有无数伟大的思想家热切地关注着人类社会的未来,对未来的理想社会作出了详尽的、完美的描述。但是在马克思主义产生之前,人们对于未来理想社会的预见往往带有浓厚的空想性质和幻想色彩,经常是以道德为底色去描绘理想的蓝图,是一种基于道德义愤的道德理想主义,缺乏科学与现实的根基。只有马克思主义站在无产阶级的立场上,运用科学的方法第一次揭示了人类社会发展的一般规律和资本主义社会发展的特殊规律,从而对共产主义社会作了科学的展望,实现了理想与科学的联姻,确立了共产主义理想信念的科学根基。①

在《德意志意识形态》中,马克思和恩格斯指出:"共产主义对我们说来不是应当确立的状况,不是现实应当与之相适应的理想。我们所称为共产主义的是那种消灭现存状况的现实的运动。这个运动的条件是由现有的前提产生的。"②马克思和恩格斯在这里否定的只是共产主义不是"现实"应当与之相适应的理想,并没有否定共产主义是"未来"应当与之相适应的理想。这就非常清楚,马克思主义要我们追求的共产主义的一个最鲜明的特征是拒绝空想,建立在现实的基础之上,与现实相适应并对现实具有有效的批判功能。正是在这个意义上,马克思提出共产主义就是"消灭现存状况的现实的运动"。马克思扬弃的是那种"共产主义"学说的"空想"性质,而绝不是扬弃了它的"理想"性质。③

马克思主义本身就是科学认识和科学信仰的统一,基于马克思主义形成共产主义的理想信念也体现了科学认识与科学信仰的统一。共产主义的理想信念是科学与信仰的统一,它实现了人类信仰史上的伟大变革。知晓了共产主义的理想信念来源于马克思主义理论,就应当用科学认识和科学信仰相统一的思维方式对待共产主义理想信念。我们既不能把共产主义作为一种纯粹真理体系或知识体系,只主张对其进行所谓的"学术性"的研究,只强调对其从科学认识或学理层面上进行深刻的理解或正确的认识,即只把它诉诸理论领域或层面,反对把它上升为一种信仰,作为一种信仰的对象;也不能把共产主义作为一种纯粹的信仰体系,甚至作为一种像圣经一样的宗教信仰体系,只主张对其加以崇拜,加以朴素的、盲目的甚至一种本能式的相信。④

---

① 参见贺方彬:《革命理想主义——马克思主义的理想的结构性分析》,《井冈山学院学报》(哲学社会科学),2009年第9期。

② 《马克思恩格斯全集》(第3卷),人民出版社,1960年,第40页。

③④ 参见荆学民等:《论信仰价值的结构》,《天津社会科学》,1999年第5期。

(三)要把共产主义信念与宗教信仰区别开来

马克思和恩格斯在运用唯物史观论述共产主义理想信念时,世界上存在着各种宗教信仰。也就是说,马克思和恩格斯是在各种宗教信仰把人们的信仰安放在五花八门、林林总总甚至相互抵牾的神灵上时,才提出他们的共产主义理想信念理论的。他们在论证确立共产主义理想信念的必要性与必然性的同时,特别注重揭示共产主义信念与各种宗教信仰之间的界限。恩格斯就这样告诫人们:"一切宗教都不过是支配着人们日常生活的外部力量在人们头脑中的幻想的反映,在这种反映中,人间的力量采取了超人间的力量的形式。"①环顾当今,各种宗教信仰依然产生着重大影响。显然,当今要确立共产主义的理想信念必须排除各种宗教信仰的干扰。马克思主义的理想信念理论对我们具体个人来说,另一个不可忽视的功能就是帮助我们把共产主义理想信念与各种宗教信仰区分开来。

1.信仰的对象:虚幻的还是现实的

在人类信仰史上,有着各种各样的信仰对象,这些对象千差万别,各有不同,把各种信仰区别开来的首先就是其信仰对象的不同。考察马克思主义所确立的共产主义信念与各种宗教信仰的信仰对象,可以清晰地发现两者在信仰对象方面是迥然不同的。

马克思主义明确地告诉我们,各种宗教信仰的对象和绝对目标,都是把信仰者自身引向"他在""彼岸世界"的对象和绝对目标,用马克思的话来说,这种对象和绝对目标都只是在表达"那些还没有获得自己或是再度丧失了自己的人的自我意识和自我感觉"②,是人的本质的"虚幻反映",是一种"颠倒的世界观"。这种对象和绝对目标只是表明在人的本质没有真实的现实性时将其变成了幻想的现实性,只是表明当人在现实活动中不是以成就自我、实现生存的意义而向"他在"乞求自我肯定与确证。由于这种自我肯定和确证是虚幻的,所以这种作为"他在"的对象和绝对目标只是意义的空无的填充物,它的作用只是遮蔽和否定真实的自我。由于共产主义的绝对目标是建立在客观的历史规律基础上的,且共产主义的内蕴是唯物史观释放

---

① 《马克思恩格斯文集》(第九卷),人民出版社,2009年,第333页。
② 《马克思恩格斯全集》(第1卷),人民出版社,1956年,第452页。

出来的,所以共产主义信念和绝对目标不会把我们引向"他在",不会把人的本质变成幻想的现实性。共产主义的目标具有真实的现实性。共产主义的目标尽管可能还是非常遥远,但它不属于"他在"而是属于"此在",不属于"彼岸世界"而是属于"此岸世界"。

各种宗教实际上将信仰安置在无法企及的天国,那里有个唯一的,全知、全智、全能、全善、全明,至慈、至睿、至恕、至大、至尊的上帝或者真主。这是一个人类从头脑中臆造出的超验的、超自然的、超世俗的、超现实的幻象。费尔巴哈把宗教看作"我们的对象",也就是我们思维观念中的对象,人对这种对象的意识其实就是人的自我意识。在宗教中,"人使他自己的本质对象化,然后,又使自己成为这个对象化了的、转化为主体、人格的本质的对象"。人的这种对象化了的本质在基督教那里变成了人的异己的统治力量,上帝拥有一切,而人一无所有,人自己的本质反过来成了压迫自己的力量。可惜的是,费尔巴哈只对天国的异化进行批判。马克思认为是"人创造了宗教",而不是"宗教创造人",应当把对天国的批判变成对尘世的批判,对宗教的批判变成对法的批判,对神学的批判变成对政治的批判。马克思和恩格斯并不是以救世主的身份站在道德的高地去完成说教,而是立足唯物史观,提出人类真正应当追求的理想王国应当是一个公正、合理、利于广大劳动者并使人类实现共同进步的社会——共产主义。在那里,每个个体都能够实现自由而全面的发展,能够实现真正的自由。这样的社会不是存在于虚幻的天国和仁慈的上帝那里,而是存在于现实世界之中。这样,马克思和恩格斯就把人们信仰的对象从无法企及的天国拉回到了尘世。各种宗教信仰有作为具象的信仰偶像,而且一定是偶像崇拜,但马克思主义的共产主义信念没有偶像,也没有偶像崇拜。

从共产主义信念的对象与各种宗教信仰的对象的质的区别中可以看到:前者是科学认识,而后者是非科学认识;前者是被严密的科学理论所证明了的,而后者不是。马克思主义的科学理论已经科学地证明了共产主义信念所信奉的对象。各种宗教有没有科学地证明所信奉的对象呢?没有。它们只是直接利用未被证明或根本不能被证明的观念,把其奉为某种本源的、超越于认识论之上的东西,把其作为信仰的对象并要人们对其绝对的相信。基督教教父曾说过"正因为荒谬我才相信"这样的名言。这岂不是对宗教如何确立信仰对象的一个最佳注解吗?实际上,一些宗教信徒公然提出,信仰本身就是超科学、超自然和超社会的,这种信仰自身具有自圆其说的合理性标准,它与科学知识完全是两回事。对此,马克思深刻地揭露说:"愚蠢本身变成了优点,因为愚蠢是信念坚定的确实证据。"①

2.信仰的方式:盲从迷信还是行动指南

各种宗教信仰以虚幻的、超验的、无法被证实和证伪的"神灵"或"偶像"为对象,它当然是不能也无法质疑的,当然要排斥信仰者的理性判断,这就是说,各种宗教信仰的方式就是通过无法验证的"信"而被接受与信仰。宗教信仰仅仅是出于"相信"而就信仰了,它根本无须信仰者了解和考察宗教的本质,树立和维系信仰的不是理性,而是"盲信盲从"。信徒不管自己对教义是否理解,甚至也根本不去作理解的努力,而只是盲目地相信。

宗教信仰的这种盲从迷信的信仰方式绝不是偶然的。原因就在于,它产生于物质匮乏、生产力低下、人民认知程度不高的环境,在这样一种环境里,它用神圣的光环掩盖了现实的需要,让人生的终极价值寄托于臆造的神明。神灵、来世、天国的虚幻性,所有这些能够被证实或被证伪吗?当然不能,于是信众对此不能也不许怀疑,在这种境遇下,唯一的选择就是相信,即"信则灵"。

与各种宗教的信仰方式不同,共产主义信念所提供的从来都是科学的行动指南,与僵死的教条或盲目的相信截然有别。共产主义信念没有神秘的迷信情结,当然也没有固定的信仰仪式。共产主义信念注重实际行动,所以具有强烈的现实性。共产主义是因为科学的认识和论证才被相信和接受,如果不把握这种科学的认识和论证,就很难成为真正的共产主义信奉者。对此,马克思主义者拉法格讲得十分清楚:"马克思虽然深切地同情工人阶级的痛苦,但引导他信仰共产主义观点的并不是任何感情上的原因,而是研究历史和政治经济学的结果。"②共产主义之所以值得信奉,当然感情因素也不能完全否认,但最根本的不是由于感情,而是由于认识到它是正确的。

各种宗教的信仰方式与共产主义信念的信奉方式之间的区别,主要在于"如何去相信"这一关键点上,前者建立在非理性基础上,而后者以理性为根基,所以两者之间的区别就是非理性与理性之间的区别。建构共产主义信念不仅需要激情,更需要理智的思考、理性的选择。马克思既抛弃了天国、上帝,又扬弃了"自由""公正""博爱""正义"等美妙的道德说辞,而且立足人类社会的历史性、发展性、阶级性,深刻揭示了道德、价值观念背后的经

---

① 《马克思恩格斯全集》(第11卷),人民出版社,1995年,第328页。
② [法]保尔·拉法格等:《回忆马克思恩格斯》,马集译,人民出版社,1973年,第2页。

济根源、利益链条和同一概念、名词得以存在并彰显意义的特定语境。不是在对抽象名词的探讨中,而是在对现实社会的反思中,积极探求理想社会的合理性特质和超越性本质。在这样的社会里,"结束牺牲一些人的利益来满足另一些人的需要的状况;彻底消灭阶级和阶级对立;……使社会全体成员的才能得到全面发展"[①]。到那时,"人类的进步才会不再像可怕的异教神怪那样,只有用被杀害者的头颅做酒杯才能喝下甜美的酒浆"[②]。在这里,共产主义信念实现了现实性与理想性的统一,实现了人类活动的实然与应然的统一。[③]

两者在信仰方式上的区别必然导致两种信仰者的心态和生活状态大不一样。那些共产主义信奉者由于对他们的信仰是建立在理性基础上的高度认可,从而他们一般充满着乐观、向上和自信,在他们那里表现出来的是一种积极振奋的情感体验和精神状态。宗教的上帝正因为没有现实的目标特性,因此它更多地带给人们的是心理安慰,它只能使信众的心灵得到慰藉,而并不是行为激发,信众往往只是被动地拜倒在上帝面前期盼恩泽的客体而已。我们看到,情感体验在宗教中往往占有极为重要的地位,以至于宗教信仰者的外在行为甚至也是为了达到内心体验而存在的。在这种情况下,他们的活动还能具有激发其主动改造世界的意义吗?

3. 信仰的目标:精神寄托还是改造世界

从信仰的目标及实现途径看,各种宗教都宣称要将信众的肉体与灵魂送达天国,使他们摆脱现实的苦难、肮脏的欲望,以及困惑苦恼的精神纠结。这样,宗教便给予苦难的灵魂以精神安慰与寄托,与此同时,又对世间的丑恶进行批判。宗教总要求人们过一种苦行僧式的生活。在某种意义上,宗教确实有着积极的文化与道德意义。关键在于,每当人们这样提出问题:一旦社会本身充满着罪恶、不公而且难以改变,那怎样才能实现对个体的救赎?凭什么个人的苦难可得以解脱?宗教总无法给出圆满的解答。对此,有学者尖锐地指出,宗教旨在拯救奄奄一息的河中的鱼,可满河的水都是脏的又如何拯救?

所有的宗教信仰都把精神寄托作为信仰的宗旨,这绝不是偶然的。如前所述,宗教建立的基础就是对一种非科学理论的尊崇,宗教所追求的无非

---

① 《马克思恩格斯文集》(第一卷),人民出版社,2009年,第689页。
② 《马克思恩格斯文集》(第二卷),人民出版社,2009年,第691页。
③ 参见张轩等:《马克思主义信仰及其构筑》,《科学与无神论》,2019年第6期。

是一种超离现实世界的虚幻物。这就决定了宗教所要求人们追求的是"来世",要求人们向往的是"天堂",它所允诺给人们的,在现实生活是永远无须兑现或根本无法实现的。在这种境遇下,信众只能跪倒在"神"的面前渴求恩惠,去追求所谓的"精神慰藉"和"理想彼岸",除此之外,他们还能做什么呢? 马克思批评宗教信仰只是"精神鸦片",充其量只是给予苦难中的人以精神上的慰藉或"虚幻幸福",言辞有点尖刻,但实在一点不为过。马克思在谈及费尔巴哈的宗教批判理论时曾经深刻指出:"这种批判撕碎锁链上那些虚幻的花朵,不是要人依旧戴上没有幻想没有慰藉的锁链,而是要人扔掉它,采摘新鲜的花朵。"①

与宗教信仰追求无法实现的虚幻世界不同,共产主义信念所追求的是建立一个现实的共产主义社会。马克思主义认为,物质世界本来就是一个自在自为的客观世界,是一个有着其内在运动变化发展的规律性世界,是一个运动变化发展进程既有必然性又充满偶然性的世界。对现实生活的苦难的摆脱,人们对美好社会的向往不是在虚无缥缈的天国,不是神灵的预设,而是就在人们现实的世界之中,靠的是人们在现实世界中的努力奋斗,在现实世界中的不断的前行与进步。道理非常简单:倘若是上帝创造了人,那么人的一切、社会的未来就只能到上帝那里寻找答案,只能寄希望于上帝给我们解决,但倘若人本身是自在自为的存在,人本身是现实的人,那么人的一切、社会的未来就只能指望自己,只能在历史的进程中,在人类自身的努力中加以解决和实现。《国际歌》表达了这一思想:从来就没有什么救世主,也不靠神仙皇帝,要创造人类的幸福,全靠我们自己。

马克思在《关于费尔巴哈的提纲》中指出:"全部社会生活在本质上是实践的。凡是把理论引向神秘主义的神秘东西,都能在人的实践中以及对这种实践的理解中得到合理的解决。"②马克思主义认为,信仰并不神秘和缥缈,人类从实践活动中可以找到信仰的目标和实现目标的途径。人们可以通过实践加深人们对信仰的体验和感受,深化对信仰的认识,丰富对信仰的理解。我们不否认共产主义信念具有的内在超越性,但与此同时我们也得承认,共产主义信念具有现实性,它来源于社会实践、指导社会实践并通过社会实践检验自身的生命力和价值。它内化为信仰主体的价值信念、感情和态度,外化为他们的行为,改变现存社会的面貌。共产主义是远大理想和现实运动的有机统一,它既是兼有社会制度和社会理想特征的社会发展目

---

① 《马克思恩格斯文集》(第一卷),人民出版社,2009年,第4页。

② 同上,第501页。

标,更是改变世界的一种现实运动。《德意志意识形态》指出:"而且对实践的唯物主义者即共产主义者来说,全部问题都在于使现存世界革命化,实际地反对并改变现存的事物。"①共产主义信念的这种目标的现实性和实现途径的实践性,是任何宗教信仰所无法企及的。当各种宗教致力于空幻的精神寄托来"救人"之时,马克思主义则致力于消除产生人间悲剧的根源,通过推动社会的变革来"救人",即实现了通过"治水"来"救鱼",这真正体现了共产主义信念是批判性与建设性相统一的信念。

4.信仰的境遇:卑微还是尊严

对各种宗教的信仰者、崇拜者来说,他清醒地认识到自身与信仰和崇拜的对象"上帝""神"之间的距离,因而在崇拜中表达着自己的渴慕、敬佩、赞美等情感,体现了信仰者希望同一于崇拜对象的强烈渴求,而在这样做的过程中,他们往往在"上帝"和"神"的面前把自己贬到最低,然后卑微地在渴盼神的恩典中获得一点点的安慰和信心,以获取现世的意义凭证,进而借此进入所谓的彼岸和来世。②

宗教仪式都有着一种神圣、崇高的气氛。但只要稍作分析就不难看出,在这种氛围下,这种崇高对信仰者来说,完全是虚幻的,在崇高的背后是信仰者的卑微和屈从。信仰者处于这样的仪式下,他们心目中的崇高无非就是臣服于高高在上的"偶像",他们认为这是"凡夫俗子"最崇高的事情。由此可见,宗教仪式中的那种崇高,所体现的正是"神灵"的高大与信仰者的渺小。

宗教对人的本性的基本态度是认为人性是"恶"的,而宗教信仰者的境遇的卑微恰恰是由宗教对人性的这种基本态度所决定的。我们知道,佛教宣扬"苦海",基督教讲"原罪",而"前定"则是伊斯兰教的出发点,它们之所以提出这些,说来说去就是为了说明人的原欲、原始本性是导致苦难和罪恶的根源之所在。生来就充满"恶"的本性的人,在"上帝"和"神"面前,当然毫无尊严可言。各种宗教对信仰者所灌输的就是必须对其绝对服从和相信,不能有丝毫不敬和怀疑,否则就要受到惩罚。一部宗教布道的历史就是充满着温情的高唱人道赞歌的历史。

与此形成鲜明的对照,共产主义信仰能给予信仰者尊严与崇高。共产

---

① 《马克思恩格斯文集》(第一卷),人民出版社,2009年,第527页。
② 参见秦维红:《马克思主义信仰与宗教信仰的关系辨析》,《北京行政学院学报》,2013年第5期。

主义信仰给予信仰主体心理愉悦和对美好未来的期盼,并指引信仰主体自觉地追寻和向往。只要看一看共产主义的信奉者所追求的共产主义社会,以对资本主义异化状态的积极扬弃为前提,体现了对公平、正义和一切美好事物的向往和追求,代表着人类社会发展的必然方向,反映了人类的价值诉求和良好愿望,就可知道以这样一种社会作为追求的目标和理想信念,怎么会不充满着崇高感呢?必须明确,共产主义信仰者为共产主义献身而产生的崇高感是一种真实的崇高感。对共产主义信仰者来说,自身的信仰追求与信仰对象是不可分割的,信仰对象本身就是信仰者确信不疑并努力践行的目标,信仰对象将通过信仰者的主体转化成为信仰者内在的观念和价值追求。

当然,共产主义信仰给人以崇高与尊严,也是与作为这种信仰的理论根基的马克思主义对人的本性的看法密切相关。马克思主义坚持人性是社会性和自然性的统一,而作为社会性的人性则是后天形成的,是伴随着社会形态的变化而变化的。人的善恶实际上说的是人的社会性,从而它也是在一定的社会环境中生成的。人不是生下来就"善"的,更不是生下来就"恶"的。将人的本性视作恶,无疑给自己设定了一个无解的悖论。正因为如此,马克思主义绝不会把人作为天生的"恶人"对待。马克思主义要求人们信仰共产主义,以共产主义为追求的目标,只是以说理的方式让人们接受,坚持从经济斗争范围之外给人民群众灌输政治意识,使他们接受科学共产主义思想,自觉地为实现无产阶级的历史使命而奋斗。对于暂时不接受、不理解共产主义目标的群众,始终坚持教育、转化的态度和等待的耐心,从来没有也绝不会祭起杀伐的大旗。①这也正如有学者所指出的,宗教把"不朽"的根据归结为超自然的存在,即"上帝"或"神",这就决定了其无论有多少存在的理由,但终究是虚幻的消极的;马克思主义把"不朽"的根据归结为历史进步和人类文明发展的无限性,因而投身于人类解放事业,个人就能超越自我、获得有限生命的不朽价值。②广大人民群众无论是在接受还是在追求共产主义的过程中,不会产生任何的卑微和屈从,而只会充满着尊严与崇高。

5.信仰的结果:无法实现还是必将实现

可以肯定的是,各种宗教不管信仰者多么虔诚,付出多少代价,其最终

---

① 参见张轩等:《马克思主义信仰及其构筑》,《科学与无神论》,2019年第6期。

② 参见侯惠勤:《当代中国信仰问题的出路是坚定马克思主义信仰》,《思想政治工作研究》,2011年第4期。

结果都是不可能实现的。这是十分简单明了的：宗教信仰所追求的是虚无缥缈的"神灵"，这是一种超离现实世界的虚构幻想。试问：我们在日常生活中见过那些宗教信徒真正实现了"得道成仙""长生不老"吗？宗教对其信徒的承诺是"不朽""永生""涅槃""天堂"，那么有谁实现了"不朽""永生"？有谁到过"天堂"？

与各种宗教信仰的无法实现形成鲜明的对照，共产主义信仰必将实现。须知，马克思主义是根据社会发展规律而确立共产主义目标的。无疑，这一目标是人类理想和愿望的寄托，它可以通过一代代人现实的实践活动而得以实现。我们不否定共产主义是未来才能实现的目标，但未来不等于就是虚无缥缈的，现在尚不能实现不等于将来也不能实现。人们在走向共产主义的过程中，会越来越感受到共产主义是现实的目标，它属于"此岸世界"，而不是属于"彼岸世界"。

共产主义的实现是一个过程，一个使社会和个人的精神不断丰富发展的过程。共产主义的实现确实需要很长的时间，甚至现在人们还不能预测共产主义究竟在什么时候才能真正来到。共产主义实现的具体方式和道路又是多样的、复杂的。在这一历史进程中，既有历史的必然性，也会有大量的难以预测的偶然性。再说，这个目标本身也不是一个终点、一个尽头，它仍然会体现为一个过程，也很可能是一个从初级到高级的过程，一个从部分到全部的过程，一个从不全面到比较全面的过程。但这并不意味着共产主义就是所谓无法实现的乌托邦。因为从共产主义理想实现的全过程来看，每一代共产主义信奉者对共产主义理想的追求，都为这个理想的最终实现作出了铺垫，这些理想追求的价值无疑都将积淀在共产主义理想最终实现之中。因此，虽然共产主义在当前的一定历史时期内也许难以实现，但是随着时间的推移、社会的发展，随着人类认识世界、改造世界能力的提高，人们终将触摸到这个"必然王国"，实现由可能性向现实性的转换。共产主义的这种具体现实的过程感会始终不断地激发人们奋斗创造的热情，使人们感到无限的精神上的愉悦和充实，从而也必将使共产主义信仰永葆青春和活力。当今世界社会主义，尤其是中国特色社会主义的蓬勃发展，也已经为马克思主义所揭示的共产主义必然王国提供了现实的、可以明证的注脚。[1]

共产主义信仰与宗教信仰的"必将实现"和"无法实现"的差异，也将会导致这两种信仰的前途不一样。我们当然明白，在社会还远没有足够的物

---

[1] 参见郑敬斌：《怎样认识马克思主义信仰与宗教信仰的关系》，《思想理论教育导刊》，2016年第3期。

质条件和能力解决人们的所有冲突和问题时,宗教信仰还会有生存空间,还会发挥一定的心理抚慰作用。但与此同时,我们也可以预言,与生产力和人类改造世界能力的不断增强相伴随,与人们认识水平和科学素质的不断提高、社会的矛盾和冲突日益减少相伴随,人们日益抱有希望和充满信心的是平等和谐的共产主义,而宗教的彼岸世界在人们的心目中定将褪去虚幻耀眼的光环。信仰还会存在着,它不会随着宗教的消亡而消亡,科学共产主义信仰必将占有主导地位。实际上,马克思在他那个时代就业已指出:"资产阶级的'信仰自由'不过是容忍各种各样的宗教信仰自由而已,工人党则力求把信仰从宗教的妖术中解放出来。"①

(四)将共产主义的理想信念化为自己的精神力量

马克思主义不仅告诉我们为什么要确立理想信念,以及应当确立什么样的理想信念,而且还告诉我们如何用共产主义的理念信念来指导和鞭策自己。马克思主义注重揭示共产主义理想信念与各种宗教信仰的界限,旨在把共产主义理想信念从各种信仰中显现出来,让我们用共产主义理想信念把自己武装起来,把共产主义理想信念转化为自己前进道路上的精神力量。而这一点,对个人来说或许比了解究竟什么是理想信念更为迫切与重要。习近平曾经说过"信仰的力量是无穷的"②,他所说的信仰当然指的是共产主义理想信念,我们一定要让共产主义理想信念的力量充分地展示出来。

1.当一个"用特殊材料构成的人"

斯大林在《悼列宁》一文中说过这么一句话:"我们共产党人是具有特种性格的人,我们是由特殊材料制成的。"斯大林这里十分形象地刻画出了共产党人与生俱来的与众不同。共产党人作为社会人群中的一部分,有着与常人一样的容貌和情感,但共产党人又不是普通的人,而是"用特殊材料制成的"一个特殊群体,这种材料不是特殊钢,不是足赤金,而是比钢更坚韧,比金更闪光的东西——共产主义的崇高理想和坚定信念。③我们就是要做这样的"用特殊材料构成的人"。

① 《马克思恩格斯选集》(第三卷),人民出版社,1995年,第317页。
② 《习近平主席、中央军委领导和推进新形势下军队政治工作纪实》,《人民日报》,2014年11月4日。
③ 参见吕其庆:《不忘革命传统坚定理想信念》,《红旗文稿》,2016年第9期。

马克思和恩格斯曾经指出,真正的真理和正义至今还没有统治世界,这只是因为它们没有被人们正确地认识,所缺少的只是个别的天才人物,现在这种天才人物已经出现而且已经认识了真理。这种天才人物在五百年前也同样可能诞生,这样他就能使人类免去五百年的迷误、斗争和痛苦。每个时代,不乏这样的天才,正是这种天才成就了时代的传奇,完成了时代赋予他们的伟业。①我们虽然不能自诩为什么"天才",但确实应当有雄心壮志为人类做出贡献。问题在于,这样的"天才"究竟是如何形成的?究竟怎样才能成就自己的"伟业"?显然,"天才"不是从降生就注定其天才的身份,他们与常人共享一样的身体结构,但不同的是他们的思想,这种思想的本质就是共产主义的理想信念;而要成就自己的"伟业",关键在于拥有一种"特殊的材料",即具有坚定不移的共产主义的理想信念。

革命先烈夏明翰面对敌人的屠刀,发出了"砍头不要紧,只要主义真,杀了夏明翰,还有后来人"的呐喊,充分表现出了他对共产主义的崇高信念和作为一个革命的理想主义者的品格。周恩来在生命垂危、受到病痛巨大折磨之际,口中高唱的是"革命的理想高于天","英特纳雄纳尔就一定要实现"的歌词,周恩来把共产主义的理想视为至高无上,对此一直到生命行将结束时也不会有丝毫改变。江苏无锡江阴华西村的老党支部书记吴仁宝在回忆自己坚持让农民集体富裕的半个世纪的不平凡历程时,讲了这么一段令人难以忘怀的话:"社会主义和共产主义是我们共产党人坚定不移的理想,我们一生中可能不会实现,但我们一生中可以去实践。我这一辈子是破除了对于理想的一切障碍,能让更多的人过上好日子便是我吴仁宝毕生的追求。"②这段话从表面看是如此平和与不经意,但实在是铿锵有力、气吞山河,实在使人感慨系之、心潮澎湃。他们都是用"特殊材料构成的人"。我们应当十分明白,革命烈士夏明翰、敬爱的周恩来总理、华西村老党支部书记吴仁宝之所以具有如此非凡的力量和坚强的意志,就是因为他们是由"特殊材料构成的",即他们的脑海里装着共产主义的崇高理想。共产主义理想信念这种"特殊材料"所产生的力量确实是无法用言语形容的,正如邓小平所说:"我们一定要经常教育我们的人民,尤其是我们的青年,要有理想。为什么我们过去能在非常困难的情况下奋斗出来,战胜千难万险使革命胜利呢?就是因为我们有理想,有马克思主义信念,有共产主义信念。"③

---

①　参见吕其庆:《不忘革命传统坚定理想信念》,《红旗文稿》,2016年第9期。

②　张严平、孙彬:《扎根土地的旗帜——记优秀共产党员、农民思想家吴仁宝》,《文汇报》,2006年1月13日。

③　《邓小平文选》(第三卷),人民出版社,1993年,第110页。

2.用共产主义理想信念来引领自己

对于每一个人来说,沿着正确的方向前进,即拥有正确的方向感,比什么都重要。我们一定要用共产主义理想信念来引领自己,保持自己在理想追求上的政治定力。习近平在党的十九大报告中指出:"中国先进分子从马克思列宁主义的科学真理中看到了解决中国问题的出路。……从此,中国人民谋求民族独立、人民解放和国家富强、人民幸福的斗争就有了主心骨,中国人民就从精神上由被动转为主动。"①对于一个国家和民族来说,找到了正确的前进方向,就有了主心骨,精神上由被动转为主动;对于我们具体的个人来说也是如此,我们一定要在共产主义的理想信念的旗帜下前进,只有这样我们才有主心骨,才能在精神上由被动转为主动。习近平在2010年9月1日的中央党校秋季学期开学典礼上专门论述了"树立正确世界观,坚定崇高理想信念"的问题。他指出,正确的世界观、理想信念是世界观和政治信仰在奋斗目标上的具体体现。一个国家、一个民族、一个政党,任何时候、任何情况下都必须树立和坚持正确的理想信念。如果没有或丧失理想信念,就会迷失奋斗目标和前进方向,就像一盘散沙而形不成凝聚力,就会失去精神支柱而自我瓦解。2013年1月5日,习近平在新进中央委员会的委员、候补委员学习贯彻党的十八大精神研讨班上强调:"有了坚定的理想信念,站位就高了,眼界就宽了,心胸就开阔了,就能坚持正确政治方向,在胜利和顺境时不骄傲不急躁,在困难和逆境时不消沉不动摇,经受住各种风险和困难考验,自觉抵御各种腐朽思想的侵蚀,永葆共产党人政治本色。"②

共产主义理想信念向我们所昭示的,正是我们走向光明未来的意图和信念。我们有了共产主义理想信念的引领,不仅可以让自己成为历史,而且使自己走向未来,正是信仰规划着我们的前进方向。人的一生中难免会产生破碎感、空虚感、恐惧感,共产主义信仰可以帮助我们把它们摆脱掉。摆脱掉了偶然、无根的状况,我们的生活就有了方向和意义。为了实现共产主义的理想信念,我们不管作出多么大的牺牲都是值得的,甚至是自己的生命——为了共产主义的理想信念而死亡,成了生命的完美结局。

我们信奉共产主义,并不是祈望在今生今世看到共产主义的实现,而是把投身于全人类的解放事业视为对个人有限生命的超越方式,在前进的道

---

① 习近平:《决胜全面建成小康社会　夺取新时代中国特色社会主义伟大胜利——在中国共产党第十九次全国代表大会上的报告》,人民出版社,2017年,第13页。

② 《十八大以来重要文献选编》(上),中央文献出版社,2014年,第117页。

路上永远有共产主义的方向感,在这一指向未来的伟大事业中获得终极关怀。由于个体信仰是个体在其所处的独特社会环境和关系基础上,在理性与非理性因素共同起作用的复杂精神活动过程中形成的,因而个体的信仰存在着广泛的差异甚至对立,强求个人信仰的一致是不当的,也是无效的。但作为一个立志在这个世界上有所作为的中国人,应当增强自己对理性与非理性、科学与非科学、崇高与邪恶、信仰与盲从的分辨能力,让共产主义成为自己作出个人人生信仰选择的重要指南。①共产主义理念信念的动力效应与人类社会发展方向是相一致的,我们以共产主义作为自己一生的前进方向,也就是坚持了人类社会不断进步的发展趋势。

3.用共产主义理想信念来激励自己

我们要不停地沿着正确的方向走,需要有强大的精神动力,共产主义的理想信念就能够为我们提供这种精神动力。从这一意义上说,共产主义理想信念就是我们的精神支柱。共产主义理想信念对我们个人除了起着方向引领的作用之外,还具动力支持的功能。邓小平说:"对马克思主义的信仰,是中国革命胜利的一种精神动力。"②习近平也说:"坚定理想信念,坚守共产党人精神追求,始终是共产党人安身立命的根本。对马克思主义的信仰,对社会主义和共产主义的信念,是共产党人的政治灵魂,是共产党人经受住任何考验的精神支柱。"③确实,共产主义理想信念对中国革命来说,是一种精神动力,就我们个人的事业而言,也是一种精神动力;共产主义理想信念是共产党这个整体的精神支柱,也是我们每个共产党员和追求进步的人的精神支柱。

邓小平在谈到共产主义理想信念的作用时这样说道:"过去我们党无论怎样弱小,无论遇到什么困难,一直有强大的战斗力,因为我们有马克思主义和共产主义的信念。有了共同的理想,也就有了铁的纪律。无论过去、现在和将来,这都是我们的真正优势。"④远大的理想可以激发我们的热情,鼓舞我们的斗志,增强我们战胜挫折的勇气。我们都生活在现实社会中,我们要生存和发展,在这个过程中会遇到很多困难、挫折、失败,甚至会遭受打

---

① 参见胡素清:《论马克思主义在我国信仰体系中的主导地位》,《社会科学战线》,2011年第12期。

② 《邓小平文选》(第三卷),人民出版社,1993年,第63页。

③ 习近平:《紧紧围绕坚持和发展中国特色社会主义 学习宣传贯彻党的十八大精神》,《人民日报》,2012年11月19日。

④ 《邓小平文选》(第三卷),人民出版社,第144页。

击,失去生活的信心和勇气也是常有的事。在这种情况下,共产主义理想信念作为内心的目标、信服的态度和坚定的信念,它会给我们不懈努力、战胜困难的力量。邓小平指出,在我们最困难的时期,共产主义的理想是我们的精神支柱。多少人牺牲就是为了实现这个理想。当我们在前进道路上遇到艰难曲折时,当我们在前进道路上感到厌倦懈怠时,靠什么来支撑自己促进自己继续往前走?就是靠共产主义的理想信念这一精神支柱。马克思说:"如果我们选择了最能为人类福利而劳动的职业,那么,重担就不能把我们压倒,因为这是为大家而献身。"①肖华在其创作的《长征组歌》中这样写道:"雪皑皑,野茫茫,高原寒,炊断粮,红军都是钢铁汉,千锤百炼不怕难。雪山低头迎远客,草毯泥毡扎营盘。风雨侵衣骨更硬,野菜充饥志越坚。官兵一致同甘苦,革命理想高于天。"这段歌词,生动而真实地反映了崇高的共产主义理想信念对于红军取得长征胜利所起的精神支柱的重要作用。

用共产主义理想信念激励自己的过程,也是从对共产主义的信奉滋养个人的使命感和责任感的过程。"人的使命"是一个与个人人生信仰紧密相连的问题。所谓人的使命,在某种意义上,就是个人所信仰的人生目的的具体化和切实化。哲学家贺麟说道:"做人有了做人的使命,人生就有目的、意义与价值。没有具体的、切实的、非执行不可的使命,而高谈人生目的,就嫌空洞不着边际了。"对于个人而言,人生目的与具体的现实生活及个人实际情况相结合就形成这个人的具体的"使命"。有什么样的个人人生信仰,就会有什么样的"使命感",有什么样的"使命感"就会有什么样的"责任感"。如果说"使命感"是个人人生信仰的具体化、切实化,那么"责任感"则是这种"使命感"的具体化、切实化。个人人生信仰,从"信仰"层面到"使命"层面,再到"责任"层面,充分地体现着个人人生信仰对个人的切实可感的价值意义。我们要使自己对投身于中国特色社会主义事业和相应所从事的工作充满着激情,那就得有强烈的责任感和使命感,而这种责任感和使命感来源于坚定的共产主义的理想信念。

习近平在纪念五四运动100周年大会上的重要讲话中,对新时代中国青年提出了六点希望,其中第一点就是"树立远大理想"。习近平希望:"新时代中国青年要树立对马克思主义的信仰、对中国特色社会主义的信念、对中华民族伟大复兴中国梦的信心,到人民群众中去,到新时代新天地中去,让理想信念在创业奋斗中升华,让青春在创新创造中闪光!"②我们要像习近

---

① 《马克思恩格斯全集》(第40卷),人民出版社,1982年,第7页。

② 习近平:《在纪念五四运动100周年大会上的讲话》,《人民日报》,2019年5月1日。

平所说的那样,用共产主义的理想信念激励自己,让共产主义理想信念在创业奋斗中升华,让青春在创新创造中闪光!

4.用共产主义理想信念来约束自己

共产主义理想信念的"信"的意向不仅指向外部世界,还要指向外部世界与人的关系及人自身,指向人的生活和实践准则、律令。倘若共产主义的理想信念真的已经成为我们信服的理论或学说,我们就会自觉或不自觉地用这种理论或学说来审查、检视、校正自己的行为,使其符合这一理想规定。这一过程就是使共产主义的理想信念内化为自己内在的道德律令,成为约束自己行为的力量的过程。一个人的共产主义理想信念的坚定性,很大程度上就是看其对自己的约束力。

共产主义道德是共产主义理想信念的重要内涵和必然要求。判断一个人是不是共产主义的信仰者,不仅看他口头上是不是表明相信和追求未来的共产主义,也不仅看他是不是投身于现实共产主义革命运动,而且要视其个人的道德修养和为人处世是不是符合一个共产主义者的标准。我们不是生活在狂风暴雨式的革命时期,而是生活在和平正常的社会生活之中。当狂风暴雨式的革命时期过去以后,迎来的就是和平正常的生活。在和平正常的生活中,对个人的道德要求就非常突出。一个人在和平的正常生活中,如不能用共产主义道德来约束自己,任意妄为,那就证明他不是一个真正的共产主义的信仰者。政治信仰与道德人格是紧密联系的,丧失道德人格就不可能真正具有坚定的共产主义政治信仰。

当前,用共产主义理想信念来约束自己显得尤其迫切和重要。市场经济大潮使个人主义有了广阔的空间,对"经济人"的片面解释又使个人的唯利是图变得天经地义。不少人受西方价值观的影响,将自己的某种身份和手中的某种权力当成一种谋权获利的工具,玩弄于股掌而无所惧。即使是那些在中国共产党的党旗下宣誓"为共产主义奋斗终身"的人,也没有将自己的"虔诚"用在利国利民之事上,而是用在了谋一己私利上。在这种情况下,能够拯救自己的还是马克思主义世界观和基于其生成的共产主义理想信念,我们一定要用共产主义的理想信念来对照自己、约束自己和纠正自己的一切错误行为。只有坚定的共产主义的理想信念,才能抗住这些来自不同方面的诱惑。

习近平一再强调坚守共产主义的理想信念对防止堕落的重要性。例如,2008年5月13日,他在中央党校春季学期第二批进修班暨师资班开学典礼上提出,领导干部要认认真真学习、老老实实做人、干干净净干事。他强调了领导干部加强修养提升境界的重要性,并提出要有六种意识,其中第一种就是要有"信仰意识",并论述了坚守信仰对防止堕落的重要性。他指出,崇高的理想、坚定的信念,是共产党人的立身之本。领导干部一旦动摇和丧失了正确的理想信念,就会导致政治上的变质、经济上的贪婪、道德上的堕落、生活上的腐化。再如,2012年6月28日,习近平在全国创先争优表彰大会上作了题为"始终坚持和充分发挥党的独特优势"的讲话,系统论述了崇高的政治理想和政治信念的重大意义。他指出:"革命战争年代,千千万万的共产党人不为官、不为钱,不怕艰苦、不怕坐牢,慷慨赴难、从容就义,真正做到了为主义和信仰而奋斗而献身","现在我们党执政的条件好了,有些党员和领导干部却在矛盾面前畏缩不前,在困难面前悲观失望,有的甚至抵挡不住权力、金钱、美色的诱惑而堕落为腐败分子,根本原因就是政治理想、政治信念出了问题"。①他认为,解决这一问题的根本途径就是坚定马克思主义和共产主义的信念。

党的十八大以来,在以习近平同志为核心的党中央领导开展全面从严治党的实践中。我们更进一步细致剖析了少数党员干部的理想信念出现动摇的种种表现:"有的认为共产主义是虚无缥缈的幻想,不信马列信鬼神,热衷于算命看相、求神拜佛,迷信'气功大师';有的向往西方社会制度,对社会主义前途命运丧失信心,把配偶子女移民到国外、钱存在国外,给自己'留后路';还有的以为物役,功利至上、享乐至上,感叹'人生如梦''人生苦短''昼短苦夜长,何不秉烛游'。"②而这其中内在的成因机制就在于"丢失了共产党人的远大目标,就会迷失方向,变成功利主义、实用主义者,就可能导致政治上的变质、经济上贪婪、道德上堕落、生活上腐化"③。对于坚守共产主义理想信念对约束自己、防止堕落的重要性,没有再比这种剖析更清楚、深刻的了。

5. 用共产主义理想信念来扩展自己

实现共产主义,不是靠某一个个人所能完成得了的,实现共产主义依靠的是整体的力量。人自身的力量从个体方面说当然是微小的,但是人不只是个体,而是社会和群体,也就是说,当个体组织起来时,它的力量就不再微小了,而成为丰富的力量。对于追求共产主义理想信念的具体个人来说,他

---

① 习近平:《始终坚持和充分发挥党的独特优势》,《求是》,2012年第5期。

② 中共中央组织部研究室(政策法规局):《十八大以来党的组织工作言论集》,党建读物出版社,2018年,第27~28页。

③ 中共中央宣传部理论局编:《中国特色社会主义学习读本》,学习出版社,2013年,第151页。

必须不断地扩展自己,团结和凝聚周围的人一起努力奋斗。一个人在为实现共产主义而奋斗的具体实践中,本身就包含着团结人、凝聚人的重要内容。这样,我们作为共产主义理想信念的实践者,就应当善于用共产主义理想信念来丰富自己,把共产主义的理想信念变成更多的人的理想信念,让更多的人共同走在实现共产主义的大道上。作为一个共产主义理想的信奉者,要使自己成为一面旗帜,用共产主义理想信念将周围的人群团结在自己的周围。在信仰中生存,在生存中信仰,这是人类注定的命运,世界上实际上没有信仰和不信仰的区别,而只有信仰什么和不信仰什么的区别。在全球进入信仰危机时代的今天,我们所要真正面对的问题,不是要不要信仰的问题,而是要不要坚持共产主义信仰的问题。我们一定要使更多的人聚集在共产主义理想信念的旗帜下,一定要将共产主义理想信念转化为越来越多的人的自觉追求。我们一定要使共产主义理想信念借由其核心价值观所蕴含的价值取向,引起越来越多的人的价值共鸣,进而对其产生信念。

实际上,共产主义理想信念本身就是一种凝聚公众意志的力量,它本身具有强大的凝聚力和感召力。共产主义信念之所以是一种科学而崇高的信仰,一个重要的方面就在于它能够超越地域、阶层、性别等的限制,把多方面、多样化的政治意识和价值观念整合在一起,把分散的利益、不同的民意凝聚成相对统一的政治共识和共同意志。托克维尔指出:"不难理解,一个社会要是没有这样的信仰,就不会欣欣向荣;甚至可以说,一个没有共同信仰的社会,就根本无法存在,因为没有共同的思想,就不会有共同的行动,这时虽然有人存在,但构不成社会。因此,为了使社会成立,尤其是为了使社会欣欣向荣,就必须用某种主要的思想把全体公民的精神经常集中起来,并保持其整体性。"①显然,共产主义理想信念就具有这样的功能,它正是托克维尔所说的"某种主要的思想"。有了共产主义理想信念这种共同的理想和信仰,我们就有了共同的价值目标和价值取向,也就有了共同的行动评价标准。

2013年6月20日,习近平在中南海同团中央新一届领导班子成员集体谈话时希望共青团的领导干部要用共产主义的理想信念去吸引人和凝聚人。他强调:"团的工作要把握住广大青年的脉搏。要提高团的吸引力和凝聚力,关键是要高举理想信念的旗帜。共青团要做好青年思想引导工作、增强吸引力和凝聚力,必须站在理想信念这个制高点上。只有思想上精神上的吸引力和凝聚力,才是内在的强大的持久的。共青团要努力帮助广大青

---

① [法]托克维尔:《论美国的民主》(下册),董果良译,商务印书馆,1988年,第524页。

年树立远大理想，坚定走中国特色社会主义道路的人生信念，用科学的理论武装青年，用历史的眼光启示青年，用伟大的目标感召青年，用光明的未来激励青年。"[①]这是习近平对共青团干部提出的要求，也是对所有共产主义理想信念的追求者所提出的要求，我们一定要坚信共产主义理想信念的吸引力和凝聚力，坚信共产主义理想信念有内在的强大、持久的力量，站在共产主义理想信念的制高点上，如一块磁铁一样，把一切能够吸引的力量都紧紧地吸引在自己的周围。

6.用共产主义理想信念来塑造自己

有了共产主义的远大理想信念，就会自觉运用马克思主义的世界观和方法论认识世界、观察社会、改造人生，进而会确立科学的世界观和人生观，努力把自己塑造成共产主义的新人。从现实生活出发观察当今中国人，应该说"人究竟应该成为什么样的人"，是摆在每个活生生的中国人面前的最为迫切而重大的问题，用共产主义理想信念来塑造自己应当成为我们自觉的行动。

塑造自己就是提升自己的精神境界。我们要善于用共产主义的理想信念来提升自己的精神境界。精神境界并不是抽象的东西，而是十分具体的实在东西。例如，在视野方面，共产主义理想信念会引导我们关注整个"社会历史的世界"。又如，在人生进取心方面，共产主义理想信仰会促使我们保持不懈奋斗的精神。再如，在高尚的情操方面，有了共产主义的理想信念，我们就不会停留在只是追求物质利益，更富有崇高的精神追求。还如，在崇高的情怀方面，共产主义理想信念会指引我们超越个人的解脱，而是去实现人类的解放。

恩格斯曾经提出过"两次提升"理论。恩格斯认为，人要使自己的行为获得自己的本质，即人真正要成为人，必须经过两次提升：一次是从物种关系方面提升出来，还有一次是从社会关系方面提升出来。按照恩格斯的说法，第一次提升实现了从猿到人的转变，直立行走等；第二次提升涉及人生活的社会状态和社会关系。倘若人与人之间还是动物界通行的"弱肉强食"的丛林法则，通行的还是尔虞我诈，是为经济利益而相互倾轧，那么就表明人还不是真正的人，人们过得并不是真正人的生活。这表明从动物到人的转变还没有完全完成，人在某种意义上还是动物。那么如何才能实现第二

---

① 习近平：《紧跟党走在时代前列走在青年前列 在实现中华民族伟大复兴的征途中续写新光荣》，《人民日报》，2013年6月21日。

次提升呢？恩格斯说得十分清楚，依靠的是对共产主义理想信念的追求。用恩格斯的"两次提升"的理论来分析，我们之所以要弘扬马克思主义，用马克思主义来引导人们追求共产主义，无非是为了使人真正成为人，也就是说，为了使人不仅在生物学上成为人，而且在社会生活和社会关系上也成为人。恩格斯这样说道，在共产主义社会，"个体生存斗争停止了。于是，人在一定意义上才最终地脱离了动物界，从动物的生存条件进入真正人的生存条件"①。我们应当如恩格斯所说的那样，自觉地在共产主义理想信念的指引下实现第二次提升，让自己脱离动物界，把自己塑造成真正意义上的人。

（五）如何确立起共产主义的理想信念

共产主义的理想信念对我们来说如此重要，那么我们怎样才能真正确立起共产主义的理想信念呢？要确立起共产主义信念究竟要解决哪些关键的问题呢？对此，马克思主义也有许多的论述。马克思主义在理想信念问题上有着许多的论述，或许最重要的是告诉我们如何真正确立起共产主义的理想信念。我们仅仅知道一种东西非常好是不够的，更应知道如何才能拥有这种东西。

1.在真学真信中坚定共产主义的理想信念

共产主义理想信念是建立在科学理论基础之上的科学信仰。共产主义理想信念之所以是科学信仰，就在于其理论基础——马克思主义是颠扑不破的真理。前面我们已作过论述，这一真理的科学性在于，它汲取了此前人类创造的一切文明成果，揭示了资本主义的发展必然会走向共产主义的历史大趋势，确立了人民群众的历史主体地位，提出了无产阶级解放全人类并最终解放自己的历史使命。它立足当时的历史现状，对人类社会的未来作出了合理推论。马克思主义是在对人类社会发展规律的深刻把握的基础上，才提出实现共产主义的社会理想与目标的。毛泽东在1940年1月发表的《新民主主义论》中，对中国共产党为什么选择社会主义、共产主义作为自己的理想信念作了这样的说明："共产主义是无产阶级的整个思想体系，同时又是一种新的社会制度。这个思想体系和社会制度，是区别于任何别的思想体系和任何别的社会制度的，是自有人类历史以来，最完全最进步最合

---

① 《马克思恩格斯选集》(第三卷)，人民出版社，1995年，第633～634页。

理的。"①毛泽东在这里用"最完全最进步最合理"这三个"最"来加以说明。而要真正理解毛泽东所说的这三个"最",关键是要明白,共产主义的理想是以马克思主义作为理论依据的,而马克思主义是迄今为止人类思想智慧的最高境界,它揭示了人类社会的本质和规律。马克思主义的一个重大意义就在于,为人类确立了社会主义、共产主义这一崇高的理想。

但是正如一切科学知识都不是人类本性中所固有的一样,共产主义理想信念当然也不可能是我们与生俱有的。列宁指出,社会主义学说是在"有产阶级的有教养的人即知识分子创造的哲学理论、历史理论和经济理论中发展起来的",现代社会主义的产生是"革命的社会主义知识分子的思想发展的自然和必然的结果"。②共产主义理想信念绝不会"自发地产生出来",绝不会在我们的头脑中"自动地强化起来",它必须从外界不断地"灌输进去"才能巩固起来。这样,我们要确立共产主义的理想信念,就必须自觉地接受马克思主义的"灌输",把马克思主义理论作为"看家本领","真学、真懂、真信、真用",通过不断提高自己的马克思主义理论素养来打牢共产主义理想信念的根基。

共产主义的理想信念实现了与科学、与现实的双重联姻,这构成了共产主义理想信念生成的前提性背景。第一个"联姻",即共产主义理想信念与科学的"联姻",决定了共产主义理想信念的生成离不开马克思主义的科学理论。如果没有马克思主义科学理论作为指导,没有基本的马克思主义理论修养,也就不会确立坚定的共产主义理想信念。马克思主义从全人类的根本利益出发,为了全人类的解放而设定了共产主义社会理想。共产主义的理想信念本身就是马克思主义的理想价值部分。既然如此,倘若我们离开了马克思主义的科学理论来谈论共产主义理想信念,就是缘木求鱼、一句空话。马克思说过:"理论一经掌握群众,也会变成物质力量。理论只要说服人,就能掌握群众;而理论只要彻底,就能说服人。"③我们只有彻底地把握马克思主义理论,才能不仅说服自己还能说服他人相信共产主义的崇高理想。

在真学真信中坚定共产主义的理想信念,这是习近平所一贯强调的。他指出:"要炼就'金刚不坏之身',必须用科学理论武装头脑,不断培植我们的精神家园。"④他于2009年3月30日在全国培养选拔年轻干部工作座谈会

---

① 《毛泽东选集》(一卷本),人民出版社,1964年,第646~647页。
② 《列宁选集》(第一卷),人民出版社,1995年,第317~318页。
③ 《马克思恩格斯文集》(第一卷),人民出版社,2009年,第11页。
④ 《习近平总书记系列重要讲话读本》,学习出版社,2016年,第108页。

上提出:"做好培养选拔年轻干部工作,要把理想信念教育作为一项根本任务抓实抓好。要按照中央关于大规模培训干部的要求,加强年轻干部的理论学习培训,全面提高他们的马克思主义理论素养,打牢理想信念的根基。"①2013年五四青年节,习近平在同各界优秀青年代表座谈时论述了青年的梦想和使命,他要求广大青年"把理想信念建立在对科学理论的理性认同上,建立在对历史规律的正确认识上,建立在对基本国情的准确把握上"②。在2013年8月19日召开的全国宣传思想工作会议上,习近平提出:"新干部、年轻干部尤其要抓好理论学习,通过坚持不懈学习,学会运用马克思主义立场、观点、方法观察和解决问题,坚定理想信念。"③

借助于马克思主义的理论学习来增强共产主义的理想信念,是思想教育的主要内容,这是共产主义事业成功与否的关键。毛泽东曾指出干部教育中最核心的教育是共产主义理想信念问题,是思想路线问题,这是决定其他一切问题的核心。对此,无产阶级政党的领导人头脑固然要十分清醒,每一个共产主义理想的追求者也不能丝毫糊涂。

2.善于向革命先烈和革命前辈学习

树立共产主义的理想信念还应当借助于典型事例、榜样示范激发情感共鸣,增进对理想信念的心理认同。革命先烈和革命前辈对共产主义理想信念矢志不移地追求就是最好的典型事例。

我们要树立共产主义的理想信念离不开对这些"红色基因"的继承。党的十八大以来,习近平多次强调要从中国革命历史、优良传统和精神中汲取养分。他先后到河北阜平西柏坡、山东临沂、福建古田、陕西延安、贵州遵义、江西井冈山等革命老区考察,发表重要讲话。他说:"对我们来讲,每到井冈山、延安、西柏坡等革命圣地,都是一种精神上、思想上的洗礼。每来一次,都能受到一次党的性质和宗旨的生动教育,就更加坚定了我们的公仆意识和为民情怀。历史是最好的教科书。对我们共产党人来说,中国革命历史是最好的营养剂。多重温这些伟大历史,心中就会增加很多正能量。"④井冈山、延安、西柏坡等之所以被视为圣地,就是因为它们是中国共产党的革命之地、战斗之地,也是英雄之地、光荣之地。习近平多次到这

① 习近平:《以改革创新精神做好培养选拔年轻干部工作》,《人民日报》,2009年3月31日。
② 习近平:《同各界优秀青年代表座谈时的讲话》,《人民日报》,2013年5月5日。
③ 习近平:《胸怀大局把握大势着眼大事 努力把宣传思想工作做得更好》,《人民日报》,2013年8月21日。
④ 《习近平:党面临的"赶考"远未结束——再访西柏坡侧记》,《人民日报》,2013年7月14日。

些革命老区考察,不仅传达出对老一辈革命家的深情缅怀,更昭示了接续红色基因的殷切期望。我们要树立共产主义的理想信念离不开对这些"红色基因"的持续。①

习近平深情地告诉我们,中国共产党从成立那一天起,就在马克思主义世界观的指导下把在中国实现社会主义、共产主义确立为自己的远大理想和奋斗目标,一代又一代中国共产党人确立了为之不懈奋斗的坚定信念。革命战争年代,革命先烈在生死考验面前之所以能够视死如归,是因为他们对崇高的理想信念坚贞不渝、矢志不移。习近平所说的革命前辈和革命先烈为了共产主义理想信念无私无畏地英勇献身的光辉业绩,是我们今天接受共产主义理想信念教育的最好的思想资源,我们必须倍加珍惜,充分利用。

习近平在谈到共产主义理想信念时,总是一再强调革命先烈以坚定的理想和信念,为革命奋不顾身,献出自己宝贵的生命,甚至也献出了自己家族中多人的生命。革命领袖也是这方面的榜样。2013年12月26日,习近平在纪念毛泽东同志诞辰120周年座谈会上指出:"十月革命一声炮响,给中国送来了马克思列宁主义。从纷然杂陈的各种观点和路径中,经过反复比较和鉴别,毛泽东同志毅然选择了马克思列宁主义,选择了为实现共产主义而奋斗的崇高理想。在此后的革命生涯中,不管是'倒海翻江卷巨澜',还是'雄关漫道真如铁',毛泽东同志始终都矢志不移、执着追求。"②2014年8月20日,习近平在纪念邓小平同志诞辰110周年座谈会上也指出:"革命理想高于天。没有一大批具有坚定共产主义理想的中华儿女,就没有中国共产党,也就没有新中国,更没有今天我国的发展进步。要把我国发展得更好,离不开理想信念的力量。我们共产党人锤炼党性,首要的就是坚定共产主义远大理想和中国特色社会主义共同理想。我们要学习邓小平同志矢志不渝为社会主义、共产主义而奋斗的执着精神,坚定中国特色社会主义道路自信、理论自信、制度自信,坚忍不拔、风雨无阻朝着我们的目标奋勇前进。"③只要我们响应习近平的号召,让毛泽东、邓小平对共产主义理想信念矢志不渝、执着追求、坚忍不拔、风雨无阻的形象永远呈现在自己的面前,我们也一定能奋进在实现共产主义的光辉大道上。

李富春曾这样描写过长征的行军生活:"当着无敌情顾虑,月朗风清之

---

① 参见吕其庆:《不忘革命传统坚定理想信念》,《红旗文稿》,2016年第9期。
② 《十八大以来重要文献选编》(上),中央文献出版社,2014年,第688页。
③ 习近平:《在纪念邓小平同志诞辰110周年座谈会上的讲话》,《人民日报》,2014年8月21日。

夜,我们有时可以并肩而行,有时整连整队半夜高歌,声彻云霄。这种夜行的行军乐,可以不知东方之既白!"这是一群共产主义理想信念追求者的革命乐观主义精神,这种精神来源于对美好未来的向往和对正义事业的信念。党的主要创始人之一李大钊面对绞刑架,发出了这样的豪迈誓言:"不能因为你们绞死了我,就绞死了共产主义,我们宣传马克思主义已经培养了许多革命同志,如同红花种子撒遍全国各地。我深信:共产主义必将得到光荣胜利,将来的环球,必定是赤旗的世界!"方志敏在英勇就义前,慷慨陈词:"敌人只能砍下我们的头颅,决不能动摇我们的信仰!"既然革命前辈当年在共产主义理想信念的指引下能够焕发出如此巨大的力量,我们今天又为何不能呢?我们应当有决心、有信心接好和握好共产主义理想信念这根"接力棒"。

3.积极投身于为共产主义奋斗的实践

坚守共产主义的信仰固然要旗帜鲜明地以马克思主义为指导,但更为根本的是通过现实的共产主义运动去追求。我们一定要将共产主义理想信念内化于心,外化于行,加强共产主义理想信念的实践体验。

当今有些人对于共产主义理想产生了这样或那样的怀疑,这一方面是由于对马克思主义本身不了解;另一方面则是因为缺少切身的实践,缺少在实践中的不断磨砺。共产主义理想信念是现实的社会主义运动的反映,它必然与生动的现实发生实际的相互作用,我们只有在这个相互作用的过程中不断调整和完善自己,借助于这个相互作用的过程不断地领悟反思,才能真正将共产主义的理想信念在自己的头脑中扎下根来。共产主义理想信念作为科学信仰,根植于现实又服务于现实。对这一科学信仰的尊崇,不能偏离时代所要解决的根本问题,不能游离于历史发展的正常逻辑之外。

共产主义理想信念不能停留在"空谈"层面,而应借助社会实践的桥梁,在实干中化解现实难题;共产主义理想信念教育必须"顶天立地",融入细微的日常生活感悟才能可感、可亲、可信。为共产主义奋斗的实践可以是惊天动地、大义凛然、视死如归的大事,但更多的是日常生活中的小事。我们要像伟大的共产主义战士雷锋那样,从基础做起,从点滴做起,从日常的小事做起。"天下大事必做于细,天下难事必做于易",正是在这种点滴的小事中实现自己向共产主义境界的升华。我们要在将自己生命的价值与意义安放在为国家民族利益奋斗、为人民群众服务的现实活动之中,体悟共产主义理想信念的崇高与不朽。对于一个共产主义理想的追求者来说,信念的坚持或许永远在路上,在自我持续的修为与努力之中。事实告诉我们,接受共产主义的理想信念,提高自己对共产主义的科学信念的水平,仅仅靠理性的训练是不能完全奏效的,必须同时以现实的生活需要为背景,以个体的情感体验为纽带,以自己的实践活动为出发点,研究当下人们共同关心的现实问题,才能使自己产生切身的感受,引导自己真正树立起坚定的共产主义理想信念。共产主义理想信念并不神秘和缥缈,我们完全可以从实践活动中加深对它的体验和感受,深化对它的认识,丰富对它的理解。

作为共产主义理想信念生成的前提性背景的第二个"联姻",即共产主义理想信念与现实的"联姻",则决定了共产主义理想信念的生成离不开无产阶级的革命实践。马克思主义的理想实现了与现实紧密地结合在一起,致力于在剖析资本主义社会旧世界中阐发未来新世界的特点,意识到不能抽象地随意地谈论未来社会,不应该到哲学家的书桌里去寻找一切谜底,而应该首先致力于对现实资本主义社会的研究,"对现存的一切进行无情的批判"。共产主义理想信念是在革命实践中树立起来的。

要确立共产主义理想信念必须投身于现实的活动,这说明了共产主义理想并不是一种空想。共产主义理想信念是一种科学的、符合事物发展规律的理想,它并非一种脱离现实土壤的空想。这就决定了共产主义理想具有扎根于现实的、实践的必然性。不仅共产主义理想的实现,而且共产主义理想的确立都是一个具体的实践问题。

习近平明确提出衡量一名共产党员、一名领导干部是否具有共产主义远大理想是有客观标准的,这就要看他能否坚持全心全意为人民服务的根本宗旨,能否吃苦在前、享受在后,能否勤奋工作、廉洁奉公,能否为理想而奋不顾身去拼搏、去奋斗、去献出自己的全部精力乃至生命。这四个"能否"都是从行动上讲的,实际上是用实际行动作为衡量有无信仰的客观标准。这是很有道理的,一名共产党员、一个共产主义理想的信奉者是否具有共产主义理想信念,不取决于他自己怎样说,而取决于他怎样做。[1]

4.敢于正视面临的挑战

共产主义理想信念是我们追求确定性的心灵历程,现代社会的发展使对共产主义理想信念的培育与追求面临异常复杂的局面。共产主义理想信念的确立面临着一系列挑战和难题。因此,我们要确立共产主义的理想信念还得驾驭这种异常复杂的局面,还得破解面临的难题。

当今中国确立共产主义理想信念主要面临以下有待于克服、破解的

---

[1] 参见刘建军:《习近平理想信念论述的历史梳理与理论阐释》,《河海大学学报》(哲学社会科学版),2015年第3期。

难题：

第一，共产主义理想信念在现行的经济关系中得不到强有力的支持。当今中国的实际情况是：一方面，我们要坚守社会主义、共产主义的理想，要把共产主义、社会主义的理想作为整个社会发展的主要精神动力；另一方面，我们的经济关系又不完全是社会主义的，这样就陷入了社会主义理想在现实的经济关系中得不到强有力的支持的困境。我们的经济关系中存在着大量的非社会主义的成分，我们实施的是市场经济，而对处于社会主义初级阶段的中国来说，这是完全所必需的，并且这种状况在相当长的一个历史时期又不可能改变。

第二，现代人的"现实主义"转向使共产主义理想失去了心理基础。从20世纪后半叶起，人类的生活态度和心理定式逐渐发生变化，其中之一就是人变得越来越现实，一切从眼前的实际利益出发，只关注眼前的切身利益，告别崇高和理想。显然，在人们普遍以"崇实"来否认"崇高"的心理状态下，要坚守共产主义的理想变得异常艰难，因为"告别崇高"首先是"告别"共产主义理想。

第三，马克思主义处于低潮必然"连累"共产主义理想。共产主义理想是与马克思主义联系在一起的，马克思主义的命运就是社会主义理想的命运，不能设想马克思主义如一些人所说的那样已"消亡"，已"被送进了历史博物馆"，我们还能坚守共产主义理想。我们必须正视的一个现实是，马克思主义在当今中国的接受程度和影响力，并没有随着马克思主义，特别是当今中国的马克思主义在中国所取得的成就而成比例地提高。对马克思主义的这种不认可，后果是十分严重的，一个后果是动摇了对共产主义的信念。

第四，一些领导干部的所作所为影响了坚定共产主义理想的示范效应。共产主义理想需要社会各个阶层、各个群体共同践行，但是不可否认，在社会各个阶层和群体中，有些阶层和群体对践行共产主义理想的影响力和作用特别重大，他们的地位决定了其在共产主义理想方面起着引领和示范的作用。领导干部这一群体的作用是关键的。遗憾的是，这一群体中有些人"没有名副其实的品行和生命"。他们即使在公开的场合，也在那里大谈特谈理想、信念之类，可实际上完全是言行不一，根本就不相信他们自己所宣传的这一套，从而在私下里就做了一些罪恶的勾当。他们的所作所为严重地影响了领导干部这一群体在共产主义理想方面的形象和示范效应。

其五，在多元化的时代，共产主义理想受到了其他思潮的挑战和打压。从20世纪八九十年代起，人类社会进入了一个多元化的时代，经济发展模式多元化,相应地价值观念、理想信念也多元化。这种多元化很可能作为一种"常态"而存在。一些人借助这种多元化,把自己所信奉的价值观称为当今世界的"主流思想",用它们来打压、冲击共产主义的理想和价值观念。

我们在这里鲜明地揭示这些难题,根本目的是为了破解它们。我们并不认为这些难题是不可克服的,真正清醒地认识了它们的存在和严重性,也就意味着有望克服它们。

5.在实现共产主义崇高目标的境界下完成当下的任务

我们都是生活在现实世界中的人,都在从事与现实世界相符合的事,在这一情境下,如何用现实运动和终极理想相统一的思维方式来对待共产主义理想信念,成了确立共产主义理想信念的关键。这就是说,确立共产主义的理想信念要解决的一个关键问题是,如何把眼前所做的事与共产主义信仰联系在一起,或者说,在实现共产主义崇高目标的境界下完成当下的任务。

马克思和恩格斯在《共产党宣言》中讲得十分清楚:"共产党人同其他无产阶级政党不同的地方只是:一方面,在无产者不同的民族的斗争中,共产党人强调和坚持整个无产阶级共同的不分民族的利益;另一方面,在无产阶级和资产阶级的斗争所经历的各个发展阶段上,共产党人始终代表整个运动的利益。"①这里他们提出了共产党人与其他无产阶级政党的"不同的地方",除了强调和坚持整个无产阶级不分民族的共同利益,而不是仅仅强调和坚持某一特定民族的无产阶级的利益之外,就是始终代表无产阶级整个革命运动的利益,而不是仅代表无产阶级革命运动某一阶段、某一时期的利益。他们还指出,共产党人为工人阶级的最近的目的和利益而斗争,但是他们在当前的运动中同时代表运动的未来。在他们看来,共产党人是绝对不会放弃为工人阶级的最近的目的和利益而展开斗争,但与此同时,他们在带领工人阶级进行"当前的运动"的同时,也绝对不会放弃实现工人阶级的根本利益的最终目标。知道了马克思和恩格斯对作为无产阶级政党的共产党的性质与特征的这一论述,也就不难理解我们从事眼前的工作时,为什么必须强调要坚守共产主义,为什么必须要把从事眼前的工作与实现共产主义的崇高目标联系在一起。实际上,从现阶段出发,做与现阶段相符合的事,有没有共产主义这一更崇高的指向,是不是在实现共产主义这一崇高的信念下做这些事,精神境界是大不相同的,其结果也是大相径庭的。

---

① 《马克思恩格斯文集》(第二卷),人民出版社,2009年,第44页。

无数的事实告诉我们,要真正做到把眼前的实际行动与远大的目标结合在一起,关键在于不能把这两者看作无论在空间还是在时间上都不相干的两件事,而应把两者视为融为一体的。对此,西方马克思主义理论家表述得十分清楚。卢卡奇提出对"最终目标"必须消除以下误解:"最终目标不是在某处等待着离开运动和通向运动的道路的无产阶级的'未来国家'。它不是在日常斗争的紧张中能愉快地被忘怀,只有在与日常操劳呈鲜明对照的星期日布道时才能被记起的情况。它也不是用来规范'现实'过程的一种'义务'、'观念'。"①卢卡奇在这里所提出的对"最终目标"的这些误解实在太有针对性了,时至今日,不是经常有人把"最终目标"当作离开现实的运动存在于"彼岸世界"的"虚无缥缈"的东西吗?不是常有人认为"最终目标"在日常完全可以不加理睬,在"神圣"的时刻提及一下就可以了?不是不时有人强调"最终目标"实际上是一种强加给现实,力图使现实按照某一方向改变的"观念"吗?卢卡奇强调,第二国际的修正主义者正因为这样来误解"最终目标",就必然要无视"最终目标",必然"把运动和最终目标分开",而这"是向工人运动的最初阶段的倒退"。②共产主义的信奉者要真正确立共产主义的信仰,就应辩证地看待"运动与最终目标之间的关系",即把"最终目标"理解为"渗透于现实的运动之中"。卢卡奇进而指出,马克思主义的历史使命在一定意义上就是揭示"当前任务"与"最终目标"之间的关系。在这里,他对什么是马克思主义作出了如下经典表述:"马克思主义正统决不是守护传统的卫士,它是指明当前任务与历史过程的总体的关系的永远警觉的预言家。"③只要我们真正如卢卡奇所要求的那样,把共产主义的目标与眼前的实际运动融为一体,把共产主义的目标"渗透于现实的运动"中,那么我们即使在做与社会主义初级阶段相符合的事,即使在做那些乍一看不是与社会主义、共产主义相近而是与资本主义相近的事,这样也不会远离共产主义理想信念,而是越来越走近它。

6.坚持共产主义远大理想与中国特色社会主义共同理想的统一

　　在中国特色社会主义新时代,把眼前所做的事与共产主义理想信念联系在一起,主要落实于把坚持共产主义远大理想与实现中国特色社会主义共同理想相统一。

　　中国特色社会主义无疑是共产主义远大理想在中国社会主义初级阶段

①② [匈]卢卡奇:《历史与阶级意识》,杜章智等译,商务印书馆,1992年,第73页。
③ 同上,第75页。

的具体表现。共产主义远大理想与中国特色社会主义共同理想是相互连接、有机统一的整体，必须明确，中国特色社会主义的方向就是共产主义。在当今中国，坚持好中国特色社会主义就是坚持共产主义远大理想，发展好中国特色社会主义就是向共产主义目标前进。建设中国特色社会主义，在一定意义上，就是建设共产主义。共产主义理想是中国特色社会主义事业不断取得新胜利的思想保证。中国共产党向自己提出了一个重大时代课题——坚持和发展什么样的中国特色社会主义、怎样坚持和发展中国特色社会主义。显然，要对这一问题作出正确的回答，必须将这一问题置于共产主义理想的背景之下。什么样的中国特色社会主义、怎样坚持和发展中国特色社会主义，都包含方向选择的意义。无疑这个方向就是辩证唯物主义和历史唯物主义所导引出来的以共产主义为最终目标的人类历史前进方向。在沿着这一历史发展方向的实践过程中所确立的中国特色社会主义共同理想，就是共产主义远大理想的现实体现，是实现共产主义最高理想的必经阶段。①坚持和发展中国特色社会主义并没有脱离党的最高理想，这是题中应有之义。每个旨在确立共产主义理想信念的人必须明白，共产主义是中国共产党的崇高理想，中国共产党人必须为之而努力奋斗。但实现共产主义是一个漫长的历史过程，共产主义只有在社会主义社会充分发展和高度发达的基础上才能实现，当前最重要的是要把中国特色社会主义建设好。每个旨在确立共产主义理想信念的人同样也必须明白，共产主义实际上是推进中国特色社会主义道路的邀请书，②只有共产主义理想才能指引我们科学认识社会主义的本质，识破资本主义意识形态的"幻象"，从而成为彰显中国特色社会主义道路的世界历史意义的历史路标，只有共产主义理想才是中国特色社会主义道路的理论基础和价值指引。

我们正处于并将长期处于社会主义初级阶段，我们现在所做的一切应当与社会主义初级阶段这一历史背景相符合。显然在社会主义初级阶段所做的许多事情，特别是在经济领域所做的一切，用马克思所说的社会主义、共产主义的标准相对照，是那么格格不入，而与资本主义对比，又是如此相似。在这样一种历史背景下，特别需要学习与把握马克思主义的基本理论，把握共产主义是人类社会必然归宿的理论。处于社会主义初级阶段的中国人民务必要牢记，马克思为人类所揭示的资本主义一定要灭亡、共产主义一

---

① 参见魏佳：《共产主义远大理想：新时代中国特色社会主义的鲜明特征》，《中国社会科学院研究生院学报》，2018年第2期。

② 参见孙喜香等：《中国特色社会主义道路的共产主义之维》，《西南大学学报》，2018年第7期。

定要胜利这一历史发展的客观规律,或者说,一定不能放弃马克思为人类所指引的实现共产主义这一崇高理想。只有这样,才能把目前所做的与社会主义初级阶段相符合的事,不是与资本主义联系在一起,而是引向社会主义、共产主义的大方向。只要我们心中有共产主义理想,我们就会自觉地领悟我们所说的"初级阶段"是"社会主义"的"初级阶段",而不是其他什么社会的"初级阶段"。我们一方面不能超越这一"初级阶段",把将来要干的事放到现在来做;另一方面我们也不能永远停留在这一"初级阶段",要把现在所做的一切视为进入"高一阶段"的必要准备。尽管共产主义离我们当前是那么遥远,尽管共产主义的实现不是一朝一夕之功,但共产主义绝不是什么虚无缥缈的、可望而不可即的东西,我们当下所做的一切正在一步一步地走向这一目标。我们不应当因为共产主义的真正实现离当今还很遥远从而就否定这一目标的存在,更不应当把眼前所做的与实现这一目标完全割裂开来。现实非常清楚地告诉我们,那些一心想把中国引向资本主义方向,从而使中国重新成为西方资本主义附庸的人,千方百计地抹杀"初级阶段"的社会主义指向,他们总是把作为社会主义社会的自我完善的"改革"纳入资本主义的轨道,他们总是百般地嘲笑历史发展的客观规律和共产主义的信仰。在这种情况下,要使这些人的这种意图不能得逞,唯一的途径就是在坚持共产主义理想信念的前提下,做与"社会主义初级阶段"相符合的事情。

对此,列宁有一个非常生动的比喻。他说,从事无产阶级革命事业,就犹如"我们想攀登一座崎岖险阻、未经勘察、人迹未到的高山",因此"有时要迂回前进,有时要向后折转,放弃已经选定的方向而试着向不同的方向走"。①他强调,拒绝这样做是愚蠢的,是"左"派幼稚病。最重要的在于,必须明确这样做的目的是完全是为了"登上山顶",而不是放弃"登山"。观察我们目前所做的一些事,在某种意义上,实际上我们正在"放弃已经选定的方向而试探着从不同的方向走",正在"迂回前进",甚至正在"向后转",但我们必须如列宁所说的那样,明白我们这样做绝不意味着放弃了"登山",而只是通过"迂回""向后转"的方法,更好更快地登上顶峰,即更好更快地走向共产主义。让我们在"迂回前进"的登山过程中,不是放弃而是越来越坚定共产主义理想信念,最终攀登上共产主义的顶峰。

---

① 《列宁选集》(第四卷),人民出版社,1972年,第225页。

二、马克思主义与正确的价值评判标准

人活在世界上,不仅仅要通过树立崇高的理想"做人",即"好好地做人""做好的人",而且还要能够做事,即"正确地做事""做正确的事"。而要"正确地做事""做正确的事"得有一个前提,就是对自己所面临的一切作出正确的判断,知道哪些事情是我应该去做的,而哪些事情是我不能涉及的。一个人的命运如何,当然离不开他所处的社会历史背景是否有利于他的成长与发展,但关键还是取决于他在日常生活中,特别是在决定性的转折关头所作出的选择,取决于他对面临的一切所作出的价值判断,即所作出的自己能做什么和不能做什么的判断。从某种意义上说,一个人能否作出正确的判断,就决定了一个人的命运。人生就像一个有着无数可能路径的森林,我们选择了其中的哪一条,就成为哪一种人。而对于我们仅有一次的人生来说,这种至关重要的选择就依赖于我们能否应用正确的价值评判标准对面临的一切作出正确的评判。我们个人生活走出的每一步、涉及的每一方面都离不开应用正确的价值评判标准作出正确的判断。①当然,这里最关键的就是,一个人是否拥有正确的价值评判标准。马克思主义对我们每个人的重要的功能和作用在此又充分地体现出来了,唯有它能够给予我们正确的价值评判标准。马克思主义具有深厚的伦理意蕴,在一定意义上,它的全部理论就是帮助我们确立正确的价值评判标准,它的实践功能就是对我们进行价值牵引。马克思主义不但诉说"真",而且通过"真"而诉说善、诉说美,马克思主义不但引导我们知道"是",而且也进一步引导我们知道"应当"。关于价值评判的思想,在马克思和恩格斯的思想体系中占据极其重要的地位,马克思和恩格斯的很多重要观点都可以从价值评判学说中得到诠释。对于马克思和恩格斯在价值取向方面的工作和贡献,一些学者已有了比较清晰的认识。麦克莱伦认为:"马克思在社会主义的理论和价值两方面都是思想巨

---

① 参见冯平:《评价论》,东方出版社,1995年,第5~6页。

人。"①今天我们学习马克思主义,最重要的一方面是增强运用价值评判标准来审视一切的自觉性,另一方面则是让马克思主义的价值评判标准深深地印在我们的脑海里。

(一)人总是用价值评判标准来审视面临的一切

有些学者把马克思主义称为"人学",这有一定的道理,因为整个马克思主义学说在某种意义上确实是围绕着"人"展开的。马克思和恩格斯从各个角度对人作出了分析,其中一个重要的角度就是剖析了人总是用自己的价值评判标准来审视、评判面临的人和事的特征,并且深刻地阐述了人的这一特征对于自己的重要意义。

1. 人的意识的一个重要功能就是对面对的人、事、物进行评判

我们在第一部分已指出,马克思主义的一个重大发现就是人从动物发展而来,就是使自己有了意识和自我意识。由于没有意识和自我意识,动物就不可能把自己与周围的环境区别开来,不可能认识和规划自己的生活,它们的存在与它们的生命浑然一体。人类最初的活动和行为与其他的动物没有太大的不同,"同这一阶段的社会生活本身一样,带有动物的性质;这是纯粹的畜群意识,这里,人和绵羊不同的地方只是在于:他的意识代替了他的本能,或者说他的本能是被意识到了的本能",到了后来,"由于生产效率的提高,需要的增长以及作为二者基础的人口的增多,这种绵羊意识或部落意识获得了进一步的发展和提高"。②马克思这里所说的"进一步的发展和提高",就是指人开始具有意识和自我意识。

人为什么要有意识和自我意识,无非就是要对面临的一切进行理性的判断和思考。我们只要仔细观察一下就可以知道,人正是通过借助于意识的发展才不断觉察到自己和自己的劳动对象是有区别的,才把自己的目的和实现目的的条件区别开来。我们平时所说的对象和人的关系,首先是一种以有利还是有害、有用还是无用为基本内容的关系,正是由此而形成。而那种所谓的审美性的关系,亦即"按照美的规律进行建造",也以此为基础逐渐产生。我们总要在意识上和语言上对自己所面临的对象进行分类,有些

---

① [英]戴维•麦克莱伦:《马克思传》,王珍译,中国人民大学出版社,2006年,第487~488页。
② 《马克思恩格斯选集》(第一卷),人民出版社,1995年,第82页。

被当作"有用的""有益的""值得珍惜的",亦即"好的",另一些则被当作"有害的""无用的",亦即"坏的"。其标准是什么,就是基于自身"需要"所形成的标准。所以可以这样说,人与动物的区别在于是否有意识和自我意识,而其意识和自我意识的首要功能就是辨别好坏、美丑、利害、真假等,我们把此称为人的价值判断,只有人才会涉及所谓进行价值判断的问题。

我们总说人是对象性的存在物,这是什么意思?无非是说,人生活在世界上,总要遇到各种各样的人、各种各样的事、各种各样的物,所有这些人、事、物就构成了他的"对象",他也总把这些人、事、物视为对象,这些对象与他发生着多种多样的关系。人的意识和自我意识的"出场",其功能就在于关注和分辨这些对象是不是对他有用、有利,以及有什么用、有什么利,或者对他有什么害、有什么不利的地方。语言的作用就在于把这种有利、有用、有害等表述出来,即表述为"有用的""有利的""有好处的",或"有害的""不利的""无用的"。①

我们还总说实践是改造世界的直接力量,这又是什么意思?这说的是所谓实践是人的一种有意识、有目的的活动,而在这种目的与意识中起支配作用的就是人的价值观念,如人没有关于哪个可取、哪个值得取、哪个应该优先取的价值观念,他怎么进行有意识、有目的的活动?正是在这里,我们可以洞察到人类生活的本质之所在,这就是首先对事物进行价值判断,其次以价值观念来支配自己的行动。我们可以试想一下,一个人如果不拥有一定时空中的价值观念,如果不受这种具体的价值观念的支配,那么他怎么会产生我们平时所看到的对现状不满,或者被现实的某种现象所诱惑等种种情绪呢?怎么会迸发出改变现状的冲动,进而投入改变现状的活动呢?

马克思曾经通过蜜蜂与建筑师的区别,来说明人的活动与动物的活动之不同。他这样写道:"蜘蛛的活动与织工的活动相似,蜜蜂建筑蜂房的本领使人间的许多建筑师感到惭愧。但是,最蹩脚的建筑师从一开始就比最灵巧的蜜蜂高明的地方,是他在用蜂蜡建筑蜂房以前,已经在自己的头脑中把它建成了。劳动过程结束时得到的结果,在这个过程开始时就已经在劳动者的想象中存在着,即已经观念地存在着。他不仅使自然物发生形式变化,同时他还在自然物中实现自己的目的,这个目的是他所知道的,是作为规律决定着他的活动的方式和方法的,他必须使他的意志服从这个目的。"②马克思这段著名的话告诉我们,作为有意识和自我意识的人,他的活动总是

---

① 参见马俊峰:《马克思主义价值理论研究》,北京师范大学出版社,2012年,第58页。

② 《马克思恩格斯选集》(第二卷),人民出版社,1995年,第178页。

有一定的目的的。而目的的超前性则来自之前对活动对象所作出的判断。所以马克思的这段话不仅深刻地阐述了人的目的对活动方式的规定作用，而且又揭示了人的活动与所作的价值判断的关系。人的目的不仅规定对象，而且指向对象。所谓规定对象，是指在观念中事先设计好自己想把对象变成什么样子，并按照这个样子对对象进行改造；而所谓指向对象，则是指按照自己的标准对对象的现状，即对对象的利害、祸福、善恶等进行评判，为形成自己的目的和计划提供依据。

人们总说实践才是改造世界的直接力量，然而实践是一种有意识、有目的的活动。在这种目的与意识中起支配作用的是人的价值观念，即关于什么可取、什么值得取、什么应该优先取的价值评判标准。以价值观念支配行动是人类生活的本质特征。正是在具体的、一定时空中的价值观念支配下，人才会对所处的境况不满，才会被某种可能性所诱惑，才会迸发出改变现状的活力，才会采取改变现状的行动，即才可能进行实践活动。爱因斯坦指出：“人类所做和所想的一切都关系到要满足迫切的需要和减轻痛苦。”[1]从爱因斯坦的话中可以引申出，人类的一切活动，都是为了发现价值、创造价值、实现价值和享用价值。那么我们可以进一步这样说，对面对的人、事、物进行正确的评判，是发现价值、揭示价值的先决条件。[2]

2. 评判不仅是关于“是”的判断，还要作关于“应该”的判断

我们对面临的人、事、物的判断，当然首先是判断对象的真与假，即围绕着“是”的判断，但我们的判断绝不能仅仅停留在这里，还要进一步判断对象的美与丑、善与恶、利与害、好与坏等，即围绕着“应该”的判断。也就是说，我们仅仅知道什么是必然的还不够，还得知道什么是应该的。意识的活动是丰富多彩的，它一方面要思考对象“是什么”“为什么”“会怎么样”等；另一方面还得分析对象对主体“有没有价值”“有什么价值”“有多大价值”等，即分析“应该如何”“最好如何”“我希望如何”等。前者就是所谓的事实判断，而后者就是所谓的价值判断。我们对面临的人、事、物的评判，必须在事实判断的基础上进一步上升到价值判断。

为了说清楚这一问题，有必要明确一下“事实”“事实判断”与“价值”“价值判断”之间究竟区别何在。最先提出要把这两者加以区别的是英国著名

---

① [美]爱因斯坦：《宗教和哲学》，载《爱因斯坦文集》（第一卷），许良英、李宝恒、赵中立、范岱年编译，商务印书馆，1976年，第279页。

② 参见冯平：《评价论》，东方出版社，1995年，第2页。

哲学家休谟。正是他提出了从事实判断能否过渡到价值判断的问题，提出了从作为以"是"为连词的判断过渡到作为以"应该"为连词的判断，究竟是否具有合法性的问题。

让我们具体分析一下"事实判断"与"价值判断"。不难看出，这两者确实是迥然有别的。价值判断总要有一个词来连接其主词与宾词，这个连接词往往是"应当"。而用以表达"应当"的还会使用更一般的主体评价词，"好"与"坏"之类的词即是。我们在这里就可以看到价值判断与事实判断的区别之所在。"这是一件衣服"与"这件衣服非常漂亮"，"他偷了一件衣服"与"他真的不应该偷衣服"，你难道看不出这两种判断之间的区别吗？可见所谓事实判是用来表明"对象是什么"，它是根据对象本身的性质和状况来进行判断的，我们在这里好像看不到有什么主观的成分。价值判断则不一样了，它不是单纯地陈述事实，而是在于它要对所陈述的事实在主观上加以评价。价值判断与事实判断之间的区别正在于，当其作出"应当"的规范陈述时，实际上判断者已经根据自己的意向明确了对象的性质。我们可以把两者的区别简单地表述为："事实判断"判断的是对象本身是什么，而"价值判断"判断的是对象对主体的意义是什么，对主体意味着什么。

当然，把事实判断与价值判断加以区别，是人类思想史上的重大进步。罗素曾经说过，看一看人类思想史上那些不必要的争论，其根源往往就在于没有把价值判断和事实判断区分开来。我们要有效地防止判断的"越界"，其前提就是要意识到这两种判断之间的区别。不管怎么说，人类能够自觉地意识到这种区别，就是思维向前跨了一大步。

马克思主义也正视事实判断与价值判断的区别，强调应当在事实判断的基础上进一步进入价值判断的层次，但并不把两者截然对立，而是努力把两者统一起来。按照马克思主义的观点，思维总是我们的思维，认识总是我们的认识，评判总是我们的评判，我们总不能离开我们的立场和历史语境去思维、认识和评判。我们所要思维、认识和评判的对象，总是与我们发生了一定联系、与我们有一定关系的对象。这就是马克思所说的"植物、动物、石头、空气、光等等，一方面作为自然科学的对象，一方面作为艺术的对象，都是人的意识的一部分，是人的精神的无机界，是人必须事先进行加工以便享用和消化的精神食粮……人的普遍性正表现在把整个自然界——首先作为人的直接的生活资料，其次作为人的生命活动的材料、对象和工具——变成人的无机的身体"①。我们从马克思的这一思维方式中可以知道，我们不应

---

① 《马克思恩格斯全集》(第42卷)，人民出版社，1979年，第95页。

当把事实与价值（相应地把事实判断与价值判断），视为在空间上完全不相干的两个"领域"，实际上，它们是人与事物、主体和客体关系中的两个方面。当然，我们可以从不同的侧面，将其作为不同的对象去加以研究，可是我们不可以因此把它们视为截然不同的两种"东西"。①马克思主义的基本原则就是注重事实与价值、事实判断与价值判断的统一。

那么价值判断与事实判断何以密不可分呢？这与马克思主义对人的认识有关。按照马克思主义对人的认识，人就是现实可能性与主体选择性的结合，是价值与事实的复合体。我们应当看到，旧哲学对价值问题的探讨是存在严重缺陷的，在如何从"是"过渡到"应该"、从事实判断过渡到价值判断上陷入了困境。事实上，它们根本无法说明这种过渡究竟是如何可能的。马克思主义哲学经过了哲学革命，是一种"改变世界"的哲学。这一点与旧哲学有着本质性的区别。我们从马克思主义哲学那里可以看到，它从"解释世界"到"改变世界"的转变，导致了哲学理论本性的根本变化，随之也从旧哲学所陷入的困境中走了出来。实际上，在马克思主义哲学那里，道理非常简单明了：没有了事实，哪里还有价值？没有了事实，价值岂不是被"架空"了吗？价值判断本身就存在着事实认定。如果没有对客体和主体的相当认知，就不可能作出相应的价值评价。我们所作的价值判断，都有一定的事实依据。价值是负载于客体的社会关系，价值判断只有以事实判断为基础，才是有效的。离开了事实判断的价值判断是浮泛的、空幻的。②

价值判断以事实判断为基础，价值判断离不开事实判断，这可能容易理解。但实际上，事实判断同样也无法与价值判断相分离。事实认知或判断中渗透着价值因素。我们对客观事实进行观察与把握，以及相应地对客观事实加以必要的整合时，难道能够完全撇开自己的价值判断和价值实践吗？在事实中总隐含着对人的某种意义和价值。让我们想一想，一定的事物何以能够成为客体，它本身就包含着与主体的关系，它们"客体"的身份如果离开了人的实践过程，是不能建立起来的。这就是说，它们之所以能够成为"客体"，除了取决于它们自身的结构、性质、属性以外，同时还以人的本质力量为前提，所有这些共同构成它们成为"客体"的基础。由此说来，客体的"是什么""怎么样"就与它相对于主体而"作为什么"直接相关联，并受到后者的影响。③这就是说，对事物作事实判断，也深受对该事物

① 参见马俊峰：《马克思主义价值理论研究》，北京师范大学出版社，2012年，第127页。
② 参见李金锴：《简述事实判断与价值判断的区别与联系》，《华北水利水电学院学报》（社科版），2013年第3期；冯平：《评价论》，东方出版社，1995年，第255页。
③ 参见马俊峰：《马克思主义价值理论研究》，北京师范大学出版社，2012年，第187页。

的价值判断的影响。

其实,在现实生活中,我们几乎看不到纯粹的事实判断和纯粹的价值判断,呈现在我们面前的是价值和事实相结合的综合判断。这类判断既包括了价值因素,表明人们的价值选择,又包含着事实因素,并通过这些事实因素与可能的价值选择联系起来。人们通过这样的判断,寻找对社会政治秩序和道德伦理选择的现实解答。①一部人类社会的发展史,就是事实判断与价值判断相互渗透、相互影响的历史。

3.实践标准背后还有一个价值评判标准

"实践是检验真理的唯一标准"这个命题是在几十年前那场关于真理标准问题大讨论后所达成的一个共识。这个命题曾经对解放思想起到了很大的作用,原因就在于,人们正是通过这一命题,知道了判断一种认识究竟是不是真理,不能唯经典是从,也不能唯权威、领导是从,而只能以实践为标准。以实践为标准,就意味着认识的是非真伪要用实践加以求证。一种认识,如果经过实践的过程和结果检验后是与描述对象相符的,那么它就是真理,倘若不相符合,则是谬误。这一命题认定判断认识是不是真理的标准只有一个,这就是实践。

面对实践活动,我们要作出其优劣的评判,我们必须面对实践本身,这无疑是正确的。但还会引出一个问题,对于同样的实践活动,不同的评判者会带着不同的价值评判标准加以评判,相应地他们会得出不同的结论。这说明,在实践标准背后还有一个价值评判标准。为了反对唯权威、领导是从,我们强调要从实践本身出发进行评判这是正确的,但我们还必须深入到实践标准背后的价值评判标准。

如前所述,我们评判一个对象,不仅要获得对象是什么,即获得对象虚实真伪的认识,还要知道对象的好坏优劣。我们评判对象不仅仅是为了解释对象,还有改造对象,如果仅仅是为了解释,那么只要追求与对象的原样相符就可以了,但假如是为了改造对象,即旨在要对象变一个样,那就得在弄明白对象的虚实真伪的基础上进一步知道对象的好坏优劣,只有这样才能明确如何对对象加以改造和朝着什么方向改造。这说明,在实践标准的背后,确实还存在着一个价值评判标准。实践标准解决的是对象是真是假的问题,而价值标准解决的是对象是优是劣的问题。认识真假只是解释对象,把握优劣才能去改造对象。无疑,解释对象只是改造对象的前提,与人

---

① 参见王元亮:《价值与事实相互关系考论》,《山东社会科学》,2013年第5期。

的命运和处境息息相关的不在于解释对象的真假,而是更取决于改造对象的成败与否。从这一意义上说,价值标准乃是比实践标准更为重要、关键的标准。

评判某一实践活动的优劣确实离不开实践本身,但最终判断优劣的标准则是价值评判标准,对于这一点,我们在日常生活中都能体会到。例如,某一个地方要对一座山进行"开山挖煤",在动工之前评估这件事究竟要不要做。大家在讨论时,显然依据的并不是这件事能不能做成,即依据的并不是这件事的"真"与"假",而主要依据的是做这件事对自己的生存是利大于弊,还是弊大于利。当他们用对自己生存是否更有利这一价值评判标准来衡量,会发现绿水青山就是金山银山,保护绿水青山之利远比"开山挖煤"之利大,他们最后作出的选择是保护而不是开挖。面对改造对象的实践活动,所有涉及改造对象的计划、方案、实施部署等,都不过是实现价值目标的手段和工具,都要由价值评判标准来评判,凡是与价值评判标准相符合的,就是可行的;而凡是不相符合的,则不可行。

从哲学上讲,实践标准与价值标准之间的关系,实际上就是认知与评判之间的关系。我们都知道,人把握世界有两种基本的方式,这就是认知和评判。这两种方式的地位和功能是不一样的,且这种地位和功能相互之间是不可替代的,但就它们服务的对象而言,则是统一的,即均服务于人的生存和发展。正因为它们服务的对象是统一的,又决定了它们之间的对立只是相对的对立,而不是绝对的对立。它们之间存在着辩证统一的关系。有学者由此进一步提出,从逻辑上说,应该是评判在先,认知在后,由于在认识发生过程中,人总是首先拥有导引认知的价值评判标准。①人们总以为,在人类历史进程中,人类总是先有关于事物"是什么"的事实认识,然后根据这些事实认识来判断事物是否具有价值。实际上,这种认识是一种误解,事实恰恰相反,人们往往先有的是某种价值取向,即某种价值评判标准,人们是在这种取向、评判标准的支配下从事生产实践。正是借助于这种实践的过程,人们"一举两得",即在获得关于产品的事实认识的同时,又收获了根据人的价值标准创造出来的"属人"的产品。可见,这个"属人"的产品具有双重性:既具有事实属性,又含有价值属性。②

① 参见陈新汉:《评价论研究的新进展》,《哲学动态》,1999年第12期。
② 参见杨松:《马克思主义实践观的视角:"事实"何以推出"价值"》,《中国人民大学学报》,2018年第3期。

4.价值评判是在评判标准的导引下进行的

价值问题的关键是如何看待价值评判标准的问题。我们面对人、事、物,都要进行事实判断,更要进行价值判断,而进行价值判断总是在一定的价值评判标准的导引下进行的,即在进行评判时,我们头脑里总有一个用以衡量的尺度。这就是说,评判的标准是必须先行确立的,没有相应的标准,评判者是无法进行评判的。法官在法庭上要对相应的案子进行判决,如果他手头上没有相关法律作为准绳,他能够断案吗?在工厂的生产流水线上,对产品进行检验是一道必不可少的工序,检验员不掌握检验产品合格与否的工艺标准,他能够履行自己的职责吗?马克思在评判资本主义制度时,头脑中就有一个鲜明的价值评判标准,正是用这一评判标准来衡量才得出结论:资本主义私有财产制度是资本主义一切罪恶的根源。他说:"衡量这一内容的尺度就是衡量罪行的尺度。对于财产来说,这种尺度就是它的价值。"①随着马克思价值学说的逐渐完善,尤其是真正形成其商品价值思想后,这一批判性的价值评判标准就更为鲜明和突出。我们完全可以说,评判活动的前提性和核心性的问题就是评判标准的问题,所谓评判就是以一定的尺度、标准来衡量对象,因而确立正确的评判标准是评判活动的首要环节。

我们在作价值评判时,总是受头脑中的价值评判标准所支配。我们头脑中的价值评判标准是衡量一定对象到底有没有价值、有什么价值、有多大价值的尺度。作为评判的主体,作为能动地进行选择活动的主体,人当然受自己的意识的支配,而受意识的支配,说到底是受价值评判标准的支配。

对事物作价值判断必然是在一定的价值评判标准的导引下进行的,这是毫无疑义的。其实,即使对事物的判断属于事实判断而不是价值判断,也离不开一定的价值评判标准的影响。其缘由是显而易见的,无论是对事物进行价值判断还是事实判断,它们无疑都属于主体对客体的认识,而主体对客体的认识,难道可以不受到判断者自己的立场,特别是判断者自己的价值评判标准的影响吗?有些人会迷恋所谓纯客观的认识和评判,但细究一下,实际上"纯客观的认识和评判"实在是难以做到的,甚至可以说是不可能的,因而在一定意义上也是不存在的。我们作为认识的主体总是具有社会性,我们想一想,在认识、评判事物的时候,我们的头脑会像"一张白纸"一样完全空荡荡吗?不是的,我们总是会接受传统的、既有的各种知识、各种观念

---

① 《马克思恩格斯全集》(第1卷),人民出版社,1995年,第247页。

的影响,总要在此基础上运用自己的生活经验对它们进行整合和吸纳,从而再形成自己的一定的知识结构和理论视野,即形成自己的价值评判标准。简言之,我们总会带着一定的价值评判标准去进行认识和评判的。对此,任何人也不例外。

价值评判标准在一定意义上也就是我们平时所说的价值观念。一定的价值观念承载着、执行着评判标准的功能。正如有学者所说的那样,所谓价值观念,实际上就是价值评判标准的体系。价值评判受价值评判标准所支配,也就是受价值观念所支配。而一旦价值评判标准系统化为一种价值观念,就意味着它们有一定的知识作为基础,其内容也具有一定的确定性。具有确定性的正是那些价值评判标准,它们构成了价值观念的基本内容,各种各样的评判标准会按照一定的结构组合在一起,组合在一起的价值评判标准就是价值观念的体系或系统。任何人的价值观念都表现为关于价值评判标准的系统性的存在,一种观念体系。[1]由于我们往往兼有许多的社会角色,所以我们从不同的身份出发对事物进行评判,就会使用不同的价值评判标准,也造成了我们的价值观念是一个复杂要素构成的结构。另外,我们遇到的对象是千差万别的,评判这些不同性质的对象,就必须依靠多种评判标准,这更造成了我们的价值观念是一个复杂要素构成的结构。

人们总是在一定的价值评判标准的导引下进行价值评判,所以人与人之间的分歧、冲突乃至斗争,实际上大多就是不同的价值评判标准之间的分歧、冲突、斗争,即不同的价值观念之间的分歧、冲突、斗争。西方学者宾克莱的《理想的冲突——西方社会中变化着的价值观念》一书,就生动地描述了当代社会中不同的价值评判标准,即不同的价值观念之间的冲突。不同的人由于持有不同的价值评判标准,即使是对同一个事物、同一行为的意义的理解也有不同,也会产生冲突。

任何人用以价值评判的价值评判标准不会是固定不变的,而总是处于变化和发展之中。综观历史,从来没有一成不变的东西,价值评判标准也不例外。价值评判标准是历史地形成的,所以应当把其视为历史的范畴。当然,对任何人的价值评判标准,既要看到不断变化的一面,也要看到相对稳定的一面。对一个成熟的人来说,他总是拥有相对固定的价值评判标准,总是用这些相对固定的价值评判标准来评判面临的人、事、物。他的价值评判标准即使有变化,也属于"量变","质变"的情况即使有,也不会太常见。

---

① 参见马俊峰:《马克思主义价值理论研究》,北京师范大学出版社,2012年,第213页。

5.价值评判标准直接影响一个人的行为

价值评判标准的作用是多层次、多方面的,就一个国家和民族来说,它会影响整个社会的决策,国家与民族的历史选择和发展与价值评判标准直接联系在一起。而就我们具体的个人而言,它更是决定着我们的行为。我们总说人是一种自由的存在物,这种自由主要体现为进行自主的选择,这是人与其他动物相区别的一个最显著的特征。而所谓选择的自由,本质上就是根据一定的价值评判标准对人、事、物进行评判,而评判的过程也就是选择的过程。价值评判标准既是人们进行评判的依据,又是人们进行选择的依据。人们就是依据一定的价值评判标准对一定的对象进行评判、权衡,再通过这种评判、权衡作出选择和决策。古往今来,均是如此。

一个人要想有所作为,在一定意义上,就取决于是否持有正确的价值评判标准。价值评判标准为人的价值评判、自主选择,进而为人的行为提供尺度和规范。人持有正确的价值评判标准,实际上对什么是有利、什么是有害,什么是好、什么是坏,什么是善、什么是恶,什么是美、什么是丑,都有了正确的标准,把这些正确的标准具体应用到自己遇到的各种事物、各种场合中,作出自己的价值判断,作出自己的思想选择和行为选择,那么他就能正确地做事和做正确的事,他的事业也会随之成功。与此相反,倘若一个人头脑中的价值评判标准都是不合时宜的,甚至是错误的,那么他所作出的价值评判和价值选择都是错误的,他的行为也不可能是正确的,他只能在错误的道路上越走越远。评判标准的不正确必然导致评判的失误,而评判的失误又必然导致价值选择的失误,进而造成创造价值的实践的失败。价值选择、价值创造、价值实现都以价值评判为先决条件,即以价值评判的标准是否正确为先决条件。

人的价值评判活动都是直接指向实践的,即直接为主体的选择、决策活动服务。这种直接的实践指向性或活动指向性决定了价值评判标准是至关重要的。无论评判者当时对对象了解多少,关于对象的知识、环境的知识、评判者需要的知识是不是准确、是不是充分,如果当下必须作出决断,评判者就必须根据既有的评判标准,对一定的对象作出具体的评判,进而作出决策和决断。在一定意义上,主体是否能够获取成功,他是否拥有正确的评判标准,比他对客体情况的了解是否充分还要重要。

一个人拥有什么样的价值评判标准,决定了一个人的素质如何。一个人从小开始学习、接受和掌握价值评判标准的过程,是其从自然人到社会人的形成过程,也是他的人格形成过程。当他拥有了比较稳定、成熟的价值评判标准,就意味着他已有了自己特定的素质和人格,也意味着他成了一个真正的社会人。人格可视为一个人各种心理特征的一种稳定的组合,是一个人的素质、人品。显然,人格是一个人在成长过程中,接受、认同、同化一定的价值观念、价值评判标准的结果。所以价值评判标准具有塑造人格的作用。马克思在《1844年经济学哲学手稿》中,曾经作过这样的描述:"忧心忡忡的、贫穷的人对最美丽的景色都没有什么感觉;经营矿物的商人只看到矿物的商业价值,而看不到矿物的美和独特性。"①我们都知道,"美"是一种价值,"美不美"是对环境的价值评判标准。马克思在这里讲了两种人:一种是忧心忡忡的穷人,他们是以生存需要而不是审美需要来指向事物的,在他们的脑海中没有"美"这一价值观念,对环境的评判绝不是以"是不是美"作为评判标准的,因而面对风景如画的矿区他们无动于衷,这是与他们的身份相符的;另一种是商人,他们的需要是"谋利",矿物之所以对他而言是有价值的,也仅仅是因为矿物能够满足他们的这一需要,他们对环境的评判标准只是"是否有商业价值",在他们脑海中也缺少"美"的价值观念,所以矿区的景色明明很美,他们也根本看不到"美"这种价值的存在,这也符合他们的身份。马克思寥寥数语,就揭示了由于缺少合理的、正确的价值评判标准,这两种人各自成了这样的人。

(二)价值评判标准是如何形成的

仅仅知道我们必然会用价值评判标准来审视面对的一切还是不够的,关键还在于要知晓价值评判标准是如何产生的。马克思主义价值理论的核心,就是告诉人们的价值评判标准从何而来。毛泽东曾写有名篇《人的正确思想是从哪里来的》,所谓人的"正确思想",说到底就是人的正确的价值评判标准,毛泽东论述人的正确思想从哪里来,就是论述人的正确的价值评判标准从哪里来。在马克思主义的经典著作中,有不少就是论述人的正确思想、人的正确的价值评判标准是如何产生的。马克思主义经典作家关于历史发展与人的发展的论述,许多涉及人用以衡量人、事、物的尺度的形成问题。马克思主义的一个重要功能,就是帮助人们确立正确的价值规范。我们可以从这些经典著作中,深刻地领悟到究竟怎样确立正确的价值评判标准。

---

① 《马克思恩格斯文集》(第一卷),人民出版社,2009年,第192页。

1.价值评判标准是一种体现主体态度的意识

毫无疑问,价值评判标准是这样一种意识:它与主体的身份、地位、立场密切相关并直接受其制约,它体现着主体的尺度、主体的趋向。关键在于,这种意识是属于理性的还是非理性的? 是属于本能性的意识还是理智性的意识?

我们得承认,我们对人、事、物的有些评判确实是在下意识的层面进行的。下意识与人的本能活动直接联系,是本能性的意识或对本能的直接意识。①恩格斯指出:"人来源于动物界这一事实已经决定人永远不能完全摆脱兽性,所以问题永远只能在于摆脱得多些或少些,在于兽性或人性的程度上的差异。"②人不能摆脱兽性就是不能摆脱本能活动,作为一种本能活动的对人、事、物的评判,受的是自己的肉体结构和生理本能的制约。如果说人在这种情景下也有评判标准的话,那么这种评判尺度肯定也是下意识的。具体地说,就是趋利避害的本能冲动。趋利避害的本能冲动构成了人进行评判的自然基础和生物学前提。可以说,正是这种趋利避害的本能性的意识支配着、决定着人的评判。

这种基于本能性意识所支配的评判,是未经理性思考的,显然它是属于非理性的。我们可以将这种支配评判的非理性因素归结为心理、情感和直觉三个方面:所谓心理因素,是人类认识机能、评判机能的最原始的形式,组成这些最原始的形式的要素是人的原初冲动、本能欲求和自然感受等,价值评判之所以能够进行,正是由于有这些要素作为基础;所谓情感因素,可视为心理活动的较为高级的阶段,人总会有向往某一对象、依恋某一异性、追求某种美和心灵娱悦等种种情感要素,正是这些情感要素影响着人的价值评判,在一定意义上可以说它们有时履行着评判标准的功能;所谓直觉因素,则是心理因素和情感因素的综合,它们参与价值评判是以直接的感受、表象的方式来实现的,我们平时所说的要讲良心,实际上就是要凭良心来进行价值评判,以良心作为价值评判标准,而凭良心来进行价值评判,往往是以直觉的形式来实现的。

心理、情感和直觉,是支配价值评判的三个非理性因素,然而非理性因素毕竟不能代替价值判断的本质,人的价值评判标准不能完全依赖于它们。人要真正达到价值评判的高度,仅靠非理性因素是绝对不行的。评判是一

---

① 参见马俊峰:《马克思主义价值理论研究》,北京师范大学出版社,2012年,第192页。
② 《马克思恩格斯选集》(第三卷),人民出版社,1995年,第442页。

种观念活动,是一种在观念中建构世界的活动,从而它不可能纯粹是一种本能活动。人的评判活动,必须从本能活动上升到理性活动,支配评判的标准也必须从非理性的上升为理性的。

非常清楚,价值评判标准主要是属于一种理智-观念层面上的东西,它们离不开人的认知思维活动。既然是属于理智-观念层面上的东西,那么知识在这里起着至关重要的作用。而既然是知识,那么它包含的内容一定是十分宽泛的:对于客体、事实的知识,对于主体、各种价值的知识,还有对于社会规范、社会价值观念的知识,更有对于思维和逻辑推理的知识,统统罗列其中。人正是借助于自己的思维,将所有这些罗列在一起的知识性的材料加以加工、整理、升华,才形成了自己用以评判面对的人、事、物的标准和尺度。

可以把这些与认知联系在一起的价值评判标准视为评判标准的理性形式,它们在人的价值评判标准中占主导地位,人受价值评判标准的支配,主要是受理性的价值评判标准的支配。我们平时所说的价值评判标准,往往指的就是这种理性的价值评判标准。马克思关于人的理论,实际上标志着人类自我意识的成熟,而这种自我意识的成熟实际上又意味着人的理性的价值评判标准的成熟。

2.价值评判标准来自对人的本质的认识

人的价值评判标准的理性形式是各种认知综合的产物,其中一个重要的方面是对自身的认知,即对人的本质的认识。当人知道自己究竟是什么了,就把这些所认识到的人的本质作为价值评判标准,认为有利于人的本质的实现的就是善和美,就是有利的,就应当加以支持和弘扬,反之就应摈弃。

价值评判标准确实是由历史条件下的人的本质所规定的,所以价值判断首先就是我们对自身本质反思和自觉的过程,正是在这一过程中形成了我们的价值评判标准。价值或善、美、正义等的规定,总是主体认识或人类自我意识的发展进步的结果。主体认识的程度和性质,决定着整个价值认识的程度和认识,因而也决定着价值评判的理性尺度。[①]

对于这一点,只要观察一下人类发展史就会一清二楚。我们的祖先与周围的环境、世界浑然一体,在他们那里基本没有主体意识,那时即使有价值评判标准,也只是原初性的,群体的生存自然便是原初的价值评判标准。

---

① 参见商戈令:《道德价值判断及其标准》,《学术月刊》,1985年第11期。

在那种处境下,每个氏族群体成员所认可的,就是那些有利于氏族群体生存下去的行为,只要有利于群体生存下去的,每个成员都自觉不自觉地认为是应当的,就是牺牲自己的生命也心甘情愿。往后,人类逐步将自己与周围的世界区分开,也意味着人类开始致力于从外在世界中去寻找自己的本质。人走到了这一步,理性的、外在的价值评判标准就"应时而生"。人类在寻找自己的本质的同时,也形成了自己的价值评判标准。这里的价值评判标准是什么?自然节律或理念秩序便是。

到了近代,社会进一步发展,人类的意识和自我意识也随之发展,越来越自觉。其最重要的标志是自然主义的人文主义开始占据主导地位,相应地,人们开始把价值评判标准确定为是否能够满足人的自然欲望。我们看到,到了资本主义社会,这种价值评判标准达到了登峰造极的程度。正是在资本主义社会里,功利的原则、利己和实用的原则盛行,正是它们体现了主体意识的认识程度。显然,在资本主义社会里,价值评判最权威的尺度就是个人的物质利益至上的原则,这样的原则处于至尊的地位,其他原则或者消失不见,或者退而隐之。

而进入了现代,终于有人开始对这种价值评判标准加以怀疑和反思。物欲横流,一部分人终于认识到物欲并不是人的本质之所在。他们强烈地意识到,身处在物质利益的包围之中,人的本质非但没有实现,相反却在丧失,于是对用个人的物质利益作为价值评判标准打上了问号。这些人非常自然地开始寻找新的人的本质,即开始确立新的价值评判标准。他们中有人把人的本质归结为自由和创造性,既然个性和自由是人的本质,那它们自然被视为价值评判的最高标准和最终尺度。马克思主义的经典作家则站在无产阶级立场上,批评了以往一切价值评判的虚假性,指出了正确确立价值评判标准的方向。对此,下面我们还会作出专门论述。回顾这一历史过程,我们无非是要说明,价值评判标准是由人类主体对自己的本质的认识的历史程度所决定的,价值评判标准代表了人类自我意识的认识程度。

为了更真切地了解一些人是怎么通过探究人的本质是什么来确立人的价值评判标准的,我们在这里特以西方马克思主义理论家弗洛姆为例。他根据马克思的《1844年经济学哲学手稿》等著作,认为在马克思那里,"人的本性"就是人的自我能动性。他认为,马克思把自我能动性视为人的本性,是继承和发展了其他思想家的思想。在这里,他特别提到了斯宾诺莎、歌德和黑格尔。他认为,在斯宾诺莎的伦理体系中,已经可以看到对人的能动的重视。斯宾诺莎把人的情感分为两类,第二类情感就是积极的情感,这类情感是自由的、生产的,他把这类情感与人的本性联系在一起。而歌德把关于人的生产能力的观念加以发展,使之成为其哲学的中心思想。弗洛姆转引了歌德在其《浮士德》中的下述一段话,来说明歌德"对于生产能力的思想给予最富有诗意的最有力的表述":"既不是财产和权力,也不是感性的满足,能实现人对人生的意义的期望;在这一切中,人依然跟整体相分离,因此人依然是不幸的。只有在生产性的活动中,人才能使人生有意义,虽然他在这一过程中享受人生,但绝不贪婪地想保住人生。"①弗洛姆指出,黑格尔最系统、最深刻地阐述了生产性的人这一观念:个人之所以成为生产性的人,因为他不是消极被动的,而是能动地跟世界发生关系的;人之所以成为个人,只是因为他在生产活动的过程中把握世界,从而使世界成为他自己的世界。黑格尔强调,只有通过持续不断的活动,才有可能使个人的力量、能力和潜力得以发挥,通过纯粹沉思和感受,是绝不能得到发挥的。弗洛姆这样说道:"斯宾诺莎、歌德、黑格尔和马克思都认为,人之所以是活生生的,只是因为他进行生产活动的,是因为他在表现自己的特殊的人类力量的活动中、在他以这些力量掌握世界的活动中掌握了那个处于他自身之外的世界。如果人不进行生产活动,如果人是消极的被动的,那么他就什么也不是了,他就死了,在这种生产活动的过程中,人实现了他自己的本质,人恢复到他自己的本质中去,用神学的语言来说,这无非就是复归于上帝。"②

弗洛姆还提出,马克思把人的自我能动性作为人的本性,实际上就是把劳动作为人的本性。只有联系马克思关于"劳动"的概念,才能充分理解马克思关于人的自我能动性的整个理论。在他看来,"劳动"这一概念在马克思那里绝不仅仅是经济学的范畴,而是本体论的范畴,在这一范畴中隐含着马克思对人的本性的界定。对于马克思来说,劳动是一种活动,即人的自我创造的活动,而不是一种商品。劳动最基本的属性就是自我能动性。正因为劳动体现了人的本性,是人的自我实现,是人的体力与智力的表现,所以"在这一真正的活动过程中,人使自己得到了发展,变成为人自身","劳动不仅是达到目的即产品的手段,而且就是目的本身,是人的能力的一种有意义的表现","因而劳动就是享受"。③也正因为马克思把劳动视为人的本性,所以在马克思看来,实现美好生活的关键也就是"要使异化的、无意义的劳动变成生产的、自由的劳动"。弗洛姆提出,有些人认为,马克思之所以批评资本主义,是因为资本主义在财富分配方面不公平,是因为资本主义使工人群

---

① [美]弗洛姆:《马克思关于人的概念》,载复旦大学哲学系现代西方哲学研究室编译:《西方学者论〈一八四四年经济学—哲学手稿〉》,复旦大学出版社,1983年,第43页。

② 同上,第44页。

③ 同上,第55页。

众处于贫困之中,从而推翻资本主义就是为了使财富分配趋于公平,为了"使工人获得资本家现在所拥有的东西",这并不完全正确。实际上,"马克思对资本主义的主要批评不在于资本主义的财富分配不公正,而在于资本主义使劳动堕落为被迫的、异化的、无意义的劳动,因而使人变成'残废的怪物'"。①只有使劳动真正获得了解放,人才能真正过上"属人"的美好生活,人的美好生活的核心就是劳动的解放。

作为人本主义伦理学家,弗洛姆强调必须把人性作为价值评判标准的基础与前提。他认为,符合人性,有利于人的本质的实现的行为就是善,违反人性的行为就是恶。他著有《寻找自我》一书,就是企图通过找到人的本质来确立人的价值评判标准。他认为,人的生存常常处于不可避免的不平衡状态之中。他通过对人类生存处境的分析,揭示出人类生存固有的一些矛盾,他称之为"生存的两歧"。具体表现为以下三个方面:第一,生与死之间的"两歧",死与生总是对立的,面对着死,只能正视,别无选择;第二,人的潜能的实现与生命短暂之间的"两歧",虽然每个人都赋有人类所具有的所有潜力,但由于其生命是短暂的,所以即使在最有利的条件下也不可能完全实现这些潜能;第三,个人化与孤独感之间的"两歧",人出生后不断成长的过程就是"个人化"的过程,这一过程一方面使人日趋自由,另一方面切断了他与周围环境的原始纽带,滋生了孤独感。弗洛姆认为,人为了从这三方面的矛盾状态中走出来,就产生了种种的需求。为了摆脱第一对和第二对矛盾,人产生了"超越的需求";为了从第三对矛盾状态中走出来,"关联的需求"油然而生。人的"超越的需求"和"关联的需求"是人的最主要的两大需求。在弗洛姆看来,这两大需求是他找到的"自我"之所在,也构成了人的本质。由此出发,人的价值评判标准就是看是否能够满足这两大需求,人的行为凡是能够满足这两大需求的就有价值,就可取;否则就不具有价值,应当舍弃。弗洛姆认为,工作(work)能够满足人的"超越的需求",爱(love)能够满足人的"关联的需求",所以工作和爱是人最值得从事的活动。在几乎所有弗洛姆的著作的扉页上,都写有"work"和"love"这两个词汇,以表明他所提倡的价值评判标准。他要人们通过拼命地工作和尽情地爱来实现人生。

3.价值评判标准与人的需要紧密相连

人对自己的本质的探究往往是与人对自己的需要的追问联系在一起

---

① [美]弗洛姆:《马克思关于人的概念》,载复旦大学哲学系统现代西方哲学研究室编译:《西方学者论〈一八四四年经济学—哲学手稿〉》,复旦大学出版社,1983年,第55页。

的,从而人的价值评判标准来自对人的本质的认识,又可以归结为发端于对人的需求的把握。需要是人的现实活动的原动力,当然也是人的价值评判标准的发源地。价值是客体满足人的需要而产生的一种效应。人们之所以要进行价值判断,首先是人的需要起着推动作用。人们有了一定的需要,为了满足这种需要才去对呈现在眼前的客体作出评判,而"根据需要"实际上就是价值评判标准的形成依据。

阅读马克思主义的经典著作我们不难发现,马克思主义的主题是阐述社会和人的发展,而要阐述社会和人的发展,就必然要涉及是哪些因素和前提在促进社会和人的发展。我们还会进一步发现,在论述这些促进社会和人发展的基本要素和基本前提时,马克思主义总会提到"需要"。在马克思主义那里,"需要"是最基本的范围,解释人的活动离不开这一范畴,说明人的价值评判标准的产生也必须借助于这一范畴。马克思强调,人有三大需要,即生存需要、发展需要和享受需要。在马克思看来,这三大需要都与个人的生理-心理结构和社会-文化结构紧密相连,实际上它们都是人的生理-心理结构和社会-文化结构的一种确证和表征。人们正是根据所有这些需要来衡量面对的人、事、物,用是否能满足这些需要作为标准来评判眼前的一切。凡是能够满足这些需要的就可以"取",而凡是与这些需要相违的就可以"舍"。把"需"与"要"联系在一起,是意味深长的,紧跟在"需"后面的必然是"要",没有"需"就不会去"要"。我们常说人是一种能动性的、主动性的存在,这种能动性、主动性在一定意义上就是体现于用需要来作为价值评判标准。需要总具有对象性,一个人只要有了需要,就必然与对象发生关系,这种关系一方面表现为"指向对象",另一方面又表现为"规定对象"。当然,"指向对象"和"规定对象"是不可分割地联系在一起的,整个过程都是以需要为标准对对象加以评判作为前提的。这里至关重要的是要明白,以需要为标准进行的评判,对整个过程来说具有先在性。

从上面对需要与人的价值评判标准的相互关系的论述中我们可以知道,人的需要和人的价值评判标准两者比较起来,人的需要是"原生"的,而人的价值评判标准是"派生"的。这就是说,与人的需要相比较,人的一切价值评判标准,甚至人的一切其他社会规范,都是属于某种派生的东西,都是为了满足人的实际需要而形成并产生作用。任何对象是有益还是有害的、有用的还是无用的、有利的还是不利的、好的还是坏的,只有相对于主体的需要,拿到主体需要这个"天平"上来衡量,才能显示出自己的"真面目"。人们平时在实际生活中经常所做的,无非就是以自己的需要作为评判的尺度去衡量自己所面对的对象,对对象作出有用与无用、有益与有害的区分,再在此基础上,用语言的形式把判断的结果固定下来、表述出来。

综观人们的现实生活,我们总可以看到人的活动的双重性:一方面,人们为了满足需要去从事相应的生产实践活动,从而获得劳动产品;另一方面,人们又根据需要对劳动对象加以评判,在此基础上决定如何处置对象,再把劳动对象改造成符合自己需要的产品,这两个过程几乎是同时发生的。但人们往往无法把握这一双重性过程,总以为先有关于事物"是什么"的事实认识,再根据这些事实认识来判断事物是否具有价值。实际上恰恰相反,人们先有的是"需要"的观念,也就是先有某种价值评判标准。人们借助于这种价值评判标准指导生产实践,在实践的过程中才获得关于产品的事实认识,与此同时,获得按照人的目的创造出来的"属人"的产品。可见,人们所创造出来的这些产品本身既具有事实属性又含有价值属性。马克思认为,随着人们反复地为了需要而生产劳动,并且通过消费来确认产品的价值,久而久之就会发现,特定方式的劳动获得的产品总是能够满足自己的需要,"由于这一过程的重复,这些物能使人们'满足需要'这一属性,就铭记在他们的头脑中了,人和野兽也就学会'从理论上'把能满足他们需要的外界物同一切其他的外界物区别开来"①。恩格斯也说过,人类先产生的是关于事物的效益和效用的意识,然后才有关于制约这些效益的规律的意识,价值评判标准就是滋生于需要的关于效益的意识。②

话说回来,根据个人的需要所确立的价值评判标准一定是正确的吗?未必。关键在于,个人的需要是否总是合理和正确的?也未必。一个人的生存和发展是最基本的需要,从这一最基本需要会派生一些具体的需要,基本需要往往要转化为许多具体需要才能表现出来。基本需要的合理性并不意味着所派生的具体需要也一定是合理的。关键在于,具体需要并不是基本需要的简单分解,它们的形成也与人所处的外在环境有关。不合理的外在环境会使人产生不合理的具体需要。具体需要本来是服务于基本需要的,但恶劣的外在环境加于人的具体需要则与人的基本需要不相符合,甚至对立。在这种情况下,即使人从需要出发,其价值评判标准也肯定不具有合理性。恩格斯说过一段意味深长的话:威廉三世的普鲁士国家"尽管恶劣,它仍旧继续存在,那末,政府的恶劣,就可以用臣民的相应的恶劣来辩护和说明。当时的普鲁士人有他们所应该有的政府"③。恩格斯的这段话深刻地

---

① 《马克思恩格斯全集》(第19卷),人民出版社,1963年,第405页。
② 参见马俊峰:《马克思主义价值理论研究》,北京师范大学出版社,2012年,第199页。
③ 《马克思恩格斯选集》(第四卷),人民出版社,1972年,第211页。

揭示了当时普鲁士人由于"恶劣"的需要滋生了错误的价值观念,从而作出了错误的选择。这说明,个人随心所欲地根据个人的需要选择价值评判标准,这是自由的,但所选择的价值评判标准未必一定是合理的。当然,作出这样的选择,主体也应该对由此产生的后果负责。这也告诉人们,当人们基于自己的需要来选择价值评判标准时,也应当反思一下这样的"需要"究竟是一种什么样的需要,是基于社会和个人的生存与发展这一基本需要所派生的具体需要,还是由恶劣的环境强加给自己的需要。

4.价值评判标准也是一种实践意识

由于人的价值评判标准中确实含有非理性的因素,又由于人的价值评判标准总是以意识、观念的形态存在着,还由于价值评判标准来自对人的本质特别是对人的需要的认识,更由于人的价值评判标准总是预设在头脑中的,在逻辑上先于评判活动的,所以往往会产生一种错觉,误以为人的价值评判标准是由人在观念中先设想出来的。也就是说,认为价值评判标准是主观的而不是客观的。确实,评判标准总是先在于具体的评判活动,但是能否由此得出结论,价值评判标准是先验的,它们是人生来就有的东西?我们就来说清楚这个问题。

对于价值评判标准的确立,仅仅依靠对人性的探讨是远远不够的。以往的许多思想家们在这个问题上所犯下的一个严重错误就是,总把价值规范、价值观念当作某种独立于经济生活和社会的东西,好像它们只需在人性中就可以发现,就能成为永恒的真理。殊不知,人性也不是先天和永恒的,人性也是社会的产物,所以只有把对人性的探讨放到社会生活中,才能真正找到合理的价值评判标准。价值评判标准说到底产生于社会生活,产生于人的实践活动。上面我们曾指出,价值评判标准是一种体现主体态度的意识,这种意识严格地说是一种实践意识,因为它扎根于人的实践之中。马克思主义的一个重要贡献是发现了意识形态的秘密。马克思主义把意识形态视为对各种社会经济关系的反映,是随着经济基础的变化而变化的。马克思指出,思想、观念、意识的生产最初是直接与人们的物质活动,与人们的物质交往,与现实生活的语言交织在一起的。意识在任何时候都只能是被意识到了的存在,而人们的存在就是他们的现实生活过程。一切意识形态均如此,价值观念这种意识形态也不例外。我们应当坚持用历史唯物主义的观点来看待价值评判标准究竟是如何产生的。物质生活就是价值观形成的社会条件,价值评判标准作为意识的重要内容,是人们的社会生活过程和条件在观念上的反映,归根到底是社会物质生活过程及其条件在观念上的反映。一个人关于某类事物的价值判断一旦被实践所证实,他的价值体验、价值情感就会得到强化,就会成为一种固定的态度和看法,形成一种价值评判标准。①

研究人的价值评判标准的产生,需要探讨一下人的感性体验。人们在实践过程中会产生一些感性体验,如实践获得了成功,会给人们带来快乐的感性体验;而实践没有达到预期的效果或者说在实践中碰了壁,则会使人们产生失望、沮丧等感性体验,而这些感性体验是基础性的,实际上正是这些基础性的感性体验对价值评判标准的确立起到了关键性作用。人们处于那种快乐或者失望的感性体验之中,不会无动于衷,会自觉不自觉地去探寻造成成功与失败的原因,从而也会自觉不自觉地对一些事物或者行为作出肯定,而对另一些事物或者行为则加以否定,一定的价值评判标准由此而产生。这显然是一个刺激-反应的过程,行为主义心理学表面化地、简单地看待这一过程,是片面的,但刺激-反应确实是人的心理活动的一个基本机制,这一点则是否定不了的。当我们对某些东西持肯定的态度,认定它们是善的、美的、有益的、好的,而对另一些东西持否定的态度,认为它们是恶的、丑的、有害的、坏的,这就是我们的这种刺激-反应机制在起作用。与刺激-反应机制分不开就是与人的实践活动分不开,从中可以充分地看出,人的价值评判标准产生于人的实践活动中的体验性的经验。

马克思强调社会生活本质上是实践的,不仅人与事物、对象之间首先是一种实践关系,而且人与人之间也首先是一种实践关系。这里所说的实践关系无疑主要是一种价值关系,也就是说,是一种以利害为基本内容的关系。价值评判标准就是在处理这种关系中形成的,也是为进一步处理这种关系服务的。中国古人曾经有"利用厚生"的说法,可以说,价值评判标准就是以"利用厚生"为主导方面的实践意识。②

我们的价值评判标准是建立在自己的感性体验基础之上的,作为体系化的价值观念也是如此。我们完全可以这样说,所谓价值观念,实际上是在我们实践生活中所产生的各种感性体验综合、升华了的东西的总和,个人的生活经验、感性体验可以引导自己的生活理念、人生理想,而价值观念的核心就是这些生活理念、人生理想。有些人并没有自觉的自我意识和对人类本质的认识,但却有比较成熟和完整的价值评判标准,这往往得益于社会实践活动中的体验,社会实践的体验对价值观念的影响是任何人都逃

---

① 参见吴向东:《论价值观的形成与选择》,《哲学研究》,2008年第5期。

② 参见马俊峰:《马克思主义价值理论研究》,北京师范大学出版社,2012年,第184页。

脱不了的。

5.价值评判标准离不开对文化传统的继承

我们不可否认,价值评判标准,特别是价值观念,一个重要特征就是它们具有历史的延续性和传承性,它们往往在社会发展中积淀为一种文化传统。我们平时所说的"文化传统"的主要内容可能就是历史遗传下来的、人类长期积淀而成的价值评判标准、价值观念。我们每个人面对这种文化传统都是回避不了的,在一定意义上,我们每个人都是这种文化传统、这种价值评判标准和价值观念的"享用者"。对于生活于当下社会中的所有人来说,这种文化传统、这种价值评判标准和价值观念是一种无所不在的客观力量,它们已构成影响甚至决定我们的价值观形成的一种社会基础。让我们仔细观察一下每一特定时代人们的价值评判标准,其实它们主要是受到传统的物质生活方式、政治法律制度、观念文化传统等因素濡染、熏陶和塑造的结果。人一生下来,社会就给我们提供了一套现成的价值评判标准。社会的各个部门,特别是文化、教育、法律、舆论部门有目的、有计划地把某种价值观念灌输给每个社会成员,不断地培养、调整或矫正他们的价值观念,这是它们的功能和职责之所在。正是通过这一手段,它们制造了这一特定社会统治的合法性基础,维护了社会的统一和稳定。一定的社会需要维护其统治的合法性基础,这一合法性基础就是这一社会与其经济关系相一致的价值观念,而这种价值观念获得统治地位离不开这一社会的统治者的灌输和熏陶。有学者这样说道,评判按其实质而言,是评判者在一定的文化背景和社会关系中通过一系列的特定的社会活动所形成的需要系统。这一需要系统深刻地烙有评判者身在其中的文化背景、社会关系的印记,也深刻地反映了评判者独特的社会经历和社会活动。因此,它是评判者身在其中的文化,所处于其间的社会关系的结晶。[①]

人是社会的、经济的存在物,同时也是文化的存在物。这就决定了我们的价值评判标准的形成离不开我们"身临其境"的特定社会,特别是特定社会的特定的文化。家庭、集体、民族、社会的经济文化状况,在阶级社会中的阶级地位、职业状况,都不知不觉在影响着、决定着我们的价值观念的性质,当然也影响着、决定着我们所作出的价值判断。学校、家庭、社会等向我们传递传统文化的过程,也就是向我们灌输价值评判标准的过程。

有人把文化传统,特别是隐含于其中的价值评判标准、价值观念比喻为

---

① 参见冯平:《评价论》,东方出版社,1995年,第66页。

一条流动着的河,它川流不息、不绝如缕。大河中的水当然是活水,流传下来的价值评判标准也就是活生生的东西。每一代人都有自己的价值评判标准、价值观念,每一代人都把所创造的价值评判标准、价值观念汇入到传统的长河中,与原先的价值评判标准、价值观念融合在一起,成为后一代人必须面对和继承的东西。一个人在特定社会成长的过程,是一个学习、理解传统文化中的各种知识的过程,更是一个接受传统文化中的价值评判、价值观念的过程。在这里,我们一方面主动地去学习,另一方面也得"被动地"接受教育,这是相辅相成的同一个过程的两个方面。我们既当施教者又当受教者,我们同时充当这两个角色。

传统文化通过各种渠道对我们的价值观念形成和发展产生影响,有学者揭示出主要是通过以下四大渠道:

首先,是通过语言符号系统的渠道。我们的意义世界主要是由语言和各种符号构成的。语言和各种符号系统代表社会的某种规矩、某种要求,我们不仅要看到这里的意义具有指代性,更要知道这里的意义具有规范性。当我们在掌握某种语言符号系统时,殊不知传统文化的内容,特别是传统的价值观念已经渗入了我们的头脑中,已在影响着我们的行动。

其次,是通过行为习惯系统。特定的社会总有其风俗习惯,可别小看这些风俗习惯,它们都是经过漫长的历史风雨而留存下来的,具有极强的生命力,它们会和风细雨地渗透到我们的各种生活实践中,并影响着我们的价值观念的形成。

再次,是通过社会制度系统。"社会制度"这一概念本身就标志着某种规范,何谓"制"何谓"度"?指的就是标准和尺度,都意味着它是某种标准和尺度。社会的统治者通过制造"意识形态"来说明这种"制"和"度"是合理的、合法的,人们认为接受这些"制"和"度"也是正当的、应该的;为了维护这些标准,社会制度的制定者往往借助于传统文化来说明这些标准的合理性,让人们自觉地用这些标准来约束自己。

最后,是通过道德伦理规范系统。哪一个社会没有道德伦理规范系统,哪一个社会的道德伦理规范系统不与传统文化结合在一起?正是这些与传统文化结合在一起的道德伦理规范系统一直向我们灌输着荣誉感和耻辱感,实际上也紧锣密鼓地规范着我们的行为和思想。①

---

① 参见马俊峰:《马克思主义价值理论研究》,北京师范大学出版社,2012年,第206~208页。

（三）价值评判标准不可能是中性的、普世的

人的价值评判标准会涉及一个问题，这种人的价值评判标准是不是中性的、普世的？马克思主义在这个问题上旗帜鲜明，即马克思主义重视人的价值观念，但并不认为世界上有中性的、普世的价值观念，只要这种价值观念是以理性的形式出现的，它们不可能是中性的、普世的。我们学习马克思主义的价值理论，这是必须要深刻领悟的。推崇"价值中立"者，无非一是要求人们停留在"事实判断"上而不要进入"价值判断"的层面，二是认为即使进入了价值判断的层面，用以判断的标准也应当是中性的、普世的，这两个方面的主张都与马克思主义背道而驰。

1.属于社会属性范畴的价值评判标准不可能是中性的、普世的

人是具体的、活生生的、现实的人，但认可人的现实性并不意味着就否定人是普遍的人。问题在于，真正体现人的普遍性的就是那些与生俱来的人的自然属性。人基于这些共同的自然属性，就有了共同的本能欲求和趋向，以及共同的价值评判标准。如果把这些共同的本能欲求和趋向，以及基于这种本能欲求和趋向所形成的共同的价值评判标准，因为它们具有"普世性"，就称之为"普世的价值观念"，那么就应承认这种"普世的价值观念"的存在，否定它们，就等于否定人类本身的存在。关键在于，人除了具有自然属性之外，还具有社会属性。社会属性是人在后天"社会地"形成的。因为人所处的社会环境各不相同，所以人的社会属性表现出巨大的差异性。我们所说的人的特殊性就是指人的社会性。"普世价值"涉及的是人的价值观念，价值观念作为人们用于判断是非、真伪、美丑的一种标准，当然主要属于后天形成的社会属性。显然，作为一种社会属性的人的"普世价值观念"在现实社会中实际上是不存在的。这一点，美国学者亨廷顿也看得十分清楚，他在《文明的冲突》一书中，一方面同意人类各群体在行为上存在着一些共同的"常数"，另一方面又强调这些"常数"不能解释历史，因为"相同的是表层，深层是差异"。我理解他所说的处于"表层"的人的共同性是指人的自然属性，而处于"深层"的人的差异性是指以人的价值观念为主要内容的人的社会属性。如此说来，从人的社会属性这一人的"深层"本质来看，"普世价值观念"确实是不存在的，倘若一定要说存在着"普世价值观念"，那也只能指的是人的一些自然属性罢了。

人们常常引用马克思的一些话，来论证作为社会属性的"普世价值观

念"的存在。确实，可以在马克思论述未来共产主义的著作中，找到不少有关描述在这样的"大同社会"里人们将有着共同的价值观念、共同的价值评判标准的词句。但这只说明真正的"普世价值观念"只有在彻底消灭阶级，因而也不存在阶级对立的社会中才有可能实现，满足这一条件的只有马克思所设想的共产主义社会。我们再看一看马克思论述现实社会的著作就可以非常清楚地知道，马克思从来就反对在现实社会中谈论"普世价值观念"，他在谈及现实社会中人的价值观念时，总是追问这是什么人的价值观念，这是一种什么样的价值观念。如果认为他也认可在现实的阶级社会中有"普世价值观念"，如果认为他也认可在资产阶级与无产阶级之间存在着共同的价值取向，那就是对马克思的公然曲解。事情同样十分明显，如果一定要说存在着"普世价值观念"，那这只属于人类的未来，至少在现实社会中没有这样的东西。

确实，每个社会都有其社会主导价值观念导向。马克思指出："统治阶级的思想在每一时代都是占统治地位的思想。这就是说，一个阶级是社会上占统治地位的物质力量，同时也是社会上占统治地位的精神力量。"①马克思在这里所说的"占统治地位的思想"主要是指占统治地位的价值评判标准。这就是说，在特定的社会中，其统治阶级总要把自己的价值观念作为一种主导性的价值观念加以推崇。用马克思的话来说，就是一个社会的具有"现实性"的统治阶级总要自觉地"调节着自己时代的思想的生产和分配"②。一个社会的统治者总要致力于解决社会冲突，这种努力体现在意识形态上就是构建出符合自己的利益的价值观念，并让其占主导地位，成为社会的主流价值观念。社会的统治者正是依靠这种价值观念的统领，使自己的统治得以存在和发展。这种占统治地位的价值观念实际上就是该社会得以生存和发展的意识形态环境。但是必须指出，一个社会的统治阶级所推崇的占主导地位的价值观念，并不就是这个社会的中性的、普世的价值观念。一个社会的占主导的价值评判标准的存在，并不能证明一个社会中存在着中性的、普世的价值评判标准。

2.不要误解韦伯的"价值中立论"③

大凡议论到价值观念是否中立，很多人马上会想起韦伯，因为他确实是

---

① 《马克思恩格斯文集》(第一卷)，人民出版社，2009年，第550页。
② 同上，第551页。
③ 本节的论述，主要吸收了王小章的研究成果，参见王小章：《从韦伯的"价值中立"到哈贝马斯的"交往理性"》，《哲学研究》，2008年第6期。

比较早和系统地论述了"价值中立论"。但是我们往往错误地理解了韦伯的理论,所以澄清对韦伯理论的误解,有助于我们认清为什么价值评判标准不可能是中立的和普世的。

正是韦伯提出必须把事实和价值、"是"和"应该"之间区分开来。他认为,一些学者、知识分子从事科学、学术的研究,细细思索一下,他们的研究只能解决事实问题,而无法解决意义问题。这些知识分子当然有其合法话语权,但其范围只能限于告诉人们事实是什么,例如只能告诉人们,为了达到人生和社会的目的,可以采取什么样的技术手段和方法;这些技术手段和方法在产生预期的目的之外,还会带来什么样的额外后果,等等。总之,他们所做的一切只是局限于"事实"的范围内。这就是说,这些学者、知识分子是无法也没有能力向人们进一步揭示事物的价值或意义的,在他们那里,一旦越出了事实这个"正当"界限,那便是僭越。在韦伯看来,既然是教授、学者,就与政治领袖截然不同,他们在面临价值选择时,必须保持"价值中立",也就是说,面对事实他们只能加以描述,而根本用不到作出价值判断。应当说,"价值中立"在韦伯那里究竟是什么含义是十分清楚的,这就是要求那些在研究机构、高等院校从事科学研究和课堂教育的学者、知识分子,应当停留于事实的领域里,而不要进入价值的领域,也就是只能作出事实判断,而不要去进行价值判断。这大概就是韦伯所说的"价值中立"的本义。

实际上,在韦伯那里,除了"价值中立论"之外,还有"价值关联论"。什么是"价值关联论"?这就是韦伯认为,无论是从事社会研究还是从事文化研究,在进行这种研究时,无论是对对象的选择还是对对象的加工,研究者实际上都有一个从"价值观"出发的问题预设。他明确指出:"研究对象的选择以及这种研究试图深入的无穷的因果之网的广度和深度,是由支配研究者及其时代的价值观所决定的。在研究方法上,指导性的'观点'对于建构在研究中将被使用的概念系统非常重要。"①那么这种"价值关联"会不会影响研究结果的客观有效性呢?韦伯认为并不会,原因就在于"价值关联"充其量只涉及特定的事物同一定的价值观念的逻辑关系。学者们在进行学术研究时,这种"逻辑关系"只表现为特定事物或行动对某种价值目标或者起促进作用或者起阻碍作用,而关心这种价值的人看到了这种"逻辑关系"会采取相应的应对策略。

关键在于,韦伯的"价值关联论"不仅认可了人必定在一定的价值观念

① [德]马克斯·韦伯:《社会科学方法论》,朱红文等译,中国人民大学出版社,1992年,第79页。

的支配下去进行选择和研究对象,而且还提出这种价值观念实际上是个性化的。他曾经这样说道:"社会科学中一个正确的、系统的科学证明,如果要达到它的目的,那么它就甚至必须被一个中国人承认是正确的……。此外,对于某一理想的内容和理想据以形成的基本原则以及追求理想所产生的结果的发现所作的成功的逻辑分析,在逻辑上和实际上,对于中国人来说也必须是有效的。与此同时,中国人却可以缺乏对我们的道德律令的一种'意识',他可以而且必定会经常否认这种理想本身以及从理想中派生的具体价值判断。"①换言之,价值关联不同于"根据我们的感受对各种现象作出满意与不满意的实际评价"②的价值评判。前者是具有客观性的逻辑联系,而后者则是"当一个人'站在高度个人化的情感或欲望角度,或者由于意识到明确的义务而采取肯定或否定的立场'时"③,所表达出的一种主观的倾向。韦伯在这里把人的价值观念与"高度个人化的情感与欲望"联系在一起,指明这是一种"主观的倾向",还指出对同一件事,中国人根据自己的价值评判标准认为是正确的,而西方人从自己的价值评判标准出发则会得出不一样的结论。韦伯实际上在这里否定了价值观念的普世性。

可见,将"价值中立"与韦伯的另一个概念"价值关联"一起看作纯粹的方法论概念,认为所谓价值关联就是学者在选取研究的课题时必然要受到价值观念的制约,而一旦课题选定,在具体的研究过程中研究者的价值就应该撤离,就必须保持"价值中立",以确保能够进行客观的观察和解释,是对韦伯的曲解。韦伯要求回避价值判断,与此同时,又提出人在真正面对对象时,必须有自己的价值观念,而且这种价值观念是各各不一的。韦伯的"价值中立"是"规范原则",他规范人们的行为,要求人们保持"价值中立",而他的"价值关联"则属于"构成原则",他要求人们各自基于自己的状况建构价值准则。

3.评判的客观性并不能靠保持价值中立来解决

主张价值中立的人,特别是主张价值评判标准必须是中性的人,所提出的一个主要理由是确保评判的客观性、科学性。在他们看来,要维护评判的客观性,就必须排除价值或对价值保持中立。在当代科学领域,特别是在社

---

① [德]马克斯·韦伯:《社会科学方法论》,朱红文等译,中国人民大学出版社,1992年,第55页。

② 同上,第1页。

③ [德]玛丽安妮·韦伯:《马克斯·韦伯传》,阎克文、王立平、姚中秋译,江苏人民出版社,2002年,第362页。

会科学领域,"价值中立"已被许多人奉为不容置疑的信条或训诫,甚至已成为"客观性"或"科学性"的代名词。实际上,人的价值立场无法避免,如果不平等尊重各方的价值立场,必然会陷入相对主义和虚无主义。所以必须在不同价值立场之间作出评判选择。当我们试图对社会的本质、历史的规律进行客观描述时,也根本不能回避价值和评判问题。近几十年西方社会科学发展的趋势之一,即是迅速地向应用方面扩展,并对价值和评价采取了"更为主动的态度"。"中立"的立场,把社会看作一个"旁观的场景"的态度,已越来越被人们所唾弃。对评判者而言,没有鲜明的价值立场,没有自己的价值评判标准,就是逃避责任,他所作出的评判没有任何科学性和客观性可言。

这里有一个很重要的问题需要我们认识清楚,这就是主张"价值中立"是否就意味着主张科学性和客观性?我们确实要追求科学性,但科学性能否借助于所谓"价值中立"加以实现?我们不否定,所谓价值中立论确实隐含着追求客观性的因素,确实具有反对科学研究中的主观性的合理成分。但我们必须认识到,价值中立论确实是把科学和价值绝对对立起来的,而这一点不是外在地而是内在地包含在这一理论之中的。这一理论用科学来排斥价值,这是板上钉钉的。主要在于,科学研究过程是一个极其复杂的过程,观察、想象、猜测、假设、推论,甚至灵感等起着各自的作用,其中作为科学研究者接受的教育、积累的社会文化和生活经验所形成的种种价值观念往往在科学研究过程中起着或大或小的作用。科学哲学家波普尔在反对逻辑实证主义的科学观时所说,"我们的一切观察和试验都是在一定的理论指导下进行的"[①],"我们的观察不是随机摄影,而更像是一个有选择的作画过程"[②],因此他坚持科学研究必然有目的性和选择性,必须在自己的价值评判标准的指导下进行。"价值中立",即企图摆脱一切价值观的、自然主义的、纯客观的描述,只会远离真正的客观真理。

法兰克福学派的马尔库塞曾经尖锐地抨击了"价值中立论"名义上维护客观性而实质上却是推崇自己的价值观念。马尔库塞认为,价值中立性的要害就是价值自由,但科学若缺乏价值导向就是盲目的。表面上科学是"客观的""中立的"、排斥价值判断的,但正因为如此,它不但丧失了"中立"的立场,而且蜕变为压抑主体自由的极权性意识形态的内部因素,变为与现存社会制度妥协并为之辩护的工具。在他看来,以价值中立自居的科学并不是

---

① Popper, *The Poverty of Historicism*, London: Routledge, 1957, p.98.

② Popper and Eccles, *The Self and Its Brain: An Argument for Interactionism*, London: Springer International, 1977, p.77.

克服虚假意识形态的解毒剂,相反,在实际生活中,它常常自觉不自觉地维护现存秩序,成为强化现存秩序的思想控制的有效手段。这里,马尔库塞正确指出了价值中立对资本主义现存制度的肯定性思维方式和辩护性质,即指出了打着"价值中立"旗帜的人实际上是在这一旗帜的掩护下,用肯定资本主义的价值评判标准和思维方式来为资本主义作辩护,这里也见不到丝毫的客观性和科学性。以维护"价值中立"为名,把某种特殊的价值评判标准当作普遍的、科学的东西,强行要人们相信这是一种客观的、科学的谁都不能怀疑的东西,这种所谓科学是伪科学,所谓客观是虚假的客观。①

有些人将自然科学与社会科学区分开来,提出社会科学研究尤其要注重研究的客观性,从而尤其要坚持评判标准中立化的原则。让我看一看那些确有成就的社会科学家,他们中哪一位是为了追求获得客观的真理,竟然迷恋于价值观念中立化的原则,把价值中立化原则奉为准则?实际上,他们心里都十分明白,无论是考察社会发展、变化规律,还是探究纷繁复杂的社会现象,作为考察的主体,作为正在进行这种研究的他们,都处于特定的历史和社会环境之中,他们来自不同社会阶层,有着不同的利益诉求,世界观、价值观各不相同。在这种情况下,他们的思想和所建构的理论怎么可能不打上历史时代和价值观念的烙印呢?怎么可能做到排斥价值的"价值中立"呢?有一位学者对此尖锐地指出,事实上不管是有意还是无意,有哪一位社会科学家曾经做到过价值评判标准的中立?没有,一位也没有!不管人们是否愿意看到或者愿意承认这一点,事实就是这样。有时候,社会科学家们并不一定公开声明自己的价值观,但他们自己的价值评判标准至少是隐含的。②问题在于,他们这样做远离了科学性和客观性了吗?并没有。他们用其他的非"价值中立化"的"研究范式"所推出的一系列研究成果,都充满着客观性和科学性。今天的许多公认科学的、客观的社会科学研究成果,都不是用"中性的、普遍的价值评判标准"指导的结果。

4.主体的相异性决定了不可能有统一的、普世的价值评判标准

我们在上面已反复说明,价值评判标准作为一种体现主体态度的意识,是与主体的身份、地位、立场等密切相关并直接受其制约的。既然如此,那么价值评判标准也是因人而异的。毛泽东说:"在阶级社会中,每一个人都

---

① 参见郑杭生:《究竟如何看待"价值中立"?——回应〈为"价值中立"辩护〉一文对我观点的批评》,《社会科学研究》,2000年第3期。

② 参见郭星华:《也谈价值中立》,《江苏社会科学》,2000年第6期。

在一定的阶级地位中生活，各种思想无不打上阶级的烙印。"①毛泽东在这里所讲的"各种思想"当然包括价值评判标准在内。价值评判标准深深地打上阶级、打上个人的烙印。价值评判标准是一种主体性的意识，在一定意义上，总是一种"为我的"意识，欲望、爱好、兴趣、要求、意志等都是从"我"出发，并围绕着"我"这个核心来旋转。大凡与"我"联系在一起的，则总是充满着个性化，价值评判标准正是如此。

如前所述，在马克思主义看来，价值作为一种主体性现象，主体的需要构成了价值评判标准。由此出发，马克思主义基于主体有着共同的需要，当然不会否认主体需要的共同性会形成若干共同的价值评判标准。但是马克思主义也基于主体的需要实际上是千差万别的，也就必然强调主体需要的差别性会产生各种不同的价值评判标准。关键在于，有些人竟然无视主体的社会地位和社会关系，想从主体之外找一种适合于任何人的普世的价值评判标准，这就大错特错了。研究究竟有没有普世的、统一的价值评判标准，我们当然首先应当把目光放在作为一个个研究的主体的研究者身上。正是在这里，呈现在我们面前的研究主体是形形色色的，而他们的需要也是光怪陆离的，这怎么可能让价值评判标准做到整齐划一、如出一辙呢？"想把一切价值评判标准都压缩到一个平面来处理，想找到一种任何人都适用的价值评判标准，这种想法和做法肯定是不合理的。"②这正如马克思所指出的："人们按照自己的物质生产的发展建立相应的社会关系，正是这些人又按照自己的社会关系创造了相应的原理、观念和范畴。所以，这些观念、范畴也同它们所表现的关系一样，不是永恒的。它们是历史的暂时的产物。生产力的增长、社会关系的破坏、观念的产生都是不断变动的……"③也正如有学者所指出的，在不断发展与变化的世界中，奢想找到一种在任何时代、任何地方、任何人都同意的价值评判标准，到头来，找到的只能是在任何时代、任何地方、任何人那里都不曾存在，也不可能存在的东西。④

作为研究价值论的新康德主义者文德尔班企图把个性化的价值评判标准与普遍化的价值评判标准区别开来，在认可前者的同时也不否定后者。他这样说道："正如自在之物一样，也存在着自在价值。我们必须探索它，以便显示出各具体价值的相对性，而且，如果价值只存在于对于进行评价的意

① 《毛泽东选集》（第一卷），人民出版社，1991年，第283页。

② 马俊峰：《马克思主义价值理论研究》，北京师范大学出版社，2012年，第252页。

③ 《马克思恩格斯选集》（第一卷），人民出版社，1972年，第108~109页。

④ 参见冯平：《评价论》，东方出版社，1995年，第279页。

识的关系中,那么自在价值就意味着同一种规范意识。"①在这里,他向我们展现了两种价值观念:一是"自在的",它是"同一种规范意识";二是"相对的",它"只存在于对于进行评价的意识的关系中"。这样,在文德尔班那里,不仅有了特殊的评判主体的特殊的价值评判标准,还存在着作为一般评判主体的普遍的价值评判标准。他强调,后者即这种普遍的价值观具有永恒正当性,它们是标志着永恒的正义的规范,它们为各种具体、特殊的价值观念所共有,正是有了这种普遍的价值观念,那些特殊的、个性化的价值观念才行之有效。文德尔班提出应当把价值观念区分为普遍的和特殊的,有其可取之处。问题在于,我们即使顺着他的思路,也在特殊的价值观念之外去寻找统领这种特殊的价值观念的普遍的价值观念,但是由于他把普遍的价值观念视为先验永恒的范畴,堵死了探索这些规范价值观念的途径,从而我们也不能以此为依据认可普世的价值观念的存在。

西方学者伯特兰·罗素在晚年写了一部题为《伦理学和政治学中的人类社会》的著作。在这一著作中,他顽强地探索着,要寻找一种客观的、对人类而言无主观差异的、一致的价值评判标准。在他看来,这种"客观正当的准则所具有的一个首要原则是:它们必须有可能在不提及任何个人的情况下得以解释"②。问题在于,他并没有成功。经过细致无遗的分析后,他写下这么一句话:"在所提出的'客观正当'的概念中,并不存在真正客观的东西,除非是就不同的人的愿望巧合而言。"③不得已,他将价值评判标准判归为或许他最不愿意判归的千差万别的情感。实际上,他是不可能找到永恒不变、人类普遍认同的价值评判标准,因为它事实上是不可能存在的。④

5.一些人宣扬普世的价值观念是为了推崇自己的价值观念

对于世界上究竟有没有普世的价值观念、普世的价值评判标准这一问题,在理论上是十分清楚的。现在需要的是"具体地"思考:当今世界上究竟哪些人最积极地传销"普世价值"? 他们执意传销"普世价值"是"口惠而实不至"、自己根本就没有打算实施,还是真的要身体力行? 明明是属于"虚无缥缈"的"空头支票",他们为什么还要执意传销?

---

① 转引自杜任之主编:《现代西方著名哲学家述评》,生活·读书·新知三联书店,1983年,第35~36页。

② [英]伯特兰·罗素:《伦理学和政治学中的人类社会》,肖魏译,中国社会科学出版社,1992年,第95页。

③ 同上,第97页。

④ 参见冯平:《评价论》,东方出版社,1995年,第279页。

从国际上看,最起劲地传销普世的价值观念的就是西方政要和一些右翼思想家。我们还是用亨廷顿的论述来揭示这些西方政要和右翼思想家所竭力推崇的普世的价值观念的实质。亨廷顿指出,现代普世的价值观念是西方文化的产物,一开始是法国,随后在德国,再随后是英美,西方白种人试图按自己的观念构建一个适合全人类的价值规范,而实际上,"'普世价值'是西方文化对抗非西方文化的意识形态"①。应当说,亨廷顿对普世的价值观念的这一理解是正确的。所谓的普世的价值观念基本上还是冠之以"普世"之名的资产阶级的价值评判标准,它一直为资产阶级利益服务,从来没有超出阶级的边界,这一点是毫无疑问的。西方即资产阶级价值观念最基本的内容是"人权""平等""自由""博爱"这些东西,这些东西确实看上去光彩照人、璀璨夺目,人们没有理由说这些东西不是好东西。问题在于这些东西尽管是好的,却是虚伪的。正因为这些东西本来就是虚伪的,所以宣扬它们的人实质上从来也没有真正认真地加以实施。对此,当今西方的一些左翼思想家作出过尖锐的揭露。德里达指出,只要市场规律、"外债"、科技、军事和经济的发展不平衡还在维持着一种实际的不平等,那这种人权话语就具有不可避免的局限性,有时甚至是虚伪的。②哈贝马斯说道,当看到无家可归者在我们面前默默地增长的时候,不免使人们想起这样一句话:人们所希望的不仅仅是一切人都有"在桥梁下睡觉"的平等的权利。在他看来,目前西方的民主宪政只是保障每一个公民拥有同等的机会使用他们的权利,而这种权利最后带来的结果是:一切人都拥有"在桥梁下睡觉"的平等的权利。③乔姆斯基要人们睁大眼睛看一看西方的新闻媒体究竟是不是民主的、自由的。在他看来,西方资本主义国家,特别是美国的新闻媒体有着严格的所有权和控制权,某一事件在被确定值得报道之前,必须事先经过多个层面的"过滤",这一层层的"过滤"无疑就是在进行卓有成效的"反民主"控制。④

西方政要和右翼思想家对于他们所宣扬的普世的价值观念实际上是不可能兑现的"空头支票"这一点,心里应该说也不是完全不清楚。可他们却还在那里一意孤行地传销,这就说明他们这样做是别有用心的。也就是说,他们这样做完全是出于政治上的需要。说到底,他们传销普世的价值观念就是为了蒙骗,即在忽悠本国的劳动人民的同时,也要欺骗第三世界的广大劳动人民。他们要在普世的价值观念的掩盖下推行文化帝国主义、经济殖民主义和政治扩张主义。对于这一点,我们有些人可能认知还比较模糊,但一些西方左翼思想家却看得十分清楚。萨义德认为,当今在西方世界特别

---

①②③④　转引自陈学明:《中国正道》,人民出版社,2015年,第380页。

在美国有一句非常流行的口号,即"使世界更加民主"。以在全世界范围内推行民主、建立世界新秩序为名,来实现自己的帝国主义和霸权主义的野心,这是当年追求统治全球的宗主国曾使用的伎俩,而当今的美帝国主义再次祭起了这一"法宝"。①德里达指出,打着维护人权的旗号实行干预,是以美国为首的西方国家把西方的自由民主制度推及整个世界的主要方式。他愤怒地抨击说,他们这样做,不是在历史终结的狂欢中欢呼自由民主制的来临,不是庆祝"意识形态的终结",而是让我们永远也不要正视这一明显的、肉眼可见的事实的存在:在地球上有如此之多的男人、女人和孩子在受奴役、挨饿和被灭绝。②阿明也认为,西方国家,特别是美国的意识形态的话语的核心内容是宣扬他们所干的这些征服和扩张行径是为了民主。可是不久以前,无论是在西方国家,还是在东方国家或者南方国家,民主都被认为是"奢侈品"。资本主义世界统治阶级普遍接受的信条是,只有在解决了社会物质问题之后,民主才会到来。美国正是根据这一信条为其支持拉丁美洲军事独裁者辩护。但是现在这一信条一夜之间被颠倒过来了。现在在世界各地,官方几乎每天都在谈论民主问题,那些渴望获取援助的往往千方百计地以拥有民主合格证书作为从富裕大国获取援助的一个"条件"。这充分说明,推行民主只是西方国家特别是美国为获取自己私利的一个有效手段。③在他们看来,这些西方政要和右翼思想家口头上宣扬要用自由、民主、人权之类作为价值评判标准,实际上,他们只是用这些标准来评判别人,而很少会用它们来对照和评判自己。

(四)为什么必须要选择马克思主义的价值评判标准

人必须拥有自己的价值评判标准,但这些价值评判标准不可能都是经过自己的亲身实践感悟而成的,它们具有先在性,我们拥有的大多价值评判标准是现成的。实际上,我们来到这个世界上,面临着许多价值评判标准供我们选择。那么在这些众多的价值评判标准中我们如何作出自己的选择呢?我们将接受哪些价值评判标准"为我所用"呢?无疑,马克思主义的价值评判标准是最佳的选择。我们可以说,马克思主义的价值评判标准之所以是最佳选择,在于它正确。我们在学习马克思主义的过程中,渐渐地明白了马克思主义的价值评判标准之正确。

---

①②③　转引自陈学明:《中国正道》,人民出版社,2015年,第381页。

1.来自无产阶级革命斗争实践

　　马克思主义的价值评判标准作为马克思主义理论的重要组成部分,它们的产生,与马克思的革命实践活动密不可分。马克思走向社会这所大学后,开始探索在资本主义条件下无产阶级和资产阶级之间的社会矛盾、人的生存方式异化与人的解放自由要求之间的现实生存困境,由此必然涉及人的价值评判标准问题。马克思在大学求学时期关注过价值评判标准问题,但那时只是停留在对价值理想的单纯概念推演,使用的是概念推演的价值思维方法;步入社会以后,他就转向借助于无产阶级的现实运动,从中探索实现无产阶级现实物质利益和最终价值理想的现实路径。现实的无产阶级革命运动成了马克思主义价值观得以形成的真正源泉。马克思的价值评判标准、价值观念的形成,经历了从对抽象价值的追问,到对合理生产方式的追问这样一个过程,而实现这一转折的推动力就是对时代困境的探究。马克思主义的价值评判标准之合理与正确,主要在于它们是在无产阶级革命斗争实践中获得的感受的升华。

　　让我们看一看马克思主义的价值观念是如何形成的:在马克思那里,确实有一个价值观念世界,他确实从这一价值观念世界中找到了某种纯粹正确的真理,并以此来匡正现实中各种不正当,但他是凭空形成这一价值观念世界的吗? 这一价值观念是他面壁构造而成的吗? 根本不是如此,恰恰相反,马克思是切入现实世界之中,从现实世界内部去发现人与人之间的真正联系,去揭示这种联系所体现出来的不公正和不自由,而正是在这一过程中,资本主义走向其反面的秘密被马克思揭示出来了,与此同时,评判资本主义和整个社会发展的价值标准在马克思那里也形成了。我们可以清楚地看到,马克思根本没有预设一个独立的价值世界,并以此作为出发点。即便我们承认在马克思那里有着某种价值哲学,但不能说它是与事实世界"平起平坐"的,它一方面受制于事实世界,特别是物质世界的物质生产关系;另一方面又反映着这种物质生产关系。马克思主义哲学革命的实质是将市民社会的物质生产和交往活动作为哲学的基础,在此意义上,"价值应当"还是"不应当",或者说选择什么样的价值评判标准直接取决于时代的生活方式和交往需要。所以从现实的人的物质生活条件内部去探求价值评判标准,是马克思主义价值论的必然要求。形而上学之外的物质生产领域,才是马克思讨论价值问题的重点。

　　马克思、恩格斯明确指出:"我们的出发点是从事实际活动的人,而且从现实生活过程中还可以描绘出这一过程在意识形态上的反射和反响的发展,甚至人们头脑中的模糊幻想也是他们的可以通过经验来确认的、与物质前提相联系的物质生活过程的必然升华物。因此,道德、宗教、形而上学和其他意识形态,以及与他们相适应的意识形式便不再保留独立性的外观了。"①恩格斯还说道:"人们自觉地或不自觉地,归根到底总是从他们阶级地位所依据的实际关系中——从他们进行生产和交换的经济关系中,获得自己的伦理观念。"②马克思和恩格斯正是循着这一基本的历史唯物主义思路,去构建自己的价值评判标准的。集中批判旧哲学脱离实践的弊端,是马克思主义实现哲学革命性变革的决定性环节。马克思指出,以往的全部哲学,特别是德国的唯心主义哲学的致命弱点是"爱好宁静孤寂,追求体系的完满,喜欢冷静的自我审视"③,以致脱离实践、脱离群众、晦涩难懂。马克思对旧哲学的这一概括鞭辟入里、切中要害。从"实践性"出发来构建人的价值评判标准,正是马克思改造旧哲学的根本方向。马克思主义实现了以实践为基石的范式转换。实际上,"实践"这一概念本身就包含着人的目的性和价值选择。难道马克思不是基于实践的需要才进行价值选择,基于实践而进行价值创造与构建的吗?离开了这一点,我们就无法把握马克思关于人类价值活动的本质特点。在马克思主义那里,实践与价值观念的关系犹如"车轮"和"方向盘",二者相互依存,缺一不可。④

马克思以社会实践为根基来构建价值评判标准,突破了现代伦理学的"意识内在性"的困境。以"意识内在性"为立足点而发展起来的现代伦理学,始终难以协调在道德意识内在性与伦理规范普遍性之间的矛盾,从而导致现代伦理学难以摆脱在价值评判标准问题上的相对主义与虚无主义的困扰。对于现代哲学和伦理学而言,"我思故我在"命题提出的最大意义在于,确立了以"思维"为核心的主体性原则。现代伦理学在摆脱基督教伦理的影响之后,在主体性哲学框架内必然与现代哲学一样产生立足点的"位移"。在"主体性原则""意识内在性"的基本前提下,伦理学研究的对象不再是外在于人的"终极实在",而必须是主体性的"自我"。同样,决定道德原则的最终评判标准,也不是外在于世界的"神",而是内在于人自身的"意识"。马克思主义作为实现了"哲学革命"的理论体系,从整体上表现出了对现代哲学的"意识内在性""主体性"立足点的超越。"旧唯物主义的立脚点是市民社

① 马克思、恩格斯:《德意志意识形态》(节选本),人民出版社,2003年,第17页。

② 《马克思恩格斯文集》(第九卷),人民出版社,2009年,第99页。

③ 《马克思恩格斯全集》(第1卷),人民出版社,1995年,第219页。

④ 参见王亚珍:《价值与实践关系的历史轨迹——重思马克思哲学的性质》,《华侨大学学报》(哲学社会科学版),2012年第1期。

会,新唯物主义的立脚点则是人类社会或社会的人类。"①在《关于费尔巴哈的提纲》中,马克思对历史唯物主义"立足点"的这段经典论述,我们耳熟能详,关键在于我们要知道,"人类社会或社会的人类"不仅是马克思进行哲学研究的"立足点",而且是马克思研究价值评判标准的最根本的"立足点"。在马克思那里理由十分明了,既然人的"全部社会生活在本质上是实践的",那就必须把人历史性的"现实生活"作为哲学与伦理学真正的"立足点",顺理成章地使其成为构建价值评判标准的立足点。

2. 代表人民群众的根本利益诉求

任何价值评判标准都是与人的需要和利益紧密相连,关键是看其代表了谁的需要和利益。马克思主义的价值评判标准代表的是广大人民群众的需要和利益,它是广大人民群众的利益诉求在价值观念上的体现,支撑马克思主义的价值评判标准的是以人民为本的原则。

马克思和恩格斯的理论产生并服务于无产阶级与资产阶级斗争的现实需要,其包括价值评判标准在内的伦理思想是在对资产阶级和空想社会主义思想家进行批判的基础上提出的。马克思和恩格斯认为,在阶级社会里,"道德始终是阶级的道德;它或者为统治阶级的统治和利益辩护,或者当被压迫阶级变得足够强大时,代表被压迫者对这个统治的反抗和他们的未来利益"②。马克思和恩格斯讲得十分清楚,价值评判标准是具有鲜明的阶级性的,你不是站在统治阶级的立场上,为统治阶级讲话,为统治阶级的利益服务,就是站在无产阶级和广大劳动人民的立场上,为无产阶级和广大劳动人民讲话,服务于无产阶级和广大劳动人民,两者只能择其一。马克思和恩格斯在伦理道德上是具有鲜明的阶级性的,而这首先体现在价值立场上。价值立场说到底就是"为什么人的问题",也就是说,是不是真正代表无产阶级、人民大众的利益诉求,是不是从无产阶级、人民大众出发来提出价值评判标准。马克思主义的"以人民为中心"的价值立场是十分鲜明的,具体地体现在马克思主义充分了解、尊重人民的价值选择和价值期待。在当今世界上,唯有马克思主义真正把人民是否愿意作为评判的基本依据和基本标准。

以人为本是马克思主义理论的价值取向,马克思主义代表人类先进思想,必然承袭以人为本的价值。马克思主义经典作家对劳苦大众的同情产

---

① 《马克思恩格斯全集》(第3卷),人民出版社,1960年,第8页。
② 《马克思恩格斯选集》(第三卷),人民出版社,1995年,第435页。

生的社会责任感,是价值取向形成的主体基础。追溯马克思主义经典作家步入社会的感悟和对社会现实的态度可以发现,确立人的主体地位,重视人的生存与发展及其现实条件的改善,改造社会,消除制约人发展的桎梏,是他们初始而成的社会责任感和政治理想,鲜明地表达出以人为本的价值精神。这里,可以浏览一下马克思和恩格斯在青年时代是如何同情劳苦大众的,以及如何关注生活在社会中低层的劳苦大众的:马克思读中学时,他的许多同学大部分出身于中下阶层,他虽然出身富家,但同学们都很喜欢他,在一起"随时开始男孩子似的玩闹"①。马克思上学要经过挤满了贫苦农民的中心广场,他目睹城里贫民区的惨状,心中充满了对生活在社会下层民众的同情。每当有朋友指控城市存在的折磨人的贫困状况时,马克思"总是精神专注地倾听着"②。在1842年《关于林木盗窃法的辩论》的连载中,马克思勇于挺身而出为贫苦人辩护,痛斥地主们欺压"政治上和社会上一无所有的贫苦群众"③。恩格斯在中学时对文学作品中的三个英雄形象齐格弗利德、阿喀琉斯和浮士德敬佩非凡,认为他们"有勇敢的大无畏气概,有随时为人类作出牺牲的精神"④。恩格斯认为:"自己要仿照他们那样进行斗争并规划自己的生活道路,像他那样忠实于高尚的,人道主义的和热爱自己的理想,为这些理想而战斗和经受苦难。"⑤恩格斯十分注意观察社会,使"他深感触动的是天天呈现眼前的劳动人民所处的非人的状况和精神状况","他看到资本主义制度下的工厂剥夺了人们的一切力量和生活乐趣"。⑥1839年,恩格斯发表了《乌培河谷来信》一文,他指出,"下层阶级,特别是乌培河谷的工厂工人,普遍处于可怕的贫困境地",并指出工人阶级受苦受难的责任在于工厂主。这是他表达自己关注劳苦大众生存境遇,萌生强烈的改造社会、救民于水火社会责任感的最好见证。⑦正如有学者所指出的,马克思和恩格斯对劳动人民的真挚的同情心和救世激情而形成的社会责任感和使命感,

---

① [英]戴维·麦克莱伦:《马克思传》,王诊译,中国人民大学出版社,2006年,第8页。

② [德]海因里希·格姆克夫等:《马克思传》,易廷镇、侯焕良译,生活·读书·新知三联书店,1978年,第5页。

③ 《马克思恩格斯全集》(第1卷),人民出版社,1995年,第248页。

④ [德]海因里希·格姆克夫等:《恩格斯传》,易廷镇、侯焕良译,生活·读书·新知三联书店,1980年,第1页。

⑤ 同上,第14页。

⑥ 同上,第15页。

⑦ 参见[德]海因里希·格姆克夫等:《恩格斯传》,易廷镇、侯焕良译,生活·读书·新知三联书店,1980年,第25页。

是他们构建代表劳动人民利益的价值评判标准的情感根基。①

我们平时总将马克思主义的价值学说称之为社会主义价值学说,这是有充分理由的。理由就在于,按其实质,马克思主义的价值学说的最主要特征就在于人民性。我们可以观察一下马克思主义是如何对一个个领域进行价值分析的,具体的内容撇开不谈,渗透着人民性这一点随处可见。如果说一定要找到马克思主义价值学说的一以贯之的内在逻辑的话,那么除了人民性之外我们再也无法用其他什么来表述了。

当然,马克思主义的以人民为中心的价值观念是充满着情感色彩的,这来自马克思主义对无产阶级和广大劳动人民的真情实感。但能不能由此得出结论,马克思主义的以人民为中心的价值观念主要源自对无产阶级和广大劳动人民的情感,能不能说马克思主义的以人民为中心的价值观念就是一种情感表述?不能。因为马克思主义的以人民为中心的价值观念除了与对广大劳动人民的同情分不开之外,还来自对科学的态度,在一定意义上,后者的成分可能还大于前者。马克思主义的价值观念无非体现在两个方面:一是批判资本主义所体现的价值观念,二是论证社会主义所体现的价值观念。而这两个方面,均是以人民性为主要特征的,而这种人民性又都是以深厚的、无可辩驳的科学性为基本前提的。

3.批判地继承了传统的价值观念

任何一种理论都是从已有的思想资料出发,其形成都有一定的思想理论基础,马克思的价值评判标准也不例外。价值观念本身具有自己的历史,一方面,不同时代、不同社会具有不同的价值评判标准;另一方面,价值观念也具有历史继承性,每一个时代的价值观念多少都继承了前一时代的价值观念,或者说,每一时代的价值评判标准都带有前一个时代价值评判标准的痕迹。马克思主义的价值观念直接是以前时代和同时代价值观念为自己的理论和历史的逻辑前提,它不可能是横空出世、无中生有的。

一讲及传统的价值观念,在我们面前马上会呈现西方传统的价值理论。确实,正是西方传统的价值理论构成了马克思主义的以价值评判标准为核心的价值理论的基础,如果马克思主义不去批判地继承西方传统的价值理论的积极因素,就没有马克思主义的价值理论。马克思主义的价值理论就是西方传统的价值理论的创造性发展。下面让我们具体地看一下马克思主义是如何创造性地继承西方传统的价值理论的:

---

① 参见邓如辛:《以人为本:马克思主义理论的价值取向》,《理论探讨》,2009 年第 6 期。

西方古代价值理论思想,无疑是充满着神秘主义和禁欲主义的,说它是一种神秘主义、禁欲主义价值观也不为过,它的价值评判标准不仅是神秘主义,而且是禁欲主义的。但这种价值伦理思想却有着本体论的根基,也就是说,它是在特定的本体论基础上形成发展起来的。这种本体论要么强调"客体"是"本",即寻求世界本原;要么偏重于把"主体"作为"本",即强调人是万物的尺度。我们可以对它所提出的这种"本"大加抨击,但对它为自己的价值观念寻求"本体论"基础这一点却无论如何不能横加指责。马克思正是继承了古代传统的价值理论为价值论寻找"本体论"基础的做法,即继承了价值论不能完全脱离本体论的做法。这样,尽管马克思主义否定和拒绝了古代传统的本体论,即坚决反对在超验的世界中构筑人类的价值与幸福,但是马克思主义并没有离开本体论来构建价值论,马克思主义在实践本体论的基础上构建了人的价值评判标准。

西方近代价值理论无疑是在否定中世纪的神秘主义、禁欲主义的基础上形成和发展起来的。西方近代价值理论否定了禁欲主义后,代之以把"功利"作为价值评判标准。在探讨如何处置人与人的关系时,西方近代价值理论把关注的重心放在如何为生活于社会秩序中的个人揭示行为准则,它所追崇的是"普遍的个人主义";在探讨如何处置人与自身的关系时,西方近代价值理论将价值与人的自然属性、感性和理性联系在一起,它对个人价值及现世生活的意义加以充分肯定。当然,无论是探讨如何处置人与人的关系,还是探讨如何处置人与自身的关系,近代价值理论都没有也不可能涉及人的物质实践,也就是说,都没有也不可能与人的物质实践相联系。显然,强调价值论不能脱离认识论和理性主义这一点,是近代价值理论的一个"亮点"。对此,马克思主义是继承下来了,但马克思主义并没有停留在继承近代价值理论的这一"亮点"之上,马克思主义进一步把传统的理性认识论根植于社会生活之中,即回归到以社会生活为基础的历史认识论。我们看到,马克思主义自己的价值理论是在历史认识论的基础上形成的。马克思主义在强调人类认识来源于实践的同时,也提出了人的价值观念离不开实践。

在一定意义上,西方近代价值理论用机械论、理智主义构筑了一个僵死呆板的世界,西方现代价值理论破除了这样一个世界。它在破除这样一个世界的过程中突出了人性中的非理性主义。这样,它在论述人与物的关系问题时,无限夸大人的能动作用,把作为价值主体的人在整个社会生活和世界体系中的地位抬到了不恰当的地步,由此否认了社会发展规律和取消了决定论;在论述人与人的关系问题时,它丢掉了社会价值,高扬个人本位。对于现代价值理论突出主体性和个体,以及认可非理性,马克思主义谨慎对待,马克思主义在构建价值观念时既承认人的理性作用,又承认人的非理性作用,并以主体的实践活动将两者统一起来。①

我们需要着重说明的是,马克思在批判地继承西方传统的价值理论的过程中,特别注重对资本主义社会把金钱视为唯一价值评判尺度的批判。马克思认为,资本主义社会价值观念发生严重的异化,集中表现在整个社会陷入金钱本位的价值观。资本主义摧毁了一切传统的价值观念,只剩下"现金交易"。资本主义"使人和人之间除了赤裸裸的利害关系,除了冷酷无情的'现金交易',就再也没有任何别的联系了。它把宗教虔诚、骑士热忱、小市民伤感这些情感的神圣发作,淹没在利己主义打算的冰水之中。它把人的尊严变成了交换价值,用一种没有良心的贸易自由代替了无数特许的和自力挣得的自由"②。与此同时,资本主义确立了资本的价值评价标准。恩格斯指出,在资本主义社会"金钱确定人的价值:这个人值一万英镑(he is worth ten thousand pounds),就是说,他拥有这样一笔钱。谁有钱,谁就'值得尊敬',就属于'上等人'(the better sort of people)"③。在马克思看来,金钱是什么?金钱原本是用来满足人的需要的,是为人服务的,但在资本主义社会里,它反而成了压迫人的工具。金钱是人的主人,人是金钱的奴隶,正活生生地呈现在我们面前。在资本主义社会里,在价值发生严重扭曲时,价值评价也被颠倒,在拜金主义盛行的情况下,金钱、资本也就构成了衡量一切价值的标准。

4.体现了科学性与价值性的统一

马克思主义的价值评判标准体现了科学性与价值性的统一。马克思主义的以其价值观念为核心的整个价值理论,是建立在历史唯物主义基础之上的,历史唯物主义的科学性与价值性的统一,也决定了其价值评判标准的科学性与价值性的统一,这是古今中外所有价值观念所不能比拟的。

马克思主义的唯物史观必然是客观性与价值性的统一,否则它就不可能成为一种理解社会历史本质和把握社会历史现象的根本方法。马克思主义的唯物史观揭示了社会历史发展的客观必然性,它具有科学性特征这一点是一目了然的。但与此同时,我们不能忽视马克思主义的唯物史观具有强烈的人类社会自身的价值取向,贯穿于其中的是价值理想与价值追求。

---

① 对于马克思主义如何继承西方传统的价值理论的论述,参见陈玉君:《继承与超越:马克思价值理论与西方价值理论的关系》,《学术论坛》,2012年第12期。

② 《马克思恩格斯选集》(第一卷),人民出版社,2012年,第403页。

③ 《马克思恩格斯文集》(第一卷),人民出版社,2009年,第477~478页。

在马克思的历史观中,科学原则与价值原则的统一,正是马克思主义的唯物史观最基本的特征。事实清楚地摆在那里:如果我们把价值原则排除在马克思主义的唯物史观之外,无视马克思主义唯物史观的价值取向,我们怎么能够对社会历史现象及其运动和发展作出合理的解释呢?

既然科学原则和价值原则是历史唯物主义理论本身的两个基本理论原则,那么我们就可以顺理成章地作出判断:这两大原则同样也是马克思主义构建价值评判标准的基本的理论支点。如果仅从表象上看,这两大原则在社会历史现象进行价值判断时似乎是"两股道上跑的车",完全不相干。科学原则解释社会现象时注重的是客观性,而价值原则是从社会主体的生存和发展需要的满足这一角度去评价社会现象;追求社会现象的实然性、自在性、必然性、合规律性是科学原则所要做的,而价值原则所追求的则是社会现象的应然性、自为性、合理性、合目的性;在科学原则那里,突出的是社会历史过程的客观性,价值原则是高扬社会历史过程的主体性。马克思主义唯物史观的可贵之处正在于,在构建价值评判时把这看似对立的双方有机地统一在一起。

不仅是马克思主义唯物史观,而且马克思主义政治经济学的研究方法也体现着这种科学性与价值性的统一。毋庸置疑,马克思主义政治经济学研究方法的内在线索就是事实与价值的辩证统一。我们且列举若干这种辩证的统一:例如,马克思对资本主义异化劳动进行分析时,将事实判断与价值判断融合在一起,摒弃了事实与价值二元分立的观点。再如,马克思通过预设"人的劳动理应是自由自主的活动"等价值判断,来批判资本主义生产方式。还如,马克思将价值诉求植入剩余价值理论当中,揭示了改变现实世界的价值目标。我们认真剖析一下马克思主义政治经济学研究方法就可以明白,马克思在重视资本主义的政治经济事实的同时,从未脱离他自己的价值追求。实质上,在政治经济批判中,他将两者有机地融合在一起,开出了一条具有新意的价值批判路向。①

马克思对价值理论的研究更是贯穿着将事实与价值辩证地统一在一起的方法。何谓真理?按照马克思主义的看法,真理无非就是对事物本来面目和规律的揭示,真理形式上是"主观的",但实质上其内容是"客观的",它体现的是人对各种客观规律的确认、服从与遵循,它的属性是"主体的客体化"。何谓价值?它体现的是人按照自己的尺度和要求对劳动对象、劳动工具产生

---

① 参见黎昔柒:《事实与价值的辩证统一:马克思的研究方法探析》,《湖南社会科学》,2018年第6期。

影响,它的属性是"客体的主体化"。这里关键的还是人的实践活动,正是人的实践活动,使真理与价值统一在一起了。人的实践的过程,也就是将自己的价值期许外化为一定的劳动产品的过程,通过人的实践的活动,客观的对象变成了属人的存在,即变成了与人有着密切关联、具有一定价值意义的存在。实际上,指导人的实践活动的,不仅有真理性的知识,也有自身的价值要求。在这里,人的价值评判标准是真理性知识与价值要求相结合的产物,从而马克思主义的价值评判标准既具有科学性、真理性,又富价值性。

正因为马克思主义的价值观念实现了科学性与价值性的统一,所以它也克服了当今世界科学主义与人本主义在价值观念上的分裂与对立。科学主义在强调科学认识在人类发展和生活中的作用,强调理性因素在科学中的作用的同时,把价值只当作一种情感现象,认为价值判断仅仅表达了自己的情感,是一种没有意义的"伪判断";人本主义虽然重视价值问题在生活中的作用,强调不同文化和传统中体现的价值观念的多元性,但是它们贬斥理性,轻视科学,过分夸大非理性因素和个人情感体验在价值评判中的作用,导致了相对主义和情感主义的泛滥。[1]马克思主义一方面承认它们在各自的领域实现了某种片面的深刻性,为实现某种深刻的综合准备了一定的思想资料;另一方面,强有力地避免了它们各自的偏颇,以科学性与价值性的完美统一超越了它们。

5.处于不断创新与发展之中

真正合理的、正确的价值评判标准不可能是抽象的,它应当具有鲜明的历史性,也就是说,合理的、正确的价值评判标准是通过每一个特定时代和特定历史阶段来加以特定的表现的,它的尺度是历史的。马克思主义的价值评判标准正是具有这样的特征。

马克思主义强调,人的本质是历史地生成的,是一个通过历史不断丰富和完善的过程,因而价值评判的尺度也必然带有这种历史的含义。马克思主义价值评判标准无疑是正确的、合理的,但我们不能拿着今天的标准去评判早期社会的人、事、物,也不能拿着现有的价值尺度去衡量未来社会的人、事、物。在这一意义上,马克思主义承认自己的价值评判标准具有相对的一面。价值评判尺度的相对性源自其历史性,若没有历史性,社会无须发展,那么价值评判标准也就绝对化了。这显然不是马克思主义价值理论所走过的道路。

---

① 参见马俊峰:《马克思主义价值理论研究》,北京师范大学出版社,2012年,第27页。

必须看到，马克思主义的价值评判标准既是客观的范畴，又是动态的范畴。综观马克思的全部著述，马克思一方面始终坚持价值观念的客观性，另一方面又从不把价值评判标准看作单一的、静态的、凝固不变的，他正是在理论和实践动态发展中不断加深对价值评判标准的认识。我们不仅要把握马克思主义价值评判标准的唯物属性，还要知晓马克思主义价值评判标准的动态属性。马克思的视野十分开阔，关于价值观念的范畴的认识辐射面非常大，马克思并没有将价值局限在一个有限的方寸之地进行考察，而是随着认知和实践的发展，不断开拓着认识的范围。马克思主义的学说的领域宽广极了，凡是马克思主义涉及的每个领域，可以说都渗透着其价值趋向，都可以看到对价值评价标准的运用。可以说，马克思和恩格斯的学说研究到哪儿，价值评判标准的认识就指向哪儿。当然，我们这里说马克思主义价值评判标准使用范围十分广泛，也并不意味着马克思主义在阐述和运用价值评判标准时是无边无际的，是没有明确的内涵和边界的，我们主要是想表明马克思主义对价值观念内涵的认识是具有动态发展的特征的。

综观马克思思想的发展历程，我们还可以看到，历史尺度与价值尺度的相互转换。从大学时代的法学研究到《1844年经济学哲学手稿》时期，马克思注重的是价值尺度，那时，主要把理性、人性作为价值评判标准；从《神圣家族》到《资本论》时期，我们看到马克思着重从经济学的角度和在逻辑上论证了历史的尺度，在某种意义上实现了从价值尺度到历史尺度研究视角的转换；而到了晚年，即在人类学研究时期，我们看到在马克思那里，那种抽象的价值尺度和客观的历史尺度的二元对立少见或者不见了，而代之于"总体性"的尺度，即从总体性价值尺度出发对东方社会的历史命运进行考察。所谓"总体性"尺度建立在整合抽象的价值尺度和单一的历史尺度的基础之上，它是一种以人的发展为最高宗旨的综合性价值尺度。按照"总体性"价值尺度，人的价值的实现是至高无上的，其余一切评判标准如果不由价值尺度来统摄，那就不具有合理性，也谈不上有什么意义。①总体性价值评判尺度的形成，标志着马克思已经把历史的尺度与价值的尺度整合在一起了，真正做到了一方面以价值尺度关照历史尺度，另一方面又以历史尺度铺衬价值尺度。

马克思主义价值评判标准的历史性，说明它是处在不断的发展与创新过程之中。马克思主义的价值观念绝不是把自己封闭起来，而是面对日益

---

① 参见商逾：《马克思历史决定论新释：历史尺度与价值尺度的相互转换》，《山东大学学报》，2004年第5期。

变化的环境,对自己原有的观念和标准加以修正、充实和提高。苏东剧变后,当许多人远离马克思之时,西方解构主义、后现代主义思想大师德里达却走近马克思,他向人们发出呐喊:没有马克思就没有人类的未来,我们都是马克思主义遗产的继承者。他所说的马克思主义遗产,主要指的就是马克思主义的价值观念。他认为,马克思主义的价值观念已成为历史文化遗产必然被人们所继承,特别是这份遗产又被继承者不断地加以创新和发展,永葆鲜活的本色,所以它将永远在历史的长河中成为人们鉴别、评判一切的标尺。

(五)如何运用马克思主义的价值评判标准

在马克思主义的著作中,我们一方面可以看到马克思和恩格斯以及他们的继承者是如何在各自的历史条件下建构价值评判标准的,另一方面更可以看到他们如何运用这些价值评判标准来分析、研究面对的各种问题的。这里,我们仅以若干部具有代表性的著作为例,来具体地加以领会。

1.以马克思的《哥达纲领批判》为例

1875年2月,德国社会民主工党(爱森纳赫派)和全德工人联合会(拉萨尔派)在哥达召开了合并预备会议,并拟定了合并纲领草案《德国工人党纲领》。马克思面对这样一个修正主义的纲领,毫不含糊地运用马克思主义的评判标准几乎逐一加以分析批判。

马克思主义对于社会财富创造有其自己明确的观点,这就是劳动与自然界、生产资料、生产关系相结合才能创造财富。马克思就用这一基本的评判标准来分析《哥达纲领》关于"劳动是一切财富和一切文化的源泉"的论点。在马克思看来,《哥达纲领》的这一论点看似为劳动讲话,实质上是错误的。马克思指出:"劳动不是一切财富的源泉。自然界同劳动一样也是使用价值(而物质财富就是由使用价值构成的!)的源泉,劳动本身不过是一种自然力即人的劳动力的表现。"①马克思还尖锐地讽刺《哥达纲领》的作者:"上面那句话在一切儿童识字课本里都可以找到,并且在劳动具备相应的对象和资料的前提下是正确的。可是,一个社会主义的纲领不应当容许这种资产阶级的说法回避那些唯一使这种说法具有意义的条件。"②

---

①② 《马克思恩格斯文集》(第三卷),人民出版社,2009年,第428页。

《哥达纲领》大谈公平分配。马克思主义从来都把分配的公平性与生产关系结合在一起,这样,马克思主义用以判断公平分配理论是不是合理的标准就是,其是不是联系生产关系来论述。这里,马克思就用这样一个标准来批判《哥达纲领》:"消费资料的任何一种分配,都不过是生产条件本身分配的结果;而生产条件的分配,则表现生产方式本身的性质。例如,资本主义生产方式的基础是:生产的物质条件以资本和地产的形式掌握在非劳动者手中,而人民大众所有的只是生产的人身条件,即劳动力。既然生产的要素是这样分配的,那么自然就产生现在这样的消费资料的分配。"[①]

《哥达纲领》从公平分配出发,又大谈"平等的权利"。对于"平等的权利",马克思主义的评判标准是坚持"事实上的平等"而批判"形式上的平等",所以马克思主义评判一种平等是不是真的是平等,主要是看其是属于"事实上的平等"还是"形式上的平等"。马克思用"事实上的平等"这一价值评判标准衡量《哥达纲领》所讲的"平等的权利",马上得出结论:这里讲的平等是"形式上的平等",属于"资产阶级的权利"。马克思这样说道:"在这里平等的权利按照原则仍然是资产阶级权利,虽然原则和实践在这里已不再互相矛盾,而在商品交换中,等价物的交换只是平均来说才存在,不是存在于每个个别场合。"[②]"虽然有这种进步,但这个平等的权利总还是被限制在一个资产阶级的框框里。生产者的权利是同他们提供的劳动成比例的;平等就在于以同一尺度——劳动——来计量。但是,一个人在体力或智力上胜过另一个人,因此在同一时间内提供较多的劳动,或者能够劳动较长的时间;而劳动,要当做尺度来用,就必须按照它的时间或强度来确定,不然它就不成其为尺度了。这种平等的权利,对不同等的劳动来说是不平等的权利。它不承认任何阶级差别,因为每个人都像其他人一样只是劳动者;但是它默认,劳动者的不同等的个人天赋,从而不同等的工作能力,是天然特权。所以就它的内容来讲,它像一切权利一样是一种不平等的权利。"[③]马克思用他在平等问题上的评判标准一衡量,马上发现《哥达纲领》所推崇的平等只是用同一尺度来计量"在体力和智力上"不同的人的,"默认"不同等的个人天赋,从而也是一种"不平等的权利"。

《哥达纲领》提出了"依靠国家帮助建立生产合作社""自由国家"等观点。马克思主义在国家、自由问题上的价值评判标准是强调国家、自由的

---

① 《马克思恩格斯文集》(第三卷),人民出版社,2009年,第436页。

② 同上,第434页。

③ 同上,第435页。

"阶级性"。马克思用注重阶级性的评判标准来批判《哥达纲领》的国家观和自由观。马克思指出,现代国家"都建立在现代资产阶级社会的基础上"①,并明确指出:"在资本主义社会和共产主义社会之间,有一个从前者变为后者的革命转变时期。同这个时期相适应的也有一个政治上的过渡时期,这个时期的国家只能是无产阶级的革命专政。"②马克思这样责问《哥达纲领》的制定者:"自由国家,这是什么东西?使国家变成'自由的',这决不是已经摆脱了狭隘的臣民见识的工人的目的。在德意志帝国,'国家'几乎同在俄国一样地'自由'。自由就在于把国家由一个高踞社会之上的机关变成完全服从这个社会的机关;而且就在今天,各种国家形式比较自由或比较不自由,也取决于这些国家形式把'国家的自由'限制到什么程度。"③在马克思看来,在资产阶级统治的社会里,那种所谓的自由绝不是无产阶级所要的那种自由,只要资产阶级的统治不推翻,即使你把"人民"和"国家"这两个词联接一千次,"也丝毫不会对这个问题的解决有所帮助"④。

从马克思的《哥达纲领批判》这一光辉文献中,我们一方面可以深刻领悟到马克思主义价值评判标准的深刻内涵,另一方面也能体察到马克思运用这些评判标准分析问题的原则性和坚定性。

2.以列宁的《帝国主义论》为例

资本主义发展到19世纪末20世纪初发生了许多新的变化。列宁认为,有必要研究这一新的变化。1920年他在《帝国主义是资本主义的最高阶段》(简称《帝国主义论》)一文的"法文版和德文版序言"中明确地指出:"本书的主要任务,无论过去或现在,都是根据无可争辩的资产阶级统计的综合材料和各国资产阶级学者的自白,来说明20世纪初期,即第一次世界帝国主义大战前夜,全世界资本主义经济在其国际相互关系上的总的情况。"⑤那么如何研究这一新的变化,对面前的资本主义作出新的判断呢?列宁主要的方法就是运用马克思主义评判资本主义的价值标准,来分析资本主义的新发展。因此,列宁的《帝国主义论》,为我们运用马克思主义评判资本主义的尺度和逻辑,来研究资本主义新发展,树立了一个成功的典范。

列宁是个忠诚的马克思主义者,他完全继承了马克思主义的基本立场和观点,特别是马克思主义以"资本原则批判"为核心的价值评判标准。可

①③　《马克思恩格斯文集》(第三卷),人民出版社,2009年,第444页。

②④　同上,第445页。

⑤　《列宁专题文集·论资本主义》,人民出版社,2009年,第100页。

以说,列宁写作这一著作是受坚持马克思主义的资本批判原则的驱动,"资本批判原理在具体境遇下的科学推论"是列宁的《帝国主义论》的"生成机理"。有位学者指出,纵览列宁的这一著作,"我们发现:在关于帝国主义问题的系列阐述中,列宁始终具有一贯的内在逻辑——那就是从资本主义国家的生产现状出发,总结当下资本主义生产关系的总体特征即高度社会化生产大背景下的'垄断',再通过对这一垄断在当时的突出代表(即'金融资本'和'金融寡头')全球扩张进程中对本国无产阶级和殖民地国家的实际分配,得出帝国主义的寄生性和腐朽性本质以及由此而来的帝国主义的历史地位及其发展趋势"。根据这一分析,这位学者提出,"列宁从当时资本主义生产领域的'特殊阶段'出发,揭示帝国主义内在特质及其未来走向的尝试,从根本上乃是符合马克思一以贯之的基于资本批判而来的历史唯物主义研判"。[①]

列宁的《帝国主义论》完全是资本批判原理在具体历史条件下得出的科学推论。也就是说,列宁是"充分地运用《资本论》的逻辑来解决当前问题的过程中"才得出了他的"帝国主义论"。[②]马克思对资本主义的批判,实质上就是对资本逻辑的批判。马克思对资本主义批判的思路是:资本逻辑把生产力的发展只是视为资本扩张的手段,在资本逻辑的支配下,必将随着资本的扩张,"形成最大限度在吮吸人和客观物质世界'自然力'的局面,并由此形成'资本积累'与'贫困积累'的两极对立"[③]。马克思就是根据这一思路来评判资本主义。在马克思的时代,这种趋势是十分明显的。那么到了20世纪以后,这种趋势是否还存在? 马克思的批判原理是否还有现实性? 列宁通过对马克思的资本批判原理的深入研究,强调只有借助于这一原理才能透彻地看清进入20世纪的资本主义的真面目。

列宁在新的形势下坚持马克思主义的资本批判原理,也就是坚持马克思主义的以生产关系为基点的方法论。列宁受马克思主义用资本批判原理来分析新形势下的资本主义的驱动,也就是受马克思主义以生产关系为基点的方法来分析新形势下的资本主义的驱动。当时关注和研究帝国主义问题的还有其他一些学者,但所有这些学者有一个共同的特点,就是离开了马克思的对资本主义的价值评判标准,不注重从生产关系出发来分析。无论是霍布森、希法亭还是考茨基,其出发点都不是从生产关系上来研究资本主

①③　邱卫东等:《列宁帝国主义论的时代困境:历史根源及当代启示》,《当代世界与社会主义》,2016年第3期。

②　侯惠勤编:《正确世界观人生观的磨砺——马克思主义著作精要研究》,南京大学出版社,2002年,第389页。

义、帝国主义。列宁则与他们不同,他继承了马克思和恩格斯以生产关系为基点的方法来剖析帝国主义,即从生产领域而非流通领域来审视和批判帝国主义。①列宁没有从帝国主义的表象出发,而是坚信马克思所说的,第一个历史活动就是生产满足这些需要的资料,即生产物质生活本身,从而坚持从生产集中出发来演绎整个帝国主义理论。从生产领域出发而不是从流通领域出发,从生产的内部条件出发而不是从生产的外部条件出发,实质上就是从生产力和生产关系、经济基础和上层建筑的关系来观察资本主义社会形态的转换。确实如有学者指出的那样,从列宁的《帝国主义论》可以充分看出,"列宁主义是马克思、恩格斯之后马克思主义发展的历史新阶段,也是一脉相承的科学的世界观和方法论,本质是从人类社会历史发展的生产关系中去寻找上层建筑变化的原因"②。列宁坚持马克思主义的唯物史观,继承马克思主义的以生产关系为基点的方法,推出了《帝国主义论》这样一部不朽的马克思主义著作。在一定意义上,可以把列宁的《帝国主义论》视为马克思的《资本论》的"续篇"。③马克思的《资本论》是围绕"资本"这个资本主义生产方式的核心范畴进行的,同样,列宁的《帝国主义论》是围绕"垄断"这个帝国主义的核心范畴进行的。它们都是以资本主义生产方式不同发展阶段的经济关系作为研究对象的。《帝国主义论》是马克思对资本主义的价值评判标准的具体运用和生动体现。

列宁用马克思的对资本主义的价值评判标准来分析新的资本主义得出了一系列正确的结论:帝国主义是资本主义发展的最高阶段,帝国主义是资本主义自由竞争的必然产物,帝国主义是金融资本占主导地位的社会,在帝国主义条件下世界体系是等级差异的统治结构,帝国主义是垄断的、腐朽的和垂死的资本主义,帝国主义是现代战争产生的根源,帝国主义是无产阶级社会革命的前夜,等等。

3.以毛泽东的《在延安文艺座谈会上的讲话》为例

毛泽东是运用马克思主义的立场、观点和方法,运用马克思主义的价值评判标准研究和解决中国问题的光辉典范。毛泽东思想就是运用马克思主

① 参见蔡潇等:《马克思主义发展史上的列宁帝国主义论——纪念列宁〈帝国主义是资本主义发展的最高阶段〉诞生100周年》,《南京政治学院学报》,2016年第4期。
② 蔡潇等:《马克思主义发展史上的列宁帝国主义论——纪念列宁〈帝国主义是资本主义发展的最高阶段〉诞生100周年》,《南京政治学院学报》,2016年第4期。
③ 参见朱亚坤:《列宁〈帝国主义是资本主义的最高阶段〉研究方法与叙述方法及其关系探析》,《思想理论教育》,2018年第8期。

义的立场、观点和方法,运用马克思主义的价值评判标准研究和解决中国问题的成果和结晶。可以说,毛泽东所有的著作都向我们展示了如何生动地运用马克思主义的价值评判标准的。

在抗日战争处于最艰苦、最关键的1942年,中共中央在延安召开了一个文艺座谈会。这个座谈会十分重要,因为它要"求得革命文艺的正确发展,求得革命文艺对其他革命工作的更好的协助,借以打倒我们民族的敌人,完成民族解放的任务"①。毛泽东在这一座谈会上作了讲话,他完全是在马克思主义的价值评判标准的指导下来分析当时的文艺工作的。

文艺工作首先是文艺工作者的问题,也就是文艺工作者的立场与态度的问题。按照马克思主义的价值评判标准,看一个文艺工作者的立场对不对,主要是看其是不是站在无产阶级和人民大众的立场上。毛泽东正是依据这一标准向中国的文艺工作者提出:"我们是站在无产阶级和人民大众的立场。对于共产党员来说,也就是要站在党的立场,站在党性和党的政策的立场。"②与立场相关的是态度,即作为一个文艺工作者是立足歌颂还是暴露。马克思主义的价值评判标准把阶级性引入其中,认为立足歌颂还是暴露完全要视对象而定,对自己人歌颂、对敌人暴露是正确的,而反之则是错误的。毛泽东正是按照这一准则来要求中国的文艺工作者。他认为,当时中国有三种人:一种是敌人,一种是统一战线中的同盟者,一种是自己人。对第一种人,即对日本帝国主义和一切人民的敌人,"革命文艺工作者的任务是暴露他们的残暴和欺骗";对第二种人,即对于统一战线中各种不同的盟者,"我们的态度应该是有联合"的批评;对于人民群众,"我们当然应该赞扬"。他还强调,"人民群众也有缺点的","我们应该长期地耐心地教育他们,帮助他们摆脱背上的包袱,同自己的缺点和错误作斗争,使他们能够大踏步地前进"。③

文艺工作的核心问题是为什么人的问题。毛泽东说:"为什么人的问题,是一个根本的问题,原则的问题。"④在毛泽东看来,在为什么人的问题上,马克思主义的准则是十分明确的。他说:"这个问题,本来是马克思主义者特别是列宁早已解决了的。列宁还在一九○五年就已着重指出,我们的文艺应当'为千千万万劳动人民服务'。"⑤但是在毛泽东看来,在当时文艺工

---

① 《毛泽东选集》(一卷本),人民出版社,1964年,第804页。
② 同上,第805页。
③ 同上,第805~806页。
④ 同上,第814页。
⑤ 同上,第811页。

作者中这个问题实际上并没有完全解决。用马克思主义的这一准则加以衡量，可以看到，在一些文艺工作者中，"在他们的情绪中，在他们的作品中，在他们的行动中，在他们对于文艺方针问题的意见中，就不免或多或少地发生和群众的需要不相符合，和实际斗争的需要不相符合的事情"①。还有一类人，"他们虽然在口头上提出什么文艺是超阶级的，但是他们在实际上是主张资产阶级的文艺，反对无产阶级的文艺的"②。对此，毛泽东严肃地指出："在今天，坚持个人主义小资产阶级立场的作家是不可能真正地为革命的工农兵群众服务的，他们的兴趣，主要是放在少数资产阶级知识分子上面。"③按照马克思主义所说的文艺必须为工农兵服务这一价值准则，毛泽东对中国的文艺工作者提出要求："我们的文艺工作者一定要完成这个任务，一定要把立足点移过来，一定要在深入工农兵群众、深入实际斗争的过程中，在学习马克思主义和学习社会的过程中，逐渐地移过来，移到工农兵这方面来，移到无产阶级这方面来。"④

为什么人服务的问题解决了，接下来的问题就是如何去服务。这里的关键在于，努力于提高还是努力于普及。马克思主义从文艺必须为工农兵服务这个准则出发，在普及与提高这一问题的评判原则是：必须立足普遍，在这个基础上加以提高，而无论是普及还是提高，其前提都是沿着工农兵的需要这个方向。毛泽东认为，用这样一个标准去衡量，当时中国的文艺界也是存在问题的。首先是"相当地或是严重地轻视了和忽视了普及，他们不适当地太强调了提高"；其次是"他们所说的普及和提高……没有正确的标准"，"更找不到两者的正确关系"。⑤鉴于此，毛泽东把马克思主义在普及与提高问题上的准则运用于中国的实际，特别强调："我们的文艺，既然基本上是为工农兵，那末所谓普及，也就是向工农兵普及，所谓提高，也就是从工农兵提高"。对于"提高"他特别指出，不能从封建阶级、资产阶级、小资产阶级知识分子基础上的提高，"只能是从工农兵群众的基础上去提高。也不是把工农兵提高到封建阶级、资产阶级、小资产阶级知识分子的'高度'去，而是沿着工农兵自己的前进方向去提高，沿着无产阶级前进的方向去提高"。⑥在毛泽东看来，沿着什么方向的问题解决了，中国的文艺工作的普及与提高的关系也迎刃而解了，这就是："我们的提高，是在普及基础上的提高；我们

---

① 《毛泽东选集》(一卷本)，人民出版社，1964年，第811页。

② 同上，第812页。

③ 同上，第813页。

④ 同上，第814页。

⑤⑥ 同上，第816页。

的普及,是在提高指导下的普及。"①

4.以邓小平的《在全国科学大会开幕式上的讲话》为例

1978年3月,全国科学大会在北京召开,这是全党工作转移到以经济建设为中心前所召开的一个重要会议。在开幕式上,邓小平就如何动员全党全国重视科学技术,加速发展科学技术,推进四个现代化建设,发表了重要讲话。这一讲话的理论依据就是马克思主义的一系列基本理论,特别是马克思主义关于科学技术的价值理念。

邓小平在这一讲话中主要阐述了三个问题,在他看来,这三个问题是直接关系中国的科学技术能不能迅速发展的至关重要的问题。让我们看一看邓小平是怎么样运用马克思主义的关于科学技术的价值理念来分析前两个问题的。

他所说的第一个问题是"对科学技术是生产力的认识问题"②,也就是科学技术在生产力中的地位问题。应当说,如何看待生产力,马克思主义的评判标准是十分明确的,这就是承认科学技术是生产力中的不可或缺的因素,要发展生产力必须发挥科学技术的作用。正如邓小平所指出的,"科学技术是生产力,这是马克思主义历来的观点。早在一百多年以前,马克思就说过:机器生产的发展要求自觉地应用自然科学。并且指出:'生产力中也包括科学'"③。"现代科学技术的发展,使科学与生产的关系越来越密切了。科学技术作为生产力,越来越显示出巨大的作用。"④邓小平用马克思主义这样一个评判标准来分析当时中国经济发展的现状,认为"社会生产力有这样巨大的发展,劳动生产率有这样大幅度的提高,靠的是什么?最主要的是靠科学的力量、技术的力量"⑤。在邓小平看来,马克思主义关于科学技术也是生产力的论断之所以得不到落实,关键在于,一些人对人这一生产力与科学技术这一生产力之间的关系搞不清楚,于是他就此专门作出论述:"历史上的生产资料,都是同一定的科学技术相结合的;同样,历史上的劳动力,也都是掌握了一定的科学技术知识的劳动力。我们常说,人是生产力中最活跃的因素。这里讲的人,是指有一定的科学知识、生产经验和劳动技能来使用生产工具、实现物质资料生产的人。"⑥

邓小平还进一步运用科学技术与劳动力这两种生产力要素是一致的这

---

① 《毛泽东选集》(一卷本),人民出版社,1964年,第819页。

② 《邓小平文选》(第二卷),人民出版社,1994年,第86页。

③④⑤ 同上,第87页。

⑥ 同上,第88页。

一马克思主义的价值理念,具体地分析了脑力劳动。他这样提出问题:"承认科学技术是生产力,就连带要答复一个问题:怎么看待科学研究这种脑力劳动?科学技术正在成为越来越重要的生产力,那末,从事科学技术工作的人是不是劳动者呢?"①他的回答当然是十分明确的:"在社会主义历史时期中,只要还存在着阶级矛盾和阶级斗争,知识分子就需要注意解决是否坚持工人阶级立场的问题。但总的说来,他们的绝大多数已经是工人阶级和劳动人民自己的知识分子,因此也可以说,已经是工人阶级自己的一部分。他们与体力劳动者的区别,只是社会分工的不同。从事体力劳动的,从事脑力劳动的,都是社会主义社会的劳动者。"②邓小平运用马克思主义的相关价值理念观察分析中国的社会现实,得出结论:"正确认识科学技术是生产力,正确认识为社会主义服务的脑力劳动者是劳动人民的一部分,这对于迅速发展我们的科学事业有极其密切的关系。我们既然承认了这两个前提,那末,我们要在短短的二十多年中实现四个现代化,大大发展我们的生产力,当然就不能不大力发展科学研究事业和科学教育事业,大力发扬科学技术工作者和教育工作者的革命积极性。"③

邓小平所说的第二个问题是关于建设宏大的又红又专的科学技术队伍。他认为,要真正正确认识这一个问题,首先必须明确判断什么是"红"与"专"之间的关系、什么是"红"和什么是"专"的马克思主义的价值评判标准。他认为,在"红"与"专"的关系上,马克思主义的价值评判标准就是又红又专。④对于什么是"红"的马克思主义的价值评判标准,他是这样说的:"一个人,如果爱我们社会主义祖国,自觉自愿地为社会主义服务,为工农兵服务,应该说这表示他初步确立了无产阶级世界观,按政治标准来说,就不能说他是白,而应该说是红了。"⑤对于什么是"白",他认为马克思主义的价值评判标准应该是这样的:"白是一个政治概念。只有政治上反动,反党反社会主义的,才能说是白。怎么能把努力钻研业务和白扯到一起呢!即使是思想上作风上有这样那样毛病的科学技术人员,只要不是反党反社会主义的,就不能称为白。"⑥用这样一些标准衡量中国的知识分子队伍,他认为:"绝大多数科学技术人员热爱党、热爱社会主义,努力同工农兵相结合,满腔热情地

① 《邓小平文选》(第二卷),人民出版社,1994年,第88页。
② 同上,第89页。
③ 同上,第89~90页。
④ 参见《邓小平文选》(第二卷),人民出版社,1994年,第92页。
⑤ 《邓小平文选》(第二卷),人民出版社,1994年,第92页。
⑥ 同上,第94页。

对待自己从事的科学技术工作,做出了成绩",“这样的队伍,就整个说来,不愧是我们工人阶级自己的又红又专的科学技术队伍!"①

5.以习近平的《在哲学社会科学工作座谈会上的讲话》为例

习近平于2016年5月17日在全国哲学社会科学工作座谈会上的讲话,运用马克思主义的基本理论,特别是马克思主义在哲学社会科学方面的价值理念,高屋建瓴地分析和指导中国的哲学社会科学工作。这一讲话,与他在其他场合的讲话和所发表的文章一起,构成了习近平运用马克思主义价值评判标准来分析、研究面对的各种问题的鲜明特色。

中国的哲学社会科学工作搞得究竟如何? 最基本的评判标准就是看其是否坚持马克思主义指导。习近平正是运用这一标准来分析中国当前的哲学社会科学工作。他说:“坚持马克思主义为指导,是当代中国哲学社会科学区别于其他哲学社会科学的根本标志,必须旗帜鲜明地加以坚持。"②习近平用这样一个评判标准来观照中国的哲学社会科学研究的队伍;一方面,肯定“绝大部分同志认识是清醒的、态度是坚定的";另一方面,也尖锐地指出:“也有一些同志对马克思主义理解不深、理解不透,在运用马克思主义立场、观点、方法上功力不足、高水平成果不多,在建设以马克思主义为指导的学科体系、学术体系、话语体系上功力不足、高水平成果不多",“在有的领域中马克思主义被边缘化、空泛化、标签化,在一些学科中‘失语’、教材中‘失踪’、论坛上‘失声’"。③

那么究竟如何判断哲学社会科学工作有没有以马克思主义为指导呢? 马克思主义指导的成果又如何加以评判呢? 对此,马克思主义评判标准也是十分明确的,这就是一方面看哲学社会科学的成果究竟在为谁服务,另一方面看哲学社会科学的成果有没有在结合新的实践不断作出新的理论创造,有没有落到研究现实重大理论和实践问题上来,有没有落到提出解决问题的正确思路和有效办法上来。习近平在深入厘清和阐述马克思主义的价值评判标准的过程中,逐一对照中国的哲学社会科学研究的现状,并相应地提出要求。他说:“我国哲学社会科学要有所作为,就必须坚持以人民为中心的研究导向。脱离了人民,哲学社会科学就不会有吸引力、感染力、影响力、生命力。我国广大哲学社会科学工作者要坚持人民是历史创造者的观

---

① 《邓小平文选》(第二卷),人民出版社,1994年,第92页。

② 习近平:《在哲学社会科学工作座谈会上的讲话》,人民出版社,2016年,第8页。

③ 同上,第10页。

点,树立为人民做学问的理想,尊重人民主体地位,聚集人民实践创造自觉把个人学术追求同国家和民族发展紧紧联系在一起,努力多出经得起实践、人民、历史检验的研究成果。"①他还说:"坚持以马克思主义为指导,最终要落实到怎么用上来。'凡贵通者,贵其能用之也。'马克思主义具有与时俱进的理论品质。在新形势下,坚持马克思主义,最重要的是坚持马克思主义基本原理和贯穿其中的立场、观点、方法。……把坚持马克思主义和发展马克思主义统一起来,结合新的实践不断作出新的理论创造,这是马克思主义永葆生机活力的奥妙所在。"②"只有聆听时代的声音,回应时代的呼唤,认真研究解决重大而紧迫的问题,才能真正把握住历史脉络、找到发展规律,推动理论创新。坚持以马克思主义为指导,必须落到研究我国发展和我们党面临的重大理论和实践问题上来,落到提出解决问题的正确思路和有效办法上来。"③

习近平在这次讲话中着重论述了如何加快构建中国特色哲学社会科学,在他看来,要实现加快构建中国特色哲学社会科学,必须正确处理好三个关系,即继承性与民族性、原创性与时代性、系统性与专业性。他一方面阐述了实现这三对关系各自统一的马克思主义的评判标准,另一方面也运用这些标准分析了当今中国哲学社会科学工作中存在的问题,以及提出解决的途径。体现继承性、民族性相统一的马克思主义的评判标准耳熟能详:"坚持古为今用、洋为中用,融通各种资源,不断推进知识创新、理论创新、方法创新。"④按照这样一个准则,习近平特别强调,要善于融通古今中外各种资源,特别是把握好马克思主义、中华优秀传统文化和国外哲学社会科学这三方面资源。对于中国传统文化,他提出要实现"创造性转化、创造性发展","激活其生命力,让中华文明同各国人民创造的多彩文明一道,为人类提供正确精神指引"。⑤对于国外的哲学社会科学,习近平提出"我们应该吸收借鉴,但不能把一种理论观点和学术成果当成'唯一准则',不能用一种模式来改造整个世界","要有分析、有鉴别,适用的就拿来用,不适用的就不要生搬硬套"。⑥按照习近平的说法,体现原创性与时代性相统一的马克思主

---

① 习近平:《在哲学社会科学工作座谈会上的讲话》,人民出版社,2016年,第12~13页。

② 同上,第13页。

③ 同上,第14页。

④ 同上,第16页。

⑤ 同上,第17页。

⑥ 同上,第18页。

义评判标准的要旨是"归根到底要看有没有主体性、原创性"①。根据这样一个要旨，习近平特别强调，"以我国实际为研究起点，提出具有主动性、原创性的理论观点"②，"不是简单地延续我国历史文化的母版，不是简单地套用马克思主义经典作家设想的模板，不是其他国家社会主义实践的再版，也不是国外现代化发展的翻版"③，"以我们正在做的事情为中心，从我国改革发展的实践中挖掘新材料、发现新问题、提出新观点，构建新理论"④。习近平认为，体现系统性与专业性相统一的评判标准就是"全方位、全领域、全要素"⑤。当一个全方位、全领域、全要素的哲学社会科学体系实现之时，也是系统性与专业性统一之时。他认为，用这样一个标准加以对照可以看到，虽然"我国哲学社会科学学科体系已基本确立"，"但还存在一些亟待解决的问题，主要是一些学科设置同社会发展联系不够紧密，学科体系不够健全，新兴学科、交叉学科建设比较薄弱"。⑥针对这一现状，他提出："下一步，要突出优势、拓展领域、补齐短板、完善体系。"⑦

（六）哪些是马克思主义的价值评判标准

马克思主义的基本观点就是马克思主义的价值评判标准，马克思和恩格斯对马克思主义基本原理、基本观点的阐述，就是对马克思主义的评判标准的阐述。我们在马克思主义基本观点的指导下观察、研究面对的人、事、物，就是用马克思主义的评判标准来评判面对的人、事、物。我们不否认，在所有的马克思主义的基本观点中，有一些因随着历史条件的变化而显得不合时宜，但与此同时我们得承认，马克思主义的绝大多数基本观点没有过时，仍然闪耀着真理的光辉。这就是说，马克思和恩格斯当年为我们确立的价值评判标准绝大多数仍可用来评判今天面对的问题。习近平在纪念马克思诞辰200周年大会上提出，我们当下必须学习和实践马克思主义的九个方面的理论，这九个方面的理论就是我们必须掌握的马克思主义的基本理论，也是我们用于判断是非的马克思主义基本价值评判标准。

①② 习近平：《在哲学社会科学工作座谈会上的讲话》，人民出版社，2016年，第19页。

③ 同上，第21页。

④ 同上，第21~22页。

⑤⑥⑦ 同上，第22页。

1.马克思主义关于人类社会发展规律的思想

马克思主义关于人类社会发展规律的思想首先告诉我们,人类社会存在着发展规律,而且人类社会发展规律和自然规律一样,是不以人的意志为转移的,是客观的。用这样一个准则来观察,凡是承认人类社会存在着客观的、不以人的意志为转移的规律的,就是正确的,反之就是错误的。

马克思主义关于人类社会发展规律的思想又告诉我们,人类社会发展规律又和自然规律不同,它不是与人的活动相隔离的,人这一主体不是外在于规律,而是与规律共存于同一个社会发展领域。用这样一个价值评判标准来观察,凡是脱离开主体来谈论人类社会发展规律总是错误的。

马克思主义关于人类社会发展规律的思想还告诉我们,人类社会发展规律是客观的,但是可以为人们所认识和把握,人类社会发展规律不是神秘的超自然的力量,它不仅是能够被认识的、可以被检验的,而且可以用语言表达出来。这是马克思和恩格斯在关于人类社会发展规律方面为我们确立的又一评判标准。按照这一标准,凡是否定人类社会发展规律可以被认识和把握的,在人类社会发展方面宣扬神秘主义的,都属于谬论。

马克思主义关于人类社会发展规律的思想向我们揭示了人类社会发展的总趋势,即两个"不可避免"——"资产阶级的灭亡和无产阶级的胜利是同样不可避免的"[1]。两个"不可避免"的结论也可概括为"两个必然",即社会主义、共产主义必然胜利,资本主义必然灭亡。这"两个必然"是有科学根据的,是根据人类历史的运动规律和资本主义经济的运动规律得来的。这是马克思和恩格斯为我们确立的最重要的价值评判标准,有了这样一个评判标准,我们可以理直气壮地批判一切怀疑和否定社会主义、共产主义的必然性的思潮。

马克思主义关于人类社会发展规律的思想在阐述"两个必然"的同时,还向我们指出了"两个决不会"。这就是马克思所说的:"无论哪一个社会形态,在它所能容纳的全部生产力发挥出来以前,是决不会灭亡的;而新的更高的生产关系,在它的物质存在条件在旧社会的胎胞里成熟以前,是决不会出现的。"[2]"两个决不会"观点不是对"两个必然"观点的否定,而是统一的。"两个必然"观点描绘的是人类社会发展的总趋势,"两个决不会"观点描绘的是在实现人类社会发展总趋势的过程中要满足一些历史条件。我们要辩

---

① 《马克思恩格斯文集》(第二卷),人民出版社,2009年,第43页。
② 同上,第592页。

证地运用好马克思为我们确立的"两个必然""两个决不会"的价值评判标准,一方面要充分认识实现社会主义、共产主义的曲折性,另一方面不能因为存在着这种曲折而动摇对实现社会主义、共产主义的信念。①

2.马克思主义关于坚守人民立场的思想

马克思主义关于坚守人民立场的思想首先肯定历史是由人民创造的,历史发展的主体是人民。马克思和恩格斯指出:"历史不过是追求着自己目的的人的活动而已。"②马克思和恩格斯在这里揭示了这样一个基本事实:社会发展的真正动力和永恒主体,是推动社会进步的大多数人,即广大人民群众。毛泽东则是更加明确地说:"人民,只有人民,才是创造世界历史的动力。"③按照马克思主义的观点,在评判谁是历史的创造者这一问题上,只有一个标准,这就是人民群众。当我们看到任何否定和曲解作为创造人类历史的主体的人民群众时,马上应当用这样一个唯一正确的价值评判标准加以批判。

马克思主义关于坚守人民立场的思想并不否认英雄人物在历史进程中所发挥的作用,尤其是关键的英雄人物对个别的历史事件还具有一定的决定性作用。但是少数的英雄人物之所以能够如此,归根到底还是由于他们的行动符合历史的潮流和广大人民群众的意愿和心声。所以我们要辩证、全面地把握马克思主义关于人民群众与英雄人物创造历史的相互关系,完全否定个别英雄人物在历史上的作用固然要反对,认为英雄人物与人民群众"共同创造"历史更不能苟同。

马克思主义关于坚守人民立场的思想强调人民性与党性是统一的,认为党性是人民性的集中体现。这就是马克思主义在党性与人民性相互关系上的价值评判标准。这样,当在我们周围出现用党性来否定人民性,抽掉党性的人民性根基之时,我们就要用马克思主义的这一价值评判标准来加以识别和揭露。

马克思主义关于坚守人民立场的思想主张全心全意为人民服务。全心全意为人民服务是马克思主义人民立场的核心价值理念,反映了人民性立场的价值性追求。坚守人民立场必须落实到全心全意为人民服务上来。按照这一马克思主义的价值评判标准,看一个政党或一个人,是不是值得信任

---

① 参见顾红亮:《马克思主义关于人类社会发展规律思想研究》,载《高扬马克思主义旗帜》,上海人民出版社,2019年,第30~39页。

② 《马克思恩格斯文集》(第一卷),人民出版社,2009年,第295页。

③ 《毛泽东选集》(第三卷),人民出版社,1991年,第1031页。

和拥护,唯一的标准就是视其是不是在全心全意为人民服务。只要有了这样一个基本的评判标准,我们就不会被任何人所迷惑。

马克思主义关于坚守人民立场的思想落实到工作方法上就是走群众路线。群众路线集中表达为"一切为了群众,一切依靠群众和从群众中来,到群众中去"。这是坚守人民立场的政党的初心和价值归宿,也是马克思主义在工作作风方面衡量一个政党是不是走在为人民服务大道上的评判标准。我们一定要坚定而熟练地用好这一价值评判标准。[①]

3.马克思主义关于生产力和生产关系的思想

马克思主义关于生产力和生产关系的思想强调生产力是最活跃、最革命的因素,生产力的发展是最基础的,是起决定作用的。解放和发展社会生产力是社会主义的本质要求。因此,马克思主义把是不是有利于发展生产力视为判断一切政策、战略的最主要的价值标准。邓小平曾提出"三个有利于"作为基本的价值评判标准,其中第一个"有利于"就是有利于生产力的发展。坚持这一价值评判标准就是坚持马克思主义的历史唯物主义。

马克思主义关于生产力和生产关系的思想提出生产力与生产关系、经济基础与上层建筑是社会的基本矛盾,生产力和生产关系、经济基础和上层建筑之间的相互作用、相互制约,支配着整个社会发展过程。马克思主义把生产力和生产关系、经济基础与上层建筑相互矛盾运动的规律作为研究、评判社会的基本准则。

马克思主义关于生产力和生产关系的思想认为生产关系一定要适应生产力状况。有什么样的生产力,就有什么样的生产关系。当生产关系适合生产力状况时,生产关系对生产力的发展起着促进的作用;而当生产关系不适合生产力的状况时,生产关系对生产力的发展就起着阻碍作用。在一定的条件下,不变革旧的生产关系,生产力就不能继续发展,这时就必须以主要精力去改变那种阻碍生产力发展的旧的生产关系。这就为评判和分析一定社会的生产关系确立了基本的价值标准,这就是视其是不是适应生产力发展的状况。

马克思主义关于生产力和生产关系的思想还认为上层建筑一定要适应经济基础的状况。整个社会好像一座极其复杂的建筑物,它有自己的基础,又有自己的上层建筑。经济基础与上层建筑的矛盾统一体就是社会形态。

---

① 参见张志丹等:《马克思主义关于人民立场思想研究》,载《高扬马克思主义旗帜》,上海人民出版社,2019年,第58~72页。

经济基础的需要决定上层建筑的产生,经济基础的性质决定上层建筑的性质,经济基础的变化发展必然引起上层建筑的变化。当上层建筑同自己的经济基础相适应,能满足经济基础的要求时,就对经济基础起巩固或促进的作用;当上层建筑的某些部分或环节同经济基础的要求不相适应甚至相违抗时,就会对经济基础起某种阻碍或破坏作用。这就为评判和分析一定社会的上层建筑确立了基本的价值标准,这就是视其是不是适应经济基础发展的状况。

马克思主义关于生产力和生产关系的思想强调生产力的发展是社会发展和进步的基础,从此引申出社会主义社会必须以经济建设为中心。中国道路坚持以经济建设为中心,实际上就是坚持以发展生产力为中心。以经济建设为中心是对马克思主义生产力与和生产关系理论的实际运用。马克思主义关于生产力与生产关系的思想所确立的价值评判标准,为中国特色社会主义道路的以经济建设为中心提供了强有力的价值辩护和论证。

马克思主义关于生产力和生产关系的思想强调生产关系一定要适应生产力状况、上层建筑一定要适应经济基础的状况,从此引申出对不适应生产力发展的生产关系和不适应经济基础的上层建筑必须加以改革。中国特色的社会主义道路所致力于的改革,就是改革不适应生产力发展的生产关系和不适应经济基础的上层建筑。马克思主义关于生产力与生产关系的思想所确立的价值评判标准,又为中国特色社会主义道路的改革提供了强有力的价值辩护和论证。[1]

4.马克思主义关于人民民主的思想

马克思主义关于人民民主的思想主要涉及的是社会政治制度层面上的民主。判断一种社会政治制度是不是民主的,以及民主的含义究竟是什么,马克思、恩格斯、列宁、毛泽东、邓小平都作出过精辟的论述:

马克思说:"'民主的'这个词在德语里意思是'人民当权的'。"[2]"国家是抽象的东西。只有人民才是具体的东西。"[3]

恩格斯说:"民主这个'概念'……每次都随着人民的变化而变化。""资产阶级统治的彻底形式正是民主共和国。"[4]

---

① 参见顾钰民:《马克思主义关于生产力和生产关系思想研究》,载《高扬马克思主义旗帜》,上海人民出版社,2019年,第92~95页。

② 《马克思恩格斯选集》(第三卷),人民出版社,1995年,第312页。

③ 《马克思恩格斯全集》(第3卷),人民出版社,2002年,第38页。

④ 《马克思恩格斯选集》(第三卷),人民出版社,1995年,第661~662页。

列宁指出："民主是国家形式，是国家形态的一种。"①按照这一逻辑，列宁说："生产是永远需要的。民主只是政治方面的一个范畴。"②也就是说，民主属于上层建筑，是社会生产和经济基础发展的必然结果。他又说："民主就是承认少数服从多数的国家，即一个阶级对另一个阶级、一部分居民对另一部分居民使用有系统的暴力的组织。"③"只要有不同的阶级存在，就不能说'纯粹民主'，而只能说阶级的民主。"④

毛泽东说："实际上，世界上只有具体的自由，具体的民主，没有抽象的自由，抽象的民主。在阶级斗争的社会里，有了剥削阶级剥削劳动人民的自由权利，就没有劳动人民不受剥削的自由，有资产阶级的民主，就没有无产阶级和劳动人民的民主。"⑤他还指出："对人民内部的民主方面和对反动派的专政方面，互相结合起来，就是人民民主专政。"⑥

邓小平说："我们在宣传民主的时候，一定要把社会主义民主同资产阶级民主、个人主义民主严格地区别开来，一定要把对人民的民主和对敌人的专政结合起来，把民主和集中、民主和法制、民主和纪律、民主和党的领导结合起来。"⑦他还指出："关于民主，我们大陆讲社会主义民主，和资产阶级民主的概念不同。……我们一定要切合实际，要根据自己的特点来决定自己的制度和管理方式。"⑧

根据马克思主义经典作家对民主的含义的论述，我们把社会政治制度层面上的民主的含义概括如下：任何民主同任何政治上层建筑一样，归根到底是为生产服务的，并且归根到底是由该社会中的生产关系决定的。民主制的实体是在统治集团内部承认少数服从多数的国家，是在整个社会上一个阶级对另一个阶级、一部分居民对另一部分居民有系统使用暴力的国家。世界上从来没有抽象的、纯粹的民主，而只有具体的、历史的民主。不同的社会形态，有着发展着的不同社会类型和程度不同的民主。这些关于民主的内涵，也就是马克思主义为我们确立的分析、评判社会政治制度层面上的民主的准则。

---

① 《列宁全集》（第31卷），人民出版社，1985年，第96页。
② 《列宁选集》（第四卷），人民出版社，1984年，第410页。
③ 《列宁全集》（第31卷），人民出版社，1985年，第78页。
④ 《列宁选集》（第三卷），人民出版社，1995年，第600页。
⑤ 《毛泽东著作选读》（下册），人民出版社，1986年，第760页。
⑥ 《毛泽东选集》（第四卷），人民出版社，1991年，第1475页。
⑦ 《邓小平文选》（第二卷），人民出版社，1994年，第176页。
⑧ 《邓小平文选》（第三卷），人民出版社，1993年，第220~221页。

能不能把马克思主义评判一种社会政治制度是不是民主的,归结为"人民是不是当家作主",这样来理解马克思主义的评判标准不全面。关键在于,"人民"不是个抽象的概念,而是个具体的概念,要具体地分析这里"当家作主"的人民是指什么样的人。①

5.马克思主义关于文化建设的思想

马克思主义关于文化建设的思想,涉及一系列与文化相关的价值评判标准,择其要者有:

究竟什么是文化?如何来判断哪些东西属于文化?在马克思和恩格斯的著作中,经常在文明的意义上使用"文化"。马克思在《资本论》中曾经有过"在文化初期"②的提法,显然这里的文化与文明的意思同义。马克思和恩格斯有时还用文化表示知识。马克思在《论犹太人问题》中则有过"文化程度"③的提法,这就是在"知识"的意义上使用文化一词。马克思和恩格斯还常常用文化来表示观念意识形态。马克思在《哥达纲领批判》中指出:"权利决不能超出社会的经济结构以及由经济结构制约的社会的文化发展。"④在这里,文化是指与经济相应的意识形态,属于上层建筑领域。此外,马克思和恩格斯还用"科学""艺术""社交方式"等来表达文化。可见,在马克思和恩格斯那里,文化的内涵是多义而丰富的。至关重要的是,实践是马克思主义文化思想的逻辑起点,马克思和恩格斯强调的是文化产生的过程实际上就是人与自然界发生互动关系的过程,人的实践是文化产生的现实根源。

什么是文化的功能?如何来断定文化的作用所在?从社会存在和社会意识的结构关系中来把握和确定文化的地位与作用,是马克思主义确立文化在功能和作用方面的评判标准的基本思路。马克思主义的评判标准特别强调文化的、自主的、能动的反作用。马克思和恩格斯指出:"政治、法、哲学、宗教、文学、艺术等等的发展是以经济发展为基础的。但是,它们又都互相作用并对经济基础发生作用。"⑤在马克思和恩格斯看来,文化作为人类特有的意识,以其自主的、能动的反作用力深刻影响着人类社会历史发展。习近平则用更加明确的语言表述了文化的地位和作用:"文化是一个国家、一

---

① 参见李慎明:《坚持马克思主义人民民主思想,完善人民当家作主制度体系》,载《高扬马克思主义旗帜》,上海人民出版社,2019年,第123~128页。

② 《马克思恩格斯文集》(第五卷),人民出版社,2009年,第585页。

③ 《马克思恩格斯文集》(第一卷),人民出版社,2009年,第29页。

④ 《马克思恩格斯文集》(第三卷),人民出版社,2009年,第435页。

⑤ 《马克思恩格斯文集》(第十卷),人民出版社,2009年,第668页。

个民族的灵魂"①,"文化是民族生存和发展的重要力量"②,"文化兴国运兴,文化强民族强"③。

文化有没有阶级性？在文化的阶级性问题上马克思主义持有什么样的价值评判标准？对此,马克思主义的文化思想的观点是明确的,则强调文化具有阶级性。在马克思看来,文化的阶级性只有当阶级对立完全消失的时候才会完全消失。所以当资产阶级思想家把文化作为普遍的理性和价值,把少数统治阶级的文化作为社会的共同意识之时,马克思和恩格斯总是用"阶级性"这一评判准则来揭露其资本主义文化虚伪的面纱。④

6.马克思主义关于社会建设的思想

马克思主义关于社会建设的思想在一定意义上就是关于社会主义建设的思想。马克思和恩格斯为社会主义建设确立了一系列基本的准则、基本的价值评判标准,这些准则和评判标准体现在他们所阐述的相关理论观点之中。

马克思和恩格斯的自由人联合体的设想,蕴含着社会建设的价值取向和终极目标。马克思和恩格斯在未来社会设想中,关于自由人联合体的设想实际上包含了共产主义社会的基本特征及其终极发展目标,而这些基本特征和终极发展目标,也是社会主义建设的价值取向和终极目标。马克思这样说道,未来的共产主义社会是"在保证社会劳动生产力极高度发展的同时又保证每个生产者个人最全面的发展的这样一种经济形态"⑤。马克思还指出,在共产主义条件下,人将以一种全面的方式,就是说,作为一个完整的人,占有自己的全面的本质。

马克思和恩格斯"四位一体"的社会生活观蕴含着社会建设总体布局上的准则。马克思关于"物质生活的生产方式制约着整个社会生活、政治生活和精神生活"的论述,可以被归结为马克思和恩格斯的人类社会"四位一体"的生活理论:物质生产方式是人类整体生活的最终制约力量,社会生活包括

---

① 习近平:《在纪念孔子诞辰2665周年国际学术研讨会暨国际儒学联合会第五届会员大会开幕会上的讲话》,人民出版社,2014年,第9页。

② 习近平:《在文艺工作座谈会上的讲话》,人民出版社,2014年,第2页。

③ 习近平:《决胜全面建设小康社会 夺取新时代中国特色社会主义伟大胜利——在中国共产党第十九次全国代表大会上的报告》,人民出版社,2017年,第40~41页。

④ 参见孙伟平:《马克思主义关于文化建设的思想研究》,载《高扬马克思主义旗帜》,上海人民出版社,2019年,第148~155页。

⑤ 《马克思恩格斯全集》(第25卷),人民出版社,2001年,第145页。

物质生活和政治生活，社会生活既受到物质生活的基础性制约，又受到同一时代政治生活的制约。如果要判断一个社会的总体布局是否合理，就应用马克思主义的这一"四位一体"的标准来评判。

马克思和恩格斯的公平观蕴含着社会建设方面关于公平的价值评判标准。马克思和恩格斯深刻批判了资本主义社会的不公平现象，深刻揭露了资产阶级唯心主义公平理论的非科学性，与此同时，他们又论述了未来社会公平实现的历史条件，形成了极为丰富的社会公平观。马克思指出："真正的自由和真正的平等只有在共产主义制度下才可能实现；而这样的制度是正义所要求的。"①马克思和恩格斯不但为我们确立了把是否公平作为评判一个社会好坏的价值标准，而且更为我们确立了什么才是真正公平的价值评判标准。

马克思和恩格斯关于"现实的人"的需要理论蕴含着社会建设方面的关于民主的价值评判标准。马克思和恩格斯强调："我们的出发点是从事实际活动的人。"②他们考察的是"现实的人"，而"现实的人"是有需要的，人们为了能够创造历史，首先需要衣食住行以及其他一些生活必需品。这样，人的"第一个历史活动就是生产满足这些需要的资料，即生产物质生活本身"③。我们平时所说的改善民生就是满足人的各种需要。马克思和恩格斯就这样把是否改善民生作为判断社会建设搞得好不好的一个重要价值标准。④

7.马克思主义关于人与自然关系的思想

马克思主义关于人与自然关系的思想为我们如何正确对待自然，如何正确处理人与自然的关系提供了基本的准则。也就是说，为我们面对自然弄清所做的哪些是正确的，哪些是错误的提供了价值评判标准。

马克思主义关于人与自然关系的思想告诉我们，自然界是人的生存和发展的基础。马克思说："一个存在物如果在自身之外没有自己的自然界，就不是自然存在物，就不能参加自然界的生活。"⑤自然是"人的无机的身体"，人靠自然界生活，"人在肉体上只有靠这些自然产品才能生活，不管这

---

① 《马克思恩格斯全集》（第1卷），人民出版社，1964年，第582页。
② 《马克思恩格斯选集》（第一卷），人民出版社，1995年，第73页。
③ 同上，第79页。
④ 参见朱国宏：《马克思主义社会建设思想及其中国化》，载《高扬马克思主义旗帜》，上海人民出版社，2019年，第193~196页。
⑤ 马克思：《1844年经济学哲学手稿》，人民出版社，2000年，第108页。

些产品是以食物、燃料、衣着的形式还是以住房等等的形式表现出来"。①

马克思主义关于人与自然关系的思想又告诉我们,人与自然统一于人化自然。马克思所提出的"按照美的法则来塑造对象的世界",是人类正确处理与外部自然界的关系的根本原则。劳动实践是人与自然联系的桥梁。与其他的动物一样,人必须以自然为其活动对象获取生存所需。然而人的实践活动与其他动物的谋生活动有着本质的区别,一旦人们自己开始生产他们所必需的生活资料的时候,他们就开始把自己和动物区别开来。动物仅仅利用外部自然界并简单地通过自身的存在而在自然界中引起变化,而人类则通过自身的劳动实践来改变自然界为人类的目的服务。

马克思主义关于人与自然关系的思想还告诉我们,自然异化的直接原因是劳动异化。作为整体的人类社会以及人类社会中的人与人之间的关系决定着人与自然之间的关系,进一步地,或深或浅、或局部或整体地决定着自然自身的发展进程。所以在任何社会形式和历史阶段,自然异化的直接原因只能是劳动和劳动异化。

马克思主义关于人与自然关系的思想更告诉我们,自然的解放是人的解放的手段。在人的解放进程中,自然的解放必然成为人的解放的内在要求,人的解放则是自然的解放的前提,二者相互作用、相辅相成。马克思指出,必须消灭建立在资本主义私有制基础上的生产方式,才能消灭异化劳动,消灭自然异化,解决人与人之间的矛盾和人与自然之间的矛盾。"共产主义是私有财产即人的自我异化的积极扬弃,因而是通过人并且为了人而对人的本质的真正占有;因此,它是人向自身、向社会的即合乎人性的人的复归,这种复归是完全的、自觉的和在以往发展的全部财富的范围内生成的。这种共产主义,作为完成了的自然主义=人道主义,而作为完成了的人道主义=自然主义,它是人和自然界之间、人和人之间的矛盾的真正解决。"②

马克思主义关于人与自然关系的思想的所有这些观点,都要求我们要爱护自然,致力于与自然建立和谐共生的关系。一切有利于建立这种和谐共生的关系的思想和行动都是正确的,而一切有碍建立这种关系的思想和行动则都是错误的。③

---

① 《马克思恩格斯文集》(第一卷),人民出版社,2009年,第161页。
② 马克思:《1844年经济学哲学手稿》,人民出版社,2000年,第81页。
③ 参见陈学明:《学习和实践马克思主义关于人与自然相互关系的思想》,载《高扬马克思主义旗帜》,上海人民出版社,2019年,第233~242页。

8.马克思主义关于世界历史的思想

马克思主义关于世界历史的思想起码提出了以下的价值判断,而隐含在这些价值判断背后的是马克思主义的价值评判标准。

资本主义开辟了世界历史。马克思曾经批判过历史哲学家普遍的历史观把历史"仅仅看成与历史进程没有任何联系的附带因素"[①],从而将现实看作非历史的东西,就此而言,资本主义社会这个现实因素与世界历史的联系是需要考虑在内的。虽然世界历史与资本主义不能一概而论,但也不能单从定义上将世界历史与资本主义分离开来,因为世界历史在某个阶段的发展是与资本主义的进程相一致的。无论是在早期的《德意志意识形态》《共产党宣言》中,还是后期的《资本论》等文本中,都能清晰地得出马克思的世界历史与资本主义的发展是分不开的。甚至可以说,资本主义开辟的世界历史为无产阶级和资产阶级的生成提供了土壤,这里"资本主义开辟世界历史"构成马克思主义资本主义批判的重要论证。马克思和恩格斯在《德意志意识形态》中说:"它首次开创了世界历史,因为它使每个文明国家以及这些国家中的每一个人的需要的满足都依赖于整个世界,因为它消灭了各国以往自然形成的闭关自守状态。"[②]马克思和恩格斯这段话的主语"它"从上下文来看,应当指的是"机器大工业",但由于他们常常把"机器大工业"与资本主义联系在一起,所以这里的"它"也可理解为是指资本主义。世界历史的开辟从表面上来看是大工业发展的结果,但究其本质,它是资本主义发展的结果。既然是资本主义开辟了世界历史,那么按照这一准则,离开了资本主义来谈论世界历史都是片面的。

资本主义在开辟世界历史的进程中为自身设定界限。从一开始资本的原始积累,到资本主义国家的殖民掠夺和经济侵略。这一切都是以侵占世界市场、实现资本扩张为目的的。这里,资本主义生产方式所体现的出来的劳动与资本的矛盾成为资本主义世界历史进一步扩张的障碍和全球性危机频发的原因所在。世界历史的开辟,本质上还是资本主义生产方式占统治地位的世界历史,但是这种世界历史中并非超历史的和永恒的,而是包含着内在的否定性因素,即构成新世界的因素。因为资本主义生产方式占统治地位的世界历史,会给作为"世界历史性"事业的社会主义或共产主义的发展提供可以利用的条件和机遇。既然资本主义在开辟世界历史的进程中为

---

① 《马克思恩格斯文集》(第一卷),人民出版社,2009年,第545页。
② 同上,第566页。

自身设定界限,那么按照这一准则,任何否定资本主义开辟世界历史中充满着矛盾与危机,否定资本主义开辟世界历史为建立新的社会形态提供条件,都是错误的。

东方落后国家可以跨越资本主义阶段直接进入社会主义、共产主义。在马克思思想的后期,马克思开始在"资本主义开辟世界历史"的框架之外思考世界历史的发展趋势问题,科学预测了东方落后国家存在着跨越资本主义阶段直接进入社会主义、共产主义的可能性。这一判断对于世界历史的转向问题起着至关重要的作用。如果说马克思研究世界历史进程在19世纪70年代以前坚持欧洲中心主义路径,那么自此以后,马克思则改变了这一路径。马克思在19世纪70年代中期以后,开始设想多种历史发展的可能性,即思考东方国家可以不遵循欧洲资本主义发展路径而结合自身的实际情况,通过土地公有制等形式跨越"卡夫丁峡谷",即资本主义阶段。马克思认为历史发展的道路可以是多样的,这里的"跨越论"不是对欧洲中心主义的否定,而是将眼光从欧洲转向世界。只有在此时,马克思的世界历史理论才具有了世界意义。既然东方落后国家可以跨越资本主义阶段直接进入社会主义、共产主义,那么按照这一准则,在原有的西方模式之外探索新的走向现代化的模式,在发达国家建立社会主义的途径之外寻找新的走向社会主义的路径,都是无可非议的。①

9.马克思主义关于政党建设的思想

马克思主义关于政党建设的思想,为我们评判一个政党是不是真正的马克思主义政党,是不是真正的无产阶级政党,确立了价值标准。

马克思主义政党建设思想为我们揭示了无产阶级政党的本质属性。马克思和恩格斯在《共产党宣言》中,指出了作为工人阶级政党的共产党的性质,"共产党不是同其他工人政党相对立的特殊政党","他们没有任何同整个无产阶级的利益不同的利益","他们不提出任何特殊的原则,用以塑造无产阶级的运动"。②这些论述以三个否定句的形式向世人宣告了共产党的性质——共产党是工人阶级的先锋队。列宁则明确地指出,无产阶级政党是"阶级的先进部队,是阶级的领导者和组织者,是整个运动及其根本和主要目的的代表"③。把马克思主义关于无产阶级政党的性质作为评判标准,如

① 参见李冉等:《世界历史的时代进路与中国特色社会主义的当代发展》,载《高扬马克思主义旗帜》,上海人民出版社,2019年,第266~278页。

② 《马克思恩格斯选集》(第一卷),人民出版社,2012年,第413页。

③ 《列宁专题文集·论无产阶级政党》,人民出版社,2009年,第337页。

果一个政党不代表无产阶级的利益,脱离了无产阶级,那么它就不是一个马克思主义的无产阶级政党。

马克思主义政党建设思想为我们阐明了无产阶级政党的基本特征。马克思和恩格斯阐明的无产阶级政党的基本特征:一是马克思主义的指导思想,二是实事求是的革命战略,三是严明的组织纪律,四是密切联系的工作作风,五是坚定无产阶级解放的目标。把马克思主义关于无产阶级政党的这五大特征作为评判标准,倘若一个政党不具备这些特征,那它也就没有资格称为马克思主义的无产阶级政党。

马克思主义政党建设思想为我们确立了无产阶级政党的组织形式。无产阶级政党在具体运行中形成了不同于其他阶级政党组织的运作方式,即民主集中制。这是无产阶级政党的根本组织形式。所谓民主集中制,就是说"它是民主的,又是集中的,就是说,在民主基础上的集中,在集中指导下的民主"①。用马克思主义关于无产阶级政党的民主集中制的组织形式这一评判标准,来衡量一个政党,如果这一政党实施的并不是民主集中制的组织形式,那么完全可以存疑这一政党是不是马克思主义的无产阶级政党。

马克思主义政党建设思想为我们明确了无产阶级政党的使命任务。马克思主义认为,在不同的历史时期,无产阶级政党所肩负的使命任务有所不同。在无产阶级革命时期,由于开展与资产阶级的阶级斗争是时代的主题,所以无产阶级政党此时的使命任务就是"使无产阶级形成为阶级,推翻资产阶级的统治,由无产阶级夺取政权"②。而在无产阶级专政时期,无产阶级政党虽然掌握了国家政权,但是社会经济发展的现状需要无产阶级政党"对所有权和资产阶级生产关系实行强制性的干涉",以"变革全部生产方式"来实现消灭一切剥削阶级的统治。③紧接着,无产阶级政党将开启全面建设社会主义社会的崭新阶段。无产阶级政党的最终使命和任务是走向共产主义,实现人的全面而自由的发展。一个政党是不是真正的马克思主义的无产阶级政党,就要用马克思主义所明确的使命和任务作为评判标准来衡量,看它在相应的历史时期是不是忠实地履行了自己的使命和任务。④

---

① 《毛泽东选集》(第三卷),人民出版社,1991年,第1057页。
② 《马克思恩格斯选集》(第一卷),人民出版社,2012年,第413页。
③ 参见《马克思恩格斯选集》(第一卷),人民出版社,2012年,第421~422页。
④ 参见王岩等:《马克思主义政党建设思想及其现实启示》,载《高扬马克思主义旗帜》,上海人民出版社,2019年,第317~325页。

三、马克思主义与科学的方法

一个人仅仅立下志向还是不够的,还要有实现志向的手段和方法。方法对于我们实现志向有引导作用。培根曾经这样说道:"赤手做工,不能产生多大效果;理解力如听其自理,也是一样。事功是要靠工具和助力来做出的,这对于理解力和对于手是同样的需要。手用的工具不外是供以动力并加引以引导,同样,心用的工具也不外是对理解力提供启示或示以警告。"①正如培根所说,好的方法对于认知活动,如同好的工具对于实践活动一样,不仅是不可缺少的,而且必将起到事半功倍的效能。②巴甫洛夫也说道:"科学是随着研究法所获得的成就而前进的。研究法每前进一步,我们就更提高一步,随之在我们面前也就开拓了一个充满着各种新鲜事物的、更辽阔的远景。因此,我们头等重要的任务乃是判定研究法。"③也正如巴甫洛夫所说,对我们任何人来说,掌握的方法每前进一步,自己也就会提高一步。毛泽东更是直截了当地指出:"我们不但要提出任务,而且要解决完成任务的方法问题。我们的任务是过河,但是没有桥或没有船就不能过。不解决桥或船的问题,过河就是一句空话。不解决方法问题,任务也只是瞎说一顿。"④毛泽东把方法比喻为"过河"的"桥"或"船",太形象、生动、恰当了。那么方法从何过来?当然,方法是实践的产物,它有赖于我们在实践中领会、体察。但方法大多是从他人那里接受过来的。一切科学理论,都不是教条,而是方法。在我们面前有多少种理论,就有多少种方法。那么在形形色色的各种方法中,我们究竟作出怎样的选择呢?无疑,我们应当选择马克思主义的方法。马克思主义是无产阶级和广大劳动人民认识世界和改造世界的基本方法。马克思主义的无比生命力,并不在于它能够提供解决各种具体问题的现成的方案,而在于提供了一种创造解决实际问题方案的方法。西

---

① [英]培根:《新工具》,许宝骙译,商务印书馆,1986年,第7~8页。

② 参见孙显元:《马克思主义科学方法论》,人民出版社,1993年,第1页。

③ 《巴甫洛夫选集》,科学出版社,1955年,第49页。

④ 《毛泽东选集》(第一卷),人民出版社,1991年,第139页。

方马克思主义的早期代表人物卢卡奇把马克思主义的核心和精髓归结为"方法"确有其独到之处。我们应当把马克思主义作为一门科学方法来学习。习近平在庆祝改革开放40周年大会上的讲话中指出："必须坚持辩证唯物主义和历史唯物主义世界观和方法论,正确处理改革发展稳定关系",并将之作为改革开放40年积累的宝贵经验之一,强调这是党和人民弥足珍贵的精神财富。今天,我们要通过学习马克思主义来提升自己,来提高自己的核心竞争力,一个重要的方面是要把握马克思主义的方法。此时,我们确实要认真思考,我们应当从马克思那里寻求哪些思想资源呢?方法很重要!换句话说,马克思的研究方法和辩证的思维方式是今天最需要借鉴和学习的。没有这种辩证方法的融会贯通和熟练运用,我们很容易在错综复杂的现代社会迷失方向。

(一)马克思主义的方法是科学的

人是讲求方法的动物,这就是说,人总是要利用某种手段来同对象发生关系。关键在于,人所利用的方法是正确的还是错误的,是科学的还是不科学的。马克思主义的方法的特征就在于它的科学性和合理性。马克思主义的方法论把科学性、客观性和实践性结合在一起,因而成为科学的、革命的方法论。我们只有深刻领会了马克思主义方法论的科学性,才会自觉地去掌握和运用马克思主义的方法。

1.马克思主义方法的科学性是由马克思主义理论本性所决定的

恩格斯曾经指出:"马克思的整个世界观不是教义,而是方法。它提供的不是现成的教条,而是进一步研究的出发点和供这种研究使用的方法。"[①]马克思主义的整个世界观的这种性质决定了它的方法也必然是科学的。

马克思和恩格斯创立了新世界观,这就是现代唯物主义。作为世界观,马克思和恩格斯的唯物主义不仅扬弃了作为知识论世界观的传统哲学世界观,而且扬弃了作为情感论世界观的宗教世界观和作为意志论世界观的伦理学世界观。知、情、意不过是人的生命活动的不同表现而已。马克思和恩格斯的世界观是生活世界观,即对人的生命活动在其中展开的整个世界的总的看法和根本观点。按照这种世界观,人们首先必须谋生,然后才能从事

---

① 《马克思恩格斯文集》(第十卷),人民出版社,2009年,第691页。

其他活动,于是谋生的方式即生产方式就成为决定其他一切活动的基础,由此形成经济的社会形态即市民社会。市民社会经历了种种形态,直到生产力发展到人们不再需要从事谋生的活动为止。于是,以"经济人"为基础的社会人、政治人、文化人的分裂宣告结束,人类进入一个全面发展和自由发展的新时代。这表明,马克思主义世界观把人类历史看作从人类社会的史前期向人类社会过渡的一条道路。正是在这种新的世界观的基础上产生了马克思主义的方法论。与这种新的世界观对应的方法论只能是唯物辩证法,或者说辩证唯物主义。马克思主义的世界观是科学的,马克思主义的方法论也是科学的。

马克思在创立新的世界观的同时,也就形成了马克思主义的思维方式。马克思主义的思维方式是合理的思维方式,因为它与客观的发展规律相一致。我们一般认为有三大发展规律:首先,是关于人的存在和人的活动的发展规律,当马克思主义摈弃那种对人的存在和人的活动的形而上学的抽象理解,而是把人理解成现实的人的存在,把人的活动理解成现实的人的活动之时,说明马克思主义的思维方式已经符合关于人的存在和人的活动的发展规律了;其次,是关于人的世界和人的社会的发展规律,当马克思主义关注的已不再是那种与人的实践活动不相干的、不属于人的自然世界,而是与人有关的、在人的实践活动中生成和发展的属人世界之时,当马克思主义强调人的社会就是现实人的社会之时,也同样说明马克思主义的思维方式也与关于人的世界和人的社会的发展规律相符;最后,是关于人的哲学思维把握存在的发展规律,当马克思主义把人类哲学思维方式的发展,视为一方面是受实践制约的自然科学的发展状况决定的,另一方面是受社会经济政治的发展状况影响和制约之时,更说明马克思主义的思维方式完全与人的哲学思维把握存在的发展规律相一致。正因为马克思主义的思维方式符合这三大发展规律,所以它无疑就是合理的。而马克思主义思维方式的合理性也就决定了马克思主义方法论的合理和科学。①

马克思主义的产生,特别是唯物史观的产生,使社会理论成为科学,也为科学的方法论提供了理论出发点。恩格斯是这样说的:"这个划时代的历史观是新的唯物主义观点的直接的理论前提,单单由于这种历史观,也就为逻辑方法提供了一个出发点。"②黑格尔的辩证法只是建立科学方法论可以利用的一个素材,由于它是唯心主义的,从而就其现有的形式而言,不

---

① 参见倪志安:《"马克思主义是科学的方法论"新论》,《探索》,2013年第2期。
② 《马克思恩格斯选集》(第二卷),人民出版社,1972年,第121页。

可能直接导向科学的方法论,而必须加以唯物主义的改造。黑格尔的辩证法是从纯粹思维出发的,而科学的方法论则要求从最基本的事实出发,充分地占有材料,分析对象的各种发展形式,探寻这些形式的内在联系,从而把握对象的整体本质。这样,当马克思完成了对黑格尔辩证法的唯物主义改造,也就实现了对方法论的伟大变革。马克思主义在哲学世界观上所完成的变革,为方法论上的变革提供了理论前提,从而可以说,马克思主义在方法论上的变革,是在哲学世界观上所完成的革命变革的必然结果。马克思说:"我的辩证方法,从根本上来说,不仅和黑格尔的辩证方法不同,而且和它截然相反。在黑格尔看来,思维过程,即他称为观念而甚至把它变成独立主体的思维过程,是现实事物的创造主,而现实事物只是思维过程的外部表现。我的看法则相反,观念的东西不外是移入人的头脑并在人的头脑中改造过的物质的东西而已。"①马克思这段著名的话,不但表明了他的哲学世界观与方法论同黑格尔的明确界限,而且说明了他的科学的辩证方法源自他唯物主义的哲学世界观。②

2.马克思主义科学的方法打破了旧的形而上学

马克思主义的诞生,促使哲学、政治经济学、社会主义学说,以及政治学、社会学、历史学等一切社会科学领域,都发生了伟大的革命变革,从而把社会理论变成了科学。马克思主义在社会科学领域所完成的革命变革,包括了方法论的变革。在方法论的变革中,马克思和恩格斯建立了唯物主义的辩证方法,并把其应用于社会科学领域尤其是政治经济学领域。恩格斯这样说道:马克思"使辩证方法摆脱它的唯心主义的外壳并把辩证方法在使它成为唯一正确的思想发展方式的简单形式上建立起来。马克思对于政治经济学的批判就是以这个方法为作基础的,这个方法的制定,在我们看来是一个其意义不亚于唯物主义基本观点的成果"③。显然,恩格斯这里所说的"唯物主义基本观点的成果",就是指历史唯物主义。我们一定清楚地记得,恩格斯曾经把历史唯物主义与剩余价值学说视为马克思一生两个最伟大的发现,我们在这里看到,恩格斯又把马克思主义的方法论变革的意义与马克思发现历史唯物主义的意义相提并论。我们知道,在方法论领域,长期以来为形而上学、唯心主义所统治,正是由于马克思主义方法论的形成,才改变

---

① 马克思:《资本论》(第一卷),人民出版社,1975年,第24页。
② 参见孙显元:《马克思主义科学方法论》,人民出版社,1993年,第48~49页。
③ 《马克思恩格斯选集》(第二卷),人民出版社,1972年,第122页。

了这一状态。我们在这里可以充分看到马克思主义方法论的重大意义,其意义主要体现在结束形而上学、唯心主义的统治地位的同时,在人类思想史上首次使方法论取得了科学的形式。

马克思主义的方法就是指马克思主义的辩证法。而马克思主义的辩证法有广义和狭义之分,狭义的就是指唯物辩证法。我们这里且不论实践辩证法和历史辩证法等,仅就唯物辩证法,谈谈它对旧形而上学的突破。

首先,马克思主义唯物辩证法打破了旧形而上学方法论中辩证法与唯物主义的分离。原先辩证法被过分茂密的唯心主义体系所窒息,而唯物主义又陷于形而上学的双重片面性而不能自拔,正是马克思把唯物辩证法这个伟大的认识工具给了人类。从人类思想史来看,辩证法与唯物主义相分离显然是不合理的,消除这种分离,对辩证法与唯物主义进行革命性的改造,实现两者的结合,是人类对方法论发展的历史性要求。担负起这一历史使命的正是马克思和恩格斯。而要完成这一历史性使命关键是要正确地对待黑格尔的唯心主义辩证法。我们看到,他们不是像费尔巴哈那样,简单地"打碎""抛弃"黑格尔的辩证法体系,而是牢牢把握住其"思维方式有巨大的历史感作基础"这个"黑格尔的思维方式不同于所有其他哲学家的地方",并将"这个划时代的历史观"作为"新的唯物主义观点的直接的理论前提"。[1]马克思和恩格斯正是通过批判地改造整个黑格尔唯心主义辩证法体系,把辩证法这个"合理内核"从这一体系中剥离出来,与此同时又将其与唯物主义结合在一起。

其次,马克思主义的唯物辩证法打破了旧哲学方法论看待世界的双重片面性,即一方面静止、孤立、片面地看待世界,另一方面又抽象、思辨、虚幻地看待世界。马克思主义的唯物辩证法在纠正这种"双重片面性"的过程中,开辟了一种方法论上的新的高度,这一高度主要表现为真正以全面联系和运动发展的思维方式看待世界、改造世界。正是在一个新的历史高度上,马克思和恩格斯解决了"应该用什么方法对待科学"的时代课题。马克思和恩格斯在这里实际上发动了一场哲学方法论革命,唯物辩证法是这场革命的"产儿",它使"一个伟大的基本思想,即认为世界不是既成事物的集合体,而是过程的集合体"这样的科学辩证法思想,首次出现在历史上,并使其"成了一般人的意识"。[2]有了这样一个科学的方法论,马克思和恩格斯不仅得心应手地去研究人类历史,而且又入情入理地将之运用到政治经济学研究

---

① 《马克思恩格斯选集》(第二卷),人民出版社,1995年,第42页。
② 《马克思恩格斯选集》(第四卷),人民出版社,1995年,第244页。

中。恩格斯提出,唯物辩证法的运用,尤其是其在历史科学和政治经济学上的成功运用,甚至比科学辩证法思想的出现更加重要,其主要原因就在于,正是由于这种成功的运用,既证明了唯物辩证法的科学性,也证明了它的普遍适用性。

最后,马克思主义的唯物辩证法打破了旧哲学方法论"在绝对不相容的对立中思维"的困境。马克思主义的唯物辩证法一旦走出旧哲学方法论"在绝对不相容的对立中思维"的困境,就走上了以"对立统一"思维方式为核心的方法论的康庄大道。马克思和恩格斯把"辩证法"从德国唯心主义哲学中拯救出来,主要是把辩证法中的"矛盾论"拯救出来。"运动本身就是矛盾"的矛盾普遍性思想的提出,就标志马克思和恩格斯已经将"矛盾论"从德国唯心主义中拯救了出来。"运动本身就是矛盾"的唯物辩证法核心思想的确立,意味着已历史性地破除了"在绝对不相容的对立中思维"的形而上学片面性,意味着已真正将概念自身与概念所反映的客观内容统一了起来,使概念真正"活了起来",也意味着已能用概念自身对立统一的辩证发展的认识"链条",去把握辩证发展着的客观事物的本质和规律。①

3.马克思主义发展史上的三次方法论变革

从19世纪到20世纪,马克思主义,特别是马克思主义哲学在形成和发展的不同历史时期,经历了三次重大的方法论变革,由此在很大程度上解决了每个时期所面临的主要理论困难,大大推动了马克思主义理论的发展。这三次方法论变革,分别是指由马克思所策动的辩证法对经验主义的变革、由卢卡奇所策动的总体性对实证主义的变革,以及由柯亨所策动的分析的方法对人本主义的变革。②

先说第一次变革,即由马克思所策动的辩证法对经验主义的变革。众所周知,近代之后、德国古典哲学之前,经验主义在西方哲学的理论发展中起着主导作用。对这种经验主义展开不懈批判的是康德和黑格尔。正是由于他们的批判,促使近代以后的哲学方法论有了明显的变化,这种变化带来了整个德国古典哲学在理论上的蓬勃发展不消说,最主要的是给马克思的方法论变革开辟了道路。恩格斯曾经说道:"应该用什么方法对待科学?一

---

① 关于马克思主义唯物辩证法对形而上学方法论的这三个方面的突破,主要参见苏伟:《论马克思主义方法论革命的历史意义》,《马克思主义研究》,2014年第1期。

② 关于马克思主义发展史上三次方法论变革的论述,主要参见李佃来:《马克思主义哲学的三次方法论变革及其意义》,《社会科学战线》,2017年第1期。本节的论述主要引自李佃来这篇文章。

方面是黑格尔的辩证法,它具有完全抽象的'思辨的'形式,黑格尔就是以这种形式把它留下来的;另一方面是平庸的、现在重新时兴的、实质上是沃尔弗式的形而上学的方法,这也是资产阶级经济学家写他们那些缺乏内在联系的大部头著作时采用的方法。后一种方法,曾被康德特别是黑格尔在理论上摧毁,只是由于惰性和缺乏一种别的简单方法,才使它能够在实际上继续存在。"①恩格斯在这段话中指认了两种研究方法:一是黑格尔的辩证法,二是形而上学的方法。后者应当说实际就是指经验主义方法。为什么要把经验主义也说成是形而上学呢?原因就在于尽管经验主义与古代旧形而上学是有区别的,但是当经验主义基于经验和实证的事物来追求普遍原理时,实际上它导向了一种新的形而上学,说它的思维方式是一种新的形而上学并没有冤枉它。恩格斯上面一段论述告诉人们,经验主义面临着巨大的理论困难,而黑格尔之后的哲学家实际上都面对着一个如何用辩证法来解决经验主义陷入的理论困境的艰巨任务。解决这一理论困境的是谁?是马克思。马克思在同时代的人中脱颖而出,他完成了这一历史任务。马克思曾经描述过两种政治经济学的研究方法:一是从具体到抽象的方法,二是从抽象到具体的方法。马克思所说的从具体到抽象的方法,实质就是经验主义方法,而所谓从抽象到具体的方法,就是辩证的方法,后者正是马克思所创立并运用的方法。有一点需要说明,马克思确实是在康德以来德国古典哲学思维传统,尤其是黑格尔辩证法的影响下,来厘定他的政治经济学的研究方法,即从抽象到具体的辩证方法的。从表面上看,这种方法与黑格尔所讲的从知性到理性的辩证逻辑没有多少区别,所以没有多少理由把这种方法说成是由马克思创立的。这种认识是片面的。关键在于,马克思是以根本不同于黑格尔的方式来发展黑格尔的辩证法的。辩证法在黑格尔那里是某种神秘的东西,马克思则紧紧地把辩证法与现实联系在一起,马克思主义的辩证法始终面向现实世界,是一种描述和批判现实的矛盾性的武器。

再说第二次变革,即由卢卡奇所策动的总体性对实证主义的变革。19世纪末20世纪初,在"拒斥形而上学"的旗帜下,西方实证主义开始流行,法国哲学家孔德的实证主义理论产生了广泛的影响,哲学社会科学领域普遍采用了实证主义的研究方法。实证主义的研究方法也波及了马克思主义阵营。当时的"正统马克思主义者",即第二国际主义的一些理论家,如考茨基、普列汉诺夫等,把实证主义的方法运用于马克思主义之中,用研究自然科学的方法来研究社会。其结果是把马克思主义变成了一种"宿命论",严

---

① 《马克思恩格斯文集》(第二卷),人民出版社,2009年,第601页。

重地抹杀了引导人们如相信"上帝"一样地相信历史规律的"客观性",由此造成了无产阶级改变世界的不可能性,社会主义运动一下子陷于低潮。就是在这个时刻,卢卡奇等人总结了无产阶级革命陷入失败的教训,他们把陷入失败的一个理论原因归结为实证主义对马克思主义方法论的侵蚀。他们要把马克思主义哲学从实证主义方法的"包围"中解救出来,由此激活其改变世界的批判性精神,赋予其新的生命力和思想活力。卢卡奇一方面充分认识到方法对于马克思主义哲学研究的基础性意义,把马克思主义的核心归结为"方法";另一方面,又提出马克思主义的方法主要是一种崇尚"总体性"的辩证法。他们认为马克思主义的方法绝非实证和科学方法,而是总体性辩证法,"总体范畴,整体对各个部分的全面的、决定性的统治地位,是马克思取自黑格尔并独创性地改造成为一门全新科学的基础的方法的本质"[1]。卢卡奇以总体性取代实证主义,重新激活了马克思主义哲学的批判性精神,赋予了其新的生命力和思想活力。

最后说第三次变革,即由柯亨所策动的分析的方法对人本主义的变革。卢卡奇开创的西方马克思主义用总体性辩证法来重建理论维度,确实在很大程度上纠正了实证主义给马克思主义哲学的发展造成的困难,激发了马克思主义哲学的批判性精神。但无疑,卢卡奇开创的西方马克思主义也有很大的片面性,这主要表现在割裂了马克思主义哲学内含的批判性与科学性之关系,完全撇开了科学性来谈批判性。由于抹杀了马克思主义的科学性特质,所以严重地疏离了对资本主义经济关系的科学分析和批判,用纯粹的哲学、文化批判取代了科学的经济批判。在哲学形态上,卢卡奇所开创的西方马克思主义变成了一种纯粹人本主义,在某种意义上,马克思主义在他们那里成了"空中楼阁"。不久,西方马克思主义内部也意识到了这一严重缺陷。阿尔都塞是其中一位,他批判了将马克思主义人本主义化的倾向,力图把结构主义的方法引入马克思主义研究之中。德拉·沃尔佩及他的学生科莱蒂也是如此,他们企图恢复马克思主义的实证主义的传统。而在这方面作出实质性改变的,是当代分析的马克思主义哲学家G.A.柯亨。在20世纪的哲学发展中,由逻辑实证主义所催生的理论方法就是分析的方法,这种分析的方法影响马克思主义,就形成了"分析的马克思主义",其主要代表人物就是柯亨。他在马克思主义内部策动了一场方法论的变革,把分析的方法变为马克思主义的主要的方法。

---

[1]　[匈]卢卡奇:《历史与阶级意识》,杜章智等译,商务印书馆,1992年,第76页。

4.马克思主义方法论的科学性主要体现在实现了三个统一

马克思主义方法论之所以是科学的,具体地说,它实现了以下三个方面的统一:

首先,它实现了世界观与方法论的统一。对于这一方面的统一,我们在下面会专门加以论述。

其次,它实现了认知方法论与实践方法论的统一。一谈及方法,我们马上想到所谓方法论就是指认识世界和解释世界的方法论。确实,如果我们考察一下原先的一些方法论,都只是用以认识和解释世界的,唯物主义的方法用"唯物"的方法来认识和解释世界,唯心主义的方法用"唯心"的方法来认识和解释世界。马克思主义的方法论也是一种认识和解释世界的方法论吗?从一定程度上说,没有错,马克思主义的方法论也是如此。马克思主义方法论确实能够帮助我们正确地认识和解释世界。但这只是"在一定程度上"这样说是正确的。事实上,把马克思主义的方法论仅仅归结为一种认识和解释世界的方法论是片面的,马克思主义方法论绝不仅仅是一种认知方法论。马克思说:"哲学家们只是用不同的方式解释世界,而问题在于改变世界。"①马克思主义不仅旨在认识世界,更注重改造世界。注重改造世界的马克思难道允许其方法仅仅停留于作为认知的方法,即仅仅用于认识和解释世界吗?显然不可能。马克思主义方法论的形成,不仅就其方法论的内容而言是对传统的方法论——无论是唯物主义的还是唯心主义的——彻底的变革,而且就方法论的范围来说,则大大加以扩展了。具体地说,马克思主义将方法论不仅运用于认识和解释世界,也运用于改造世界,把方法论从一种仅是认知方法论变成了一种既是认知方法论又是实践方法论,也就是说,把实践方法论也包含于方法论之中,甚至作为方法论的主要成分。马克思主义使理论转变为方法,而这里的方法不仅是认知的方法,又是实践的方法。这样,马克思主义方法论的功能不仅在于指导我们认识世界与解释世界,更可以用来指导我们改变世界的实践活动。马克思主义来到这个世界上,本来就是为了适应无产阶级革命斗争的需要,它的方法论主要是一种实践的方法论,应该说也是题中应有之义。②

马克思主义从事无产阶级的革命斗争,就要创立进行无产阶级革命斗

---

① 《马克思恩格斯选集》(第一卷),人民出版社,1972年,第19页。

② 参见孙显元:《马克思主义科学方法论》,人民出版社,1993年,第53页。本节的论述主要引自孙显元此书的有关章节。

争的战略与策略。何谓"无产阶级革命斗争的战略与策略"呢？换而言之就是无产阶级革命斗争的实践方法论。为了实现无产阶级的奋斗目标，就要有实现这一目标所进行无产阶级革命斗争的方法论，即实践方法论。列宁一再强调这样做的意义，他这样说道："马克思在1844—1845年就阐明了旧唯物主义的一个基本缺点在于不能了解革命实际活动的条件和评价革命实际活动的意义，他毕生除了从事理论写作外，还毫不松懈地注意着无产阶级阶级斗争的策略问题。""马克思公正地认为唯物主义缺少这一方面就是不彻底的、片面的和毫无生气的唯物主义。马克思是严格根据他的辩证唯物主义世界观的一切前提确定无产阶级策略的基本任务的。"①列宁在介绍马克思的学说时，专门列了"无产阶级阶级斗争的策略"一节。斯大林在《论列宁主义基础》中，也专门写了"战略与策略"一节，认为列宁主义的战略与策略是指导无产阶级革命斗争的科学。《关于建国以来党的若干历史问题的决议》在论述毛泽东思想的基本内容中，也专门论述了"关于战略和策略"的问题，指出："毛泽东同志精辟地论证了革命斗争中的政策和策略的极端重要性，指出政策和策略是党的生命，是革命政党一切实行行动的出发点和归宿，必须根据政治形势、阶级关系和实际情况及其变化制定党的政策，把原则性和灵活性结合起来。"②

马克思主义的实践方法论与认知方法论是不可分割地联系在一起的。我们可以用"思想方法"与"工作方法"来表述两者之间的区别与联系。在一定意义上说，实践方法就是工作方法，而认知方法就是思想方法。那么没有正确的思想方法，能够形成科学的工作方法吗？而探索正确的思想方法，无非是为了解决实际问题，有了一定的思想方法不进一步形成科学的工作方法，这种思想方法又有何用呢？

最后，它实现了感性认知方法论和理性认知方法论的统一。一部西方哲学史，在一定意义上就是一部认识论史。特别是近代，对认识论的研究更是成为哲学研究的核心。众所周知，在西方近代，就认识论而言，有截然对立的两派：一是经验论，二是理性论。经验论顾名思义推崇感性认知方法，贬低理性认知方法；理性论顾名思义推崇理性认知方法，贬低感性认知方法。这是认知方法论的一种分裂。培根、霍布斯等是经验论的代表人物，他们强调人的认识主要来自个别经验，人如果不借助于归纳是无法从经验中得到一般原理的。他们所提倡的就是感性认知方法论，相应地，他

---

① 《列宁选集》(第二卷)，人民出版社，1972年，第602页。

② 《三中全会以来重要文献选编》(下)，人民出版社，1982年，第830页。

们所注重的就是经验、实验、分析和归纳。笛卡尔、斯宾诺莎、莱布尼兹等则是理性论学派的主要代表人物，与培根、霍布斯等不同，他们认为人的认识主要来自一般原理，人只有从自明的公理出发，通过演绎才能获得关于具体的个别原理的认识。当然，他们所提倡的是理性认知方法论，顺理成章，他们注重逻辑推理，抬高演绎而否认归纳。当然，就认知方法而言，这两种方法论各有利弊，即各自的合理性非常明显，与此同时，各自的片面性也暴露无遗。对此，毛泽东曾作出过深刻的揭示："哲学上的'唯理论'和'经验论'都不懂得认识的历史性或辩证性，虽然各有片面的真理（对于唯物的唯理论和经验论而言，非指唯心的唯理论和经验论），但在认识论的全体上则都是错误的。"①

感性认识与理性认识的统一，无论是对经验论者来说还是就理性论者而言，都是无法越过的障碍，因为他们不可能找到实现两者统一的依据和途径。在人类思想史上解决这个统一难题的正是马克思主义。关键就在于，马克思主义把实践的观点和辩证法引入了认识论，这样就揭示了感性认识和与理性认识的相互关系，提出了理性认识依赖于感性认识，而感性认识有待于发展到理性认识。这是认识论上的一场伟大变革，当然也是认识方法论的一场伟大变革。这场变革克服了感性认知方法和理性认知方法各自的片面性，真正把两者有机地结合了起来，一种统一完整的科学的认知方法论在人类方法论史上第一次出现了。我们平时所说的马克思主义的调查研究方法，注重的是调查和研究的结合，感性认识和理性认识之间的辩证关系在调查研究这一方法论上得到了生动的体现。

马克思主义科学的认知方法论又将感性认知方法论和理性认知方法论的统一，往往具体化为归纳法和演绎法、分析法和综合法的统一。确实，对马克思主义认知方法来说，归纳法和演绎法、分析法和综合法均是不可或缺的，这是由这种方法的性质所决定的。在马克思主义认知方法论那里，归纳法和演绎法、分析法和综合法是既相互依赖又相互排斥的对立统一关系。恩格斯说："归纳和演绎，正如分析和综合一样，是必然相互联系着的。不应当牺牲一个而把另一个捧到天上去，应当把每一个都用到该用的地方，而要做到这一点，就只有注意它们的相互联系、它们的相互补充。"②正如恩格斯所说的那样，注重了归纳法和演绎法、分析法和综合法的"相互联系"和"相互补充"，而不是"牺牲一个而把另一个捧到天上"，"把每一个都用到该用的

---

① 《毛泽东选集》（第一卷），人民出版社，1991年，第291页。
② 《马克思恩格斯选集》（第三卷），人民出版社，1972年，第548页。

地方",才形成了科学的马克思主义的认知和实践方法。

5.马克思主义方法论的理论境界

马克思主义有三大组成部分,即马克思主义哲学、马克思主义政治经济学和科学社会主义。无疑,马克思主义的方法论贯穿于这三个组成部分之中,甚至可以说,马克思主义的方法论是这三大组成部分的基本逻辑。可尽管马克思主义的三大组成部分都渗透着马克思主义的方法论,但应当说,在这三大部分中,唯有马克思主义哲学与马克思主义方法论有着"特殊的"关系。在一定意义上,马克思主义哲学本身就是马克思主义方法论的体系和逻辑。我们平常总说,"哲学既是世界观,也是方法论",表述的正是马克思主义哲学既是世界观,又是方法论。马克思主义哲学又有两个部分组成,即辩证唯物主义和历史唯物主义。辩证唯物主义和历史唯物主义既是作为世界观的马克思主义哲学的主要内容,又是作为方法论的马克思主义哲学的主要内容。作为方法论的马克思主义哲学是如此鲜明地呈现在我们面前,但却常常被人所忽视。一讲到当代世界的方法论,人们熟知的竟然仅是一些科学哲学的流派,如以维也纳学派为代表的"逻辑实证主义"、波普尔的"证伪主义"和库恩的"历史主义"之类,而马克思主义哲学的方法论则很少被系统论述,这确实是个遗憾。实际上,无论是学术地位和理论境界,科学哲学的方法论与马克思主义哲学的方法论相比是难以企及的。[1]

马克思主义方法论的理论境界,不仅体现在辩证唯物主义的科学性上,更体现在历史唯物主义的科学性上。与过去的历史观相比,历史唯物主义究竟"高明"在什么地方?换言之,马克思主义方法论的理论境界在哪里?这是我们准确把握马克思主义方法论必须搞清楚的问题。有比较才有鉴别,只有比较了不同的历史观,我们才能知道马克思主义方法论的理论境界。

让我们简单地追溯一下人类历史观的发展过程。如果一定要以最简洁的方式表述一下这种人类历史观的发展过程,那么可以把这一发展历史概括为从"以神为本"到"以人为本",即人类的历史观经历了从"以神为本"到"以人为本"的发展过程。这一发展历程以"工业社会"为分界线。在此之前,对于历史究竟是如何发展的问题上,人们信奉的就是"以神为本"。这就是说,在工业社会之前,人们用以解释历史事件,说明历史发展的主要因素

---

[1] 参见赵磊:《马克思主义政治经济学创新与发展的方法论逻辑》,《当代经济研究》,2018年第3期。本节主要内容引自赵磊的此文。

是神的意志。简言之,从某种神秘的精神因素出发来解释历史事件,去说明历史的发展。实际上,那个时候,人的历史成了神的意志的历史。与进入工业社会相呼应的是,一些思想家提出"上帝死了","上帝死了"意味着"人活了",相应地,历史观发生了重大转折,即向"以人为本"转变。具体地说,人们让"人"处于历史的中心地位,开始用"人"的观点来解释历史,说明历史的发展。当然我们得承认,这一转变有着非同小可的意义,比起用神的意志来说明历史的神学观点,无疑是一个重大进步。遗憾的是,这里用以解释和说明历史的发展的"人"往往是抽象的人,实际上是从抽象的人出发来理解历史。从这种抽象的人出发,必然导致从人类的天性或者神秘的理性出发。这样我们看到,工业社会以后,人们往往把历史发展和社会进步的动力最后或者归结为卓越人物的思想,或者归结为隐秘的理性。

历史唯物主义的出场改变了对历史的解释的这种神秘性和非科学性。历史唯物主义对历史的解释是继承了工业社会以来传统的历史观的,这主要表现在它也是"以人为本",即在历史唯物主义那里,用以说明历史发展的也是人本身。但是这仅仅是一个方面,历史唯物主义对工业社会以后的传统的历史观不仅是加以继承,更给予深刻的改造。历史唯物主义观察社会历史的方法,不仅是与工业社会之前的"以神为本"的历史观有着天壤之别,而且与工业社会之后的"以人为本"的历史观也有着本质性区别。尽管历史唯物主义承认历史的主体是人而不是神,也承认历史不过是追求着自己目的的人的活动而已,但是历史唯物主义所说的"人"与工业社会之后的那种传统的历史观所讲的"人",根本不是一回事。历史唯物主义所讲的"人"并不是那种处在某种幻想之中的与世隔绝的人,即并不是处于离群索居状态的抽象的人,而是生活在现实世界中的活生生的人,对这些人我们完全可以通过经验加以观察和认识。按照历史唯物主义的观点,所谓"人"都是现实的人,而所谓"现实的人",无非就是"一定社会关系的总和",或者说是社会关系的人格化。这里关键是对"人性"的认识,历史唯物主义强调所谓"人性"完全是后天形成的,是人所处的社会环境造就的,有什么样的社会环境就有什么样的人性。"人性"从某种意义上讲即是人的"生存样态",而"生存样态"离开了人自身所处的物质生活条件,还能存在吗?唯有从历史传承下来并在现实中发展着的物质生活条件去考察人性和人的活动,我们才能正确地解释和揭示出人类发展的真实过程。历史唯物主义的革命性意义就在于此,作为方法论的历史唯物主义的崇高的理论境界也就在于此。

历史唯物主义明确规定,它把人类社会发展的一般规律作为研究对象。这里表现出它与各门具体的社会科学的区别,作为其研究对象的是"一般规律"，即它着眼于从总体上、全局上研究社会的一般结构和一般发展规律，而各门具体的社会科学研究的对象是具体的社会规律。这里，我们也可以把握历史唯物主义与各门具体的社会科学的关系，即它不仅为各门具体的社会科学，如法学、政治学、经济学等提供世界观，与此同时，也提供方法论。我们不得不承认，仅就历史唯物主义的方法论与各门具体的社会科学的关系而言，它的理论境界也是不言而喻的。

方法论是分层次的，大体说来，可以分为三个层次，即个别方法论、特殊方法论和一般方法论。当然，各门具体的社会科学都有其相应自己的、与众不同的、独特的方法论，而个别方法论就是指各门科学研究中的具体的方法论。如果一门具体的社会科学没有相应的具体的方法论与其相匹配，它就无法构成一门具体的社会科学，但它的方法论只是一种"个别方法论"而已。处于方法论第二个层次的是所谓"特殊方法论"。"特殊方法论"是从各门具体的社会科学的具体方法论中概括和总结出来的，比较起来，它比"个别方法论"适用的范围更广，它是适用于一系列学科的较为普遍的方法。但尽管"特殊方法论"适用的范围扩展了，可这一方法论涉及的对象还是有限的，也就是说，属于它涉及范围的还仅仅是客观世界，以及人的思维的某一部分、某一侧面，而它根本不可能涉及最一般的规律，不可能直接回答最一般的问题，如世界观的问题。所谓"一般方法论"则与上述两种方法论有着明显的区别，它处于方法论中的最高层次，它所涉及的问题是最普遍、最一般、最本质的问题，从而它也是最普遍、最一般、最本质的方法。从上面我们对历史唯物主义的方法论的分析中可以看出，马克思主义的方法论正是处于这样一个层次。历史唯物主义的方法论和辩证唯物主义的方法论一起，正确地反映世界的本质与规律，它对一切科学研究、一切工作，都是具有普遍的指导作用。我们完全有理由把马克思主义的方法论视为所有方法论中理论境界最高的方法论，与此同时，我们也完全应当把马克思主义方法论作为最重要的方法论来加以把握。[①]

（二）马克思主义方法论与世界观是统一的

我们不能孤立地认识马克思主义的方法论，而是必须把马克思主义的方法论与世界观结合在一起加以把握。马克思主义的方法论本来就是与世

———

① 参见高建德主编：《马克思主义哲学方法论》，中国政法大学出版社，1992年，第4~5页。

界观紧密联系在一起的。只有在与马克思主义的世界观的联系之中来认识马克思主义的方法论,才能深刻认识其丰富的内涵和重大意义。

1.马克思主义世界观与方法论是不可分割的整体

马克思主义既是世界观又是方法论,它是科学的世界观和科学的方法论的统一体。在这个统一体中,并不是其中一部分是世界观,另一部分是方法论,似乎只是两个不相干的东西并列在一起组成一个整体。实际上,这两个部分是渗透在一起的,是一个有机综合体。不要说整个马克思主义体系是世界观与方法论有机组合在一起的整体,就是马克思主义体系中的每一个具体的原理也是世界观和方法论有机组合在一起的整体。无论就马克思主义整个体系而言,还是就马克思主义的每一个具体原理来说,均既是世界观又是方法论。这正如毛泽东所说的:"世界就是发展着的物质世界,这是世界观。有了这样的世界观,转过来看世界,去研究世界上的问题,去指导革命,去做工作,去从事生产,去指挥作战,去议论人家的长短,这就是方法论,此外,再没有别的单纯的方法论。"[1]按照毛泽东的说法,马克思主义方法论并不是外在于马克思主义世界观的一个东西。确实,在马克思主义手中,马克思主义世界观与方法论应该是同一个东西。

坚持世界观和方法论的一致是马克思主义,特别是马克思主义哲学不同于以往一切旧哲学的一个基本特点。马克思主义哲学的伟大变革表现在实现了"两个统一",即唯物主义和辩证法的统一、唯物主义自然观和历史观的统一,形成了完备的辩证唯物主义和历史唯物主义的理论体系。为了强调马克思主义哲学与一切旧哲学的区别,马克思和恩格斯把自己的哲学称为"实践的唯物主义",并反复声明他们的"整个世界观不是教义,而是方法"。毛泽东指出:"马克思主义的哲学认为十分重要的问题,不在于懂得了客观世界的规律性,因而能够解释世界,而在于拿了这种对于客观规律性的认识去能动地改造世界。"[2]马克思主义的整个思想体系可以分为辩证唯物主义和历史唯物主义两大部分,这两部分均既是马克思主义世界观,也是马克思主义方法论,两部分均实现了世界观和方法论的统一。

我们平时总把马克思主义的内涵表述为马克思主义的立场、观点和方法,这样的区分有一定合理性,但说到底并不十分科学。这三者实际上是不可分割的,它们是一个具有内在联系的有机整体,马克思主义的整体性正是

---

[1] 转引自高建德主编:《马克思主义哲学方法论》,中国政法大学出版社,1992年,第2页。
[2] 《毛泽东选集》(第一卷),人民出版社,1991年,第292页。

体现在这里。这三者谁也离不开谁，立场制约着观点和方法，观点和方法又蕴含着立场，它们只是表述了马克思主义所具有的不同属性，内在统一于马克思主义理论之中。离开了立场，即没有立场的支撑，观点与方法还成立吗？没有具体的观点与方法的展现，立场还有意义吗？

与世界观与方法论相统一匹配的，还有真理性与价值性的统一、历史与逻辑的统一、抽象性与具体性的统一。所有这些统一都表现了马克思主义立场、观点和方法整体性的特征。坚持和运用马克思主义，实际上就是坚持和运用马克思主义立场、观点和方法，而要做到这一点，前提就是必须深刻理解、牢牢把握马克思主义立场、观点和方法所具有的整体性特征，离开了对这种整体性特征的理解和把握，坚持和运用马克思主义就成了一句空话。

世界观与方法论的统一展现了马克思主义基本原理的整体性，具体地说，就是展现了马克思主义基本原理的理论整体、逻辑整体、历史整体与方法整体。所以我们又可以从四个方面的整体来进一步认识和理解马克思主义基本原理所具有的整体性特征。

首先，从理论整体的角度来看，马克思主义基本原理是一个理论整体，但这种整体又是可分层次的。那么怎么来区分其层次性，依据什么来区分这种层次性呢？显然，只能把世界观、方法论的统一作为区分这种层次性的依据。我们通常把马克思主义基本原理的理论整体分为三个层次：一是辩证唯物主义和历史唯物主义的观点和方法；二是辩证唯物主义和历史唯物主义的观点和方法在人类社会发展的实践中运用而形成的基本原理；三是前两者在人类社会发展的不同阶段，即资本主义社会、社会主义社会的实践中运用而形成的基本原理。这三个层次是层层推进，一环紧扣一环。很显然，我们之所以能够作出这样的区分，关键就在于马克思主义的世界观、方法论是相统一的，而进行这种区分的依据也正是马克思主义的世界观与方法论的统一。

其次，从逻辑整体的角度来看，在马克思主义基本原理中，通过上面所说的理论整体的三个层次，体现了世界观、方法论的统一，除此之外，还可以通过客观世界的发展、人的发展、人类社会的发展之间的逻辑关系，通过马克思主义的唯物史观、剩余价值学说、共产主义理论之间的逻辑关系，来体现这种统一。我们知道，在马克思主义基本原理中，不仅在客观世界的发展、人的发展、人类社会的发展之间，而且在唯物史观、剩余价值学说、共产主义理论之间存在着严密的逻辑关系，这两大逻辑关系表现了马克思主义基本原理的逻辑整体。

再次，从历史整体的角度来看，马克思主义基本原理有一个发展过程，具有很强的历史性。马克思主义世界观、方法论的统一也体现在马克思主义基本原理的历史整体上。马克思主义基本原理实际上也是一个历史整体。马克思主义世界观、方法论的发展过程反映在马克思主义基本原理的形成过程上，这两个过程都具有历史的整体性。理解和把握马克思主义基本原理的历史整体，也是研究马克思主义基本原理整体性的一个重要方面。马克思主义基本原理中国化并形成中国化的马克思主义基本原理的历史过程，最好地说明了马克思主义基本原理的整体性。

最后，从方法整体的角度来看，以世界观、方法论相统一为基础的马克思主义基本原理，可以具体化为各种研究和实践的方法，如矛盾分析法、整体性方法、抽象分析法、抽象上升到具体的分析方法、从实际出发的方法、阶级分析的方法、逻辑与历史相统一的方法等，所有这些方法从表面上看是各自独立的，实际上是有着内在联系的整体，这个方法与那个方法之间是密切联系着的，我们在运用马克思主义方法观察和研究社会经济现象时，不能孤立地运用其中的一种方法，而必须全面地对这些方法加以综合使用。马克思主义方法的整体性源自马克思主义基本原理的整体性，所以研究马克思主义基本原理的整体性，还必须理解和把握马克思主义基本原理的方法整体。①

2.辩证唯物主义理论与马克思主义方法论

毛泽东指出："马克思主义有几门学问……但基础的东西是马克思主义哲学。"②马克思主义哲学又可划分为辩证唯物主义和历史唯物主义两大思想体系。《求是》杂志2019年第1期发表了习近平的《辩证唯物主义是中国共产党人的世界观和方法论》一文，意义重大、非同一般。研究马克思主义世界观、基本理论与马克思主义方法论的关系，一个重要的方面就是研究辩证唯物主义与马克思主义方法论的关系。

众所周知，辩证唯物主义揭示了宇宙间一切事物的一般规律及其本质特征，是对自然、社会和思维最一般规律及其本质特征的科学概括，是颠扑不破、放之四海而皆准的真理。辩证唯物主义有着一系列基本原理，譬如，世界是物质的、物质是运动的，时空是运动的基本形式，运动是有规律的，对立统一是根本规律，规律是可以认识的，等等。所有这些原理，是关于自然、

---

① 上述关于马克思主义基本原理四个方面的整体性的论述，参见张雷声：《从世界观、方法论相统一角度研究马克思主义基本原理整体性》，《马克思主义研究》，2012年第4期。

② 《毛泽东文集》(第六卷)，人民出版社，1999年，第396页。

社会、思维最一般规律的真理,它们构成了马克思主义整个理论体系的核心、基础和前提,马克思主义经典作家正是借助于它们来观察问题、分析问题、处理问题,它们实际上就是马克思主义经典作家观察问题、分析问题、处理问题的立场、观点、方法。同样,它们也应成为我们观察认识问题的世界观,以及我们分析解决问题的方法论。

我们学习马克思主义主要是学习什么?最重要、最根本的,就是学习马克思主义哲学世界观方法论,即辩证唯物主义。这里有一种观点必须破除掉,即认为辩证唯物主义只是解决了对自然界一般规律的认识,而根本未涉及对社会、思维一般规律的认识。只要这种观点留存在我们脑海里,我们就不可能自觉地去掌握辩证唯物主义的基本立场和方法。实际上,在马克思主义那里,辩证唯物主义是关于自然、社会、思维最一般规律的科学。没有错,辩证唯物主义首先是关于自然界的一般规律的认识,但对自然界的认识能够与对社会和思维的认识截然分开吗?自然、社会、思维三者之间是有区别的,但更是不可分割的。就拿人类社会来说,它说到底是自然的一部分,社会发展过程本身就是一个自然历史过程。我们完全可以说,人类社会就是自然的一部分,只不过它是自然的一个特殊部分而已,即是自然界中由有意识的人有意识地利用自然、改造自然、对象化自然的特殊部分。正因为如此,人对自然的科学认识,怎么可以不包括对人类社会发展一般规律、对人的思维一般规律的认识呢?倘若不包括的话,对自然的认识就不是完整的,就不可能完成对整个自然的科学认识。如此说来,只有当我们完成了对包括人类社会历史、人类思维一般规律的认识,才算完成了对自然一般规律的全部科学认识。最彻底的辩证唯物主义哲学正是通过对这三者完整的认识才建立起来的,对旧哲学的彻底改造也是通过对这三者完整的认识才实现的。马克思主义的哲学革命离不开对这三者完整的认识。马克思和恩格斯完成了对自然,同时完成了对社会历史和人类思维一般规律的认识之时,也就是他们真正创造辩证唯物主义之日。

辩证唯物主义之前的一切旧唯物主义都存在着根本的缺陷,我们可以把这些缺陷归结为以下三点:第一,没有把唯物主义与辩证法有机地结合在一起,而是将两者分离开来,即一方面把唯物主义与辩证法分离开来,讲唯物主义时不讲辩证法;另一方面,又把辩证法与唯物主义分离开来,讲辩证法时不讲唯物主义。第二,没有把唯物论与辩证法有机结合起来,从而不能揭示人类历史发展的客观规律,所有的所谓唯物主义,在历史观领域往往表现为历史唯心主义。第三,因为不能把唯物论与辩证法有机结合起来,从而不能说明人的思维是怎样产生的,不能解释人的正确思想是从哪里来的,不能揭示人类思维发展的一般规律,即使是一种唯物主义学说,但一论及认识论领域,最终总逃脱不了唯心主义的束缚。

突破旧唯物主义这三大缺陷的就是马克思主义哲学,即马克思主义的辩证唯物主义哲学。与旧唯物主义哲学相比较,马克思主义哲学才是彻底、完备的唯物主义哲学。马克思主义哲学在人类思想史上第一次把唯物主义和辩证法结合起来,并把其应用于社会历史领域和人的思维领域,从而完成了历史观领域和认识论领域的彻底革命。正是在这一过程中,从根本上克服了旧唯物主义的根本缺陷,克服了以往一切哲学在历史观和认识论上的唯心主义。马克思主义的辩证唯物主义完成了对自然、社会、思维发展最一般规律的哲学概括,实现了唯物论和辩证法在一切领域的有机统一,这样建立起来的辩证唯物主义哲学既成就了无产阶级及其政党正确思想路线的理论基础,又构成了我们每一个人正确的思想路线的方法论基础。

当前在改革发展的过程中所面临的一系列问题,就应当用辩证唯物主义世界观和方法论来加以分析和破解。例如,我们就应当运用世界统一于物质原理,正确认识当代中国基本国情。坚持从客观实际出发要求全党必须"牢牢把握社会主义初级阶段这个基本国情,牢牢立足社会主义初级阶段这个最大实际,牢牢坚持党的基本路线这个党和国家的生命线、人民的幸福线"①。与此同时,坚持从客观实际出发还必须正确把握"中国特色社会主义进入新时代"这一我国发展新的历史方位,正确认识和把握"我国社会主要矛盾已经转化为人民日益增长的美好生活需要和不平衡不充分的发展之间的矛盾"。②

3.历史唯物主义理论与马克思主义方法论

与辩证唯物主义一样,历史唯物主义也既是历史观、世界观,又是方法论,是理论与方法的科学统一。要论述历史唯物主义的理论实质和特征,当然离不开其对人的认识,历史唯物主义对人的认识可以表述为:人是历史的主体,作为历史主体的人基于社会存在,基于社会存在的人立足实践。这样,如果把历史唯物主义理解成一种方法论,那么它的方法论原则可以概括为:"从人出发""从社会存在出发""从实践出发"。历史唯物主义的方法论原则实质上也就是它的理论实质、核心内容和基本精神。这"三个出

---

① 习近平:《决胜全面建成小康社会 夺取新时代中国特色社会主义伟大胜利——在中国共产党第十九次全国代表大会上的报告》,人民出版社,2017年,第12页。

② 同上,第11页。

发"就是历史唯物主义的理论精髓、活的灵魂,它是贯穿、体现于整个历史唯物主义理论之中的立场、观点和方法。历史唯物主义与辩证唯物主义一样,既具有真理性又富有科学性,这种真理性和科学性的统一就体现在它的理论"实质"和方法论"原则"上面。历史唯物主义的理论实质和特征与历史唯物主义的科学的历史观、世界观和方法论,是互为因果的关系。这就是说,一方面,正因为历史唯物主义是科学的历史观、世界观和方法论,历史唯物主义才得以形成和呈现如此的理论实质和特征;另一方面,也正因为具有这样的理论实质和特征,历史唯物主义才成为科学的历史观、世界观和方法论。对这两者,我们很难分清孰前孰后、孰重孰轻,也很难分清哪个是原因,哪个是结果。或者说,两者本来就是同一个东西。只有这样正确地认识了两者之间的关系,我们才能一方面把历史唯物主义关于人、社会存在和实践的科学理论,视为历史唯物主义科学的历史观、世界观和方法论;另一方面,又把历史唯物主义科学的历史观、世界观和方法论视为有着内在联系的有机统一体,这样,历史唯物主义的方法论在整个历史唯物主义中的地位就突显出来了。

在《〈政治经济学批判〉序言》中,马克思认为自己形成一个"总的结果",即历史唯物主义理论,并且他指出这个"总的结果"的重大意义所在。马克思说,它是"我所得到的,并且一经得到就用于指导我的研究工作的"[①]。马克思在这里说的是这种"总的结果"可以"指导我的研究工作"。马克思在这里表述得十分清楚,即马克思认为历史唯物主义既是一种理论、观点,又是一种方法、手段;历史唯物主义作为一种理论,作为一种科学的理论,把它作为指导思想,就会产生正确的实践结果。这里关键的是如何理解历史唯物主义的指导作用。有一种观点认为,历史唯物主义作为一种科学理论指导实践时,还得借助于其他方法的辅佐,这就是说,历史唯物主义付诸实践要真正产生效应,必须依赖其他某种方法来帮助,仅仅由这种理论本身是很难对实践产生影响的。历史唯物主义"无法",需要以"他法"为法。至于依靠其他什么方法来帮助则另当别论。显然,这种观点是站不住脚的,这是对历史唯物主义功能的贬低,无视历史唯物主义理论中本身就隐含着方法。另一种观点则提出,既然历史唯物主义的理论本身就是方法,理论等于方法,那么只要掌握了历史唯物主义的基本理论就万事大吉、一切如愿了。这种观点也具片面性。须知历史唯物主义固然既是理论,又是方法,但方法本身就是理论吗?实际上,还是不能把历史唯物主义的方法与理论同日而语,历

---

① 《马克思恩格斯文集》(第二卷),人民出版社,2009年,第591页。

史唯物主义的方法不是现成地存在着的,不是掌握了历史唯物主义的原理就意味着掌握了历史唯物主义的方法。历史唯物主义的方法是需要从历史唯物主义的理论中提炼出来的。马克思大量论述的是历史唯物主义的理论,当然他直接论及了历史唯物主义的一些方法,但他并没有一条一款地把历史唯物主义的方法罗列出来。许多历史唯物主义的方法是由我们后人从他的历史唯物主义的理论中概括、总结出来的。这就是说,历史唯物主义的许多方法需要提炼、制定,而这种提炼、制定依据的就是历史唯物主义的基本原理。这样,我们在运用历史唯物主义来指导我们的实践时,最关键的是要把握历史唯物主义为我们的实践所能够提供的方法,有些方法可能是现成的,但还有许多方法是需要我们从历史唯物主义的原理中去提炼。而从历史唯物主义原理中提炼相应的方法的过程,实际上就是运用历史唯物主义的原理指导我们实践的过程。

运用历史唯物主义方法的关键就在于如何实现历史和唯物主义的真正结合,如何把人类历史发展奠定在坚实的物质基础之上,即如何把唯物主义观点贯穿到人类历史进程之中,最终实现彻底的历史意识和彻底的唯物主义的统一。这里,有一个如何确立"彻底的历史意识"的问题,这对历史唯物主义方法论来说实在太重要了。人类社会发展有一个历史进程,当我们面对这一历史进程时,任何一种历史方法都不能回避的是:如何看待过去与现在的关系,即如何把握两者的关系。问题十分简单明了:究竟是从过去理解现在,还是从现在理解过去?看似十分简单明了的问题,不同的回答却代表着截然不同的历史意识,也意味着持有的历史的标准是不同的,对于这种标准的理解也是不同的。"省力"的做法是从过去理解现在,但这种历史意识恰恰表现出不彻底性和肤浅性。从表面上看,这种历史意识反对了黑格尔的思辨的历史哲学,但仔细一分析就可知道,这种历史意识也有着黑格尔的那种历史哲学的形而上学前提,即也首先认可历史理念在历史实在中的某种表现。马克思说道:"只要你们把人们当成他们本身历史的剧中的人物和剧作者,你们就是迂回曲折地回到真正的出发点,因为你们抛弃了最初作为出发点的永恒的原理。"①当我们如马克思所说的那样,一旦回到"真正的出发点",也就是说,当我们不仅把我们所认识的对象看作历史的,而且彻底地认识到我们自身的历史性存在之时,那么我们就不会完全按照历史对象自身的标准去理解历史对象自身的存在。更有甚者,在这种情形下,那种所谓"历史地理解",实际上已经是"现在地理解"了。这样我们可以得出结论,按

---

① 《马克思恩格斯选集》(第一卷),人民出版社,1995年,第147页。

照历史唯物主义的观点,与其说我们是从过去理解现在,不如说我们是从现在理解过去。在历史唯物主义视野里,所谓的现在无非是过去的延续。历史唯物主义的这种历史意识才是彻底的历史意识。如果我们真正遵循历史唯物主义的这种彻底的历史意识,我们就应直面当代的人类生活形式的完成的结果,从中把握其历史性存在的生成的本质。①

当前在改革发展的过程中所面临的一系列问题,也应当用历史唯物主义世界观和方法论来加以分析和破解。例如,我们应当运用社会基本矛盾原理,掌握社会基本矛盾的分析方法,来认识改革的重要性。社会主义社会的基本矛盾仍然是生产关系和生产力、上层建筑和经济基础之间的矛盾。在全面深化改革中,一方面,"我们要坚持发展仍是解决我国所有问题的关键这个重大战略判断,使市场在资源配置中起决定性作用和更好发挥政府作用,推动我国社会生产力不断向前发展","推动实现物的不断丰富和人的全面发展的统一"。②另一方面,我们必须在坚持社会主义制度的前提下,不断改革生产关系和上层建筑中那些不适应生产力发展的体制机制弊端。

4.马克思研究方法从思辨到实证的转向并没有离开自己的哲学世界观

综观马克思的思想发展历程,我们可以发现他的研究方法有一个从思辨到实证的转向。马克思在柏林大学就读期间,由厌恶黑格尔哲学转向推崇黑格尔哲学。马克思的博士论文就是这一时期的产物。受费尔巴哈《基督教的本质》的影响,马克思在《黑格尔法哲学批判》中批判了黑格尔关于国家和市民社会问题上的唯心主义观点。此后发表在《德法年鉴》上的两篇文章《论犹太人问题》和《〈黑格尔法哲学批判〉导言》,用列宁的话说,已标志着马克思由唯心主义向唯物主义转变的基本完成。马克思转向唯物主义立场后,在认识论及研究方法上也向经验主义靠拢,这在《1844年经济学哲学手稿》中已经明显表现出来:"我用不着向熟悉国民经济学的读者保证,我的结论是通过完全经验的以对国民经济学进行认真的批判研究为基础的分析得出的。"③"感性(见费尔巴哈)必须是一切科学的基础……只有从自然界出发,才是现实的科学。"④

但是哲学立场上转向唯物主义,并不意味着马克思就彻底告别了"思

① 参见韩志伟:《历史唯物主义的方法论意义》,《北方论丛》,2013年第5期。
② 习近平:《坚持历史唯物主义不断开辟中国马克思主义发展新境界》,《求是》,2020年第2期。
③ 《马克思恩格斯全集》(第42卷),人民出版社,1979年,第45页。
④ 同上,第128页。

辨"。所谓"思辨",首先是指黑格尔思辨唯心主义,其次是指没有事实根据的形而上的玄论。马克思真正告别"思辨"转向"实证"则是在《德意志意识形态》一书中。他在《德意志意识形态》中对"思辨"的研究方法进行了认真清算。马克思指出,德国哲学不是从经验出发,不是从对事实的观察出发,而是从幻想出发,来编造历史运动的规律。"德国人认为,凡是在他们缺乏实证材料的地方……他们不会受到'粗暴事实'的干预,而且还可以让他们的思辨欲望得到充分的自由,创立和推翻成千成万的假说。"①马克思还指出,我们不应该"从人们所说的、所想象的、所设想的东西出发"②,而应该从经验现实和物质前提出发,"这些前提可以用纯粹经验的方法来确定"③。"经验的观察在任何情况下都应当根据经验来揭示社会结构和政治结构同生产的联系,而不应当带有任何神秘和思辨的色彩。"④在"思辨终止的地方,即在现实生活面前,正是描述人们实践活动和实际发展过程的真正的实证科学开始的地方"⑤。马克思在《德意志意识形态》中就是从一定的经验现实和物质前提出发,抽象出生产力和交往形式的矛盾运动推动社会发展的历史规律:"按照我们的观点,一切历史冲突都根源于生产力和交往形式之间的矛盾。"⑥马克思指出,"这些抽象与哲学不同"⑦,这样的历史观就不再是哲学而是实证科学。这样,马克思就在唯物主义认识论的基础上倡导一种科学的实证方法。⑧自此以后,马克思的研究方法从总体上说,一直坚持了这种科学的实证的研究方法。

问题在于,马克思的这种向实证的研究方法的转向,是不是意味着他的研究方法不再与其哲学世界观有着密切的联系,或者说,不再受其哲学世界观所决定?不能这样认为。西方马克思主义的早期代表人物柯尔施对此曾经作过富有说服力的说明。柯尔施强调,马克思的前后期从研究方法上看,确实存在着从思辨向实证的转变,但马克思在后期并没有消解掉他的哲学世界观,也就是说,在马克思那里并不存在从哲学向实证科学的转变。柯尔施致力于论证即使在后期马克思的理论还是"彻头彻尾的哲

---

① 《马克思恩格斯全集》(第3卷),人民出版社,1960年,第32页。
② 同上,第30页。
③ 同上,第23页。
④ 同上,第29页。
⑤ 同上,第30~31页。
⑥ 同上,第83页。
⑦ 同上,第31页。
⑧ 参见鲁克俭:《论马克思研究方法从思辨到实证的转向》,《中国人民大学学报》,1999年第3期。

学"①,马克思后期的历史唯物主义严格来说还是一种哲学世界观而不是实证科学。他认为,尽管马克思和恩格斯曾经提出过要"终结"和"消灭"哲学,但不能因此而否认马克思主义在本质上是一种哲学,他用马克思的"不在现实中实现哲学,就不能消灭哲学"的辩证思维来理解这些有关"终结"与"消灭"哲学的言辞。他强调,在马克思和恩格斯那里,"哲学自身没有由于只是废除它的名称而被废除"②,马克思为了最终消灭哲学建立起了自己的哲学,即马克思主义哲学,而且这种哲学构成了整个马克思主义的核心。作为辩证家的马克思和恩格斯始终明白,"哲学的消灭对他们来说并不意味着简单地抛弃哲学"③,所以他们的整个超越与消灭哲学的过程又"混合着哲学的特征"④。在柯尔施看来,关键不仅仅在于对马克思和恩格斯的一系列"终结"和"消灭"哲学的言辞作出富有说服力的解释,更在于弄明白马克思主义哲学究竟是什么。马克思主义是不是哲学最终取决于对马克思主义哲学本身的理解。柯尔施与卢卡奇一样,把总体性视为马克思主义哲学的内涵和标志。他明确地指出:"马克思主义的唯物主义首先是历史的和辩证的唯物主义。换句话说,它是这样一种唯物主义,它的理论认识了社会和历史的整体,而它的实践则颠覆了这个整体。"⑤在说明了马克思后期的理论是一种以总体性为特征的哲学世界观以后,在他看来,马克思后期的实证方法仍然是与哲学世界观紧密相连这一点就十分清楚了,只不过必须明白与这种实证的方法相连的哲学世界观,并不是原先理解的那种作为独断的形而上学唯物主义的哲学世界观,而是作为以总体性为主要特征的实践的唯物主义的哲学世界观。

5.马克思主义世界观与方法论相统一的若干表现⑥

马克思主义的哲学世界观与方法论是统一的,这种统一会通过各种形式表现出来。这里我们列举若干方面:

第一,马克思主义哲学的理论前提和理论基础的统一就体现了马克思主义哲学世界观与方法论的统一。我们且看一段恩格斯的论述:"我们的主

---

① [德]柯尔施:《马克思主义和哲学》,王南湜、荣新海译,张峰校,重庆出版社,1989年,第37页。

② 同上,第17页。

③⑤ 同上,第38页。

④ 同上,第36页。

⑥ 本节内容主要参见倪志安等:《马克思主义哲学方法论研究》,人民出版社,2007年,第28~31页。

观的思维和客观的世界服从于同样的规律，因而两者在自己的结果中不能互相矛盾，而必须彼此一致，这个事实绝对地统治着我们的整个理论思维。它是我们的理论思维的不自觉的和无条件的前提。"①恩格斯在这里阐明了主观的思维和客观的世界何以不会产生矛盾，且能够彼此一致，原因正在于它们都服从于同样的规律。马克思主义的整个理论思维都贯穿着这种统一性，这种统一性成了"理论思维的不自觉的和无条件的前提"。何谓"客观的世界"？它实际上就是由人的实践活动所生成发展的人类世界，它为马克思主义哲学所把握，从而就成了"哲学世界观"。何谓"主观的思维"？我们平时所说的"实践的思维"实际上就是"主观的思维"，它也为马克思主义哲学所把握，从而也就成了"方法论"。这里我们可以看到马克思主义的哲学世界观与方法论相统一的缘由。马克思主义的哲学世界观的功能就在于，它从实践来理解人类世界发展的普遍规律，而马克思主义的方法论的功能无非在于它是从实践理解人类认识世界和改造世界的一般方法。我们看到，无论是马克思主义的哲学世界观，还是马克思主义的方法论，两者在履行自己的功能时都受思维与存在相统一这一规律的制约。这一规律构成了两者赖以建构自己的理论前提。可见，马克思主义哲学世界观与马克思主义方法论相统一，必须有着能够使两者相互统一起来的理论前提，从上面的论述中我们可以知道，这一理论前提便是马克思所创立的以实践为基点的思维方式和思维逻辑。

第二，马克思主义哲学的理论性质和理论功能的统一也体现了马克思主义哲学世界观与方法论的统一。首先仅就理论性质来说，马克思主义哲学的世界观和方法论是完全一致的。因为就理论的实质来说，无论是马克思主义哲学的世界观还是马克思主义哲学的方法论，两者均是一种贯彻实践思维方式和实践逻辑思维的理论，它们都是一种唯物主义，即实践的唯物主义的哲学学说。它们都具有内在的诉求和外在的诉求，而无论是内在的诉求还是外在的诉求，两者又是高度统一的。它们的内在诉求都是实践思维方式和实践逻辑，在实践思维方式和实践逻辑这一层面上实现了统一。它们的外在诉求都是实践的唯物主义者与共产主义者，在实践的唯物主义者与共产主义者这一层面上实现了统一。而且它们又具有共同的理想诉求，这就是人的彻底解放与人的自由全面发展，在人的彻底解放与人的自由全面发展这一共同理想诉求的层面上，它们更是达到了高度的统一。而马克思主义的理论性质与其理论的功能又是相一致的，这种一致性又确保了

① 《马克思恩格斯全集》(第20卷)，人民出版社，1971年，第610页。

马克思主义哲学世界观与方法论完全趋向统一。正因为马克思主义的理论性质与其理论的功能是一致的,所以马克思主义哲学世界观本身就隐含着广义马克思主义哲学方法论的意义,而广义马克思主义哲学方法论具有转化为狭义马克思主义哲学方法论的潜在可能性。我们平时所说的马克思主义哲学的方法论,往往主要指的是狭义的马克思主义哲学方法论,而狭义的马克思主义哲学方法论不过是广义马克思主义哲学方法论的潜在可能性的扩展与实现,而广义马克思主义哲学方法论又是马克思主义哲学世界观的一种"方法论"上的具体化和理论化。

第三,马克思主义哲学的理论相互转化的统一同样体现了马克思主义哲学世界观与方法论的统一。我们这里所说的马克思主义理论的转化,实际上指的是马克思主义哲学世界观与方法论的转化。马克思主义哲学世界观和方法论都是属于马克思主义理论的范畴,所以它们相互之间的转化可以视为马克思主义理论自身的相互转化。我们从马克思主义哲学世界观与马克思主义哲学方法论之间的转化的统一性可以直接观察到,马克思主义哲学世界观和方法论本身之间的统一性。马克思主义哲学方法论向世界观的转化并不那么一目了然,需要作出一番分析。实际上,马克思主义哲学方法论向世界观的转化的过程,就是马克思主义哲学方法论指导、支配新世界观的形成和发展过程。之所以能够实现这种转化,主要原因就在于马克思主义哲学方法论本身就是马克思主义哲学世界观的理论前提和基础。马克思主义哲学世界观有其自身内容运动的内在原则、方法和灵魂,这种自身内容运动的内在原则、方法和灵魂,就是马克思主义哲学的方法论。我们平时总是说"有什么样的方法论,就会有什么样的世界观",根据何在?根据就在这里。马克思主义哲学世界观向方法论的转化则是一目了然的。马克思主义哲学世界观向方法论的转化过程,也就是世界观指导、支配其方法论形成的过程。马克思主义哲学方法论并不是空中楼阁,必须建立在坚实的理论基础之上,马克思主义哲学方法论的理论前提和基础,无疑就是马克思主义哲学。我们平时也常说"有什么样的世界观,就有什么样的方法论",道出了一个最简单同时也是最深刻的道理,这就是没有马克思主义哲学的世界观就没有马克思主义哲学的方法论,马克思主义哲学方法论的合理性取决于马克思主义哲学世界观的合理性。

第四,马克思主义哲学的理论目的的统一更体现了马克思主义哲学世界观与方法论的统一。上文我们已作过交代,马克思主义哲学世界观和方法论都属于马克思主义理论的范畴,所以这里所说的马克思主义哲学的理论的目的统一,指的是马克思主义哲学世界观与马克思主义哲学方法论的目的统一。马克思主义哲学世界观的目的和宗旨何在？那是十分清楚的。马克思主义哲学世界观的目的就在于正确地认识世界，通过对实践中发生发展的主体和客体、主观和客观、思维和存在、理论和实践等一系列对立统一关系的把握，从各个不同的角度为人们提供关于人类世界的某种一般规律性的学说，使人们在正确地把握这些规律的基础上去改造所生活于其中的世界，包括主观世界与客观世界。显然，这一宗旨和目的也正是马克思主义哲学方法论的宗旨与目的。所以马克思主义哲学世界观的宗旨与目的与马克思主义哲学方法论的宗旨与目的是合而为一的。它们共同为人们正确认识和改造人类世界提供科学的世界观和方法论指导。马克思主义哲学世界观和方法论的最终目的，都指向正确地认识世界和改造世界。

（三）必须牢牢把握从经济关系中寻找根源的方法

马克思主义不仅告诉我们马克思主义方法论的重要意义，以及马克思主义方法论是如何形成的，而且还告诉我们马克思主义方法论究竟有哪些。对我们来说，后者显然更为重要。马克思主义方法论是我们成就事业的看家本领，其内容丰富多彩。马克思主义方法论的各种形态，来源于马克思主义的全部的科学原理。理论和方法的统一、本体论和方法论的统一，决定了马克思主义方法论具有复杂的结构。马克思主义方法论的分类，是一个复杂的问题，我们可以从不同的层次加以分类和考察。我们这里，仅选择若干最基本，也是最应当掌握的方法加以论述。让我们从经济关系中寻找根源的方法讲起。

1.从马克思主义哲学的基本原理所导出的基本方法

美国的文艺理论家詹姆逊一直自称是马克思主义者，其主要理由是他在解读文艺作品时，一直把文学现象放到社会现实中去考察，在文艺作品与社会现实的密切联系中来研究文艺作品。在他看来，"社会存在决定社会意识"是马克思主义哲学最基本的观点，相应地，把意识现象归结于社会存在是马克思主义最基本的方法，只要坚持了这一点就有资格称自己是马克思主义者。确实，能不能把一切错综复杂的社会现象截然划分为社会意识和社会存在两大类，能不能认为一切社会意识都根源于社会存在，这还有待于作进一步研究。但如果连"从总的来说社会存在是原生的，社会意识是次生的"这一马克思主义最基本的唯物主义观点也不认可，那还有什么马克思主义立场可言？我们面对的是大量的社会现象，特别是大量的社会意识和精神现象，难道不借助于马克思从经济关系中寻找根源的方法，而依靠其他什么方法能理出一个头绪来？

从经济关系中寻找根源的方法，是马克思主义独具特色的方法。我们在上面指出过，马克思是在德国思辨哲学传统中成长起来的学者，曾是思辨色彩极为浓重的青年黑格尔派的重要成员。特殊的研究经历、研究对象和理论诉求，使马克思奋起反叛德国古典哲学尤其是青年黑格尔派哲学的思辨传统，决然地从思辨的"天国"下降到现实生活的"人间"，[①]走向现实的人及其社会历史性生活。从思辨的"天国"下降到现实生活的"人间"，意味着马克思的哲学方法论也要发生根本性转向，即马克思主义的哲学方法论必然不再拒斥而是积极地吸取经验主义哲学传统中的有益成分，由此就形成了马克思主义独具特色的从经济关系中寻找根源的方法。

马克思的这种方法的形成开始于《〈黑格尔法哲学批判〉导言》。请看如下论述："真理的彼岸世界消逝以后，历史的任务就是确立此岸世界的真理。人的自我异化的神圣形象被揭穿以后，揭露具有非神圣形象的自我异化，就成了为历史服务的哲学的迫切任务。于是，对天国的批判变成对尘世的批判，对宗教的批判变成对法的批判，对神学的批判变成对政治的批判。"[②]马克思在这里把对"天国的批判"追溯到对"尘世的批判"，把"彼岸世界的问题"追溯到"此岸世界的问题"。马克思还指出，《黑格尔法哲学批判》的任务是对"副本"即德国思想的批判，接下来的任务是对"原本"即德国现实的批判。这就是说，要把对思想的批判推进到对现实的批判。

在研究政治经济学半年之后写作的《1844年经济学哲学手稿》中，马克思明确提出了从经济关系中寻找根源的方法的主张："我用不着向熟悉国民经济学的读者保证，我的结论是通过完全经验的、以对国民经济学进行认真的批判研究为基础的分析得出的。"[③]此处的"经验"指称两者：一是现实的经济生活，二是政治经济学文献中所涉及的经济事实。马克思通过经验的分析得出结论，就是通过对经济生活、经济事实的分析来得出结论。

在《德意志意识形态》中，马克思更是高调宣示自己从经济关系中寻找根源的方法论主张："只要这样按照事物的真实面目及其产生情况来理解事物，任何深奥的哲学问题……都可以十分简单地归结为某种经验的事实"，

---

① 《马克思恩格斯文集》（第一卷），人民出版社，2009年，第525页。

② 同上，第4页。

③ 同上，第111页。

"经验的观察在任何情况下都应当根据经验来揭示社会结构和政治结构同生产的联系,而不应当带有任何神秘和思辨的色彩。"①马克思不但坚持从"经验的事实"出发来观察问题,而且还找到了"经验的事实"的核心要素,其中最重要的就是:人类要生存和发展,首要任务是进行物质生活资料的生产,任何时代和社会概莫能外。马克思就这样从经济生产、经济关系中发现感性世界的基础及其社会历史性变迁。他从经济关系这一核心要素中发现社会历史性生活的本质,这就是必须"从直接生活的物质生产出发阐述现实的生产过程,把同这种生产方式相联系的、它所产生的交往形式即各个不同阶段上的市民社会理解为整个历史的基础,从市民社会作为国家的活动描述市民社会,同时从市民社会出发阐明意识的所有各种不同的理论产物和形式,如宗教、哲学、道德等等,而且追溯它们产生的过程。这样做当然就能够完整地描述事物了"②。

马克思这一从经济关系中寻找根源的方法后来贯穿于他的整个研究过程中,甚至可以说,这一方法成了他的主要的观察和分析现实社会的方法。后来的《共产党宣言》和《资本论》等一系列著作的问世,都是运用这一方法的结果。这一方法应当为我们所继承,继承马克思主义在一定意义上就是继承这一方法。

2.坚持唯物主义的认识路线

让我们回忆一下作为马克思主义哲学ABC的基本理论:

思维与存在、意识与物质的关系问题是哲学的基本问题,也是马克思主义哲学的基本问题,相应地,主观与客观的关系问题,则是马克思主义哲学方法论的基本问题。

马克思主义哲学认为:物质第一性,意识第二性,亦即存在第一性,存在是本原的,思维第二性,亦即思维是派生的。马克思主义哲学又认为,世界是可以认识的,人们的概念、思想、知识、理论等,都是对客观存在的反映。哲学基本问题的这两个方面,第一个方面回答了关于世界的本原问题,而第二方面则回答了关于世界的可知性问题。

马克思主义哲学对哲学基本问题的回答,提出了划分唯物主义与唯心主义、可知主义和不可知主义的唯一科学标准,阐明了马克思主义认识论,是以实践为基础的革命的、能动的反映论。

---

① 《马克思恩格斯文集》(第一卷),人民出版社,2009年,第528、524页。
② 同上,第544页。

恩格斯详细论证了对思维和存在、意识与物质的关系的不同回答,构成了哲学中的唯物主义与唯心主义两大阵营的对立。列宁在此基础上进一步揭示了哲学中的两条路线:一条是从物质到感觉和思维的唯物主义路线,另一条是从思想、感觉到物的唯心主义路线。

与哲学上的这两条路线相对应的是两条不同的认识路线:一条是实事求是,从客观实际出发的唯物主义的认识路线;另一条是自以为是,从主观臆想出发的唯心主义的认识路线。

我们要坚持的是前一条认识路线。列宁指出,唯物主义的基本特征正在于:它的出发点是科学的客观性,是承认科学反映的客观存在。从客观实际出发就是根据客观事实,引出思想、道理、意见、办法等。这也就是把客观存在是第一性的,主观思想是第二性的原理,运用到实际工作中去,使主观符合客观,达到主观与客观相统一。毫无疑问,从客观实际出发,是马克思主义哲学方法论、认识路线的根本要求,当然它应当成为党和我们每一个人正确的思想方法的出发点和立足点。

中国特色社会主义道路的开辟离不开实事求是这一思想路线。贯彻于中国道路的主线就是这一马克思主义的辩证唯物主义的思想路线。要不是中国道路的开创者首先在思想路线上拨乱反正,即回到辩证唯物主义的“实事求是”的思想路线上来,那么中国就不可能有这四十多年的成就。马克思主义的辩证唯物主义的思想路线在走上改革开放的中国充分展现了其巨大的威力。马克思主义哲学,甚至可以说整个马克思主义的这一“精髓”借助于中国道路再次获得了强有力的证明。

邓小平于1978年12月13日在中共中央工作会议闭幕会上所作的题为“解放思想,实事求是,团结一致向前看”的讲话,被誉为是“开辟新时期新道路、开创建设有中国特色社会主义新理论的宣言书”。这次中央工作会议为随即召开的党的十一届三中全会作了充分的准备,而邓小平的这个讲话实际上是三中全会的主题报告。[1]今天再来看这篇文章,它最重要的作用是恢复了党的马克思主义的思想路线,解放了人们的思想,促进全党,乃至整个中国遵循马克思主义的辩证唯物主义的思想路线前进。

邓小平在这个讲话中明确地说:“一个党,一个国家,一个民族,如果一切从本本出发,思想僵化,迷信盛行,那它就不能前进,它的生机就停止了,就要亡党亡国。”“只有解放思想,坚持实事求是,一切从实际出发,理论联系实际,我们的社会主义现代化建设才能顺利进行,我们党的马列主义、毛泽

---

① 参见《邓小平文选》(第二卷),人民出版社,1994年,第143页。

东思想的理论也才能顺利发展。"①邓小平在这个讲话中还特别强调,坚持实事求是的思想路线就是坚持马克思主义,因为"实事求是,是无产阶级世界观的基础,是马克思主义的思想基础。过去我们搞革命所取得的一切胜利,是靠实事求是;现在我们要实现四个现代化,同样要靠实事求是"②。

邓小平在发表这一讲话之际,一场关于真理标准问题的讨论正在全国展开。明明是一个属于马克思主义哲学 ABC 的问题,也会争论不休。事实清楚地表明,不打破思想僵化,不确立辩证唯物主义的思想路线,一切都无从谈起。中国通过讨论真理标准问题来开启自己的新型的发展道路,绝不是偶然的。邓小平在这个讲话中对正在热烈展开的关于真理标准问题的讨论作了总结:"目前进行的关于实践是检验真理的唯一标准问题的讨论,实际上也是要不要解放思想的争论。大家认为进行这个争论很有必要,意义很大。从争论的情况来看,越看越重要。""关于真理标准问题的争论,的确是个思想路线问题,是个政治问题,是个关系到党和国家的前途和命运的问题。"③邓小平在这里高度肯定这场争论的重大意义,把端正思想路线作为一个政治问题来认识,提高到关系党和国家前途和命运的高度上来认识。

当时中国确实百废待兴,邓小平就这样从端正党的思想路线,即从促进党回到辩证唯物主义的思想路线上来撬动历史的转折。党的十一届三中全会以后,中国共产党实行了一系列改革开放的新政策,实现了全党工作重心的转移,中国正式走上了中国特色社会主义的大道。显然,这条道路是以思想路线的拨乱反正为先导的。我们看到,这四十多年,中国特色社会主义道路不断推进的过程也就是坚持马克思主义的认识路线的过程。

3.一切从实际出发

马克思主义的唯物主义认识路线的核心就是一切从实际出发,这是我们运用马克思主义方法论最基本的要求。一切从实际出发,起码要做到以下三点:一是客观性。这就是按照客观事物的本来面目去认识客观事物,不能带有任何主观成分,有一是一,有二是二,不能人主观地添加什么或者减少什么。列宁在《哲学笔记》中,把"考察的客观性"作为辩证法的十六要素的第一条,指出:"考察的客观性(不是实例,不是枝节之论,而是自在之物本身)。"④这是具有极为深刻的寓意和重要的意义的。二是全面性。这就是要从事物的联系与发展中认识客观事物,既要看到事物各个不同方面之间的

①②③ 《邓小平文选》(第二卷),人民出版社,1994年,第143页。
④ 《列宁专题文集·论辩证唯物主义与历史唯物主义》,人民出版社,2009年,第139页。

联系和发展，又要看到事物联系与发展有普遍性、多样性和整体性。列宁说，全面性就是要认识"这个事物对其他事物的多种多样的关系的全部总和"①，而且要认识"每个事物（现象等等）的关系不仅是多种多样的，并且是一般的、普遍的。每个事物（现象、过程等等）是和其他的每个事物联系着的"②。三是深入性。这就是从事物自身内部包含的矛盾及事物的矛盾方面向自己的对立面转化中，来分析事物。列宁在《谈谈辩证法问题》中说："要认识'自己运动'中、自生发展中和蓬勃生活中的世界一切过程，就要把这些过程当做对立面的统一来认识。"③倘若我们不深入事物内部去精细地研究矛盾，而是仅仅站在远处望一望，我们就不能够真正解决问题。

一切从实际出发，是贯彻马克思主义唯物主义物质观的必然结果。世界是物质的，物质是第一性的，不是意识决定物质，而是物质决定意识，世界统一于物质性，是辩证唯物主义一个基本观点。辩证唯物主义第一次科学地解决了"物质"概念问题，明确了科学的"物质"概念，确立了辩证唯物主义的物质观。恩格斯说："物、物质无非是各种物的总和，而这个概念就是从这一总和中抽象出来的。"④哲学上的"物质"概念，不是指具体的物质形态或结构，而是指物质的全体，是对一切领域和一切物质形态的共同本质的抽象概括。列宁给"物质"下了一个科学的定义："物质是标志客观实在的哲学范畴，这种客观实在是人通过感觉感知的，它不依赖于我们的感觉而存在，为我们的感觉所复写、摄影、反映。"⑤呈现在我们面前的世界上的物质实体千差万别，它们唯一的共同特征就是它们的客观实在性。辩证唯物主义的基本概念就是其"物质"概念，正是这一概念克服了旧唯物主义把世界归结于某种具体物质形态的形而上学局限性，对形形色色的具体物质形态作出了科学的抽象，奠定了唯物主义物质观的基石。也正是马克思主义经典作家将唯物主义物质观的基本观点运用于历史观领域和认识论领域，这样就形成了科学的实践观，实践基础上的唯物主义认识论由此而形成，包括实践观在内的最科学、最完备的唯物主义物质观也由此而产生。当然，辩证唯物主义物质观绝对不仅仅是一种理论，它更是一种思想方法和工作方法，把辩证唯物主义物质观具体化为指导实践的思想方法和工作方法，这种方法就是我们耳熟能详的一句话：一切从实际出发。这就是说，如果我们遵循辩证唯

① 《列宁专题文集·论辩证唯物主义与历史唯物主义》，人民出版社，2009年，第139页。

② 同上，第140页。

③ 同上，第149页。

④ 《马克思恩格斯选集》（第四卷），人民出版社，1995年，第343页。

⑤ 《列宁专题文集·论辩证唯物主义与历史唯物主义》，人民出版社，2009年，第35页。

物主义物质观的基本观点,那么在实际工作中我们遵循实事求是、一切从实际出发的思想路线。实事求是、一切从实际出发,作为我们必须遵循的正确的思想方法和工作方法,将它视为马克思主义的精髓,一点不为过。

马克思主义的一切从实际出发的方法论原则与马克思主义的创新思维方法并不矛盾。马克思主义谋求创新,也必须贯彻从实际出发。如何正确地处理理论与实践的关系,是能否有效推动实践发展和理论创新的最基本问题。换言之,只有正确地处理好理论与实践的关系,才能在丰富的实践中推动理论创新。这正如马克思在《〈黑格尔法哲学批判〉导言》中批评德国的实践政治派时所说:该派要求对哲学(以往的哲学)进行批判和否定是完全正确的,该派的问题不在于提出这样一个要求,而在于他们没有立足现实,没有认真努力通过实践来改变客观现实。按照马克思的观点,德国的实践政治派根本不可能完成对以往哲学的批判和否定,因为该派存在着严重的狭隘性,表现在"没有把哲学归入德国的现实范围,或者甚至以为哲学低于德国的实践和为实践服务的理论",而"不使哲学成为现实,就不能够消灭哲学"。①显然,理论如果不付诸实践,不以实际为基点,它怎么能够得到实践的检验从而实现创新发展呢?理论不付诸实践,既不能实现理论创新,也不能更好指导、服务实践。马克思主义创新思维是有其基本规律的,这一基本规律便是从实际出发,以及在此基础上的思维和实践的辩证互动。无论是理论创新还是实践创新,都是建立在一定的依据的基础之上的,而能够提供这种依据的就是我们的实践。马克思和恩格斯为什么如此执着地反对离开人的活生生的实践去抽象的思考,反对抽象地进行所谓创新,原因正在于此。②

4.注重调查研究

注重调查研究,是马克思主义认识论的基本要求。马克思主义认识论强调,认识过程是一个不断深化的能动的辩证发展过程。毛泽东在《反对本本主义》中首次提出"没有调查,没有发言权"的著名论断,并从认识论的高度强调,对周围环境和客观事物作系统的调查,乃是共产党人了解情况,取得正确认识的根本途径。习近平在不同的场合反复强调"调查研究是谋事之基、成事之道,没有调查就没有发言权,没有调查就没有决策权","调查研究不仅是一种工作方法,而且是关系到党和人民事业得失成败的大问题"。

---

① 《马克思恩格斯选集》(第一卷),人民出版社,1995年,第8页。

② 参见耿步健:《马克思恩格斯的创新思维方法论》,《江苏社会科学》,2017年第3期。

实事求是、一切从实际出发的马克思主义的方法论与注重调查研究的马克思主义的方法论具有实质上的一致性。要做到实事求是,就必须进行彻底的调查研究;反之,没有切实的调查研究,就不可能实事求是。如前所述,从实际出发,是我们一切工作的出发点,而要坚持一切从实际出发,就必须深入细致地了解实际的各个方面,找出其发展变化的规律。而客观世界是不以人的意识而独立存在的,认识只是人脑对客观世界的反映。如果人的感官不接触客观事物或不对反映到人脑中的事实材料进行加工制作,就无法认识客观事物及其规律。毛泽东说道:"迈开你的双脚,到您的工作范围的各部分、各地方去走走,学个孔夫子的'每事问',凭证什么才力小也能解决问题,因为你未出门时脑子是空的,归来时脑子已经不是空的了,已经载来了解决问题的各种材料,问题就是这样解决了。"[1]显然,要做到贯彻实事求是,就必须进行调查研究,进行调查研究是贯彻实事求是的当务之急。要想沟通主客观,在两者之间必须搭起一座"桥梁",这座"桥梁"就是调查研究。

注重调查研究,善于调查研究,是中国共产党人实事求是思想路线的体现,也是中国共产党一以贯之的优良传统。习近平强调:"重视调查研究,是我们党在革命、建设、改革各个历史时期做好领导工作的重要传家宝。"[2]在中国共产党的历史上,毛泽东是倡导、坚持和身体力行调查研究的第一人。早在20世纪二三十年代的大革命时期,他就写下了《中国社会各阶级的分析》(1926年)、《湖南农民运动考察报告》(1927年)、《寻乌调查》(1930年)、《兴国调查》(1930年)、《长冈乡调查》(1933年)等著名调查报告。毛泽东正是通过锲而不舍的调查研究,取得了与教条主义、本本主义和主观主义的斗争的胜利,找到了一条"武装斗争""建立根据地""农村包围城市"的中国革命的正确道路。改革开放初期,面对众多新问题、新挑战,邓小平指出:"要把调查研究作为永远的、根本的工作方法","我们办事情做工作必须深入调查研究,联系本单位的实际解决问题"。邓小平提出的重大理论和作出的重大决策,也都是建立在调查研究基础之上的。党的十一届三中全会召开前夕,他奔波于广东、四川、东北三省等地,还频频出国访问,对国情世情进行广泛的调查研究,为党作出工作重心转移和改革开放历史性决策,起到了重要作用。

党的十八大以来,习近平率先垂范,坚持调查研究。作为马克思主义中国化的最新成果——习近平新时代中国特色社会主义思想和党的十九大作

---

① 《毛泽东著作选读》(上卷),人民出版社,1986年,第49页。

② 习近平:《谈谈调查研究》,《学习时报》,2011年11月21日。

出的"中国特色社会主义进入新时代""我国社会主要矛盾已经转化为人民日益增长的美好生活需要和不平衡不充分的发展之间的矛盾"等一系列重大政治论断,都是在调查研究的基础上形成的。据统计,2012年11月至2017年9月,习近平到基层考察50次,累计151天,为各级领导干部树立了亲力亲为开展调查研究的榜样。围绕调查问题,习近平有一系列重要论述,在他公开发表的文献中,集中论述调查研究的文章有《调研工作务求"深、实、细、准、效"》(2003年)、《调查研究就像"十月怀胎"》(2005年)、《调查研究要点面结合》(2006年)、《求知善读,贵耳重目》(2006年)、《谈谈调查研究》(2011年)等;另外,一些重要文献《坚持实事求是的思想路线》(2012年)、《在湖北武汉召开的部分省市负责人座谈会上的讲话》(2013年)、《在党的十九届一中全会上的讲话》(2017年)等也重点阐述或强调了调查研究。在十九届中央政治局第一次全体会议上,习近平再次强调在全党大兴调查研究之风,彰显了新时代坚持实事求是,大力开展调查研究的重要性。[①]

注重调查研究与注重群众路线是一致的。习近平曾经说过:"调查研究是一个联系群众、为民办事的过程。"[②]他还指出:"人民群众的社会实践是获得正确认识的源泉,也是检验和深化我们认识的根本保证","调查研究成果的质量如何,形成的意见正确与否,最终都要由人民群众的实践来检验","只有公而忘私,把党和人民的利益放在第一位,才能真正做到实事求是"。[③]习近平在这里阐明了调查研究是既贯彻马克思主义的实事求是思想路线,又遵循马克思主义的群众路线的根本方法。

5. 从经济关系的角度来研究人的思想动机

把从经济关系中寻找根源的方法运用于研究人,就应当从经济关系的角度来研究人的价值取向。按照马克思的观点,我们平时所说的"人性",人的价值取向和行为方式,是由人所处的经济关系所决定的,从而我们必须在历史形成的社会经济结构的整体制约中来分析人的价值取向和行为方式。我们在进行文化批判、意识形态批判时,头脑中总有一个用来评判真假、善恶、对错的标准。这个标准往往与"人性"、人的价值取向联系在一起。问题在于,"人性"标准来自哪里?如果放弃了政治经济学的分析,而只是满足于

---

① 上述关于中国共产党传承调查研究的优良传统的论述,引自柳恒超在中共上海市委党校所作题为"用好传家宝练好基本功——向习近平总书记学调查研究"的演讲。

② 习近平:《干在实处走在前列——推进浙江新发展的思考与实践》,中央中央党校出版社,2006年,第534页。

③ 习近平:《谈谈调查研究》,《学习时报》,2011年11月21日。

哲学和文化的分析，那必然撇开了社会生产关系，以某种抽象的人性假设为出发点，以此作为评判标准。单纯的文化和意识形态批判，最后都会变成以脱离社会关系的个人的所谓"理性"作为出发点。

这里，应当特别吸取西方马克思主义撇开经济关系来研究、批判社会，特别是研究和批判人的价值取向的教训。我们是在20世纪70年代末80年代初开始接受西方马克思主义的。西方马克思主义传到中国国内时，它的主要形象就是一种社会批判理论，而这里所谓的"社会批判"实际上主要是文化批判、意识形态批判、哲学批判。这种批判既是对社会的批判，更是对当今人的那种"人性"的批判。无论在国内，还是在国际上，影响较为深远的研究西方马克思主义的著作——佩里·安德森的《西方马克思主义探讨》，在概括西方马克思主义的主要特征时讲得十分清楚，西方马克思主义倒转了马克思本人的思想发展路向，即马克思是从重点研究哲学发展为重点研究经济学，即重点从文化、意识形态上研究人和社会，转向重点从经济关系的角度研究人和社会；而西方马克思主义则是从重点研究经济学倒回去，变成重点研究哲学和美学，即重点从经济关系的角度研究人和社会重新变为重点从文化、意识形态上研究人和社会。这一思潮一传到国内，学界许多人开始接受西方马克思主义的影响，不是把人的政治动机、思想倾向追溯到其经济关系，而是把人的经济行为归结为人的政治环境和文化处境。也就是说，我们观察人的动机，不是注重于从人的经济关系去寻找形成的原因，而只是停留在政治层面和文化层面加以分析。

实际上，只要我们认真地、平心静气地思考我们追随西方马克思主义的这种注重文化批判、意识形态批判，注重从文化和意识形态上来分析人所产生的实际的社会效应，不难知道我们是否还应当继续坚持这样的理论路向。自从卢卡奇等人开创这种理论路向以后，西方社会已经走过了近一个世纪的历程。这种文化批判、意识形态批判究竟有没有，以及在多大程度上触动了西方社会的根基，多大程度上真正认识到了当今人的现实处境，包括一些西方学者在内的许多有识之士作出过公正的评论，否定的多，肯定的少。至于国内学者受西方马克思主义的影响，当今中国社会所展开的文化研究、文化批判，平心而论，其积极意义也十分有限。这里仅举一个例子来说明。我们要改变现实人的所谓"精神危机""道德沦丧"，有些人也许受了西方马克思主义的文化批判、意识形态批判的影响，只是满足于批判种种思想观念，并致力于从老祖宗那里寻找高尚精神和道德的基因，以为只要把这些传统的基因移植到当今人的精神世界，一代精神高尚的新人就形成了。这些深受西方马克思主义文化批判、意识形态批判影响的人不知道或者不愿意正视,一个社会的人的道德境界如何,主要取决于这一社会中是不是具有高尚道德的客观条件,这种客观条件主要是指生产方式。倘若这一社会根本不存在产生高尚道德的社会基础,那么即使再传播高尚的理念,也是无法让人们成为道德高尚的人。所以我们要构建新的人的精神世界,应当主要着力于批判和改变导致不高尚的社会生产关系,而不应当只是把造就道德高尚的人只是当成道德观念的文化建设。我们必须牢记,政治和法律的制度以及道德规范这些上层建筑都是建立在经济关系这一基础之上的,从而我们必须根据经济关系来理解政治和法律制度以及道德规范。对社会和社会中的人进行文化和意识形态的分析和批判,其对象当然涉及的是政治、法律和伦理等上层建筑领域的现象。问题在于,如果我们缺少政治经济学的视角,我们在分析和批判这些上层建筑现象时,就往往有可能把这些现象与人的意志联系在一起,认为它们取决于人的意志,而不是依据作为不以人的意志为转移的社会存在的经济关系,来对它们作出说明。西方马克思主义的以文化批判、意识形态批判为主要内容的"社会批判理论"最后之所以不可避免地会有这样的"下场",说到底,是违背了马克思主义的历史唯物主义的基本原理,以及基于历史唯物主义所形成的马克思主义的方法论。

(四)矛盾分析方法是马克思主义方法论的核心

从狭义来理解,马克思主义的方法论就是马克思主义辩证法,而马克思主义辩证法的核心就是矛盾分析方法。矛盾分析方法是辩证法的核心,也是整个马克思主义方法论的核心。我们学习和运用马克思主义方法论,最主要的当然是学习和运用矛盾分析方法。矛盾分析方法是马克思主义方法论中最普遍、最本质、最根本的方法。在一定意义上,坚持马克思主义方法论,就是坚持矛盾分析方法。毛泽东这样说道:"这个辩证法的宇宙观,主要地就是教导人们要善于去观察和分析各种事物的矛盾的运动,并根据这种分析,指出解决矛盾的方法。"①

1.要承认矛盾的客观存在

马克思主义经典作家论述矛盾分析方法总是从论述矛盾的客观存在开始的。

---

① 《毛泽东选集》(第一卷),人民出版社,1991年,第304页。

矛盾的存在并不是新现象，苏格拉底就已经注意到它了。但是在黑格尔之前，矛盾通常被当作"坏事"，例如康德提出"二律背反"，就是为了证明理性的界限。只是到黑格尔，才承认矛盾不仅是普遍存在的，而且是事物发展的动力。黑格尔指出，承认矛盾当然是一个巨大的进步，但仅仅承认矛盾还是不够的，像康德那种"澄清前提，划定界限"的批判还是一种消极的批判，只有在承认矛盾的基础上分析矛盾在事物发展中的作用，才是积极的理性、积极的辩证法。黑格尔由此把批判发展为"澄清前提，划定范围"。通过否定之否定，旧的矛盾解决了，新的矛盾又产生了，于是新事物从旧事物中脱壳而出，就像幼苗钻出种子的躯壳一样。马克思和恩格斯继承了黑格尔的这一思想，并把它发展为唯物主义的矛盾观点。

在黑格尔看来，矛盾的发展只能是事物的自我运动，马克思和恩格斯颠倒了黑格尔的辩证法。但这绝不意味着他们放弃了黑格尔关于"自因"的学说。马克思在《资本论》德文第二版的跋中说："我公开承认我是这位大思想家的学生，并且在关于价值理论的一章中，有些地方我甚至卖弄起黑格尔特有的表达方式。辩证法在黑格尔手中神秘化了，但这决没有妨碍他第一个全面地有意识地叙述了辩证法的一般运动形式。在他那里，辩证法是倒立着的。必须把它倒过来，以便发现神秘外壳中的合理内核。"①马克思强调，黑格尔的方法不是从人的活动的生命特征出发，而是把意识和思维的活动当成了人的活动(或者不如说，当成了上帝的活动)。在黑格尔看来，范畴本身因为不断自我否定因而有自己的生命，它的生命活动就表现为否定之否定。在马克思看来，精神的这种所谓"生命"不过是现实的生命活动的反映而已。不能让历史与逻辑一致，只能让逻辑与历史一致。

在批判蒲鲁东时，马克思指出，市民社会也像一个生物有机体，它是一个由各种交往关系构成的整体，这个有机体内部的各个方面之间、每个方面内部都是自相矛盾的，两个相互矛盾方面的共存、斗争以及融合成一个新范畴，就是辩证运动。蒲鲁东早在《什么是财产?》中，就认识到资本主义制度的自我矛盾。但他不是去考察这种矛盾的运动，而是试图消除这种矛盾。他的办法是把社会关系的各个方面当作先后相继的各个阶段，然后在每一个阶段中机械地划分好坏，用后一个阶段的好的方面克服前一个阶段的坏的方面，"这样，蒲鲁东先生把经济范畴逐一取来，把一个范畴用做另一个范畴的消毒剂，用矛盾和矛盾的消毒剂这二者的混合物写成两卷矛盾，并且恰

---

① 《马克思恩格斯文集》(第五卷)，人民出版社，2009年，第22页。

当地称为《经济矛盾的体系》"①。马克思评论说："谁要给自己提出消除坏的方面的问题，就是立即切断了辩证运动。"②这是因为，"一旦把辩证运动的过程归结为这样一个简单过程，即把好的方面和坏的方面加以对比，提出消除坏的方面的问题，并且把一个范畴用做另一个范畴的消毒剂，那么范畴就不再有自发的运动，观念就'不再发生作用'，不再有内在的生命。观念既不能再把自己设定为范畴，也不能再把自己分解为范畴。范畴的顺序成了一种脚手架。辩证法不再是绝对理性的运动了。辩证法没有了，至多还剩下最纯粹的道德"③。

马克思在《资本论》中研究了从劳动产品到商品、从商品到货币、从货币到资本，资本再通过利润率下降趋势的规律实现自我否定的整个过程。从矛盾分析理论的角度，我们从中能够得出的结论是：首先，作为辩证方法核心的矛盾分析法，并没有违背形式逻辑的基本规律，因此与诡辩毫无共同之处。只不过，形式逻辑是知性的逻辑，而辩证法是理性的逻辑。知性是对感性的否定，理性又是对知性的否定，但这种否定并不是外在否定，而是内在超越，即事物的自我否定，即扬弃。其次，矛盾的运动本质上是人类交换活动的运动，但它是在人类活动背后发生的，而不是人类自觉实现的。用黑格尔的话说，它是自在地，而不是自为地运动的。作为科学方法的矛盾分析法只不过帮助研究者从自发上升到自觉，或者用黑格尔的话说，从自在到自为。最后，货币的产生虽然解决了使用价值和价值的内在矛盾，但它又包含了新的矛盾。因此，从自发到自觉并没有终结运动的过程。用黑格尔的话说，矛盾的扬弃或自在自为的存在只是一种新的自在状态的开端。在马克思那里，表现为货币必然向资本过渡。

总之，在马克思那里，他总是把矛盾与现实结合在一起进行探讨。这样，既揭示了现实的矛盾性，又说明了矛盾的客观性。对马克思和恩格斯来说，客观的东西总是在生成中的、变动中的东西，即自我否定的东西。因此，重要的不是"客观的真实"，而是"历史的真实"，《政治经济学批判大纲》中的"劳动一般"、《资本论》中的"抽象劳动"，都是这种历史真实的东西，因而也是迟早要被否定的东西。既然如此，就必须在承认矛盾客观存在的基础上对矛盾的自我展开进行分析。④

---

① ③　《马克思恩格斯文集》(第一卷)，人民出版社，2009年，第606页。

②　同上，第605页。

④　本节的论述参考了马拥军的书稿《马克思主义方法论及其当代意义》。

2.正确地理解与把握同一性与斗争性这一对范畴的基本含义及其相互关系

马克思主义辩证法亦即唯物辩证法作为客观辩证法的反映,是由一系列的哲学范畴按其内在联系组成的科学体系。马克思主义辩证法的诸要素从不同的方面揭示了事物联系和发展的一般性质。其中,通过质和量、对立和统一、肯定和否定等范畴所揭示的质量互变、对立统一和否定之否定规律是马克思主义辩证法的基本规律。在马克思主义辩证法的这三大规律中,马克思主义辩证法特别注重对立统一的规律,认为对立统一规律在这三大规律,乃至在整个马克思主义辩证法中处于核心地位。

马克思主义辩证法又强调,要理解对立统一规律,首先必须正确理解马克思主义辩证法的矛盾范畴。而正确理解马克思主义辩证法的矛盾范畴,实质上就是要正确地理解同一或同一性、对立或斗争性这一对范畴的基本含义及其相互关系。马克思主义辩证法认为,斗争性与同一性是事物矛盾的两种相反的属性,但二者又是互相联系,不能分离的。恩格斯指出:"所有的两极对立,总是决定于相互对立的两极的相互作用;这两极的分离和对立,只存在于它们的相互依存和相互联系之中,反过来说,它们的相互联系,只存在于它们的相互分离之中,它们的相互依存,只存在于它们的相互对立之中。"①按照恩格斯的说法,矛盾的同一是对立中的同一,矛盾中的对立是同一中的对立。因此,正确地认识各种事物的矛盾运动,就是要在对立中把握同一,在同一中把握对立。

马克思主义辩证法在深刻阐述斗争性与同一性的相互关系的基础上,又提出所谓发展是对立面的同一和斗争。马克思主义辩证法强调斗争性在事物发展中的作用,认为斗争推动着矛盾双方力量的变化,而且只有通过斗争才能突破特定事物存在的限度。但是马克思主义辩证法强调斗争是事物发展的推动力量,可并不认为任何斗争都能起到推动事物发展的作用,只有新事物反对旧事物的斗争,才能推动事物的前进。而且马克思主义辩证法强调斗争是有限度的,并不是越激烈越好。"当维持矛盾统一体的存在仍有利于事物发展的时候,斗争只是维持矛盾统一体的存在和发展的手段,如果把斗争发展到破坏统一体的程度,那只能起促退作用。"②马克思主义辩证法还认为矛盾的斗争采取什么具体形式,达到什么规模等,都要受到许多因素的制约。

---

①　《马克思恩格斯选集》(第三卷),人民出版社,1972年,第494页。

②　肖前等编:《辩证唯物主义原理》,人民出版社,1981年,第211页。

马克思主义辩证法在强调斗争性在事物发展中的作用的同时,也不忽视同一性在事物发展中的作用。同一性的作用主要在于:"它把矛盾双方联结起来,使事物处于稳定状态,提供矛盾双方得以存在和发展的条件,从而在发展中也就孕育着破坏矛盾统一体自身,即破坏旧的同一、扬弃旧的矛盾的条件。"[①]具体地说,同一性的作用一方面表现于"矛盾双方联为一体,互为条件,使它们在相互依存的统一体中,得以存在和发展";另一方面体现在"矛盾双方互相利用,互相促进,互相吸取有利于自身的因素而得到发展"。[②]如果说斗争性是体现了辩证法的"革命性",那么同一性则体现了辩证法的"保守性"。正如不能否定辩证法的"革命性",即矛盾的斗争性推动事物发展的作用一样,也不能抹杀辩证法的"保守性",即矛盾的同一性对促进事物发展的积极作用。恩格斯曾经指出,辩证法也有保守的方面,"它承认认识和社会的每一个阶段对自己的时间和条件来说都有存在的理由"[③]。这就是说,承认并充分肯定同一性在事物发展中的积极作用,就是承认事物在它自己的时间和条件下存在的历史正当性。

马克思主义辩证法确实论述过对立面的同一的相对性和斗争的绝对性。列宁对此表述得非常清楚:"对立面的统一(一致、同一、均势)是有条件的、暂时的、易逝的、相对的。相互排斥的对立面的斗争则是绝对的,正如发展、运动是绝对的一样。"[④]问题在于,马克思主义辩证法在论述对立面同一的相对性和斗争的绝对性时,并不是在"哪个重要,哪个次要"的意义上说的,而指的只是"有条件性和无条件性",即矛盾同一的相对性是指"任何矛盾统一体以及贯穿其中的同一性的存在受着特定的条件限制";矛盾斗争的绝对性是指"矛盾斗争既受特定条件的限制,又能打破这些条件的限制,并创造事物发展所必需的新条件"。[⑤]同一的相对性与斗争的绝对性,只是表明它们在矛盾发展过程中起着不同的作用,但这种不同的作用绝不意味着各自的重要性不同。"不能认为,因为斗争性是绝对的,同一性是相对的,所以斗争性就永远是重要的,而同一性则是不重要的。对于人们的实践活动来说,绝对和相对的关系并不等于重要和次要的关系。固然斗争的绝对性、同一的相对性这种关系,在任何矛盾的发展中,在矛盾发展的任何阶段上以及在矛盾运动的任何条件下,都是不会改变的。但是,斗争性和同一性何者

① 肖前等编:《辩证唯物主义原理》,人民出版社,1981年,第207页。
② 同上,第207~208页。
③ 《马克思恩格斯选集》(第四卷),人民出版社,1972年,第213页。
④ 《列宁选集》(第二卷),人民出版社,1972年,第712页。
⑤ 肖前等编:《辩证唯物主义原理》,人民出版社,1981年,第213页。

更为重要,则因矛盾的特点、矛盾发展的阶段、矛盾运动所处的具体条件不同而不尽相同,需要进行具体分析,不能一概而论。"①

中国改革开放的关键是如何面对资本主义,即如何正确地对待资本主义这个"对立面"。中国的理论界在改革开放之初就对马克思主义哲学进行了正本清源、拨乱反正。其中就包括了对马克思主义的矛盾学说的清理,恢复了马克思主义矛盾观的辩证本性。而指导中国人民正确地面对资本主义这个"对立面"的正是辩证的矛盾观,特别是其中关于同一性和斗争性的相互关系,以及各自在推动事物发展中的作用的论述。

社会主义与资本主义是一个矛盾统一体。社会主义就其"原生态"而言,确实不但是资本主义的对立面,而且也是资本主义的替代者。社会主义在人们的心目中从来就是与资本主义不能共存、共生,两者相互排斥、水火不相容。对于19世纪的社会主义者来说,资本主义就是他们不共戴天的死敌,消灭、埋葬资本主义是天经地义的,有时他们可能也对资本主义实施某种妥协,但这种妥协只有在"策略"的意义上才是合理的,才是可以被容忍的。进入了20世纪以后,出现了以苏联为首的社会主义阵营,20世纪的世界格局从总的来说就是社会主义阵营与资本主义阵营这两大阵营之间的对立和抗衡。斯大林曾经这样描述社会主义与资本主义的势不两立:对内,社会主义因素不可能在资本主义内部产生,它必须在"空地上"创造出新的经济形式;②对外,社会主义与资本主义之间的矛盾与斗争是不可调和的,其"经济结果,就是统一的无所不包的世界市场瓦解",以及"两个平行的也是互相对立的世界市场"的出现。③我们知道,20世纪的社会主义者的主流是认为社会主义与资本主义不会有和平共处的可能,只有严重的对立与对峙,其理论依据正是两个平行、对立的世界市场理论。中国共产党和中国人民则一改过去那种与资本主义只有对立而没有同一的思维,而是用辩证的矛盾观来处理与资本主义的关系,既看到与资本主义的对立的一面,也正视与资本主义同一的一面。中国特色社会主义是一种开放和兼容的社会主义。中国特色社会主义道路开创的一个重要标志就是不再一味地把资本主义视为"天敌",而是用开放和包容的心态看待资本主义,更多地从共性的角度看待对方,认识到当代世界的社会主义与资本主义完全可以彼此兼容、相互渗透。

---

① 肖前等编:《辩证唯物主义原理》,人民出版社,1981年,第213~214页。

② 参见《斯大林选集》(下卷),人民出版社,1979年,第542~543页。

③ 同上,第561页。

中国共产党和中国人民对资本主义这种态度的转变，是建立在对社会主义与资本主义这一"矛盾共同体"所处的具体环境的正确判断的基础之上的。也就是说，我们是基于对国际形势的正确判断，才改变了长期以来人们在看待社会主义与资本主义关系问题上的"对立"思维，重新思考和塑造两者的关系的。中国道路的设计者正确地意识到，当今的时代不是战争与革命的时代，而是和平与发展的时代。这是一个以和平与发展为主题，以经济实力、科技实力和综合国力激烈竞争为象征的新时代。当今世界形势尽管错综复杂、动荡多变，但求得世界的稳定、和平与发展始终是全世界人民所追求的目标。基于对国际形势的这一判断，中国道路的设计者认识到要坚持和发展社会主义，就必须学会与资本主义共处，必须充分利用世界和平的大好时机来壮大自己，必须实现自身的发展与和平国际环境的良性互动，必须积极参与经济全球化，趋利避害。

当然，在与资本主义的相互关系问题上，我们始终没有忘记我们与这个对立面之间的斗争性。我们既强调社会主义与资本主义的联系与共存，但同时又不忽视资本主义与社会主义的区别与矛盾。面对资本主义世界，我们既不"自我封闭"，又不"全盘西化"，既积极地与资本主义进行交往，利用资本主义来建设社会主义，又不放松对资本主义"和平演变"的警惕。中国的可贵之处在于，在学习和借鉴资本主义的过程中并没有失去自我，中国特色社会主义旗帜在中国的上空鲜艳地飘扬着。

3.具体问题具体分析

我们在人类社会所面对的都是由实践活动所对象化的事物，而这些对象化的事物无不处在共性与个性的矛盾关系中。我们认识、分析事物，实际上主要就是要把握事物的共性与个性这个矛盾的关系。事物的共性与个性的关系，被毛泽东视为整个矛盾问题的精髓，毛泽东强调不懂得它就等于不懂得辩证法。确实正如毛泽东所说的那样，我们认识事物，就是把握属事物矛盾的共性与个性的辩证关系，这既是认识事物的重要内容，又是认识、分析事物矛盾的起点。

这里，关键的是要正确、辩证地看待个别与一般的关系。个别就是指单个的、具体的事物，一般则是指不同事物之间在本质上的共同点；个别是具体的、特殊的、活生生的，而一般则是抽象的、普遍的、干巴巴的。比如，人们所看到的人是一个一个具体的人，或是男人，或是女人，或是黄种人，或是白种人，或是黑种人……这些一个一个的具体的人就是个别的人。而人们所说的人则是一般概念，因为不管是男人还是女人，是黄种人、白种人还是黑种人,这个人还是那个人,都具有人的共同本质,都是人。具体的人就是个别人,个别人是具体的、生动的、实实在在的人;一切个别人的共同的、普遍的本质则是一般的人。一般的人是人们在长期的实践中对千千万万具体的、个别的、特殊的人的共同本质的抽象认识,是一般概念。个别和一般并不是彼此孤立、互相排斥的,而是具有内在统一性的。一般只能在个别中存在,只能通过个别而存在。在个别事物中,蕴含着一般、普遍、共同的本质和规律;如果离开了个别的、具体的事物,一般就是空洞的、虚幻的、没有内容的东西。不能设想,离开了一个一个具体的、个别的、特殊的人,还能存在什么抽象的、一般的、普遍的人。从这个意义上说,"个别就是一般","任何个别(不论怎样)都是一般"。①不能把一般作为脱离个别的独立存在,与个别、具体的东西相提并论。从认识个别到认识一般、从认识具体到认识抽象、从认识特殊到认识普遍,这是人类认识的一般规律。认识一般只能通过认识个别而实现,否则就会得出荒谬的认识结论。由于人的认识总是由个别到一般,也就是人的认识总是从认识个别事物开始的,进而认识到一般,然后再从一般认识到个别。没有对个别的认识就无法形成对一般的认识。因此,马克思主义的方法论要求我们,"在分析任何一个社会问题时,马克思主义理论的绝对要求,就是要把问题提到一定的历史范围之内"②。"马克思主义的精髓,马克思主义的活的灵魂:对具体情况作具体分析。"③共性与个性、个别与普遍辩证关系的道理,是辩证唯物主义的真理,不懂得这点,就等于背叛和抛弃了马克思主义方法论。这个道理在思想方法和工作方法上必然体现为对具体问题要作具体分析。从这一意义上讲,具体问题具体分析是辩证唯物主义的精髓,是马克思主义思想方法和工作方法活的灵魂。

让我们分析一下"马克思主义基本原理与中国具体实际相结合"这一中国革命、建设、改革取得成功的"法宝"。实际上,"马克思主义基本原理与中国具体实际相结合"是中国共产党对具体问题具体分析这一马克思主义方法论的灵活运用。按照这一方法论,只有把马克思主义的一般原理应用于中国的"具体环境",应用于这一"具体环境"的那些"特殊条件",从而相应地使这些"一般原理"的内容和形态都作出改变,才能形成适应中国实际需要的、具有中国内容和表现形态的、为中国人民所接受的"具体化了的马克思主义"原理,这种"具体化了的马克思主义"我们称之为"中国化的马克思主

---

① 《列宁专题文集·论辩证唯物主义和历史唯物主义》,人民出版社,2009年,第150页。
② 《列宁专题文集·论马克思主义》,人民出版社,2009年,第302页。
③ 同上,第293页。

义"，指导中国实际的正是将马克思主义一般原理具体化了的"中国化的马克思主义"。这里我们看到,中国共产党既肯定了"一般性",即坚持了马克思主义一般原理,又肯定了"特殊性",即坚持了马克思主义一般原理与中国特殊实际相结合;中国共产党既没有因为强调"特殊性"而否定了"一般性",也就是否定了马克思主义一般原理;也没有因为强调"一般性"而否定了"特殊性",也就是否定了马克思主义中国化的必要性。只强调"特殊性"而否定"一般性"意味着什么? 意味着拒绝和否定马克思主义的指导作用,意味着对马克思主义的背叛;而只强调"普遍性"而否定"特殊性"又意味着什么? 意味着脱离中国的具体国情,脱离中国的历史文化,脱离中国的人民大众,意味着将马克思主义僵化,这实际上是对马克思主义的另一种形式的背叛。因为强调"普遍性"而否定"特殊性",就是教条主义;只是强调"特殊性"而否定"普遍性",就是经验主义、修正主义。教条主义无视具体实际,把马克思主义的结论和词句生搬硬套于现实生活,以为手中有马克思主义的一些现成的结论和词句,就可拿来指导实践,其结果必然是走弯路,在现实面前碰得头破血流,使事业遭受损失;经验主义、修正主义否定马克思主义的普遍指导作用,背离马克思主义的轨道,离开了马克思主义的正确指南乱走乱闯,也会因为迷失方向而导致失败。

4.马克思主义辩证法不是诡辩论

由于辩证法总是用发展的、变化的、流动的、一分为二的眼光看问题,这就让那些习惯于"是就是,不是就不是;其他都是鬼话"的人,极为不安,甚为恼火,尤其是"引起资产阶级及其夸夸其谈的代言人的恼怒和恐怖"①。于是,他们攻击辩证法是诡辩论,说辩证法是"变戏法"。

能够把辩证法当作"变戏法"吗? 当然不能。关键在于,我们必须认清楚辩证法是对世界的真实的而不是虚幻的把握。我们平时所说的"认识论"是专门研究如何去把握世界的。哲学上讲的所谓认识论,实际上就是对人类认识世界能力的一种理论总结。我们回忆一下认识论的起源不难发现,认识论一开始就面临一个难题:认识何以可能? 下面我们具体解释一下这个难题究竟"难"在何处? 长期以来,欧洲哲学就研讨了我们面前的事物的特征与本质,按照欧洲哲学的传统,展现在我们眼前的事物都是处在一定的"时空"之中的,而处于"时空"中的一切事物,皆是"变动不居"的,所谓"昨是而今非"或"今是而昨非"表述的就是这一意思。但是世界上并不是所有的

---

① 《马克思恩格斯全集》(第23卷),人民出版社,1972年,第24页。

东西都是变动不居的,其中有一样东西就是不变的,即"概念-理念"。"概念-理念"是永恒不变的,也唯有它是永恒不变。那么"概念-理念"为什么永恒不变呢? 原因十分简单,就是因为它不是处于"时空"之中而是处在"时空"之外。"认识论"的难题由此而产生:人类面对的世界并不是一个死的东西,而是生命的流动,是一种生生不息的东西,这种生命之流甚至构成了我们世界的本质,而我们用于认识、把握它们的却是一些僵死的"概念-理念",凭着僵死的东西怎么可以去认识和把握活生生的东西呢? 在这种情况下,我们即使去做了,即用僵死的东西去认识和把握活生生的东西,其结果必然是通过各种范畴和概念去切割世界,原本生生不息的世界在人们面前呈现的竟然是一堆僵化的、分离的死寂物。有人说,世界就这样被"谋杀"了。这一难题竟然成了一个悖论:我们的认识目的就是想认识作为生命之流的世界,但是实际上我们运用这样的概念工具去认识的却是已经被切割肢解的、死去的世界。这样,"不可知"出场了,认为面对流变的世界,我们本来就是无法确定地思考和言说的。

面对难题人类总是要去寻找出路的。出路在哪里? 也就是说,如何解决这个悖论? 哲学家提出许多办法,其中主要有两种。

第一种办法就是诉诸直觉,也就是主张通过非概念、直观的方式来把握世界,即我们平时所说的"提倡直觉,贬低理性"。他们认为,只有通过直觉才能体验和把握唯一真正本体性的存在。他们的理由看上去是十分充分的:其一,既然概念是僵死的,当然不能把握流动着的世界;其二,退一步说,即使概念是流动的,实际上也无法把握流动着的世界,原因在于"此流动非彼流动",不能把两种"流动"相提并论;其三,概念运动按其实质是不可能还原出千差万别的世界原样的。他们认为,我们把握世界不能依靠理性、概念,但还有一样东西可以依靠,这就是直觉。主张通过直觉来把握生生不息的世界的流派比比皆是,佛教禅宗追求的"顿悟"、法国哲学家柏格森提出的"直觉主义"等,都属于这种办法。

第二种办法是停留在理性、概念上做文章。设计第二种办法的哲学家认为,人实际上是根本不可能把理性、概念弃之不用去认识、把握世界。现在的问题是因为概念太僵化了从而不能把握流动的世界,所以关键还在于如何使概念也流动起来,也就是创造出一种流动的概念的辩证法来说明流动着的世界。主张运用这个办法的代表就是黑格尔。①

---

① 参见赵磊:《马克思主义政治经济学创新与发展的方法论逻辑》,《当代经济研究》,2018年第10期。

那么马克思主义的辩证法偏向于上述哪种方法呢？显然，上述第一种办法不是马克思主义的辩证法道路。马克思主义并不完全否定直觉的作用，也肯定"顿悟"之类有其作用，但马克思主义绝对不会完全迷恋于"顿悟"之类。关键在于，要让"顿悟"之类发挥大的作用，必须首先找到具有像释迦牟尼那样的顿悟能力者，那是少数"圣贤"的境界。对于绝大多数凡人来说，可望而不可即。这显然与马克思主义的基本价值立场不相符合。马克思主义认为，虽然人类世界存在着许多非理性的东西已超出理性所能把握的范畴，但是构成世界的主要成分还是理性的东西，理性的东西还是需要理性来加以把握，辩证法是理性的辩证法，它仍然是人类认识世界最有效的工具。显然，马克思主义辩证法走的是后一条道路。马克思主义在黑格尔辩证法的基础上，形成了自己的认识之路。马克思主义认为，辩证法之所以是人类认识世界最有效的工具，其原因就在于，生成和流动是现实世界的本质，我们生活于其中的现实世界，是一个生生不息的流动的过程。恩格斯说得好："世界不是既成事物的集合体，而是过程的集合体。"[1]为了刻画这个世界的"生成和流动"，从而把握世界的本质，我们需要能够反映"生成和流动"的范畴和概念。而能够反映"生成和流动"的范畴和概念是什么呢？就是辩证法，就是辩证法的一系列概念和规律，比如矛盾、发展、变化、质量互变、对立统一、否定之否定，等等。恩格斯说："要精确地描绘宇宙、宇宙的发展和人类的发展，以及这种发展在人们头脑中的反映，就只有用辩证的方法。"[2]正是由于这种需要的存在，才有了黑格尔创立的概念辩证法，才有了马克思主义的唯物辩证法。[3]

与黑格尔的辩证法、马克思主义辩证法相比，那种孤立的、非历史的、静态的形而上学方法论及其范畴和概念，是多么的狭隘。恩格斯在《社会主义从空想到科学的发展》一文中，对这种形而上学方法论作了深刻阐述："在形而上学者看来，事物及其在思想上的反映，即概念，是孤立的、应当逐个地和分别地加以考察的、固定的、僵硬的、一成不变的研究对象。他们在绝对不相容的对立中思维；他们的说法是：'是就是，不是就不是；除此以外，都是鬼话'。在他们看来，一个事物要么存在，要么就不存在；同样，一个事物不能同时是自己又是别的东西。……形而上学的思维方式，虽然在相当广泛的、各依对象的性质而大小不同的领域中是正当的，甚至必要的，可是它每一次

---

① 《马克思恩格斯选集》（第四卷），人民出版社，1995年，第244页。

② 《马克思恩格斯全集》（第19卷），人民出版社，1963年，第222页。

③ 上述关于认识论的难题，以及马克思主义辩证法形成过程的论述，参见赵磊：《马克思主义政治经济学创新与发展的方法论逻辑》，《当代经济研究》，2018年第10期。

都迟早要达到一个界限，一超过这个界限，它就要变成片面的、狭隘的、抽象的，并且陷入不可解决的矛盾，因为它看到一个一个的事物，忘了它们互相间的联系；看到它们的存在，忘了它们的产生和消失；看到它们的静止，忘了它们的运动；因为它只见树木，不见森林。"①看了恩格斯对形而上学方法论的深刻批判，知晓了马克思主义辩证法的形成过程，我们还能说马克思主义辩证法是"变戏法"吗？

5.把握"辩证抽象"这一更高境界的抽象方法

谈论马克思主义辩证法，特别是马克思主义的历史辩证法，不能不涉及"辩证抽象"，因为"辩证抽象"是马克思历史辩证法的核心方法。②

打开《辞海》，我们会看到对"抽象"的定义，即认为它与"具体"相对，是一种"从具体事物中被抽取出来的相对独立的各个方面、属性、关系等"③。例如苹果、香蕉、桃子、橙子，它们的共同特征是"水果"。而当从这些具体的水果中得出"水果"这个概念的过程，就是一个抽象过程，是一个抽取共同特征而将其个性弃之不管的过程。我们可以将这种抽象方法归于知性逻辑的范围。进行这种抽象是有其本质要求的，这就是排除不确定性和异己性，追求纯粹性。进行这种抽象必然会忽略抽象的背景，即忽略成为依据的事实的历史性质。马克思曾经把这种抽象过程视为资本主义社会的一个历史特点，而且认为这种抽象过程唯有在资本主义社会才会如此鲜明。当然，早在古希腊就已经出现了抽象过程，早已有了对一般和共性的追求，但只要仔细观察一下人类历史就可知道，尽管前资本主义社会已经有了抽象过程，但以往任何一个社会阶段的抽象过程都没有像资本主义阶段那样如此广泛、深刻地依赖于纯粹抽象。在资本主义社会，可以说一切事物都成为逻辑范畴。马克思在《哲学的贫困》中这样批判："如果我们逐步抽掉构成某座房屋个性的一切，抽掉构成这座房屋的材料和这座房屋特有的形式，结果只剩下一个物体；如果把这一物体的界限也抽去，结果就只有空间了；如果再把这个空间的向度抽去，最后我们就只有纯粹的量这个逻辑范畴了，这用得着奇怪吗？如果我们继续用这种方法抽去每一个主体的一切有生命的或无生命的所谓偶性，人或物，我们就有理由说，在最后的抽象中，作为实体的将只是一

---

① 《马克思恩格斯全集》（第19卷），人民出版社，1963年，第220~221页。

② 参见章新若：《辩证抽象：马克思历史辩证法的核心方法》，《中共天津市委党校学报》，2016年第6期。本节的论述主要参考此文。

③ 《辞海》（上），上海辞书出版社，1989年，第1788页。

些逻辑范畴。"①事实正如马克思所分析的那样,一当整个现实世界淹没在抽象世界和逻辑范畴的世界之中,我们只能成为抽象和逻辑范畴的奴隶了。马克思如此看待抽象,当然绝对不会认可抽象形态的运动,当然会对纯粹逻辑公式和纯粹理性的运动持反对的态度。

马克思反对纯粹的抽象,但马克思不会全盘否定抽象。马克思一方面批判作为资本主义社会的一个重要特征的纯粹的抽象,另一方面又提出了自己的抽象,马克思所主张的抽象是辩证抽象。当然,也不能把马克思所主张的辩证抽象与传统的抽象方式截然对立,马克思所主张的辩证抽象在某种意义上,是对传统哲学抽象方法的扬弃,是一种更高境界的抽象方法。关键在于,它融入了"变化"和"关系"这两个非常重要的因素。黑格尔是第一个将"变化"和"关系"带入抽象过程的人。他说:"抽象的作用就是建立这种形式的同一性并将一个本身具体的事物转变成这种简单性形式的作用。"②看起来这个定义与传统抽象并无两样,但深入一研究又不完全相同。黑格尔强调的是"形式的同一"与"内容的具体"在此处是辩证统一的。在黑格尔看来,辩证法所要求的抽象模式一定是"反思的抽象",这种"反思"是内部反思,而非外部反思。"外部反思的过程是诡辩论的现代形式,因为它任意地把给定的事物纳入一般原则之下。"③所谓"内部反思"就是对于自身"变化"和"关系"的承认,并将它们融入概念和抽象过程当中。对于把"内部的反思"与"外部的反思"区别开来这一点,马克思是完全赞同黑格尔的,马克思确实也从黑格尔那里受到了启发并且深受其益。马克思这样说道:"对每一种既成的形式都是从不断的运动中,因而也是从它的暂时性方面去理解。"④我们不能说黑格尔对现实和经验是极端忽视的,他有他的问题,他的问题在于过度痴迷于建造一个理念王国与思维谱系,这样必然陷入了神秘主义的泥沼,也就不可避免地丧失了抽象的真正来源和根基。让我们重温一下马克思的名言:"从抽象上升到具体的方法,只是思维用来掌握具体、把它当作一个精神上的具体再现出来的方式。但决不是具体本身的产生过程。"⑤这就是说,马克思是把"思维用来掌握具体并把它当作一个精神上的具体再现出来的方式",与"具体本身产生的过程"严格区别开来的,他批评黑格尔将两者混为一谈,批评黑格尔把前者当作后者。这就是说,马克思反对黑格尔将抽象

① 《马克思恩格斯选集》(第一卷),人民出版社,1995年,第129页。

② [德]黑格尔:《小逻辑》,贺麟译,商务印书馆,2003年,第247页。

③ [德]伽达默尔:《哲学解释学》,夏镇平、刘建平译,上海译文出版社,1994年,第111页。

④ 《马克思恩格斯全集》(第44卷),人民出版社,2001年,第22页。

⑤ 《马克思恩格斯全集》(第30卷),人民出版社,1995年,第42页。

之后的东西当成源头，误认为这一源头产生"具体"。马克思认为，这是一种"本末倒置"，因为尽管可以通过抽象在思维和理念中"再现"具体，但思维和理念本身产生不了概念的具体，概念的具体的真正源头只能是"现实的具体"，即我们生活其中的真实的复杂多变的物质世界。"抽象"说到底只不过是人的思维作用于这个活生生的世界，将这一世界分解成可以用来进一步思维的精神要素。当然这个过程确实是在思维领域内展开的，但这一过程不可能离开现实基础而独立存在。马克思的抽象观确实与黑格尔的抽象观有着本质性的区别，黑格尔将抽象的逻辑范畴反过来代替现实的具体，使之成为人们活动与认识的源泉，而马克思并没有这样做。所以马克思的辩证抽象尽管与黑格尔的一样是"辩证的"，但它同时又是"唯物主义的"。

所以我们要真正理解马克思的"辩证抽象"，必须把握两个要点：一是必须明白马克思提出的辩证抽象打破了传统的"实体思维"，转而在"关系"和"变化"中理解每一个单独的概念。我们看到，抽象在马克思那里，抽象常常不是静态的事物，而是过程和关系，抽象是融入了"变化"和"相互作用"之后的结果。我们看到，马克思是那么收放自如地将现实中原本就统一的东西重新在思维中准确地再现，马克思这样做的时候，绝对不会犯以偏概全的错误，即不会片面地将过程的某一个要素或环节当成全部过程，马克思不会拿出一副"抽象的姿态"来吓唬人，混淆视听。二是必须知道马克思提出的辩证抽象是对概念或范畴本身作了多方位、多角度的解剖。马克思通过揭示一个抽象概念自身具有的丰富关系，使得每一个概念的抽象和具象统一在该概念的物质基础之上。这就是说，在马克思那里，每一个概念的抽象和具象都有其物质基础。何谓"概念的物质基础"？就是客观存在的物质世界，亦即任何一个实物的现实存在的物质形态，当然，呈现这种物质形态的历史条件也属于"现实存在的物质形态"。让我们思考一下马克思主义政治经济学的几个基本核心概念，如商品、货币、价值、资本等，它们都是马克思进行辩证的抽象的"产物"，都是建立在"现实存在的物质形态"的根基之上。

（五）运用马克思主义的方法论要"渴望总体性"

西方马克思主义开创者卢卡奇把马克思主义归结为辩证法，又提出辩证法的核心是总体性理论，保持"对总体性的渴望"是无产阶级阶级意识的主要标志。应当说，卢卡奇的这一见解是深刻的，但总体性方法常常被人们所忽视，实际上其现实意义实在不应当被低估。人与人之间能力与水平上的差距,往往源自把握总体性的能力与水平上的差距。

1.坚持总体性就是坚持马克思主义的方法论

卢卡奇明确地提出:"不是经济动机在历史解释中的首要地位,而是总体的观点,使马克思主义同资产阶级科学有决定性的区别。总体范畴,整体对各个部分的全面的、决定性的统治地位,是马克思取自黑格尔并独创性地改造成为一门全新科学的基础的方法的本质。"①柯尔施则说道:"马克思主义的唯物主义,首先是历史的辩证的唯物主义。换言之,它是这样一种唯物主义,它的理论认识了社会和历史的整体,而它的实践则颠覆了这个整体。"②卢卡奇、柯尔施认为,具体的、总体的观点是马克思对于辩证法和思想史而言,最重要的贡献,相反,如果只关注于马克思的政治经济学批判,而忽略了支持这些批判的总体观点,那么将会丢失马克思思想中最富创造力、最具革命性的本质。只要分析一下马克思的代表作《资本论》的基本思路,就可以知道卢卡奇、柯尔施把总体性归结为马克思主义方法论的核心是正确的。在《资本论》中,马克思将经济关系看作一个有机整体,把它的生产、消费、分配、交换等环节都放入这个有机整体加以考察。"我们得到的结论并不是说,生产、分配、交换、消费是同一的东西,而是说,它们构成一个总体的各个环节、一个统一体内部的差别……因此,一定的生产决定一定的消费、分配、交换和这些不同要素相互间的一定关系。……不同要素之间存在着相互作用。每一个有机整体都是这样。"③而"每一个社会中的生产方式都形成一个统一的整体"④。因而只有对社会的统一体有所把握,才能够历史地了解社会关系的变化过程。正是由于马克思始终将资本主义的经济发展环节放在关联整体中进行理解,所以他才会将《资本论》视为"一个艺术的整体"⑤。

不但《资本论》,马克思的其他一些著作也贯穿着总体的视角。在《经济学手稿1857—1858年》中,马克思明确地提出:"我们越往前追溯历史,个人,从而也是进行生产的个人,就越表现为不独立,从属于一个较大的整

---

① [匈]卢卡奇:《历史与阶级意识》,杜章智等译,商务印书馆,1992年,第76页。
② [德]柯尔施:《马克思主义和哲学》,王南湜、荣新海译,张峰校,重庆出版社,1989年,第38页。
③ 《马克思恩格斯全集》(第12卷),人民出版社,1962年,第749~750页。
④ 《马克思恩格斯全集》(第4卷),人民出版社,1972年,第144页。
⑤ 《马克思恩格斯〈资本论〉书信集》,人民出版社,1976年,第196页。

体。"①生产的主体,也就是社会主体总是"在或广或窄的由各生产部门组成的总体中活动着……生产的总体"②。马克思还指出:"最一般的抽象总只是产生在最丰富的具体的发展的地方,在那里,一种东西为许多所共有,为一切所共有。这样一来,它就不再只是在特殊形式上才能加以思考了。"③"具体之所以具体,因为它是许多规定的综合,因而是多样性的统一。"④这里,马克思所谈到的超越"特殊形式"对具体的思考,只能被理解为把握总体对部分的规定性,才符合上下文的意思。

尽管马克思在很多地方没有直接用"总体性"这样的术语,但是许多论述实际上是围绕着这一隐蔽的范畴展开的。总体性原则确实是从青年马克思到老年马克思思想发展的一条不变的线索。由于卢卡奇等人强调马克思主义的核心是方法,所以在他们看来,既然马克思主义的方法论的核心是总体性原则,所以总体性原则便是整个马克思主义的核心。卢卡奇有这样一段名言:"正统马克思主义并不意味着无批判地接受马克思研究的结果。它不是对这个或那个论点的'信仰',也不是对某本'圣'书的注解。恰恰相反,马克思主义问题中的正统仅仅是指方法。"⑤他这里所说的"方法",就是总体性方法。在他看来,只要坚持总体性方法,就有资格称为"正统的马克思主义者"。

卢卡奇、柯尔施不仅把总体性视为马克思主义方法论的核心,甚至还把总体性当作整个马克思主义哲学的主要特征。他们论证马克思的理论即使到了后期也不是什么实证科学,而是哲学的主要依据,即马克思的理论在后期还保持着总体性的特征。柯尔施明确地指出:"马克思主义的唯物主义首先是历史的和辩证的唯物主义。换言之,它是这样一种唯物主义,它的理论认识了社会和历史的整体,而它的实践则颠覆了这个整体。"⑥柯尔施所说的作为马克思主义哲学主要内涵所在的总体性主要有两层意思:

第一,把社会和历史作为总体来认识和把握。在柯尔施看来,马克思主义哲学的基本要求是把社会的各个环节看作是一个有机的整体。在历史的纵向上,把过去、现在与未来联成一体,把历史的瞬间都放到历史的长河中

---

① 《马克思恩格斯全集》(第46卷)(上),人民出版社,1979年,第21页。

② 同上,第23页。

③ 《马克思恩格斯全集》(第12卷),人民出版社,1962年,第754~755页。

④ 同上,第751页。

⑤ [匈]卢卡奇:《历史与阶级意识》,杜章智等译,商务印书馆,1992年,第47~48页。

⑥ [德]柯尔施:《马克思主义和哲学》,王南湜、荣新海译,张峰校,重庆出版社,1989年,第38页。

去观察。总体性原则也是注重历史性的原则,这就是强调人的一切活动都是在历史中发生的,从而要真正理解当下的活动,只有把其置入历史的总体之中。而在社会的横断面上,则把社会的各个方面联成一体,把每一个实际接触到的点都放到社会的整个面上去分析。柯尔施具体分析说,"实在"或"社会"是由三个方面构成的:一是"经济",它是唯一真正客观的和非意识形态的实在;二是"法和国家",它们并不全是真实的,因为它们被意识形态所覆盖;三是"纯粹的意识形态",它既不是客观的,总的来说也不是真实的,它是社会生活的一种扭曲反映。他认为,按照马克思主义的总体性观点,这三者之间有着千丝万缕的联系,共同构成一个有机的整体。有的学者如此评价柯尔施的《马克思主义和哲学》一书:这一著作的"基本论断是把社会解释成为一个总体,一个不可分解的整体,在这个整体中,每一种因素是所有其他因素的补充和反映"①。

第二,强调把理论与实践当作一个完整的现实的总体,致力于把人的理论活动与人的实际行为真正统一起来。在柯尔施看来,马克思主义哲学对总体性的追求,归根到底是对理论与实践统一的追求。在马克思那里,理论与实践的总体性是同主体与客体的总体性、思想与现实的总体性相一致的。他指出:"我们将证明:事实上,马克思和恩格斯决没有任何这样的关于意识和现实的关系的二元论的形而上学观……他们从来没有想到过他们会被这样危险地误解。……因为意识和现实的一致,是每一种辩证法,包括马克思的辩证唯物主义的特征。"②马克思主义从意识与现实的一致性必然引出理论与实践的统一性。马克思主义哲学作为一种无产阶级的理论,其本质特征就是与无产阶级的行动不可分。他说:"理论和实践不可分割的相互联系,作为马克思的唯物主义的第一个共产主义类型的最独特的标志,在他的体系的较后期形式中,无论如何也没有被废除。"③马克思主义理论不只是具有理论的,而且有实践的和革命的目的,仅仅因为这一点,"就说它不再是哲学,这是不正确的"④,实际上正是这一点构成了马克思主义哲学的主要特征和内容。

---

① [美]罗伯特·戈尔曼编:《"新马克思主义"传记辞典》,赵培杰、李菱、邓玉庄等译,重庆出版社,1990年,第477~478页。

② [德]柯尔施:《马克思主义和哲学》,王南湜、荣新海译,张峰校,重庆出版社,1989年,第47页。

③ 同上,第25页。

④ 同上,第75页。

2.总体性是无产阶级阶级意识的主要内容

卢卡奇、柯尔施极端重视无产阶级的阶级意识在历史上的决定性作用，而他们所说的无产阶级的阶级意识的主要内容就是把握总体性，亦即"保持对总体性的渴望"。"无产阶级的阶级意识是变成意识的对阶级历史地位的感觉"，阶级意识与对自身历史地位的感觉有内在联系。"阶级意识既不是组成阶级的单个个人所思想、所感觉的东西的总和，也不是它们的平均值"，阶级意识完全不同于工人在日常生活中的心理意识，无产阶级的阶级意识只能是渴望总体性。他们把对无产阶级历史地位的论证，变成对无产阶级的阶级意识的重要性的论证，而把无产阶级的阶级意识的重要性的论证，又变成对无产阶级把握总体性的决定一切的论证。在他们看来，无产阶级阶级意识与资产阶级以及其他阶级的阶级意识的分水岭就是能否把握总体性。而只有无产阶级产生了总体性的阶级意识，并据此为其争取自身生存、发展的权利而改变世界的时候，历史发展才真正从自为走向自觉。无产阶级自我意识的觉醒和对总体的认识，是历史发展中同一过程的不同侧面。那么为什么总体性原则最终只能被无产阶级所掌握呢？卢卡奇是这样回答这一问题的：无产阶级的阶级观点能够看到社会的整体，"只是因为对无产阶级说来彻底认识它的阶级地位是生死攸关的问题；因为只有认识整个社会，才能认识它的阶级地位；因为这种认识是它的行动的必要前提，在历史唯物主义中才同时产生了关于'无产阶级解放的条件'的学说和把现实理解为社会进化的总过程的学说"①。卢卡奇在这里所分析的无疑是正确的，诚如他所说的，掌握辩证法，对历史进行总体的理解和把握，是无产阶级内在的、本质的要求。当无产阶级开始意识到改变世界、解放自己的救世主只能是无产阶级自己的时候，对总体性的渴求就自然而然地发生了。

卢卡奇、柯尔施认为，历史要求无产阶级把握总体性范畴，可实际上，无产阶级往往不具备这种意识。原因何在呢？卢卡奇提出，阻止无产阶级把握总体性的，便是资本主义社会中的"物化"现象。卢卡奇是从马克思的《资本论》中关于商品拜物教的论述中推导出物化理论的。他把"物化"定义为："人自己的活动，人自己的劳动，作为某种客观的东西，某种不依赖于人的东西，某种通过异于人的自律性来控制人的东西，同人相对立。"②从这里看，他的"物化"概念的含义近似于"异化"概念。但就卢卡奇论述物化的

---

① [匈]卢卡奇：《历史与阶级意识》，杜章智等译，商务印书馆，1992年，第70页。

② 同上，第147页。

具体表现而言,他是把物化作为总体性的反面来描述的。他认为物化就是"总体形象的破坏"。他借用黑格尔《精神现象学》中关于在社会异化的初期普遍物被分割为个体原子的论述,认为资本主义大工业生产最严重的后果就是导致工人的"原子化"。在高度合理化的大工业生产中,随着生产的客体被分割为许多部分,生产的主体也被分割为许多部分,工人成为机械系统中的一个零件,成为孤立的抽象的原子。这种影响一直深入到工人的灵魂中去,以致形成一种"物化意识"。无产阶级一旦被这种"物化意识"占据头脑,就再也看不到社会的总体发展趋势,只能被局部的、眼前的利益牵着鼻子走。卢卡奇还把"实证的"自然科学研究方法,看作资本主义社会"物化意识"的主要表现。因为在他看来,自然科学研究方法乃是"崇拜事实"的方法,但是从事实中是得不出总体意识的,只能孤立地、割裂地、专门化地考察事实。这样考察的结果,势必是主体只能"沉思默想"地面对着独立的客体,而无法看到一个主体和客体融为一体的总体。卢卡奇认为,整个资本主义社会正是用这样的"科学方法"来进行统治和控制的,整个社会成为一个合理的、系统化的,并且是按照"永久的、铁一般的""自然规律"进行运转的结构。人只能适应这个结构,而不能超越这个结构,于是就陷入一个支离破碎的系统中不能自拔。卢卡奇在这里不但正确地分析了作为总体意识的对立面的"物化意识"的主要表现,而且还精辟地指出了这种"物化意识"的形成过程及其危害性。

3.总体性要求把当下的任务与长远的奋斗目标联系在一起

卢卡奇、柯尔施谈及了总体性方法运用的诸多方面,但是最受重视的是总体中的历史维度。他们强调,总体性原则的核心内容是历史性。所谓的历史性,就是指人的一切活动都是在一定的历史中发生的,从而要真正理解当下的人的活动,只有把其置入历史的总体之中。总体性原则体现在当下,就是要将每一个当下理解为历史的总体。当下既是历史链条中的一环并包含着从前所有的经历,又是自立于从前而对未来的展望。总体性原则是理解当下与历史之间辩证关系的钥匙。卢卡奇指出:"无论是研究一个时代或是研究一个专门学科,都无法避免对历史过程的统一理解问题。辩证的总体观之所以极其重要,就表现在这里。"[①]"辩证方法不管讨论什么主题,始终是围绕着同一个问题转,即认识历史过程的总体。"[②]在他那里,历史与当下

---

① [匈]卢卡奇:《历史与阶级意识》,杜章智等译,商务印书馆,1992年,第60~61页。

② 同上,第85页。

的统一过程,是无产阶级掌握历史总体性原则的过程,也是异化和克服异化的过程。他认为,只有无产阶级登上历史舞台之后,历史才会真正具有现实性,换句话说,无产阶级作为先进的阶级,其根本任务就是从历史的角度理解和指引现实社会的发展。无产阶级的阶级意识最重要的标志不是从眼前而是从长远出发。对于如何理解人的当下的活动,马克思曾说过这么一段精辟的话:"人使自身作为现实的类存在物即作为人的存在物实际表现出来,只有通过……人类的全部活动、只有作为历史的结果才有可能。"①可见,卢卡奇、柯尔施要求把眼前的一切放到历史的总体去理解,是继承了马克思的立场。

卢卡奇这样赞颂马克思主义:"马克思主义正统决不是守护传统的卫士,它是指明当前任务与历史过程的总体的关系的永远警觉的预言家。"②把眼前的工作与长远的目标联系在一起,对当前中国人来说特别重要。我国目前正处于社会主义初级阶段,我们当下只能做与社会主义初级阶段相符的事情。问题在于,我们在做眼前这一切的时候,千万不能把它们与马克思所指引的无产阶级和整个人类的最终奋斗目标相分离。我们一定要把革命的现实主义与革命的理想主义结合在一起。正如卢卡奇所指出的,无产阶级的最终目标不是在某处等待着的无产阶级的天堂,也不是在日常斗争的紧张中能愉快地被忘怀,只有在与日常操劳呈鲜明对照的星期日布道时才能被记起的图景,无产阶级的最终目标总是与历史的总体联系在一起,它总是渗透于整个社会过程之中。"这种最终目标不是与过程相对立的抽象的理想,而是真实性和现实性的一个环节。"③革命者倘若明白了这一点,就应该善于通过把当下平凡的工作视为历史的总体的一个环节,善于说明当下平凡的工作与长远目标之间的密切联系,来使之获得意义。从表面看,目前我们所做的事情可能与西方资本主义国家中的人们所做的没有多少差别,但由于我们有一种明确的趋向性,即趋向最终目标的倾向,从而我们所做的有深远的意义。我们的优势就在于有这种趋向性,而这种趋向性显然正如卢卡奇、柯尔施所说的,是作为无产阶级的阶级意识的核心内容的"总体意识"所赋予我们的。

---

① 《马克思恩格斯全集》(第42卷),人民出版社,1979年,第163页。

② [匈]卢卡奇:《历史与阶级意识》,杜章智等译,商务印书馆,1992年,第75页。

③ 同上,第74页。

4.总体性要求把社会的各个环节看作一个有机的整体

在历史的纵向上,卢卡奇、柯尔施要求把过去、现在与未来联成一体,把每一个历史的瞬间都放到历史的长河中去观察;而在社会的横断面上,他们则要求把社会的各个方面联成一体,把每一个实际接触到的点都放到社会的整个面上去分析。卢卡奇强调,总体总是相对于部分而言的总体。部分不能够仅仅当作孤立的原子来理解,任何的部分都始终身处于与自身密切相关的系统之中。只有把社会生活中发生的事件放到社会的总体中去把握,将孤立的事件理解为社会的特定环节时,客观的事实才会自然而然地向我们呈现。他说道:"只有在这种把社会生活中的孤立事实作为历史发展的环节并把它们归结为一个总体的情况下,对事实的认识才能成为对现实的认识。"①总体性原则就是要对人类的社会生活进行整体全面的理解,不能以单纯的自然因素来解释社会。"因此,具体的总体是真正的现实的范畴。"②"具体的总体"的概念的提出,体现了马克思主义哲学对黑格尔辩证法的改造。马克思将黑格尔的辩证法创造性地应用到现实社会的分析中,将黑格尔抽象的总体从天上返回到现实的人间,改造为具体的总体。在马克思那里,总体性不仅表述为对资本主义的历史发展过程的认识,也表现为对资本主义社会中生产关系有机整体的认识。柯尔施则具体地分析说,"实在"或"社会"是由三个方面构成的:一是"经济",它是唯一真正客观的和非意识形态的实在;二是"法和国家",它们并不全是真实的,因为它们被意识形态所覆盖;三是"纯粹的意识形态",它既不是客观的,总的来说也不是真实的,它是社会生活的一种扭曲的反映。他强调,按照总体性理论,这三者之间有着千丝万缕的联系,共同构成一个有机的整体。而他的企图就是要说明这一有机整体之间的内在联系。卢卡奇、柯尔施基于要把社会视为一个总体这样一种认识,进而提出了他们著名的"总体革命论"。

在他们看来,马克思对资本主义社会的批判"从来都是对资本主义社会整体的批判",而对资本主义社会性的改造"从来都是总体的全面的改造"。他们认为,既然社会历史的发展是一个复杂的系统,社会的各个环节构成了一个有机的整体,既然资本主义社会对无产阶级的统治是多方面的,实行的是"总体专政",那么无产阶级反对资本主义社会的斗争也应当是多方面的,无产阶级革命应当是"总体革命",即无产阶级不但要搞经济革命、政治革

---

① [匈]卢卡奇:《历史与阶级意识》,杜章智等译,商务印书馆,1992年,第56页。
② 同上,第58页。

命,而且还要搞思想革命、文化革命,更重要的是,就是在进行经济斗争时,也应把经济斗争与整个斗争联系起来,经济斗争只有在革命的总体前景中才能获得意义。我们现在已经推翻了反动阶级的统治,进入了社会主义建设时期,目前的主要任务是发展。卢卡奇、柯尔施用总体性原则分析社会,要求对社会现实进行总体性的改造,对我们确定发展什么以及如何发展会有有益的启示。习近平大力推崇新发展观,所谓新发展观实际上就是总体的发展观,它除了要求我们在发展中注意可持续性,即要在推进今天的发展的时候顾及今后的发展之外,就是要求我们注重发展的全面性和协调性。实际上,这种新发展观是建立在总体性原则之上的,我们要通过研究分析卢卡奇、柯尔施他们的总体性理论,特别是通过研究他们如何运用这一理论分析社会现实的,来加深理解和自觉遵守新发展观。

5.总体性要求把人本身视为一个总体

卢卡奇、柯尔施强调,必须把总体性方法贯穿到对人本身的认识中去,从而提出了"总体的人"的概念,认为构成人的本真性的因素是全面的、综合性的,千万不能用某一特定的因素,如对物质享受的追求,来覆盖人的全面性,从而使人变成单向度的、片面的人。总体性原则不体现在外在于主体的客观事实之中,总体性恰恰是对现实进行理解和把握的具体的人的根本特征。卢卡奇明确提出,人性趋向于总体的存在。他说:"人的存在的总体就是人性",这是把人性与总体联系在一起。在他看来,马克思有众多对人的本质的论述,其要旨就是突出人性的总体特征。马克思把人的本质归结为自由自觉的活动,即作为目的本身的消遣性劳动。马克思把这种实现人的劳动这一本质所要求的人的能力的全面发展,直接表述为"全面发展自己的能力""发挥他的全部才能和力量""人的全部力量的全面发展"等。马克思强调,人的本质是人的自然属性、社会属性和精神属性的统一。既然人的本质是这三种属性的统一,从而要实现人的本质,则务必应使这三种属性得以全面发展。这就是说,不但要使作为人的自然属性的两大组成部分——体力和智力都得到自由而充分的发展,更要使另外两种属性也相互协调地展示和强化。后两种属性的全面发展是与人的个性的全面发展紧密联系在一起的,它们构成了人的全面发展的综合表现和最高指标。马克思还把人的本质与人的需求联系在一起。无疑,人的需要是全面的、综合的和多层次的,所以为了实现人的本质,不仅要在广度上而且应在深度上满足人的需要,即应全面地、综合性地、多层次地满足人的需要。柯尔施则指出,不管你从什么样的角度去规定人的本质,所看到的人都是具有无限丰富性的总体的人。从而不管你从什么样的角度去探讨人的发展,所得出的结论只能是:人的发展的第一个要求就是它的全面性,即使人的各个方面、各个层次兼容并包地、铢两悉称地、相互协调地得以发展。

在西方马克思主义理论家中,对"总体的人"作出明确解释的是作为卢卡奇、柯尔施的继承者列斐伏尔。列斐伏尔指出,"总体的人是对无限而言的一个极限","总体的人就是整个自然界","总体的人是生命和主体—客体"。这是说,人正是凭其对总体的渴求才能实现与自然融为一体。在他看来,只有真正实现了总体性,才能克服异化。他明确提出:"总体的人是消除了异化的人。"①由此出发,他把实现人自身的总体性视为至关重要,请看他的命题:"对于希望真正解决问题的人来说,唯一的出路就是努力把握自身的总体性。"②他基于马克思在《1844年经济学哲学手稿》中关于"全面的人"的论述,来阐述他的"总体的人"的概念。马克思说过:"人以一种全面的方式,也就是说,作为一个完整的人,占有自己的全面的本质。"③在列斐伏尔看来,马克思所说的"全面的人"也就是他所说的"总体的人"。

另一位西方马克思主义理论家弗洛姆则愤怒地抨击了一些人不但把人歪曲成只是追求物质享受的人,而且把这种观点强加于马克思主义。他说:"在形形色色的说教中间,也许没有什么观念比马克思的'唯物主义'观念传播得更为广泛了。在有些人看来,仿佛马克思认为人的最重要的心理动机是希望获得金钱和享受,这种为获得最大利润而作出的努力,构成个人生活和人类生活中的主要动力。作为对这种观念的补充的是下述这个同样广泛流传的看法:马克思没有看到人的重要作用,马克思对人的精神需要既不重视,也不了解;马克思的'理想人物'是那种吃得好,穿得好然而'没有灵魂的人'。"④"为了正确理解马克思的哲学,应当扫除的第一个障碍就是对唯物主义和唯物史观概念的曲解。有些人认为,唯物史观应该是这样一种哲学,这种哲学主张人的物质利益,人对不断增加自己的物质福利和使生活日益舒适的愿望是他的主要动力。"⑤

卢卡奇、柯尔施在把人理解成"总体的人"的基础上,一方面展开了他们

---

① [法]列斐伏尔:《辩证唯物主义》,载复旦大学哲学系现代西方哲学研究室编译:《西方学者论〈一八四四年经济学—哲学手稿〉》,复旦大学出版社,1983年,第197页。

② 转引自 R.卡拉尼:《列斐伏尔与马克思思想》,南斯拉夫《世界社会主义》,1982年第32期。

③ 《马克思恩格斯全集》(第42卷),人民出版社,1979年,第123页。

④ [美]弗洛姆:《马克思关于人的概念》,载复旦大学哲学系现代西方哲学研究室编译:《西方学者论〈一八四四年经济学—哲学手稿〉》,复旦大学出版社,1983年,第21页。

⑤ 同上,第25~26页。

对当代资本主义社会把人扭曲成片面的人的批判,另一方面又展开了对人必须全面发展的论证。西方的一些左派有识之士充分认识到了他们用总体的原则理解人,把人视为"总体的人"对西方资本主义社会的现实意义,即用它来评判现代资本主义,提醒人们对所处境遇的认识;用它作为社会发展目标来赢得人民的支持。实际上,他们的观点对正在进行社会主义现代化建设的中国人民同样具有现实意义:有助于纠正种种导致人日益走向片面化的不良行径,提高人们全面发展自身的自觉性。中国共产党已经把实现人的全面发展鲜明地写在自己的旗帜上,这是创造性地运用总体性原则的生动体现。社会主义的优越性不是主要体现在更高的国民生产总值增长率上的,而是体现在对人的全面发展的促进上。社会主义现代化建设的这种性质与特点,决定了进行社会主义现代化建设离不开人的总体性理论、人的全面发展理论的指导。

6.总体性方法在当今中国的运用

中国道路的设计者深刻地认识到,中国是在与包括资本主义国家在内的整个世界的联系中建立社会主义的,与此同时,中国又只能在全球化的时空条件下建设社会主义。总体性思维也就是全球性思维。以全球性思维审视中国特色社会主义的历史方位和时代特征,决定了中国必须与资本主义建立共存的关系,必须坚持对外开放。全球化既是各主权国家相互依存和相互影响加深的产物,又是需要各国通力合作、共同推进的长远进程。在全球化进程中,各国的多样性不是一种孤立的存在,而是共存于世界体系之中,以各种方式进行合作。全球化的不断推进使整个地球成为人类共有的家园,在全球化面前,资本主义和社会主义绝对对立的观念——无论是在经济发展战略方面对立的观念,还是涉及政治、文化和社会建设领域的对立的观念——都将被摒弃。世界上任何国家和民族都不可能游离于这一全球化浪潮之外,都必须在全球化大潮中经受考验,进而决定自己的历史走向。在共同应对全球化形势下所面临的各种挑战和难题时,世界上任何国家都不能独善其身。当然,社会主义国家也不例外。历史转变为世界历史,就意味着社会主义本身也成了世界历史的产物,社会主义也只有在与包括资本主义国家在内的世界的联系中才能求得自身的生存。社会主义非但不能破坏生产力和世界交往的普遍发展,而且应该更加自觉地驾驭和发展这种全球的全面生产、全面依存的关系。①坚持同舟共济、深化互利合作、推动共同发展,是实现世界全面复苏和健康成长的必由之路。中国道路的设计者科学地把握了经济全球化时代中国的发展与世界特别是同资本主义国家的关系,从世界的整体联系出发,提出了对外开放的基本战略。所谓对外开放就是积极顺应和自觉融入世界历史进程,在应对经济全球化的挑战中获取自身的利益。显然,这一战略的要旨是与资本主义国家建立起互动、互利的关系。而其理论立足点就是整体性思维,即全球性思维。

中国在坚持对外开放的过程中,进一步提出了建立人类命运共同体的主张。而人类命运共同体的提出,更是直接贯穿整体性原则的结果。只要用整体性原则来观察一下当今的世界就不难发现,经济全球化正在产生高度国际化的生产力。各个国家的生产力体系都得借助于全球资源配置,利用全球市场才能运行和发展。另外,生产力的全球化趋势使得气候变化、环境治理、反恐安全等均具有了全球性质,都必须通过全球合作才能完成。生产力的全球化潮流呼吁人类建立新的国际关系,习近平提出的"人类命运共同体"可谓应运而生。习近平指出:"这个世界,各国相互联系、相互依存的程度空前加深,人类生活在同一个地球村里,生活在历史和现实交汇的同一个时空里,越来越成为你中有我、我中有你的命运共同体。"②也就是说,随着世界多极化、经济全球化、社会信息化、文化多样化深入发展,全球治理体系和国际秩序变革加速推进,各国相互联系和依存逐渐加深,国际社会日益成为一个相互依存、利益交织的命运共同体。全球化的生产和交往把人类居住的星球变成了"地球村",各国利益的高度交融使不同国家成为一个共同利益链条上的一环。当今世界所出现的这一新的态势,只有借助于马克思主义的总体性原则才能得以深刻认识、把握和驾驭。

(六)必须正确地理解和运用马克思主义的阶级分析方法

阶级分析方法已为当今许多人所敬而远之,这一词甚至已近乎处于"失语"的状态。实际上,阶级分析方法是马克思主义的基本方法,只要在人类社会中阶级还没有完全被消灭,马克思主义的阶级分析方法就还行之有效。

---

① 参见罗会德:《全球化视野下中国特色社会主义发展的历史方位和时代特征》,《当代世界与社会主义》,2013年第1期。

② 《习近平谈治国理政》,外文出版社,2014年,第272页。

我们不能对之持回避态度,而应正确地加以理解和使用。

1.阶级分析方法源自马克思主义阶级斗争理论

阶级分析方法源自马克思主义阶级斗争理论,所以要了解阶级分析方法的由来与根据,就得先重温一下马克思主义的阶级斗争理论。

《共产党宣言》第一章第一句话指出,至今一切社会的历史都是阶级斗争的历史。自人类社会分裂为阶级之后,经历了三个剥削阶级相继统治的社会形态,即奴隶社会、封建社会和资本主义社会。在这三个社会形态中,各自存在着两个相互对抗的基本阶级,即作为剥削者与统治者的奴隶主和作为被剥削者与被统治者的奴隶、作为剥削者与统治者的地主和作为被剥削者与被统治者的农民、作为剥削者和统治者的资本家和作为被剥削者与被统治者的工人。一部人类社会的阶级斗争史,具体地就是"社会发展各个阶段上被剥削阶级和剥削阶级之间、被统治阶级和统治阶级之间斗争的历史"[①]。

马克思和恩格斯在这里阐述了阶级社会发展的一般规律,指出被压迫阶级反抗压迫阶级的阶级斗争构成了阶级社会发展的直接动力。"压迫者和被压迫者,始终处于相互对立的地位,进行不断的、有时隐蔽有时公开的斗争,而每一次斗争的结局都是整个社会受到革命改造或者斗争的各阶级同归于尽。"[②]马克思和恩格斯揭示了阶级斗争存在的客观必然性,这种必然性就来自在阶级社会里生产力和生产关系、经济基础和上层建筑的矛盾。阶级斗争根源由于不同阶级对生产资料的占有关系以及在生产体系中所占的地位的不同,所引起的经济利益的不可调和。在历史上,一切剥削阶级总是利用他们占有的生产资料和生产关系中的统治地位,使其剥削的欲望得到最大限度的满足,又必然要对被剥削阶级实行政治压迫和思想控制。被剥削阶级为了维持自己的生存,摆脱受剥削受奴役的地位,就不得不进行斗争,不得不反抗剥削阶级在经济上、政治上、思想上的剥削和压迫。他们要求获得自身的生存和解放,唯有进行斗争,别无选择。我们在上面指出马克思和恩格斯解开了社会现象之谜:生产关系一定要适合生产力状况,上层建筑一定要适合经济基础状况。按照马克思和恩格斯的解释,在一定的场合,这种适合是依靠阶级斗争来实现的。

正因为阶级斗争理论在《共产党宣言》,乃至在整个马克思主义理论体

---

① 《马克思恩格斯文集》(第二卷),人民出版社,2009年,第9页。
② 同上,第31页。

系中占有如此重要的地位,马克思主义和阶级斗争理论有着不可分割的内在联系,所以当在无产阶级运动内部有人出来否定这个理论时,马克思和恩格斯马上会毫不留情地提出批评。1879年,马克思和恩格斯就针对当时无产阶级运动内企图取消阶级斗争的倾向郑重声明:"将近40年来,我们一贯强调阶级斗争,认为它是历史的直接动力,特别是一贯强调资产阶级和无产阶级之间的阶级斗争,认为它是现代社会变革的巨大杠杆;所以我们决不能和那些想把这个阶级斗争从运动中勾销的人们一道走。"①他们在《共产党宣言》1872年德文版序言中曾指出:"这个纲领现在有些地方已经过时了",与此同时他们又指出:"不管最近25年来的情况发生了多大的变化,这个《宣言》中所阐述的一般原理整个说来直到现在还是完全正确的"。②显然,在他们看来,阶级斗争理论不在他们认为随着时间的推移"已经过时"的那些内容的范围之内,而属于他们认为不管情况发生多大变化仍"完全正确"的范围。正因为如此,他们坚定地告诫无产阶级和广大劳动人民:"只要取消了阶级斗争,那么无论是资产阶级或是'一切独立的人物'就'都不怕和无产者携手并进了'!但是上当的是谁呢?只能是无产者。"③

论述《共产党宣言》的阶级斗争理论,不能不提及马克思在1852年致约·魏德迈的信中的那段著名的话。马克思在信中说道:"无论是发现现代社会中有阶级存在或发现各阶级间的斗争,都不是我的功劳。在我以前很久,资产阶级历史编纂学家就已经叙述过阶级斗争的历史发展,资产阶级的经济学家也已经对各个阶级作过经济上的分析。我所加上的新内容就是证明了下列几点:(1)阶级的存在仅仅同生产发展的一定历史阶段相联系;(2)阶级斗争必然导致无产阶级专政;(3)这个专政不过是达到消灭一切阶级和进入无阶级社会的过渡……"④我们可以按照马克思在这里所提供的思路,来理解《共产党宣言》的阶级斗争学说的理论创造:

首先,应当说,马克思和恩格斯写作《共产党宣言》时,人们对人类的史前史还不甚了解。一直到摩尔根的《古代社会》一书的出版,人们才开始真正研究人类史前史。恩格斯于1884年,推出《家庭、私有制和国家的起源》一书,标志着人们对史前史已有了清晰的了解。1888年,恩格斯在《共产党宣言》的英文版上,对"至今一切社会的历史都是阶级斗争的历史"的论断特意加了一个注,说明这里所说的"至今一切社会的历史"应当明确为"这是指

---

① 《马克思恩格斯文集》(第三卷),人民出版社,2009年,第484页。
② 《马克思恩格斯文集》(第二卷),人民出版社,2009年,第6、5页。
③ 《马克思恩格斯文集》(第三卷),人民出版社,2009年,第480页。
④ 《马克思恩格斯选集》(第四卷),人民出版社,1995年,第547页。

有文字记载的全部历史",或者说是指"原始公社的解体"以来的全部历史。①恩格斯所加的这个注使《共产党宣言》的这一重要论断更为科学、准确。实际上,综观《共产党宣言》的全部论述,马克思和恩格斯正是强调了阶级不是从来就有的,而是同社会分工的发展,以及与之相应的生产资料私有制的出现密切不可分。确实,马克思和恩格斯在这里开创性地把阶级的存在与生产发展的一定历史阶段联系在一起。

其次,马克思和恩格斯在《共产党宣言》中除了阐述阶级社会发展的一般规律外,着重论述了资本主义社会中无产阶级与资产阶级之间的斗争的特点。他们不但提出在无产阶级反抗资产阶级统治的斗争中,"一切阶级斗争都是政治斗争",而且还特别指出,无产阶级必须"用暴力推翻资产阶级而建立自己的统治",无产阶级要从非人的生活条件下真正获得解放,"第一步就是使无产阶级上升为统治阶级",即夺取政权,建立自己的政治统治,建立无产阶级专政。在此基础上,利用自己的政治统治,"一步一步地夺取资产阶级的全部资本,把一切生产工具集中在国家即组织成为统治阶级的无产阶级手里,并且尽可能快地增加生产力的总量"。②马克思和恩格斯在这里鲜明地表述了"无产阶级专政"这一"最卓越"的思想。

最后,马克思和恩格斯在《共产党宣言》中,用历史唯物主义的观点分析了无产阶级政权和国家的历史作用。在他们看来,当无产阶级政权完成了自己的历史使命之时,"公共权力就失去政治性质"。也就是说,一旦消灭了阶级对立的存在条件,消灭了阶级本身存在的条件,无产阶级的政治统治也就消失了。马克思和恩格斯在这里深刻地阐明了国家政权、无产阶级专政是一个历史的范畴,它总有一天要退出历史舞台。

2.在社会主义初级阶段,阶级斗争在一定范围内还依然存在

事实清楚地表明,带领中国人民开辟中国道路的中国共产党领导人并没有"和那些想把这个阶级斗争从运动中勾销的人们一道走",他们深深地知道,如果"取消了阶级斗争",最后"上当的""只能是无产者"。这里,让我们回忆一下邓小平关于在新的历史时期阶级斗争仍然存在的一系列讲话。1979年3月30日,邓小平在党的理论工作务虚会上明确地指出:"社会主义社会中的阶级斗争是一个客观存在,不应该缩小,也不应该夸大。实践证

---

① 《马克思恩格斯文集》(第二卷),人民出版社,2009年,第31页。
② 同上,第52页。

明,无论缩小或者夸大,两者都要犯严重的错误。"①1980年1月16日,邓小平在中共中央召开的干部会议上又告诫领导干部说:"有人说,剥削阶级作为阶级消灭了,怎么还会有阶级斗争?现在我们看到,这两方面都是客观事实。目前我们同各种反革命分子、严重破坏分子、严重犯罪分子、严重犯罪集团的斗争,虽然不都是阶级斗争,但是包含阶级斗争。"②同年12月25日,邓小平在中共中央工作会议上,在列举了当时存在的种种严重违法乱纪行为后指出:"按性质来说,一种是敌我矛盾,一种是阶级斗争在人民内部的不同程度上的反映。这说明,阶级斗争虽然已经不是我们社会中的主要矛盾,但是它确实仍然存在,不可小看。"③从邓小平的这些讲话中丝毫看不出有否认阶级斗争存在的迹象。其他中国共产党领导人在这一问题上与邓小平的观点也是一致的。例如,江泽民曾这样说道,在建设中国特色社会主义的过程中,我们不能丢弃马克思主义的阶级和阶级分析的观点和方法,这种观点和方法始终是我们观察社会主义同各种敌对势力斗争的复杂政治现象的一把钥匙。他们之所以如此强调中国道路离不开马克思主义的指引,之所以把坚持四项基本原则作为中国共产党必须贯彻的"两个基本点"之一,在某种意义上就是为了强调中国共产党在新的历史时期仍然要继承马克思主义的阶级斗争理论。他们对马克思主义阶级斗争理论的继承不仅见之于他们的理论,更反映在他们所制定的一系列建设中国特色社会主义的战略和方针上,以及与此相应的他们的实际行动上。这四十多年,从反对精神污染、反对资产阶级自由化、反对国外境外敌对势力的渗透、平息动乱,到清除腐败"打老虎拍苍蝇",哪一场不是他们率领中国人民开展的惊心动魄的阶级斗争?中国人民同敌视和破坏我国社会主义制度的国内外敌对势力和敌对分子的斗争,不正是一场场阶级斗争吗?

既然按照马克思主义的阶级斗争理论,阶级斗争根源于不同阶级对生产资料的占有关系,以及在生产体系中所占的地位的不同,那么就不仅要通过分析特定时期的所有制的占有状况、生产关系与生产力的适应情况来认识这一时期的阶级斗争的客观必然性,而且应借助于观察特定时期的所有制的占有状况、生产关系与生产力的适应情况来把握这一时期的阶级斗争的特殊性。既然马克思强调阶级的存在仅仅同生产发展的一定历史阶段相联系,那就说明阶级斗争的存在具有历史性,在不同的历史时期由于生产的

---

① 《邓小平文选》(第二卷),人民出版社,1994年,第182页。
② 同上,第253页。
③ 同上,第370页。

发展处于不同的阶段,阶级斗争的存在形式也应各不相同。以邓小平同志为主要代表的中国共产党人的可贵之处正在于,他们不但根据特定时期的所有制占有状况、生产关系与生产力的适应情况作出了阶级斗争仍然存在的正确判断,而且依据特定时期的所有制的占有状况、生产关系与生产力的适应情况合理地分析了这一时期的阶级斗争的具体的特殊形式。他们坚持联系生产力、生产关系发展的特定阶段来观察阶级斗争,即坚持对阶级斗争作历史的分析,这样他们就不仅认识到了阶级斗争仍然存在这一"普遍性",而且还揭示了新的历史时期阶级斗争表现的"特殊性"。

具体地说,中国共产党在新的历史时期强调"阶级斗争还依然存在"的前提下,根据新的历史时期的新的历史条件又进一步提出阶级斗争已不是主要矛盾,不能以阶级斗争为纲,而应当以经济建设为中心。这里充分表现了"普遍性"与"特殊性"的统一。"普遍性"就是在新的历史时期,阶级斗争不会"熄灭",它仍然存在着,它仍然是社会发展的推动力;"特殊性"就是在新的历史时期,阶级斗争不再成为主要矛盾,不能成为"纲",不再构成社会发展的主要推动力。

我们上面所引的邓小平的三段话,正是这种"普遍性"与"特殊性"相统一的辩证态度的生动体现。从邓小平的这一系列的讲话中我们可以充分地领悟到,以邓小平同志为主要代表的中国共产党人在如何看待阶级斗争的问题上,确实没有"只靠引证前人的书本"来解决问题,而是在继承马克思主义阶级斗争理论的基础上,又创造性运用和发展了这一理论,即在确认"阶级斗争还将在一定范围内长期存在,在某种条件下还有可能激化"的同时,强调"阶级斗争已经不是主要矛盾",必须把工作的重心转移到经济建设上来。中国人民正是在继承、修正和发展马克思主义的阶级斗争理论的过程中开辟了自己独特的发展道路。

3.既然还存在着阶级斗争,阶级分析的方法就不能丢

中国道路的开创者既然认定当今中国阶级斗争还未消失,那么也就必然认可当今中国还存在着阶级差别、阶级矛盾,甚至阶级对立。在当今中国,不同的人对生产资料的占有不尽相同,与此相应,不同的人在生产体系中所处的地位也各不相同,这样,这些"不同的人"之间形成差异、矛盾与对立也是十分自然的。这些"不同的人"具有共同利益,但又具有各自的特殊利益,他们的各自特殊利益相互关联但又常常冲突。尽管这种人与人之间的"不同"不会如在资本主义条件下那样"会形成一个公开的完整的阶级",即"产生一个资产阶级或其他剥削阶级",但是这种"不同"会带来人与人之

间的差异、矛盾与对立。而这些差异、矛盾与对立,有些是属于阶级内部的,即发生在同一个阶级内部;还有些差异、矛盾与对立则属于阶级之间的,即发生在阶级与阶级之间。发端于阶级之间的差异、矛盾与对立所带来的冲突当然带有阶级斗争的性质。邓小平清楚地指出:"我们反对把阶级斗争扩大化,不认为党内有一个资产阶级,也不认为在社会主义制度下,在确已消灭了剥削阶级和剥削条件之后还会产生一个资产阶级或其他剥削阶级。"①但阶级斗争仍然存在,这种阶级斗争"不同于过去历史上的阶级对阶级的斗争(他们不可能形成一个公开的完整的阶级),但仍然是一种特殊形式的阶级斗争,或者说是历史上的阶级斗争在社会主义条件下的特殊形式的遗留"。②显然,承认阶级斗争仍然存在与承认阶级差异、阶级矛盾甚至阶级对立仍然存在是完全一致的。

当今我国存在的阶级差别最集中地体现为劳动与资本之间的差别,或者可以说,我国当前之所以还存在阶级差别主要根源于我国当前还存在着劳动与资本之间的差别。按照马克思的理论,在社会主义条件下,劳动不再是雇佣劳动,劳动力也不再是商品,从而生产资料和货币也不能成为资本,这样,传统意义上的劳动与资本的关系也就失去了存在的前提和基础。也就是说,在社会主义社会中,不可能出现类似资本主义社会中的那种劳动与资本的关系。但现实情况是,我们处于社会主义初级阶段,我们实施与这一历史阶段相适应的社会主义市场经济。而只要我们实施社会主义市场经济的体制,就必然要发挥市场在劳动力资源配置、工资形成和劳动力的流动中决定性作用,这就意味着一方面劳动力又成了商品,另一方面生产资料与货币又成了资本。劳动力市场的形成以及雇佣制度化、契约化,这岂不是使传统意义上的劳动与资本之间的雇佣关系又得以成立!我们必须清醒地认识到,中国现阶段的那种劳动与资本的关系,即在社会主义市场经济体制下的那种劳动与资本的关系,与马克思当年所研究的劳动与资本的关系有着本质性区别:马克思所研究的劳动与资本的关系是建立在生产资料私有制基础上的,它体现的是无产阶级与资产阶级剥削与被剥削的对抗性的阶级关系;而我们今天面临的劳动与资本的关系,更多地体现为一种劳动与资本双方利益的诉求,是在社会主义劳动所有权与资本所有权实现过程中所发生的对立与统一的关系。但不管怎么说,我国当今还存在着资本与劳动的关系,这是不争的事实。既然在当前中国还存在着劳动与资本的关系,那么马

---

① 《邓小平文选》(第二卷),人民出版社,1994年,第168页。

② 同上,第169页。

克思当年从劳动与资本的关系角度来探索阶级对立的基本思路,对我们就有借鉴作用和启示意义;既然当今中国经济运行过程中存在着资本与劳动之间的对立,那么生产资料的占有者与劳动力的出卖者在分享劳动成果时,出现相互排斥与对抗也是顺理成章的。

虽然目前在国内的报纸杂志上很少见到对我国客观存在的阶级差异、阶级矛盾甚至阶级对立的公开分析,但是还可以不时地发现所谓"阶层的分析"。最有影响的是把我国所有的民众分为若干个层次,对各个层次之间的界限作了严格的划分。承认我国现阶段存在着各个阶层之间的区别,在一定意义上也等于承认我国现阶段存在着阶级之间的区别。实际上,阶层分析是马克思主义阶级分析的一个组成部分,这种阶层分析实际上就是阶级分析,阶级分析内在地包含着阶层分析。

4.进行阶级分析的主要内容[①]

阶级分析方法的基本内容,可概括为以下若干相互联系的方面:

第一,分析社会各阶级的经济地位和政治态度。阶级分析当然主要是分析各个阶级的状况,而分析任何社会任何阶级的状况,首先是分析其经济地位,并在此基础上分析其政治态度和思想状况。经济地位是基础,政治地位是从经济地位派生的。社会各阶级对于革命和改革的态度和立场如何,全依他们在社会经济中所占的地位来决定的。与此同时,除了在总体上对各阶级的经济地位和政治态度作出科学的分析之外,对各阶级内部不同部分的政治经济地位和政治态度也要作出具体的分析。

第二,分析阶级结构。社会中各阶级的力量对比及其相互关系构成阶级结构。阶级结构既包括社会各阶级构成的总体状况,也包括各阶级内部因不同特殊利益而形成的各阶层的结构状况。它们形成阶级结构的立体网络。分析阶级结构,必须从这两方面入手,注意宏观分析和微观分析相结合。阶级结构从根本上看,是由一定社会物质资料的生产方式决定的,并随生产关系的改变而变化。在同一种社会形态或一个国家的内部,阶级结构也因社会经济、政治、文化等诸种因素的影响而发生变化。

第三,分析阶级关系的变化。在不同的历史条件下,由于政治形势的变化,社会各阶级之间力量对比的变化,必然引起各阶级政治态度的变化,引

---

① 本节的论述参考了高建德主编:《马克思主义哲学方法论》,中国政法大学出版社,1992年,第193~196页,以及倪志安等:《马克思主义哲学方法论研究》,人民出版社,2007年,第363页。

起各阶级之间关系的调整。阶级关系是社会各阶级之间在经济、政治、思想文化等方面的相互关系,其中经济关系是占主导的关系。阶级关系不是凝固不变的,而是随着历史的发展和客观条件的变化有原则地不断变化。阶级分析就要关注和分析这种变化。

第四,分析阶级对比关系和特点。运用阶级分析方法分析阶级对比关系和特点,科学地估量阶级斗争的形势,是无产阶级政党制定政策和策略的依据。列宁说:"马克思主义要求我们对每个历史关头的阶级对比关系和具体特点作出经得起客观检验的最确切的分析。我们布尔什维克总是努力按照这个要求去做,因为要对政策作科学的论证,这个要求是绝对必需的。"①历史经验证明,什么时候对阶级斗争形势、阶级对比关系和特点作出正确的估量,我们的政策和策略就是正确的。反之,什么时候对阶级斗争形势、阶级对比关系和特点作出错误的估量,我们的政策就必然是错误的。

第五,分析阶级斗争与国家政权的关系。在阶级社会中,政治的基础和实质是阶级关系,政治中最根本的和最核心的问题是国家政权的问题,在对社会现象进行阶级分析中,必须深刻分析社会各阶级之间的阶级斗争状况及其发展趋势,分析社会各阶级与国家政权的关系,才能把握现实社会中的阶级斗争与国家政权的关系,弄清现实社会政治斗争的基础和实质。

第六,分析一切社会现象。要运用阶级分析方法对社会一切现象进行阶级分析,探索它们的社会根源、阶级本质及其发展规律。不同的阶级由于经济地位不同,必然会有不同的物质利益要求,这种不同的要求,又必然反映到社会政治观点和精神生活中。这就使社会生活的许多领域都渗透着阶级和阶级斗争的现象,往往一些远离阶级斗争的社会现象,也具有一定的阶级性。在这种情况下,我们有必要运用阶级分析方法,去观察错综复杂的社会现象。

5.必须正确地运用阶级分析方法

运用阶级分析方法要正确地掌握划分阶级,即划分人民与敌人的客观标准。要防止运用阶级分析方法的简单化和泛化,把握阶级分析方法的适用范围。应当吸取人为地"制造"阶级斗争,把明明属于人民范畴的人也当作"敌人"来对待的深刻教训。

中国共产党对马克思主义的阶级斗争理论的一个重要创新与发展就是正确、科学地运用马克思主义的阶级分析方法,根据新的历史时期中国的国

---

① 《列宁选集》(第三卷),人民出版社,2012年,第24页。

情,不断地确定和调整作为专政的主体的"人民",以及作为专政的对象的"敌人"的范围,最大限度地扩大"人民"的范围,又最大限度地缩小"敌人"的范围,让尽可能多的人享受社会主义民主,与此同时,又尽可能地把最小部分的人列入"人民"的对立面。

毛泽东说,谁是我们的朋友,谁是我们的敌人,这是革命的首要问题。这当然也是建设中国特色社会主义、实现中华民族伟大复兴的首要问题。中国道路的开创者没有根据"书本"来确定谁是朋友,谁是敌人。阅读邓小平和其他中国领导人的著作,给人的强烈印象是:一方面,他们在任何时候总是把认识我们究竟依靠谁、代表谁、服务谁,以及打击谁、孤立谁这一问题放在首位;另一方面,总是根据当今中国社会的现实来区分敌我。根据这些领导人的阐述,人民与敌人的含义似乎十分复杂,但实际上又是十分简单:只要他拥护中国特色社会主义制度,拥护人民民主专政,只要他拥护由社会主义的制度和人民民主专政所演绎的法律体系,只要他热爱我们的国家和民族,只要他遵守社会主义的精神文明和道德文明,他就是人民,就可属于人民的群体,反之则是人民的对立面。按照这一标准,在当今中国,人民确实占到了总人口的绝大多数,人民的对立面则是绝对少数,而且前者呈进一步扩大趋势,后者呈进一步缩小的趋势。

邓小平在阐述需要加以专政的对象时指出:"我们必须看到,在社会主义社会,仍然有反革命分子,有敌特分子,有各种破坏社会主义秩序的刑事犯罪分子和其他坏分子,有贪污盗窃、投机倒把的新剥削分子,并且这种现象在长时期内不可能完全消灭。……对于一切反社会主义的分子仍然必须实行专政。不对他们专政,就不可能有社会主义民主。这种专政是国内斗争,有些同时也是国际斗争,两者实际上是不可分的。"①邓小平在这里明确地把反革命分子、敌特分子、各种破坏社会主义秩序的刑事犯罪分子和其他坏分子、贪污盗窃、投机倒把和新剥削分子列为专政的对象。江泽民也指出:"对国际敌对势力的渗透、破坏活动,对敌对分子颠覆中国共产党的领导和社会主义制度的政治图谋,对民族分裂主义势力的分裂活动,对暴力恐怖活动,对严重危害人民群众生命财产安全的严重刑事犯罪,对残害生命和危害国家政权的邪教,对严重危害国家和人民利益的腐败现象等,我们必须依法坚决予以防范和打击,用人民民主专政来维护人民政权,维护人民的根本利益。在这个问题上,要理直气壮。我们社会主义政权的专政力量不但不

---

① 《邓小平文选》(第二卷),人民出版社,1994年,第169页。

能削弱,还要加强。在这个问题上,切不可书生气十足。"①江泽民在这里对需要专政的敌人的确定与邓小平大致相同,只是进一步强调了必须对民族分裂分子、恐怖分子、残害生命和危害国家政权的邪教分子实行专政。

对于"人民",中国共产党所做的是根据当今中国经济结构的变化不断拓宽其范围。邓小平早在1979年就指出,新中国成立以后,"在这三十年中,我国的社会阶级状况发生了根本的变化。我国工人阶级的地位已经大大加强,我国农民已经是有二十多年历史的集体农民。……我国广大的知识分子,包括从旧社会过来的老知识分子的绝大多数,已经成为工人阶级的一部分,正在努力自觉地为社会主义事业服务。……我国的资本家阶级原来占有的生产资料早已转到国家手中,定息也已停止十三年之久。他们中有劳动能力的绝大多数人已经改造成为社会主义社会中的自食其力的劳动者。……资本家阶级中的进步分子和大多数人在接受改造方面也起了有益的配合作用。现在,他们作为劳动者,正在为社会主义现代化建设事业贡献力量"②。邓小平在这里不但深刻地论述了包括从旧社会过来的知识分子何以成为工人阶级的一部分,从而也已成了专政的主体的一个重要组成部分,而且也富有说服力地说明了资本家阶级从总体上也可列入人民的范围的理由。

在新的历史时期运用马克思主义阶级斗争理论和阶级分析方法还有一个重要的特点,就是在确认仍然存在阶级差别,甚至阶级对立的前提下,致力于用和平的方式解决问题。"以阶级斗争为纲"的年代在阶级斗争问题上的错误,一方面表现在对"阶级斗争理论"的运用过了头,强调阶级斗争要年年讲、月月讲、天天讲,信奉阶级斗争一抓就灵,夸大了社会主义时期要一定范围内存在的阶级斗争的程度;另一方面表现在片面地把阶级斗争当作就是使用暴力与专政,也就是说,一味地通过暴力、剥夺这些血腥的方式来解决阶级差异、矛盾与对抗。中国道路的开创者在新的历史时期及时地纠正了在阶级斗争问题上的这些错误,基于处于社会主义初级阶段的具体国情,认定当今中国所有的矛盾不一定都是阶级矛盾,而所有的阶级矛盾不一定都是对抗性矛盾,即使是对抗性的矛盾也未必必须要用对抗、暴力的手段来解决。由于中国道路的开辟,中国告别了以群众性阶级斗争解决社会矛盾的时代,与解决社会矛盾相关的事务开始以法律为基础,在法治的范围内进行。邓小平明确地指出,在新的历史时期解决阶级矛盾,进行阶级斗争,"不

---

① 《江泽民文选》(第三卷),人民出版社,2006年,第222~223页。
② 《邓小平文选》(第二卷),人民出版社,1994年,第185~186页。

能采取过去搞政治运动的办法,而要遵循社会主义法制的原则"①。他还特别指出:"全党同志和全体干部都要按照宪法、法律、法令办事,学会使用法律武器(包括罚款、重税一类经济武器)同反党反社会主义的势力和各种刑事犯罪分子进行斗争。这是现在和今后发展社会主义民主、健全社会主义法制的过程中要求我们必须尽快学会处理的新课题。"②把处理阶级斗争的问题、解决阶级矛盾的问题,同运用法律武器、健全社会主义法治联系起来,并作为指导国家政治生活的一项基本准则,这确实是在新的历史条件下对马克思主义阶级斗争理论和阶级分析方法的重大发展。

①② 《邓小平文选》(第二卷),人民出版社,1994年,第371页。

四、马克思主义与健康的生活方式

一个人如果没有正确的生活方式，即其生活方式不是向上的、健康的，那么他怎么能具有竞争力呢？怎么能立大志成大业呢？德国诗人海涅说过，每一时代都有它的重大课题，解决了它，人类社会就向前推进一步。那么进入21世纪人类面临的重大课题是什么呢？许多人认为，是发展问题，即我们的世界究竟如何发展。实际上，还有比发展更迫切、更重要、更本质的问题，这就是如何生活的问题。当今人类最大的危机不是如何发展的危机，而是如何生活的危机，只有解决了人类究竟如何生活的问题，才能真正明确我们这个世界究竟如何发展。发展道路的选择实际上是生活方式的选择，一定的生活方式决定了一定的发展模式。对于整个人类是这样，对于我们每个人也是如此。那么我们究竟用什么样的理论作为思想基础来指导我们走出人的生活方式危机，从而进行美好生活的建设呢？当然古今中外许多理论都能给予我们启示，但无疑人类只有在马克思主义，特别是在马克思主义关于人的存在方式理论的指导下，才能真正走向享受美好生活的未来。马克思主义在当今世界一个不可忽视的现实意义就是帮助我们形成健康的、真正"属人的"生活方式。

（一）人究竟是什么以及人的生活方式应当是怎样的

对于把自己的生活活动作为自己意识和意志的对象的人来说，确立自己在宇宙中的位置，探索自己能够也应当过上一种什么样的生活，比什么都重要。人当然希望过上一种有意义的生活。海德格尔说，意义是在人领会着自身并展开自己的生活活动中加以关联的东西。没有意义，人的生存就失去方向，人不知道自己从哪里来，又要走向何处，人就不能展开自己的生命活动，就不能获得自己本质的现实规定性。显然，生存的意义，便是人生存的理由与依据，是人安身立命之本。确实，马克思曾反对"人的意义"的提法,但马克思反对的不是对人与意义的关系的探讨,而是要说明,意义除了是人的,难道还有其他什么东西的意义吗?他说:"好像人除了是人之外还有什么其他的意义似的!"①所以,马克思把对人的本质、对人的生存的意义的研究,作为自己理论创造的宗旨。

1.人都是具有无限丰富性的总体的人

让我们顺着马克思的思路,看看他是怎么样论述人的本质的:

马克思曾把人的本质归结为自由自觉的活动,即作为目的本身的消遣性的劳动。在马克思看来,劳动能力是人类生存和发展的"第一个基本条件",劳动又是人获得发展的根本途径。劳动给每个人提供了全面发展和展示自己的机会与场所。人只有通过生产劳动才能使自己的本质力量外化为对象性产品,人的能力也从而得到确证与发展。马克思强调,如果人类要沿着使人的本质——劳动得以实现的方向发展自己,就应该使自己从旧的分工体系中解脱出来,自由地选择自己的职业,全面地发展自己的爱好和天赋。这里关键的是,要在劳动的过程中,形成自己全面的、综合的劳动能力。这种劳动能力的全面性,可从两个不同的角度概括:一是概括为物质生产能力、精神生产能力和人自身的生产能力,二是概括为人与自然发生关系的能力、人与社会发生关系的能力和人自己与自己发生关系即自我调控的能力。马克思则把这种实现人的劳动这一本质所要求的人的能力的全面发展,直接表述为"全面发展自己的能力""发挥他的全部才能和力量""人的全部力量的全面发展"等。马克思在《资本论》中这一段耳熟能详的话可以视为"什么是人的全面发展"的最经典的论述:"使我有可能随自己的兴趣今天干这事,明天干那事……这样就不会使我老是一个猎人、渔夫、牧人或批判者。"②

马克思也曾提出人的本质是社会关系的总和,这是从社会性的角度规定人的本质。马克思说:"人的本质不是单个人所固有的抽象物,在其现实性上,它是一切社会关系的总和。"③马克思关于人的本质的这一著名论断不但告诉我们,人的本质存在于人的社会关系之中,而且也向我们揭示这里所说的"社会关系"是一个全面的、综合的、外延广泛的概念。也就是说,作为人的本质存在的根基的"社会关系",包括了与人生存和发展相联系的一切历史的、现存的、自然的、社会的条件和关系。既然如此,人的社会特性的充

---

① 《马克思恩格斯全集》(第2卷),人民出版社,1972年,第118页。
② 《马克思恩格斯文集》(第一卷),人民出版社,2009年,第537页。
③ 同上,第501页。

分实现,完全有赖于人的社会关系的全面生成,即人的社会特性的充分发展与人的社会关系的全面生成相一致。马克思说:"个人的全面性不是想象的或设想的全面性,而是他的现实关系和观念关系的全面性。"①这样,马克思从把人的本质规定为"社会关系的总和"出发,推论出人的发展离不开社会关系的充分丰富与全面占有。

马克思又曾强调人的本质是人的自然属性、社会属性和精神属性的统一。人的自然属性指人的天赋,包括智力和体力两个方面。人的社会属性和精神属性则构成人的个性的基本内容。既然人的本质是这三种属性的统一,从而要实现人的本质则务必应使这三种属性得以全面地发展。这就是说,不但要使作为人的自然属性的两大组成部分——体力和智力都得到自由而充分的发展,而且更要使另外两种属性也相互协调地展示和强化。后两种属性的全面发展是与人的个性的全面发展紧密联系在一起的,它们构成了人的全面发展的综合表现和最高指标。从马克思以三种属性相统一的角度规定人的本质的思路不难得出结论,人的全面发展的根本特征,不仅体现在脑力劳动与体力劳动的结合上,也体现在高度政治觉悟和科学文化知识的结合上。换言之,人的完整本质的多方面自由发展和发挥,就是对人的肉体和精神上的异化的扬弃,就是对人的体力、智力和道德上的片面发展的克服。

马克思还曾把人的本质与人的需求联系在一起。马克思认为,"他们(指人——引者注)的需要即他们的本性"②。按照马克思的论述,需要是人内在的、本质的规定性,是人的全部生命活动的动力和根据。因此,需要的满足程度直接关系人的本质的实现程度。无疑,人的需要是全面的、综合的和多层次的,所以为了实现人的本质,不仅要在广度上而且应在深度上满足人的需要,即应全面地、综合性地、多层次地满足人的需要。马克思把人的需要概括为生存需要、发展需要和享乐需要,认为它们共同构成一个开放的动态系统。如果细分一下,可以把人的需要列为六个不同的层次:生存需要、情感需要、服务需要、社会需要、享受需要和发展需要。它们都是人的基本需要,既属于个人,也属于群体、社会乃至整个人类。人的全面发展当然包括人的这些所有需要的全面满足与发展,其具体趋向是不断丰富和理性化。

上述是马克思关于人的本质的各种论断,以及由此引发的他对人的生

---

① 《马克思恩格斯全集》(第46卷)(下),人民出版社,1980年,第36页。
② 《马克思恩格斯全集》(第3卷),人民出版社,1960年,第514页。

活的思考。从中我们可以领悟到,马克思所说的人的存在方式的基本内涵就在于"全面"两字上。不管从什么样的角度去规定人的本质,所看到的人都是具有无限丰富性的总体的人。从而不管从什么样的角度去探讨人的存在状态,所得出的结论只能是:人的存在的第一个要求就是它的全面性,即使人的各个方面、各个层次兼容并包地、铢两悉称地、相互协调地得以发展。

1894年,当有人要求恩格斯找一段能够概括地表达马克思主义思想的题词时,恩格斯说:"除了从《共产党宣言》中摘出下列一段话外,我再也找不出合适的了:'代替那存在着阶级和阶级对立的资产阶级旧社会的,将是这样一个联合体,在那里,每个人的自由发展是一切人的自由发展的条件'。"恩格斯的这段话表明,实现人的自由的、全面的发展,让人自由、全面地生存着,是马克思主义整个理论体系的精华和核心。

2.从唯物史观引出的生活方式并不是只注重物质享受

可以说,马克思的人的全面发展理论与马克思的唯物史观在马克思那里是同步形成的。马克思在创立其唯物史观的过程中,提出了他的注重人的全面发展的生活方式理论。在马克思主义整个理论体系中,人的全面发展理论绝不仅仅是一个具体的学科即"人学"的原理,而是一个凝聚着马克思的唯物史观思想的精华,统领着马克思一系列理论观点的核心理论。《德意志意识形态》是唯物史观这"第一个伟大发现"确立的标志,也正是在《德意志意识形态》中,马克思和恩格斯系统地提出了人的全面发展理论。透过这部著作我们可以清楚地看到,马克思注重人的全面发展的生活方式理论是怎么样与马克思的唯物史观紧密联系在一起的。

马克思思想的出发点是人,他一生所追求的就是人与人之间的生存与发展的平等权利,探求人的自由与全面发展的崇高境界。在《德意志意识形态》中,马克思和恩格斯针对费尔巴哈、鲍威尔、施蒂纳等脱离现实的抽象的人,明确地表示,人的全面发展是要有客观前提的,这一客观前提应该首先到物质生产活动领域内去寻找。而正是在这一过程中,他们发现了历史的进程无非是生产力基础上形成的生产关系发生与发展的进程,发现人总是处于生产力和生产关系一定发展阶段上的个人,生产力与生产关系的辩证法就是物质生产内在的客观辩证法。马克思和恩格斯正是通过对这一内在辩证法的揭示,即通过对物质生产方式内在矛盾运动的揭示,第一次阐明了人类历史为什么必然要造就全面发展的人及全面发展的人的基本特征。可以说,马克思和恩格斯是为了寻找人的全面发展的客观前提才发现了唯物史观,而唯物史观的发现又阐明了人的全面发展的必然性和基本特征。这就是马克思的人的全面发展理论与马克思的唯物史观的内在联系之所在。既然两者有如此不可分割的内在联系,所以当人们突出唯物史观在马克思主义理论体系中的地位之时,实际上也相应地把马克思的人的全面发展理论从整个马克思主义体系中凸显出来了。

如果仅仅从马克思的人的全面发展理论是与马克思的唯物史观紧密相连的角度,来论证前者在整个马克思主义体系中的核心地位,还是缺乏说服力的。这是一种外在的论证,因为按照这种论证的思路,马克思的人的全面发展理论是外在于唯物史观的,不管两者的联系是多么密切。外在于唯物史观的理论地位总不能与唯物史观本身的地位相提并论。实际上,马克思的人的全面发展理论并不是外在于而是内在于马克思的唯物史观。建立人的全面发展的生活方式理论是唯物史观,乃至整个马克思主义本身的目标。

现在存在着一个普遍的对唯物史观的曲解,即认为注重物质利益是唯物史观的实质,唯物史观的宗旨就是把对不断增加自己的物质福利和使生活日益舒适的愿望视为人的主要动力,甚至是社会发展的主要动力。从这一曲解出发,又错误地认为唯物史观乃至整个马克思主义的目标就是改变人的物质生活,进行最大限度的生产和消费。

这种对马克思的唯物史观的实质和目标的曲解,是不难驳倒的。稍有一点马克思主义知识的人都知道,唯物史观的基本内容和实质是认为人们的生产方式决定人们的思想和欲望,但并没有由此进一步推论出,人们的主观欲望就是想获得最大的物质利益,更没有推论出这种欲望构成人类历史发展的主要动力。马克思的唯物史观乃至整个马克思主义的目标不在于不断助长和满足人的物质方面的欲求,而在于使人摆脱经济决定论的枷锁,使人的完整人性得到恢复,实现自身的全面发展。还是看看弗洛姆是怎么论述的:"马克思的学说并不认为人的主要动机就是获得物质财富;不仅如此,马克思的目标恰恰是使人从经济需要的压迫下解脱出来,以便他能够作为具有充分人性的人;马克思主要关心的事情是使人作为个人得到解放,克服异化,恢复人使他自己与别人以及自然界密切联系的能力。"[①]弗洛姆对马克思的唯物史观的目标的这一解释是符合马克思的原意的。马克思本人则这样直言不讳地指出:"任何人的职责、使命、任务就是全面地发展自己的一切能力"[②],"每一个人都无可争辩地有权全面发展自身的才能"[③]。实现人的全

---

① [美]弗洛姆:《马克思关于人的概念》,载复旦大学哲学系现代西方哲学研究室编译:《西方学者论〈一八四四年经济学—哲学手稿〉》,复旦大学出版社,1983年,第23页。

② 《马克思恩格斯全集》(第3卷),人民出版社,1960年,第330页。

③ 《马克思恩格斯全集》(第2卷),人民出版社,1972年,第614页。

- 204 -

面发展,建立注重人的全面发展的生活方式,是马克思终生追求的目标,当然也是他的学说特别是他的唯物史观的目标。只有从目标上去认识,才能真正把握马克思的人的全面发展理论在马克思的唯物史观乃至整个马克思主义体系中的核心地位。

3.现在流行的人的生活方式不可持续

20世纪后半叶以来,整个世界的生活方式开始趋同,大家都过着同一种生活。我把它概括为五个方面的主义:消费主义、个人主义、现实主义、享乐主义、科学主义,人类在这五个主义的价值观念下生活。

消费主义——把最大限度地进行消费作为生活的宗旨,不是商品为了满足人的需要而生产,而是人类为了消费商品而存在;

个人主义——强调个人利益的最大化,为了满足个人利益不惜损人利己、以邻为壑;

现实主义——只关注眼前的切身利益,告别崇高和理想;

享乐主义——追求通过感官刺激及时行乐,声色犬马、醉生梦死;

科学主义——把人类的命运寄托在科学的发展上,凡是"符合"科学的人类都必须去做,在科学面前完全放弃人类的主动权。

或者可以这样说,消费主义、个人主义、现实主义、享乐主义和科学主义是当今人类生活方式的主要特征。现在的问题是,人类跨入21世纪以后是否应当继续在这五种价值观念的支配下生活下去?是否应当继续坚持这种生活方式?

人类可能并没有完全意识到,当今在世界上普遍崇尚的以消费主义为导向的生活方式,正在把人类引向一种可怕的境地。人类如果不换一种活法,即不改变消费主义的生活方式,前景堪忧。

人们对十几年前发生的次贷危机、金融危机记忆犹新。这场危机发生于美国,但影响了世界上每个人。美国的次贷危机究竟是一种什么样的危机?一般都认为,这是一场金融危机,也是经济危机。这没错。但是从另外的眼光来看美国的这场危机,应当说是美国人的生活方式的危机。用哲学的语言来说,是美国人的存在状态出了问题。所以这个危机是全方位的:表面上看,危机发生在经济领域,实际上是发生在人的生活领域。

为什么这样说?自20世纪90年代以来,美国人就进入了一个过度消费的时代,全美国的信用体系和文化体系都在引导人们消费,高度地、无节制地刺激人对物的欲望。许多美国人都在贪得无厌地享受一直处在攀升之中的物质生活,大家都往这个道路上奔。

如何来满足这种贪得无厌呢？要有资本、财富、金钱。这些东西从哪里来？消费文化又引导我们走两条道路：第一条是"赌"，想方设法把别人口袋里的钱变成自己的钱。为了满足这个"贪"就去赌，美国的资本主义变成了"赌场资本主义"。但是在赌场里，不是每个人都能够实现自己的愿望的，总是赢少输多。怎么办？还有第二条路，叫"借"。向银行借，跟他人借，今天用明天的钱——寅吃卯粮。至于明天的钱我是不是能够挣到，不知道，用了再说。所以可以用三个字来概括美国的主流的生活方式：贪、赌、借。这甚至是整个西方世界主导的生活方式。如果当今的世界坚持走这样的生活道路，那么次贷危机、金融危机、经济危机，乃至更大的危机都是不可避免的。

危机就在我们身边，它根源是人的生活方式。如果说我们的生活方式不改变，人类就没有希望、地球就没有希望、世界就没有希望。

我认为，要正确地回答这个问题全部取决于对以下两点能否作出正确的判断：其一，以消费主义等为主要内容的生活方式究竟给人类带来了什么？人类在消费主义等支配下生活得真的十分幸福吗？如果回答是肯定的，那么我们没有理由放弃这种生活方式，但倘若不能作出肯定的回答，那就得思考一下是否需要对这种生活方式加以某种改变了。其二，退一步说，即使以消费主义等为主要内容的生活方式确实给人类带来了无穷的幸福，确实是人类所需要的那种理想生活，那么目前人类所居住的家园有条件允许我们继续这样过下去吗？地球能提供足够多的能源和资源让我们继续像现在这样活下去吗？如果回答是肯定的，那么我们可以高枕无忧地坚持目前的生活方式，但倘若我们只能作出否定的回答，那么这种生活方式即使非常美好且具有莫大的吸引力，我们也得对其加以改变。

下面我对这两个前提作一个判断：

第一个判断是，这种生活是否正是我们所希望的生活？美国心理学家马斯洛提出"人的需求有五个层次"，最底层的就是生理的需求，要吃得好、穿得好、要生存，这是最最基本、最表面的一个需求。在这个需求上边，叫安全的需求，人要追求安全、安稳，才会幸福。安全有了，再上面一个层次叫爱与交往，人需要爱情，这个爱既是狭义的亲情和爱情，又是广义的人和所有人之间的友爱。第四个层次是尊严，人活在世界上要有尊严，人家要尊重你，自己也要像模像样地活在世界上。第五个层次，也是最高层次，就是人要自我实现，活在世界上就要把自己的能力施展出来、贡献出来，这是最大的幸福。

所以如果仅仅把幸福或者快感建立在个人今朝有酒今朝醉的物质生活享受当中，那么满足的需求是很浅薄的，所以人还是不幸福。那么我们可以得出一个结论：在消费主义、个人主义、现实主义、享乐主义和科学主义的生活中，人们表面上很安乐、幸福，其实依然在痛苦当中生活，或者不那么幸福。

比如，2010年在上海召开世博会有一句口号叫"城市，让生活更美好"。这个口号为什么不是"让马路更宽敞"或者"让高楼更林立"之类？很明显，如果是这样的主题，我们只能向外国人展现我们的繁华，外国人会觉得这种生活西方也有。那让外国人来看什么呢？我们要展示的是跟消费主义的生活方式不同的另外一种新的生活：早晨起来，看到的是上海大街小巷晨练的人们；晚上，到上海各种旅游场所去，看到的是有文化含量的娱乐活动；到饭店，看到的不是一桌桌吃了一半甚至是三分之一就倒掉的菜和大声嚷嚷的人们，这才是上海人、长三角人、中国人的骄傲。

马克思曾提出五个关于人类幸福的基本命题：①在《1844年经济学哲学手稿》中，他提出自由自觉的活动是人类幸福的前提；②在《德意志意识形态》中，他认为感性活动是现实的、有生命的个人获得幸福的手段；③他还提出过社会实践活动就是人类追求幸福的活动，④提出幸福是人的生活目的的实现即追求幸福是人的类特性，⑤提出人的自由全面的发展是人类幸福获得和实现的保障。

显然，当下的人的那种生活方式，如果以马克思所说的幸福的生活标准来衡量，并不是幸福的生活方式。

第二个判断是，即使这样的生活很好，资源能允许吗？这个不用我个人回答，全人类都能够回答——"不允许"。地球已经快达到生态容量的底线了。

如果我的这两个判断都正确的话，那么我们就可以合乎逻辑地得出一个结论：我们必须要改变现有的生活方式，必须要换一种活法。

4.中国道路的真正内涵和意义就在于创建新的生活方式

中国特色社会主义道路是否具有世界历史意义，主要取决于它是否为人类文明应对所面临的人的存在方式的矛盾与危机做出了自己的贡献，它能否成为人类追求文明进步的一条新路，它能否为人类探索出一种新的存在状态。

如果把中国特色社会主义道路对人类文明的贡献，仅仅归结为使中国成为世界第二大经济体，那么对这种贡献的意义的认识肯定是肤浅的。当亚洲经济、世界经济出现危机之时，如此大体量的中国经济充当了一种稳定的"金锚"，这确实体现了中国特色社会主义道路对世界的贡献。然而中国特色社会主义道路对世界的贡献绝不仅在此。当今世界对中国的渴求不只是国内生产总值,中国的发展如果仅体现于国内生产总值的单纯增长,那对世界来说未必完全是好事。

全部的关键在于,如果当今中国人完全按照西方人的生活方式过日子,也就是说,西方人怎么活我们也怎么活,那么我们不可能创建出一条自己的实现现代化的道路,人选择什么样的存在方式决定了人选择什么样的实现现代化的道路。创建中国道路的前提就是中国人要有自己的活法。新的生活方式会促使我们走一条崭新的发展道路。如果我们的存在方式不改变,那么我们必然会在西方式的现代化道路上越走越远。

客观现实是,中国特色社会主义道路给中国所带来的不仅是国内生产总值的高速增长,而且是在中国古老的大地上,探索出了一种新的发展方式,而在这种新的发展方式的背后,是中国人民正在创造一种新的存在方式,两者结合起来造就了一种新的文明样态。中国特色社会主义道路追求的发展是一种和平的、全面的、协调的、可持续的发展。

只要我们放眼看一看当今中国是如何在成为世界第二大经济体的同时,又力图将在西方工业文明发展过程中司空见惯的代价降到最低限度,如何在努力把蛋糕做大的同时又千方百计地使做大的蛋糕惠及所有人,如何在推崇经济发展的同时又注重民生、维护社会的稳定、实现人的全面发展,如何在强调经济建设的同时又先后提出了政治建设、文化建设、社会建设和生态文明建设,如何在致力于实现全面小康的同时把推动文化大发展、大繁荣置于突出的位置,如何在满足人的物质需求的同时又通过建立社会主义核心价值观来塑造一代新人,就能深刻地领悟到在当今中国的土地上究竟发生了什么和即将发生什么,就可以知道中国特色社会主义道路的真正内涵之所在。

虽然我们不能说一种新的发展方式和人的存在状态在当今中国已完全形成,但我们可以有把握地作出判断,我们正在朝着这一方向坚定而大步地迈进。说中国特色社会主义道路代表了对一种真正属人的生存状态的追求,说中国特色社会主义道路的开创是对正处于危机之中的西方文明支配下的那种人类存在方式的革命,并不算夸张。如果这样来认识中国特色社会主义道路,那么不论如何来估计其对人类文明、对世界历史的意义都不会过分。

中国人民正在为实现中华民族伟大复兴的中国梦而奋斗。那么中国究竟进入一种什么样的状态才称得上是"复兴"了呢?如果把中华民族的伟大复兴等同于国内生产总值翻几番,那这种"复兴"与一种新的人类文明风马牛不相及。综观全部人类发展史,一种新的人类文明的形成,无论是农耕文明还是工业文明,物质财富的增加、生产力的提高是基础,但物质财富的增加、生产力的提高显然不是一种新的人类文明形成的全部标识。一种新的人类文明的形成是与一种新的文化精神的出现并占主导地位联系在一起的,与此相应,是与人的新的生产方式和生活方式联系在一起的,只有当人类在一种新文化精神的支配下进入一种新的存在状态,才意味着一种新的人类文明形成了。

中国梦以实现中华民族的伟大复兴为主要目标和基本内涵,而只有当中华民族的复兴超越了单纯的国内生产总值的翻倍,即不仅是物质基础上的复兴,而且是意味着中华文化中王道精神与马克思主义的"真精神"的双重复兴,并在中华民族的大地上形成了一种新的人的存在状态,中国梦的实现、中华民族的复兴才可以说孕育了一种新的人类文明。

西方工业文明使人的发展"以物的依赖性为基础",由于中国梦不仅是以满足人的低层次的需求为目标,更以满足人的高层次的需求为宗旨;由于中国梦的提出让人民产生了新的需求,激发人民以最完整的方式去实现自己,因而中国梦会突破"以物的依赖性为基础"的人的发展模式,让人进入"自由而全面发展"的新境界。

中国梦的实现、中华民族的复兴能够创造一种新的人类文明、新的存在方式。中国梦的实现、中华民族的复兴所开创的人类文明是一种不断产生新坐标、做出原创性贡献的人类文明,那么这种人类历史上从未有过的、当今人类正翘首以待的新的文明、新的存在方式又是什么呢?

5.把人民对美好生活的向往作为奋斗目标

党的十九大报告提出,当今中国社会主要矛盾已经转化为人民群众日益增长的美好生活需要和不平衡不充分的发展之间的矛盾。当今中国共产党把人民对美好生活的向往作为奋斗目标。报告进一步指出,我国社会主要矛盾的变化是关系全局的历史性变化。我们要在继续推动发展的基础上,着力解决好发展不平衡不充分问题,大力提升发展质量和效益,更好地满足人民群众在经济、政治、文化、社会、生态等方面日益增长的需要,更好地推动人的全面发展、社会全面进步。

这一重大判断迫切需要进入学术视野并得到理论阐释。新时代美好生活的出场是与社会主要矛盾的转化历程相承接的,表明了中国人民生活样式的变迁进入了一个崭新的、高层次的阶段。党的十九大报告对美好生活的描述,就是对人的一种新的存在方式的描述,也是对一种新的人类文明的描述。

　　美好生活是一种丰裕的生活,同时,又是一种总体的生活,因为它满足的不仅仅是人对物质方面的需求,而且是对人的各个方面的需求,包括精神的、文化的、心理的需求;普适的生活,因为它不仅仅是一部分生活美好,而且是全体人民群众的美好生活;可期的生活,因为它不是属于彼岸世界的生活,不是可望而不可即。

　　当然美好生活是一种符合人的本性的生活,不是人的本质的异化,而是人的本质的真正实现。实际上,人人都有一种对美好生活的向往,这种向往既是理想的,更是现实的。早在成立之初,中国共产党就把广大人民群众对美好生活的向往作为激发整个中华民族前行的动力。在以后的征途中,中国共产党始终把自己的努力奋斗视为与中国人民的生活息息相关,也就是说,为满足广大人民群众对美好生活的追求而努力奋斗这一宗旨始终没有改变。改革开放四十多年,我国在满足人民群众物质文化需要方面取得了丰硕的成果,有效地解决了人民群众物质文化的需求,这是有目共睹的。问题在于,我们要看到,进入新的历史时期,中国人民对美好生活的追求在原有的基础上逐步萌生出更高层次的需求:对实现个人自由全面发展的渴望,不断接受教育以实现自身更高的价值,拥有自由支配的闲暇时间,身处稳定持续的工作生活环境之中。而且在新的历史时期,人们这种美好生活愿望逐渐化为美好生活蓝图,并以构建当代中国人的美好精神世界为出发点和归属。这里有一个美好生活蓝图与美好精神世界的关系问题。当代中国人的美好精神世界构建已成为新时代实现人民美好生活的要求和标准,这二者的关系已是一种互生共荣、互为因果的关系。

　　党的十九大对社会主要矛盾的新提法,明确了新时代的主要矛盾是发展的不平衡不充分与人民对美好生活需要之间的矛盾。我们要深刻理解这一主要矛盾的提出的重大意义。党的十九大提出的主要矛盾理论当然使我们进一步明确了新时代建设和发展的主体力量是人民,更加清晰地知道了社会主义现代化建设究竟“为了谁”和“依靠谁”这一根本问题。但对党的十九大提出的主要矛盾理论的意义的认识不能仅仅停留在这里。关键还在于,党的十九大提出的主要矛盾理论不仅再次重申了我们的现代化建设是以人民为主体的,是为人民群众服务的,是为满足人民群众的需求而展开的,而且在此基础上进一步提出了如何为人民群众服务,满足人民群众的什么需求。这就是提出了,必须以满足人民群众对美好生活的向往作为奋斗目标。正是这一点,充分展示了党的十九大提出的主要矛盾理论的理论意义和实践意义。从哲学上讲,党的十九大提出的主要矛盾理论揭示了在物质生产力的推动之下，人的存在方式必然从"物的依赖性"转向"人的自由全面发展"的发展趋势，从侧重于外在物、经济财富作为人的存在与发展的衡量尺度，转向以人的自由全面发展为活动目的的内在衡量尺度。从党的十九大提出的主要矛盾理论对我国新时代"人民对于美好生活的需要"的判断中，我们看到了一种"提升"和"飞跃"，这是一种人从以生存需要、物的满足向更高层次的精神文化需要、自我实现和自由发展的"提升"和"飞跃"。这种"提升"和"飞跃"涉及人的存在方式的重大变化。中国人民真正把创建一种新的"属人"的生活方式作为自己直接的奋斗目标。历史唯物主义是要发展生产力的，但必须进一步回答发展生产力又是为了什么？我们可以从党的十九大提出的主要矛盾理论中看到，中国人民已把满足人民群众对美好生活的需求，使广大人民群众实现自由自觉的发展和创造，作为提升社会生产力的关键。在这里我们看到了历史唯物主义在物质生产劳动和人的自由活动的获得中实现了统一，既看到了构成社会历史发展的客观向度——物质生产水平，与此同时也看到了社会历史自觉发展的主体向度——人的全面自由的发展。

人类文明发展进步的显著标志存在于人之生活的基本境遇中。大多数人的生活处在困窘、低下的状态之中是以往历史的突出特性，而不断提升人之生活的丰富性与自由性则是未来社会的基本目标与愿景。从历史的宏观脉络中，我们便能更加深刻地理解，美好生活的中国出场具有世界历史性的意义。马克思对人类社会发展进程中的三类社会形式进行了划分，"人的依赖关系"是最初的社会形式。"以物的依赖性为基础的人的独立性，是第二大形式，在这种形式下，才形成普遍的社会物质变换、全面的关系、多方面的需要以及全面的能力的体系。建立在个人全面发展和他们共同的、社会的生产能力成为从属于他们的社会财富这一基础上的自由个性，是第三个阶段。第二个阶段为第三个阶段创造条件。"①基于此，我们不难定位，新时代美好生活的时空方位实际上处于从"物的依赖性"向"自由个性"转换的过程中。这一生活样式的生成，既合乎人类社会的一般性发展规律，又深刻体现出中国发展的特殊性质。

习近平新时代中国特色社会主义思想内涵丰富，美好生活的提出使习近平新时代中国特色社会主义思想增添了新的内容，美好生活实际上是习近平新时代中国特色社会主义思想中的一个最富有特色的命题。习近平新时代中国特色社会主义是21世纪的马克思主义，美好生活的命题彰显了21

---

① 《马克思恩格斯文集》(第八卷)，人民出版社，2009年，第52页。

世纪马克思主义对人的需要、人的价值和人的全面发展等的深入思考。关键是我们要认识到,"美好生活"概念的提出,绝不仅仅是一种理论上的企求,更在于对实践上的一种谋划。我们说一种生活是美好的,当然不仅仅指在理论上如何美好、价值上如何高大上,而且主要是指人的实际生活如何舒适、人的发展趋向如何看好。研究美好生活必须反对在理论上空泛地谈论,而是必须面对现实。当今对于中国人民来说,就是要面对社会主义初级阶段的现实。从社会主义初级阶段的现实来看,美好生活作为一种生活样式,应当符合我国社会主义初级阶段的基本国情、符合我国社会主要矛盾的阶段性转变这一国情。我国当下的美好生活,与我国社会主义初级阶段的基本国情,特别是与我国社会主要矛盾的阶段性转变这一国情有着不可分割的内在联系。

显然,要认识我国当下的美好生活究竟是一种什么样的生活样式,可以从以下两个方面来把握:一方面,它确实是在更高的向度上对马克思所说的"物的依赖性"之生活境遇的批判和扬弃,实质上亦是对资本主义现代性的生存状态的深刻批判与根本超越;另一方面,它已指向马克思所说的那种人的全面而又自由发展的生活方式,它有着不断致力于实现人的全面发展与全体人民共同富裕的双重价值目标。我们正在并且会进一步看到,"美好生活"的概念作为习近平新时代中国特色社会主义思想的核心命题,一经提出,就得到中国人民发自内心的呼应,极大地调动着中国人民的积极性和创造性,激活了中国走向民族复兴的征程,贯穿于当代中国实践的始终,引导中国人民在实现全面小康社会的基础上,向着更加远大的目标前进。

(二)资本主义为何以及如何扭曲人的生活方式

马克思主义是批判资本主义的象征,是作为资本主义的对立面而出现的。只要当今资本主义仍然存在内在矛盾,只要生活在这一社会中的人仍然非常痛苦,马克思主义就不会过时。在马克思那里,实际上存在着两种批判资本主义的方法:一是像《资本论》所做的那样,主要批判资本家如何榨取工人的剩余价值,也就是说,主要批判资产阶级对无产阶级的经济剥削和政治压迫;二是像《1844年经济学哲学手稿》那样,以人道主义和异化理论,特别是人的全面发展理论为出发点,批判资本主义社会如何造成人的生活方式的畸形发展,如何摧残人性。这两种批判有着内在联系,但侧重点不一样。我们以前较多地关注前一种批判,而忽视后一种批判。实际上,后一种批判在马克思那里占有很大的分量,并且随着时代的变化,这种批判的现实意义越发鲜明地呈现出来。西方马克思主义理论家主要继承了后一种批判,并结合现实使批判越发具有说服力。西方马克思主义对当今资本主义造成人的生活方式扭曲的批判,对于我们认识当今资本主义社会人的存在状态的实质,构建人的新的存在状态提供了莫大的启示。

1.当今人类实际上处于被物所支配,从属于商品的存在状态下

西方马克思主义关于人的存在方式的理论的主旨是,告诉人们究竟处于什么样的存在状态下。卢卡奇用"物化"来表述在商品形式占支配地位的社会中的人的存在状态。他说,人与人之间的关系变成了一种物与物的关系,这种物与物的关系获得了"幽灵般的对象性",难道当今人不是生活在这种冷冰冰的物与物之间的关系中吗?马尔库塞用"单向度"来概括现代人的生存境遇,他所说的"单向度"的主要含义就是人被"虚假的需求"所操纵,人成了整齐划一的消费机器。弗洛姆则把现代人的存在方式用"占有"加以概括,他引用马克思在《1844年经济学哲学手稿》中的一段话来具体描述这种"轻存在、重占有"的存在方式:"你的存在越微不足道,你表现你的生命越少,那你占有的也就越多,你的生命异化的程度也就越大。国民经济学把从你那里夺取的那一部分生命和人性,全用货币和财富补偿给你。"莱斯认为,现代人的存在方式的主要特征是,不在"生产领域"而一味地在"消费领域"寻找满足。高兹提出现代人正沉浸在"经济理性"之中,把"计算与核算"的原则、效率至上的原则、越多越好的原则作为自己生活的准则。赖希批评现代人放弃本真的"自然需求",而致力于追求非本真的"社会需求",正因为如此,实际上现代人的生活是由社会所强加的非人的生活。哈贝马斯强调,现代人随着其交往行为变得不合理和遭到扭曲,人的生活世界已经被"殖民化"了。在萨特看来,现代人生活在个人与他人、社会的尖锐对立之中,人的自由遭遇了限制或被加上了锁链。内格里提出,在现代社会里"非物质劳动"已成为人的主要存在方式,但"非物质劳动"却与资本的价值增殖机制相一致。哈维认为,随着城市空间的日益"资本化",当今人类正面临着日益严重的贫富分化与精神虚无的生存困境。鲍德里亚认为,被抽象的符号和编码所统治,正是当代人的存在状态。霍耐特提出拒绝承认,即承认的被否定与剥夺,招致蔑视,即人的完整性、荣誉或尊严不断受到伤害,是现代人的主要生存境遇。

西方马克思主义理论家对当今人的存在状态的揭示确实是一帖清醒剂。他们对当今人的存在方式的描述尽管有着不同的表述方式,但共同的地方都是认为当今人已完全被物、商品所支配,人实际上成了商品的奴隶,相应地又成了劳动的工具。或者说,人成了消费机器和劳动机器。他们在考察人的存在状态时都紧紧地抓住消费和劳动这两点做文章,即人在从事这两项最重要的活动时究竟有没有自我实现? 马克思在《1844年经济学哲学手稿》中曾作过如下生动的描述:"人(工人)只有在运用自己的动物机能——吃、喝、性行为,至多还有居住、修饰等等的时候,才觉得自己是自由活动,而在运用人的机能时,却觉得自己不过是动物。动物的东西成为人的东西,而人的东西成为动物的东西。"①在马克思看来,资本主义社会的罪恶在于造成了这样的颠倒:吃、喝等明明是动物的功能,可人却完全专心致志地享受,把此当作人独有的功能来对待;而劳动明明是只属于人的功能,可人却偏偏不加重视,只是把此作为一种手段,实际上已把此视为动物的功能了。这些西方马克思主义理论家把马克思的这一思想在新的形势下用自己的语言和方式作出了进一步阐发。对于把自己的生活活动作为自己意识和意志的对象的人来说,知道自己究竟生活在何种状态下,确立自己在宇宙中的位置,探索自己能够也应当通往的方向,比什么都重要。可惜的是,当今许多人实际上对自己究竟处于什么样的存在状态根本没有清醒的认识,甚至缺少去认识的自觉性。在这种情况下,看一看西方马克思主义理论家对我们的存在状态的描述,是很有意义的。

2. 人生活在这样的存在状态下表面上很幸福其实十分痛苦

其实,当今一些人并不是不知道自己目前受消费主义等支配,问题在于,他们并没有感到这样生活有什么不好,而是陶醉于这样的生活方式。西方马克思主义关于人的存在方式的理论可贵之处在于,不仅揭示了我们究竟处于什么样的存在状态下,而且进一步分析了我们生活在这样的存在状态下究竟是不是真的十分幸福,分析了这样的存在方式究竟是不是我们作为人应有的生活方式。

卢卡奇在论述"物化"这种存在状态时,是把这种存在状态与人的"被计算"和"加以合理化",以及人的"孤立化""原子化"联系在一起的,他要说明的是这是一种"人不成其为人"的痛苦的存在方式。马尔库塞明确了人在"单向度"境遇下过的是"不幸之中的欣慰生活",即表面上是"欣慰的"实质上是"不幸的"。在他看来,关键在于,这种存在状态把应当是"整体的、全面发展"的人变成"片面的、单向度发展"的人,而当人陷入片面发展,即使意识

---

① 《马克思恩格斯全集》(第42卷),人民出版社,1979年,第94页。

不到自己的痛苦,可实质上是十分痛苦的。弗洛姆在说明现代人的存在方式是"占有"时着重论述了这种存在方式对人来说意味着什么,即意味着人重新把自己降格为一般的动物。莱斯提出,只是在"消费领域寻找满足"这种人的存在方式,实质上是鼓励个体将幸福标准等价于消费商品欲望的满足程度,遵从以量的标准而非质的标准作为衡量个体满足的依据,这种幸福显然是"虚假的"。赖希形象地描述了人一旦放弃"自然需求"而完全受"社会需求"所控制,即放弃本真的存在方式,那种受压抑的痛苦境遇。哈贝马斯强调"生活世界殖民化"、交往行为"不合理"的人的存在方式,实质上是人严重异化的生活方式。哈维对在城市空间被资本化的环境下人的生存境遇的描述,重点也放在揭示这种生存境遇实质上是生存困境。所有这些西方马克思主义理论家都强调,在当今人的这种存在状态下,人其实是十分痛苦的。这显然对陶醉于这种存在状态的一些人来说,是一种提醒。难怪西方一些人看了西方马克思主义理论家对当今人的存在状态实质上是痛苦的分析后"拍案而起",连声说:我们原来过的是这样的日子。

判断一种生活方式是幸福的还是痛苦的,必须有一个用以衡量的标准。这些西方马克思主义理论家是把对人的存在方式的研究与"衡量标准"的探讨联系在一起的。在他们看来,这一"衡量标准"就是人本身,确切地说就是人的本质。凡是有利于人的本质实现的生活方式就是幸福的;反之,凡是阻碍人的本质的实现,甚至扭曲人的本质的生活方式就是痛苦的。这样,他们在研究人的存在方式的同时,致力于对人的本质的探讨。这些西方马克思主义理论家大多是"人本主义"思想家,他们都强调人有独特的区别于一切动物的本质,人活在世界上的意义就在于实现这一本质,使这一本质现实化。他们都高扬的人的本质。至于人的本质究竟是什么,我们看到,总体来说,他们一是强调人的本质的"全面性",二是在"全面的"本质中尤其突出人的劳动,即把劳动视为人的本质之所在。而在强调人的本质的"全面性",尤其是强调人的本质是劳动的同时,他们特别反对把人的本质归结为单纯的对物质的需求,即把人说成仅是充满物质欲望的人。他们就用这样的标准来衡量当今人的存在状态的好坏,即不断地追问:当今人的这种存在状态能够体现人的全面发展吗?能够实现人的整体的人性吗?当今这种人的存在状态能够促使人的劳动的本质得以实现吗?能够使劳动成为一种自由自觉的活动,从中获取无穷的享受吗?必须指出,他们这种对人的本质的理解,在一定程度上接受的是马克思主义的相关理论。所以他们对当今人的存在状态的幸福还是痛苦所作的分析的积极意义,是马克思主义理论本身的积极意义。

3.那种"非人的"存在状态根源于资本主义制度、根源于资本逻辑

这些西方马克思主义理论家不仅探讨了当今人的存在方式,而且进一步分析了出现这种存在方式的原因。在分析这种存在方式形成的原因时,他们的观点不尽一致,甚至存在着冲突。关键在于,如何看待资本主义制度与这种存在方式之间的关系。有一些西方马克思主义理论家显然力图回避资本主义制度对这种存在方式的根源性。但更多的西方马克思主义理论家则强调正是资本主义制度,特别是资本逻辑造就了当今人的这种存在方式,他们把对当今人的存在方式的批判与对资本主义制度的批判紧紧地结合在一起。

在这方面,卢卡奇是个典型。他不仅用"物化"来概括当今人的存在状态,而且强调这种"物化"只有在资本主义的商品形式占支配地位的条件下才能形成。卢卡奇论述了商品范畴成为整个社会的普遍范畴、社会生活的所有方面都成为交换领域,对人的存在方式所带来的结果。综观进入市场经济时代以后当今人类的存在状态,会越发感到卢卡奇当年对在商品形式占支配地位的社会中人的存在方式的揭示的深刻性和尖锐性。高兹强调,支配当今资本主义"丰裕社会"的既是消费逻辑,又是生产逻辑,资本主义的生活方式是与资本主义的生产方式紧紧联系在一起的,推崇利润至上的生产方式,必然会形成"把消费得多等同于消费得好"的生活方式,"经济理性"支配资本主义生产方式的同时,也必然贯穿于资本主义的生活方式。在内格里看来,"非物质劳动"之所以非但没有使人获得更多的"共同性"、更多的自由和解放,反而使人陷入更深的痛苦与不幸,根本原因就在于"非物质劳动"受资本逻辑的控制,这种"非物质劳动"是在资本主义进入"帝国"时期的"非物质劳动"。哈维在揭示"空间生产"盛行,城市空间被侵袭时期人的存在困境时,把矛头直指资本逻辑,强调所有这些对人的存在的威胁都是由于城市空间"资本化"所带来的。这些西方马克思主义理论家都透过物对人的统治,进一步揭示人对人的统治。这显然是马克思主义分析人的存在状态的基本方法。

一些人似乎也觉察到了当今人的以消费主义为核心的那种存在方式的弊端,似乎也产生了要对其加以改变的想法。当然,要加以改变,前提是正确地找到滋生这种存在方式的原因。但是一涉及这种存在方式产生的根源,一些人就不敢于直面生产关系,只想在观念形态里"兜圈子",把这种存在方式的形成竟然说成是某种价值观念出了问题,这样,似乎只要改变了某种观念,在"道德"领域里展开一场变革,这种存在方式也就能随之改变了。

这些人了解西方马克思主义理论家对当今人的存在方式的根源的分析后，应当是有所触动的。这些西方马克思主义理论家清楚地告诉我们，消费主义的生活方式产生于利润至上的生产方式，这种利润至上的生产方式不改变，崇尚消费得越多越好的生活方式也就不可能改变。

众所周知，马克思为共产主义的实现所确定的物质条件是"生产力高度发达"、能满足所有人的需要。当代西方主流学者无法理解这一条件的真实含义，反驳说资源有限、欲望无穷，因而生产力永远不能达到满足所有人的需要。这显然是把需要和欲望即贪婪的人为需要当成了一回事。西方资本主义的"福利国家"政策在一定程度上消除了发达国家的经济危机，特别是商业危机，但带来的后果是所谓的消费社会。由于需要的满足是有限度的，在生产力高度发达的情况下，生产仍然会达到饱和状态，这显然是不符合资本的逐利需要的。为了维持资本的逐利需要的满足，就必须人为制造需要，这必然把整个社会变为"消费社会"。

4.现代资本主义社会新的统治方式就是让人处于当今这样的存在状态

这些西方马克思主义理论家在揭示当今那种以"占有"为主要特征的人的生活方式，根源于资本主义以利润至上为特征的生产方式的过程中，还把制造和推行这样的生活方式，即让人成为"单向度"的人，说成是当今资本主义对人的一种新的统治方式。他们把当今资本主义的批判归结为其制造和推行这样的生活方式，让人处于这样的存在状态。正是这一点，是他们关于人的存在方式的理论最吸引人的地方。

明确提出把使人处于当今这样的存在方式是现代资本主义社会的统治者对人实施统治的新形式的人是马尔库塞。他实际上已向世人告示，现代资本主义社会对人的统治，已主要不是依靠拥有强大的国家机器，也不是制造剩余价值的经济手段，而是对人的生活方式的控制。用他的话来说，就是塑造出了人们的"虚假的需求"，人们"为了商品而生活"，"把汽车、高清音响、错层住宅、厨房设备作为自己生活的灵魂"，[①]既帮助资本出清商品维系经济运转，也瓦解人们对资本主义社会的反抗斗争。马尔库塞如此，其他西方马克思主义理论家也是如此。无论是弗洛姆、莱斯、高兹、列斐伏尔，还是哈维，他们都把对现代资本主义社会中实施消费主义，提高到推行一种新的存在方式，实施一种新的统治方式的高度来论述。弗洛姆强调，现代资本主

---

① Marcuse, *One-Dimensional Man: Studies in the Ideology of Advanced Industrial Society*, Boston: Beason Press, 1964, p.9.

义社会如此"稳固",是与这一社会普遍地不是把"存在"而是把"占有"作为自己的存在方式密切不可分的。莱斯认为,现代资本主义社会"最成功"的地方就是使人不是在"生产领域"而是在"消费领域"寻找满足,这一社会让人只是在"消费领域"获取满足的过程也就是紧紧地支配人的过程。高兹通过考察资本主义"丰裕社会"中工人阶级的状态,来论证工人阶级的"安于"这一社会的统治,源自接受了这一社会的统治者强加给他们的那种把"好"与"多"联系在一起的生活方式。列斐伏尔提出,当资本主义社会把异化深入到人的日常生活领域,人的日常生活也无时无刻不处于异化状态之时,这个社会的统治才真正是稳固的。

这些西方马克思主义理论家对现代资本主义社会何以能够借助于制造和推行这种人的存在方式来实施自己新的统治的分析,既是独到的,又是深刻的。在他们看来,通过制造和推行这种人的存在方式来实施统治,实质上是对人的意识、心理和本能结构的统治。这种统治方式的一个重要特征就是,可以控制人的意识、心理和本能结构。接受了这种人的存在状态,就是接受了制造和推行这种人的存在方式的社会统治的意识形态,把统治者的意识形态变成自己的意识形态。一旦把统治者的意识形态变成自己的意识形态,就会按照统治者的要求来实现自己。这些西方马克思主义理论家在这里特别强调,生活在现代资本主义社会中的人们会把痛苦的生活当作幸福的生活,把不幸的境遇当作舒适的境遇。在这方面,要数马尔库塞、赖希、弗洛姆等人的分析所产生的影响力最为深远。

5. 人类有希望创建真正"属人的"存在状态

我们不否认,有些西方马克思主义理论家面对当今这种"非人"的存在方式,表现出了强烈的悲观主义色彩,他们揭示了当今人的这种存在状态的"反人性",但往往又认为人走向这种状态是不可逆转的。但须知,大部分西方马克思主义理论家并不持这种态度,而是表现出了一定的乐观主义态度。他们不但分析了当今人的存在方式的危害性,而且进一步探讨了改变这种存在状态的可能性和现实性。他们为改变这种存在状态提出了许多途径和方案,并且为新的人的存在状态提出了种种设想,他们关于人的存在方式的理论最大的积极意义也正是体现在这里。

是不是对改变目前这种人的存在方式持有信心,全部取决于对形成这种人的存在方式的原因的分析。倘若把原因归结为现代性的理念、归结于科学、知识、理性等,那么与这些理念联系在一起的这种人的存在方式是不可改变的。但如果强调当今这种人的存在方式根源于资本主义的生产方式、资本逻辑，那么就会认为当今这种人的存在方式是完全有可能加以改变的。一些西方马克思主义理论家深受后现代主义影响，或者说他们本身就是后现代主义者，在他们眼里，当今这种人的存在方式是现代性逻辑发展的必然产物，是人们信奉理性、科学的必然结果。所以只要人们还拥抱现代性，追求理性与科学，那么就必然会生活在这样的状态之下。而大部分西方马克思主义理论家在分析当今这种人的存在方式的根源时，会追溯到资本主义的生产方式，特别是追溯到资本逻辑，这样他们就顺理成章地认为，只要改变了资本主义的生产方式，限制了资本逻辑，当今这种人的存在方式就可得以改变，新的人的存在方式就可形成。本书介绍的西方马克思主义理论家大多是属于这种类型。他们也不否认现代科学技术对形成当今这种人的存在方式所起的作用，但他们不是笼统地谈论科学技术的作用，而是提出对科学技术的使用有一个"合乎人性地使用"和"违背人性地使用"的区别，认为只有后者才会导致当今这种人的存在状态。马尔库塞就是如此，他一方面强烈地批判正是现代科学技术的广泛使用，使人成了"单向度的人"，另一方面又提出了他的"新科技观"，认为只要"人道主义地"使用科学技术，现代科学技术的广泛使用非但不会引向当今这种人的存在方式，而且会创建新的人的存在方式。

对理性在造成现代人过现在这样的生活方式中的作用的分析，他们更是反对笼统地论述理性的作用，而是强调只有当理性成为科技理性、工具理性、经济理性时才会发挥这样的作用，当理性是价值理性、生态理性时，理性只能是"属人的"生活方式的"原动力"。对此，高兹的论述特别清楚明白，他的宗旨就是要把"经济理性"与"生态理性"严格地区别开来，强调正是由于"经济理性"的盛行，才导致当代人不顾一切地向自然界索取，以满足自己消费得"越多越好"的生活方式，但当不是"经济理性"而是"生态理性"占据统治地位，那么人们自然会放弃消费得"越多越好"，只重视消费的"量"的生活方式，转而推崇"适可而止"，讲究消费的"质"的生活方式。

资本主义在物质条件方面已经达到自己的极限，原因是众所周知的：无限的欲望确实需要无限的资源，而地球上的资源是有限的。资本在满足人的需要之后的扩张必然导致生态灾难，最终则是人类的毁灭。要资本还是要人类？这是到达自己界限的资本迫使我们回答的尖锐问题。

难能可贵的是，这些西方马克思主义理论家在展望未来人的新的存在方式时，又能把马克思对于未来社会主义、共产主义社会的设想联系在一起，借鉴了许多马克思对未来社会主义、共产主义所提出的种种特征的分析。马克思在《1857—1858年经济学手稿》中指出，前资本主义生产方式、资本主义生产方式、共产主义生产方式构成人类生产方式的三大序列，并因而决定了人的三种存在状态，即人对人的依赖、以物的依赖性为基础的人的独立性、建立在个人全面发展和他们共同的社会生产能力成为他们的社会财富这一基础上的自由个性。他们特别推崇马克思在这里关于三种人的存在方式的区分，认为当今人的存在方式实质上就是马克思所说的人的第二种存在方式，即"以物的依赖性为基础的人的独立性"，而要创建的人的新的存在方式，就是马克思所说的第三种人的存在方式，即"建立在个人全面发展和他们共同的社会生产能力成为他们的社会财富这一基础上的自由个性"。弗洛姆把第二种人的存在方式简单地概括为"占有"，而把第三种人的存在方式又简单地表述为"存在"。正因为他们把新的人的存在方式与马克思所描述的社会主义、共产主义联系在一起，所以在他们看来，为创建新的人的存在方式而努力就是为实现共产主义而奋斗。巴迪欧就明确地提出"共产主义的设想是人的真正的存在方式"。确实，对于马克思来说，重要的是从物的依赖性到自由个性，或经济人向社会人的过渡。对资本和劳动关系的研究，就是为了找到过渡的条件。马克思的"政治经济学批判"就是这种研究的成果。它向我们展现了资本主义社会中人的存在状况，以及由这种存在状况所决定的共产主义革命的性质。

（三）我们究竟如何劳动

看来创建新的生活方式刻不容缓。那么我们应当按照什么样的原则来创建新的生活方式呢？为了找到构建新的生活方式的正确原则，我们需要求助于中国优秀的传统文化，也需要借鉴西方文化的精华，更应当从马克思主义那里获得启示。人的生活内容无非是劳动、消费、交往、情爱和休闲这几个方面。实际上，马克思主义对人的生活的这些重要方面都作出过精辟的论述，就让我们从如何劳动开始，领会马克思主义关于人的存在方式的理论。

1. 美好生活的核心是劳动的幸福

如何理解和把握"美好生活"的概念及其价值内涵，不仅是一个理论问题，也是一个直接关系我们如何应对新时代中国社会主要矛盾的实践课题，并本质地关涉如何成就人民幸福、民族复兴的中国梦。那么何谓美好生活？其核心和根本又何在？对此，存在着不同的学科视野和理解方式，学者持有不同的主张和观点。譬如,人本主义心理学家罗杰斯认为:"一个人在生命完全自由、随心所欲的状态下,能够听任自己的整个身心选择一个生命发展的方向,一条生命走向完善的道路,并且他得以自由地沿着这个方向前进,走在他所选择的人生道路上,当人处在这样的生命过程之中时,他的人生就是美好的人生了。"①功利主义伦理学家从人的本性是趋乐避苦的观点出发,主张功利乃是美好生活的根本和核心所在。边沁指出:"功利原则承认人类受苦乐的统治",从而"当我们对任何一种行为予以赞成或不赞成的时候,我们是看该行为是增多还是减少当事者的幸福;换句话说就是看该行为增进或者违反当事者的幸福为准"。②由此,功利主义把实际的功利或利益作为衡量美好生活和幸福人生的原则和尺度,把美好生活与追求更多的功利和效用连接起来。政治哲学家列奥•施特劳斯认为,美好生活是与人性的完美化紧密关联的,它是与自然相一致的生活。他指出:"善的生活就是与人的存在的自然秩序相一致的生活,是由秩序良好的或健康的灵魂所流溢出来的生活。善的生活简单来说,就是人的自然喜好能在最大程度上按恰当秩序得到满足的生活,就是人最大程度地保持头脑清醒的生活,就是人的灵魂中没有任何东西被虚掷浪费的生活。"③

事实上,对于何谓美好生活的理解和解释,我们还可以从古今中外的思想史上找出更多不同的回答。我觉得,关于美好生活的深入解答,还是要回到马克思那里,或者说我更赞同马克思的解答进路。

自1932年马克思的《1844年经济学哲学手稿》公开发表以来,西方出现了对马克思主义的人本主义解释路向。在这方面,马尔库塞的《论历史唯物主义的基础》和弗洛姆的《马克思的人的概念》可谓是代表作。在《论历史唯物主义的基础》中,马尔库塞认为《1844年经济学哲学手稿》将关于历史唯物主义的由来、本来含义和科学社会主义理论的讨论置于新的基础之上,即人道主义,而马克思正是以此为立足点,深入揭示资本主义社会中人的"类本质"(即自由自觉的劳动)的深度异化,强烈批判资本对自由人性的野蛮宰制。弗洛姆则认为:"与许多存在主义的思想一样,马克思的哲学也代表一种抗议,抗议人的异化,抗议人失去他自身,抗议人变成为物",他的哲学"来源于西方人道主义传统",而"这个传统的本质就是对人的关怀,对人的潜在

---

① 转引自刘济良:《生命教育论》,中国社会科学出版社,2005年,第283页。
② 周辅成:《西方伦理学名著选辑》(下卷),商务印书馆,1987年,第211~212页。
③ [美]列奥•施特劳斯:《自然权利与历史》,彭刚译,生活•读书•新知三联书店,2003年,第128页。

才能得到实现的关怀"。①所以在他看来,若真有一个坚持人道主义理论的青年马克思和另一个抛弃这种理论的老年马克思的话,那么人们宁愿要青年马克思而不是相反。同样,美国道德哲学家宾克莱在《理想的冲突》一书中也指出:"马克思主义的基本理想是人道主义,不论就它把注意力集中于现世的人这个意义而言,还是就它最终要实现使人人都将破天荒第一次获得做人的充分自由的无产阶级的社会理想而言,都是如此。"②他提出马克思主义的最大贡献就是论证了"人的献身的框架",即论证了究竟什么是人,人究竟为什么去献身,去为之而奋斗的目标。

总之,人本主义马克思主义代表人物强调,人是马克思主义的中心和焦点,马克思主义的核心是对人的本性的研究,并由此出发研究社会。所以人本主义马克思主义流派的一个基本思想是,从人的本性出发来判断一个社会是好是坏,来判定一个人的生活是幸福还是痛苦。这就是说,一个社会能够有利于人的本性的实现,那么这个社会就是美好的,从而是值得拥护的社会;反之,就是坏的,是应当加以推翻的。同样,如果一个人的生活是符合自我本性的生活,是自我本性的实现,那么这个人的生活就是幸福的,反之则是痛苦的。

2. 劳动能够实现人的本质

人本主义马克思主义流派给予我们最大的启示是,必须基于人的本性来研究人的生活。也就是说,今天我们要研究什么是美好的生活,一个前提就是必须搞清楚人究竟是什么?什么才是构成人区别于其他一切动物的本质性的东西?

按照马克思主义的理论,人的本性就是自由自觉的活动,即劳动。这一思想不仅体现在马克思的早期著作《1844年经济学哲学手稿》中,而且贯穿于马克思的其他著作中。马克思一生对什么是人的本性作出过各种表述,但最核心的还是把人的本性表述为劳动。当然,最典型、最系统的表述还是体现在《1844年经济学哲学手稿》之中,马克思在这里不仅明确地认定人的本性是劳动,而且围绕劳动展开了对资本主义的批判,认为资本主义的要害就是"异化",而这种"异化"就是劳动异化。对此,马克思在《1844年经济学哲学手稿》中进行了丰富而深入的论述,认为劳动作为一种自由自觉的生产

---

① 复旦大学哲学系现代西方哲学研究室编译:《西方学者论〈一八四四年经济学—哲学手稿〉》,复旦大学出版社,1983年,第15页。

② [美]宾克莱:《理想的冲突》,马元德等译,商务印书馆,1983年,第60页。

生活和能动的类生活,是人确证自己是类存在物的根本方式,但在资本主义社会中,作为人之自由本性的劳动沦落为人维持肉体生存的手段,从而劳动的"现实化表现为工人的非现实化",劳动的"对象化表现为对象的丧失和被对象奴役,占有表现为异化、外化",①导致"工人生产的财富越多,他的生产的影响和规模越大,他就越贫穷。工人创造的商品越多,他就越变成廉价的商品。物的世界的增值同人的世界的贬值成正比"②。

而在《资本论》中,马克思对劳动作了如下具体的规定和论述:"劳动首先是人和自然之间的过程,是人以自身的活动来中介、调整和控制人和自然之间的物质变换的过程。人自身作为一种自然力与自然物质相对立。为了在对自身生活有用的形式上占有自然物质,人就使他身上的自然力——臂和腿、头和手运动起来。当他通过这种运动作用于他身外的自然并改变自然时,也就同时改变他自身的自然。他使自身的自然中蕴藏着的潜力发挥出来,并且使这种力的活动受他自己控制。在这里,我们不谈最初的动物式的本能的劳动形式。现在,工人是作为他自己的劳动力的卖者出现在商品市场上。对于这种状态来说,人类劳动尚未摆脱最初的本能形式的状态已经是太古时代的事了。我们要考察的是专属于人的那种形式的劳动。蜘蛛的活动与织工的活动相似,蜜蜂建筑蜂房的本领使人间的许多建筑师感到惭愧。但是,最蹩脚的建筑师从一开始就比最灵巧的蜜蜂高明的地方,是他在用蜂蜡建筑蜂房以前,已经在自己的头脑中把它建成了。劳动过程结束时得到的结果,在这个过程开始时就已经在劳动者的表象中存在着,即已经观念地存在着。他不仅使自然物发生形式变化,同时他还在自然物中实现自己的目的,这个目的是他所知道的,是作为规律决定着他的活动的方式和方法的,他必须使他的意志服从这个目的。但是这种服从不是孤立的行为。除了从事劳动的那些器官紧张之外,在整个劳动时间内还需要有作为注意力表现出来的有目的的意志,而且,劳动的内容及其方式和方法越是不能吸引劳动者,劳动者越是不能把劳动当做他自己体力和智力的活动来享受,就越需要这种意志。"③

概括言之,马克思这段话的中心思想是:劳动是人的自我实现,是他的体力和智力的表现;在劳动这一真正的活动过程中,人使自己得到了发展,便成为人自身;劳动不仅是达到目的的手段,而且是目的本身,是人的本质

---

① 《马克思恩格斯文集》(第一卷),人民出版社,2009年,第157页。
② 同上,第156页。
③ 《马克思恩格斯文集》(第五卷),人民出版社,2009年,第207~208页。

能力的一种有意义的表现,因而劳动是享受。

把人的劳动视为人的本性,应当说不是马克思特有的思想,不少思想家也有类似的观点。譬如,马尔库塞在《理性与革命》中特别推崇黑格尔的《精神现象学》,就是因为在他看来,黑格尔在其中表述了"关于事物所固有的潜力的观念。关于潜力在其中显现自己的辩证的过程观念,以及关于这个过程就是这些潜力的能动运动的过程"。再如,歌德也用诗的语言表达了人的本性的是劳动思想。他在《浮士德》中借用浮士德的口吻教诲人们:"既不是财产和权力,也不是感性的满足,能实现人对人生的意义的期望;在这一切中,人依然跟整体相分离,因此人仍然是不幸的。只有在生产性的活动中,人才能使人生有意义,虽然他在这一过程中享受人生,但他并不贪婪地想保住这人生。他戒绝了战友的贪婪欲望,他已被存在所满足;他是充实的,就因为他是空虚的;他之所以拥有许多东西,就因为他没有多少东西。"①又如,弗洛姆在《寻找自我》中,探究"我"究竟是什么?他最后发现自我就是劳动,并在此基础上撰写了《存在还是占有》一书。

如此可见,既然人的本性在于劳动,那么人只有在劳动中才能真正实现自己的潜能和本性,也只有在劳动中才能获得真正的幸福。历史唯物主义认为,劳动是人及其社会的存在本体,是人之为人的基础存在规定。劳动不仅创造了人,而且还不断地形塑人、成就人、提升人,从而劳动构成人基本的存在方式和存在内容。劳动不仅为人自己的生存提供了基本的生活资料,而且正是在物质生产劳动的基础上才形成了社会生产关系和交往关系,构成人类历史的底色。可见,正是人类的劳动活动才能在根本上和全面地保障人的生存的需要、发展的需要和享受的需要,也只有在劳动中才能实现生活的美好和社会的幸福。离开了劳动的视域,我们就难以科学地把握人的本质和真理,也难以正确地揭示人的幸福基础和美好生活的核心。正是在这样的意义上,我们可以说,劳动是人的存在之本质,劳动是生活的根基,劳动是成就美好生活的基础,劳动是奠基幸福生活的要途,从而劳动幸福本质地构成美好生活的核心和要义。

马克思明确地提出,人之所以对人如此重要,关键在于其能够满足人的三个方面的需要:一是生存的需要,二是发展的需要,三是享受的需要。以前,人们只重视前两者,忽视后者,是片面的。实际上,人们之所以要重视劳动,主要是为了享受,而劳动之所以能够给人带来享受,根本在于它能实现

---

① 复旦大学哲学系现代西方哲学研究室编译:《西方学者论〈一八四四年经济学—哲学手稿〉》,复旦大学出版社,1983年,第43~44页。

人的本质。

3.劳动幸福如何可能？

社会生活在本质上是实践的，而劳动是最基础、最广泛的实践形式，从而劳动是社会生活的基础内容。所以美好生活的核心就在于劳动的美好、劳动的幸福。那么进一步的问题是何谓劳动幸福？而在规定和阐释劳动幸福之前，有必要对"幸福"作一个简要的规定和交代。

事实上，要对幸福作一个大家公认的定义几乎是不可能的。困难来自幸福的本质在某种程度上是难以捉摸的，而且幸福在某种程度上是相对的，与人们所处的文化、个体心理、思维方式、行为习惯、生活处境等紧密相关。尽管如此，我们还是可以对幸福作出一些基本的思考和规定。譬如，在心理学和社会学的意义上，幸福与人们对自己生活的感受相关，它是一种主观幸福感，其实质是对自己生活是否感到满意的问题，因而是对于满意（总体的、持久的）状态的一种认知。[①]在此意义上，幸福是一种感觉良好，不幸则是感觉糟糕。尽管幸福是一种具有主观性的自我满足状态，但是幸福的条件或基础并不是纯主观的，不妨说幸福的基础在于客观的生活条件。在通常情况下，幸福的生活与身处其中的社会的经济发展、社会公平、法律公正、风气良好、文化繁荣、教育发达、医疗充足等社会条件紧密相关。

以对幸福的上述理解为前提，所谓劳动幸福就是劳动主体对自我劳动状态的满意和满足，在劳动过程中感觉到愉悦、舒心和美好，在劳动中深刻体认到自我本质力量的确证和彰显，体认到自由自觉的生命本质。事实上，在马克思对劳动的分析中可以发现，劳动幸福意味着劳动是一种自由自觉的活动，是一种主体的自主的对象化活动，是劳动者自我本质力量的确证和彰显，因此劳动是人的"第一生活需要"。如此，人们在劳动中得以享受总体而持久的满足感和幸福感。那么劳动幸福又是如何成为可能的呢？对此，我们可以进行如下多方面的分析和考察。

其一，劳动幸福有赖于劳动必须是目的，而不能仅仅是手段。劳动幸福作为劳动主体对于自身劳动活动、劳动关系和劳动方式的一种愉悦的主观感受，是与把劳动本身视为目的的紧密相关的。只有当劳动本身成为目的，劳动不为某种外在的目的和功利所胁迫、所强制的时候，劳动中的人们才能自觉地收获劳动的美好和生活的幸福。相反，当劳动沦落为仅仅是一种达到

---

① 参见[法]弗雷德里克·勒诺瓦:《幸福，一次哲学之旅》，袁一筱译，南海出版公司，2015年，第19页。

某种外在于自身的其他目的的纯粹手段时,劳动的意义和价值是由外在的目的所施舍和认定的,在这样的情况下,劳动与人的生命处在隔阂乃至疏离状态,与生命的自由自觉的劳动本质相去甚远。马克思之所以批判和揭露资本主义雇佣劳动的非人性,其重要原因之一就是资本主义的雇佣劳动仅仅把工人视为单纯的商品和微不足道的物料,把工人的劳动视为一种仅仅实现资本增殖的手段,完全无视工人作为人应具有的生命价值维度。在把工人劳动仅仅当作实现资本增殖手段的雇佣劳动中,工人根本无法以人的方式存在,也就不存在劳动的幸福和生活的美好。所以劳动幸福的可能,重要的前提之一就是劳动必须是目的而不能仅仅是手段。

其二,劳动幸福有赖于劳动必须是自愿的,而不能是被迫和强制的。幸福是主体自我的一种和谐状态,是对自我意愿的承认和认可,从而劳动幸福意味着劳动行为是劳动者主体在自我意愿基础上的自觉自为的行动。这种劳动是人的自我意愿的对象化活动,因而在劳动中人感觉到自由意志的积极发挥,是内在本质力量的对象化,是自我自由人性的积极确证,劳动成为一种生命的自由自主状态,是主体的自我积极作为。在这样的劳动活动及其过程中,劳动不仅创造了幸福生活的物质前提和美好生活的基础,而且劳动本身就是幸福的体现和幸福的化身。相反,若一种劳动是被迫的、被强制性的劳动,那就意味着这种劳动是对劳动者主体意志的外在强制,是与主体的自由生命意志处于尖锐的对立和对抗之中,从而使得主体意志遭遇强烈的痛苦,使得人的劳动活动乃至整个身心处于灰暗的压抑和极大的痛苦之中。这样的劳动是与幸福绝缘的,建立在这种劳动基础上的生活是不幸和糟糕的,也就不可能体会到劳动的幸福和生活的美好。因此,劳动幸福以自觉自愿的劳动为基础,强迫性的劳动毫无幸福可言。

其三,劳动幸福有赖于劳动者拥有生产资料,而不是与生产资料相分离。如上文所述,劳动幸福不能建立在把劳动仅仅当作手段,不能建立在被迫性的强制劳动基础上,那么为什么会出现劳动仅仅作为一种手段,使劳动成为被迫劳动的情况呢?其重要的原因就是劳动者失去了直接的劳动生产资料,造成劳动者与生产资料的分离,使得劳动者受制于生产资料的占有者。我们知道,现实的劳动有赖于劳动者和生产资料的结合,没有了生产资料就无法进行现实的生产,也就没有了现实的生活资料,从而威胁到生命的存续。正因为如此,在资本主义生产关系中,为了维持生命,没有生产资料的雇佣劳动者就被迫屈从于资本家的强制和淫威,遭受资本家的蹂躏和糟蹋,因而在资本家统治下的雇佣工人是没有什么劳动幸福可言的。所以劳动者要想拥有劳动的幸福和生活的美好,必须消灭私有制,重建个人所有制,实现劳动者占有生产资料,成为生产资料的自觉的主人。否则,劳动的幸福、美好的生活依然只是理念式的存在。

其四,劳动幸福有赖于劳动者之间形成合作关系,而不是对立关系。马克思主义认为,人的本质在其现实性上是一切社会关系的总和,而生产劳动关系则是社会关系的基础,因而劳动关系对于人的自由本性的形塑具有根本性的影响。这意味着,合理、合作、和谐的生产劳动关系对于人的自由劳动的形成、对于劳动幸福的获得,具有本质性的作用。试想,人们长期处在一种极度紧张的劳动竞争关系、极度尖锐的敌对劳动关系中从事生产劳动,会获得的美好和幸福吗?在一个对立和尖锐的劳动关系中,"丛林法则"往往成为劳动关系中的主导原则,唯利是图成为劳动的核心价值尺度,由此会滋生出整个社会范围内的戾气。而在这样的社会劳动关系中,是难以寻求劳动幸福的踪迹的。事实上,马克思在其早期的《1844年经济学哲学手稿》一直到后期的《资本论》中,之所以对资本主义的雇佣劳动关系展开全面深入而又激愤的道德批判和历史批判,重要原因之一就是在雇佣劳动关系中,充满着尖锐敌对的劳动关系,其中包括资本家和工人之间、资本家与资本家之间、工人与工人之间的紧张对立和尖锐冲突,资本主义的劳动关系导致了异化劳动和畸形的人际关系,人们在其中感受生命的无奈和晦暗。所以劳动幸福、生活美好的可能有赖于形成一种合作、共享及和谐的劳动关系。

其五,劳动幸福有赖于劳动是全面的,而不是片面的。幸福是人的自由本性的自由显现,是人的潜能不断实现从而获得一种生命的满足和愉悦状态。同样,劳动幸福来自人的自由自觉的劳动得以全面展开,在劳动的全面性和丰富展开过程中,人的自由个性得以全面展露和丰富呈现。因此,当一个人的劳动长期在一种狭隘的劳动范围和片面专业的背景中进行时,人也就自然变得狭隘和片面,只能获得生命潜能的片面呈现。甚至在自发形成的极端的专业生产条件下,人几乎不能获得劳动的自足性和自由性,而只能是一种畸形和片面的存在。在这样的劳动境遇中,劳动主体是难以有幸福的体认和感觉的,相反,在这种狭隘畸形的劳动环境中,人们就像被限定在牢笼中的囚徒,身心会遭遇强烈的被压迫感和钳制力,从而劳动与人的自由本性形成尖锐的对抗,出现像马克思所说的那样,人们像逃避瘟疫一样逃避劳动。卓别林在《摩登时代》中以电影艺术的形式,深刻而辛辣地揭示了这种片面劳动带给人们的单调、乏味、焦虑的非人道后果。所以在片面劳动中是不可能有劳动幸福可言的,劳动幸福的实现需要以劳动的全面性和丰富性为基础。

4.人类对自己最大的误解在于不是在劳动领域寻求满足

马克思当年主要是从批判资本主义的异化劳动入手,来阐述劳动对人的生存所具有的意义的。马克思认为,资本主义制度的最大罪恶就是把人的劳动变成异化劳动。具体地说,资本主义社会的异化劳动造成了三个分裂:一是使劳动的主客体相分裂,即工人从主体变成了客体,在精神和肉体上被贬为机器或附件,使劳动失去了人的自主性;二是造成了人的目的和手段相分裂,劳动成了劳动者纯粹谋生的手段,劳动者把劳动当作是一种机械的沉重负担;三是使人的劳动和享受相分裂,人的劳动的过程成了一个强迫的、痛苦的过程,劳动的强迫性一旦解除,人们就会像逃避瘟疫一样逃避劳动。马克思对此作了生动的描述:"人(工人)只有在运用自己的动物机能——吃、喝、性行为,至多还有居住、修饰等等的时候,才觉得自己是自由活动,而在运用人的机能时,却觉得自己不过是动物。动物的东西成为人的东西,而人的东西成为动物的东西。"①在马克思看来,资本主义社会的罪恶在于造成了这样的颠倒:吃、喝等明明是动物的功能,可人却完全专心致志地享受,把此当作人的独有的功能来对待,而劳动明明是只属于人的功能,人却偏偏不加以重视,只是把它作为一种手段,实际上也就是把它看作动物的功能了。

资本主义社会所造成的人的功能与动物的功能的这种颠倒,给人带来了深远的影响。这种影响使人们在观念上形成了"只是在消费领域而不是在生产领域寻求满足"的误解,即只是在消费领域内寻求满足,而把生产领域的活动都视为只是谋取满足消费的手段。代表西方马克思主义最新发展的生态学的马克思主义,对当今人类"只是在消费领域而不是在生产领域寻求满足"的倾向提出过尖锐的批评。他们指出,马克思当年所批评的资本主义社会的劳动异化,人的功能与动物的功能的颠倒等现象,在当今工业社会中愈演愈烈。现代工业社会正在把人们引向这样一种生活方式:人们居住在城市的高楼大厦中,其能源供应、食品和其他必需品乃至废物的处理都依赖于庞大而复杂的体系,与此同时,人们又误认为不断增长的消费似乎可以补偿其他生活领域,特别是劳动领域遭受的挫折,因此人们便疯狂地追求消费以宣泄对劳动的不满,从而导致把消费与满足、幸福完全等同起来,换句话说,只用消费的数量来作为衡量自己的幸福的尺度。在他们看来,把消费与满足、幸福完全等同起来,正是现代工业社会处于异化之中的明证。

---

① 《马克思恩格斯全集》(第42卷),人民出版社,1979年,第94页。

与此相应,生态学的马克思主义者们又提出了"人的满足最终在于生产活动而不在于消费活动"的著名命题。他们提出,要使当代人真正生活在幸福之中,关键在于使他们的劳动本身也成为一种自主性的行为,不仅要在劳动之外寻求个人的自由发展,而且也要在劳动之内寻求个人的自由发展。他们认为,这里至关重要的是,不能使劳动仅仅成为挣工资的手段,如果是这样,劳动必然失去其意义、动力和目标。他们要求把"劳动"(work)与"工作"(job)或"就业"(employment)区别开来,相应地,也不能把"劳动的权利"和"挣钱的权利"及"得到收入的权利"混淆在一起。在他们看来,现在人们普遍把挣钱的权利等同于劳动的权利,实际上你有权挣钱并不表示你已真正获得了劳动的权利,而在劳动领域,超越经济理性就是让人们不仅获得挣钱的权利,而且真正获得劳动的权利。他们还强调,社会把注意力集中于生产领域,让人们在从事自主的、创造性的劳动的过程中获取幸福和满足,并不意味着强迫所有人都采用一种特殊的、单一的生活方式,而是让人们有更富于吸引力的其他种种选择。现在着眼于消费的投资决策只能导致单一的选择,即以集中的城市人口为基础的高集约度的市场布局,而一旦把着眼点转移到如何使人们在生产活动中获得满足,人们就能获得理想的生活环境,这对每个个人来说都是极富吸引力的。如果现代社会的投资方向不是强求人们过一种单一模式的生活,那么每个人就可以有广泛的选择自由。把注意力集中于生产领域而不是消费领域,这绝不仅仅是人们注意力的转移,而且是创造出一种能促进人们在其中直接参与同满足自己需要有关的活动的环境。

5. 当今我们对"劳动的解放"能做些什么?

　　人类在劳动中获得彻底解放,即让每个人从以劳动作为谋生的手段,升华到把劳动作为生活目的的自由活动的生活享受,这是人的全面发展的最高境界。这种最高境界当然只有到了理想的大同社会才能真正实现。按照马克思的说法,只有到了共产主义社会,生产力高度发展,需要和劳动高度统一,成为人的最基本的需要,这时劳动和自由活动也将相应地完全一致,劳动是为了争取更大的自由,又是人的最自由的活动。马克思这句话则表述了在共产主义社会中,劳动是如何实现完全的自主性和全面的流动性的:"在共产主义社会里,任何人都没有特殊的活动范围,而是都可以在任何部门内发展,社会调节着整个生产。"[①]

---

① 《马克思恩格斯文集》(第一卷),人民出版社,2009年,第537页。

正因为只有到了理想的大同社会,人类才能真正实现完全的"劳动的解放",所以有些人总喜欢把马克思"劳动的解放"思想说成是一种"劳动乌托邦"。问题在于,在那种理想的大同社会到来之前,对于"劳动的解放",我们真的一点不能做些什么吗?我们的社会目前处在社会主义初级阶段,并且还将长期处在这个阶段,但它毕竟不能等同于充满着阶级压迫和剥削的社会。在我们的社会,劳动者已经具备条件开始获得自主活动的性质。在社会转型的重要时刻,我国提出要"尊重劳动"和"以辛勤劳动为荣,以好逸恶劳为耻",不仅是深刻的,而且也是及时的和现实的。

那么为了实现"劳动的解放"这一最终目标,当今我们围绕着"劳动的解放"究竟应当做些什么呢?

其一,不要随随便便把人们从传统的直接性的劳动岗位上驱赶出去,确保人们有一个实现自身价值的平台。直接性的生产活动最能发挥人的创造性,从而最能体现人生的意义,所以应该让尽可能多的人都有直接性的生产劳动岗位。当前,至关重要的是如何在进行"结构性产业调整"、传统劳动岗位日益减少的情况下,确保人们都有自己的劳动岗位。对于广大下岗者和失业者来说,仅仅给予生活补助,让他们能生存下去是远远不够的,他们不仅需要活下去,更需要一个能证明自身价值的天地。实践证明,让每个人都有活干,其意义丝毫不逊于让每个人都有饭吃。事实上,让每个人有活干要比让每个人有饭吃艰难得多。

其二,合理地配置劳动和休闲的时间比例,正确地处理好两者之间的关系。人们必须有自己的劳动岗位,但与此同时,必须不断地减少人们的劳动时间。马克思批评资本家无偿榨取工人剩余价值的实质是无偿占有和剥夺工人的自由时间。工人反对资本家的斗争,就是一种争取自由时间的斗争,即争取休闲时间的斗争。这也是实现人的"劳动的解放"的内在要求。我们必须反对进行超长时间的劳动。当今,对一些人来说是有没有劳动岗位的问题,但对另一些人来说是如何减少他们的劳动时间,使其有更多的休闲时间的问题。

其三,在把当今人们的劳动转变成真正自主性的活动上下功夫。我们要把注意力转移到人们的生产活动中来,引导人们在生产活动中获取享受和满足。劳动时间的减少并不意味着人的快感的自然增加。现代人一定要在有限的劳动时间里开辟出一个足够大的自由和享受的空间。人是不是真正实现了"劳动的解放",最后还是看劳动有没有实现自主性。尽管现在还不可能完全做到消灭旧式分工,因而还不可能完全改变劳动是谋生的手段,但一定要尽可能地创造条件,使人们在自己感兴趣的劳动岗位上工作,从而最大限度地使其在劳动中获取欢乐。

现代西方社会不断有人对下述社会现象表示深深的忧虑：通过微电子生产力而大大增多的社会时间储蓄并没有等量地转换为所有人都能享受到的闲暇，而是一方面制造了大规模失业，另一方面又加剧了劳动的紧张程度。第二次工业革命使人转变成机器人，人当然不可能获得幸福和解放，而人自以为通过第三次工业革命可以被机器人代替，真正获得幸福和解放时，客观存在的现实却把人们的这一幻想辗得粉碎。人们所看到的残酷现实是：现代社会在不断地抛弃"过剩者"，使之陷于贫困境地的同时，其成本核算机器又昼夜不停地驱赶那个最后剩下的工人像机器人一样去干活。我们一定要尽量避免这种社会现象在我们国家出现。

（四）我们究竟如何消费

消费主义是一种把消费，特别是物质消费作为生活宗旨的生活方式。这种生活方式自20世纪60年代起在西方世界广为流行。中国人自20世纪80年代开始逐渐告别"短缺"与"匮乏"是大好事，但与此同时，一些中国人走上了西方消费主义的轨道，又显得十分可悲。就消费时的挥霍无度而言，一些中国人与西方人相比有过之而无不及，我们中国人确实是到了认真思考一下是否应该沿着消费主义的路子走下去的时候了。

1.消费主义完全违背马克思为人类所设计的生活方式

当今世界上的许多有识之士越来越深刻地认识到，跨入21世纪的人类之所以离不开马克思主义，主要在于马克思主义能为21世纪的人类指明一条正确的生活道路。无疑，马克思主义的当代意义主要表现为马克思为人类所设计的生活方式具有现实性。显然，用马克思为人类所设计的生活方式来对照消费主义，就可以知道这种生活方式是违反人性的。

人究竟应该如何生活是由人究竟是什么所决定的。马克思正是通过对人的本质的种种探讨，引申出人究竟应当选择什么样的生活方式。如前所述，马克思从来没有把人的本质归结为只是追求丰裕的物质生活，所以马克思所期望的人的生活方式也并不是消费主义的生活方式。因而他对资本主义社会只是从物质需求方面来满足人，即对资本主义社会中的消费主义提出了尖锐的批评。有些人总认为，马克思之所以要批判和推翻资本主义，只是因为这一社会中的工人阶级和广大劳动人民处于贫困状态、物质需求得不到满足，只是因为这一社会的财富分配得不公平。这样去理解马克思对资本主义社会的批判有一定的根据，但肯定带有肤浅性和片面性。实际上，马克思对资本主义的批判主要在于，这一社会一方面使人的劳动堕落成为被迫的、异化的、无意义的劳动，另一方面又把人变为一种只知道物质消费的"残废的怪物"。

资本主义社会是个异化的世界，马克思非常清楚地看到了在这个异化的世界中人的欲望和需求究竟变成了什么。在异化了的资本主义世界中，欲望不是人的潜在力量的表现，也就是说，欲望不是人的欲望。他这样揭露说，在资本主义条件下，"每个人都千方百计在别人身上唤起某种新的需要，以便迫使他做出新的牺牲，把他置于一种新的依赖地位，促使他进行新花样的享乐"。在这一社会中，"产品和需要的范围的扩大，成为对不近人情的、过于讲究的、违反自然的和想入非非的欲望的精心安排的和总是考虑周到的迎合"，为了达到自己增加财富的目的，"工业的宦官投合消费者的卑鄙下流的意念，充当消费者和他的需要之间的皮条匠，激起他的病态欲望，窥伺他的每一个弱点，以便然后为这种亲切的服务要求报酬"。①马克思在这里对资本主义社会如何从维护自身利益出发强行把对物的需求变成人的主要需求，即异己的本质力量的分析确实十分深刻。

在马克思看来，资本主义社会的罪恶在于造成了这样的颠倒：吃、喝等明明是动物的功能，可人却完全专心致志地享受，把此当作人的独有的功能来对待，而劳动明明是只属于人的功能，可人却偏偏不加重视，只是把此作为一种手段，实际上已把此视为动物的功能了。人从动物脱胎而来，因此必然具有双重性：既有动物性，又具有人性。问题在于，当他表现为动物性一面时，却误当作人所独有的东西加以享受，而真正要他表现为人性的一面时，他却像动物一样地运作。这就是在资本主义社会中的人的悲哀。

马克思批判资本主义社会把人歪曲成经济动物，当然他所希望建立的社会主义社会的基本要求是把人从那种使人变成物，特别是变成消费动物的状态中解放出来。但一些人在曲解马克思对资本主义社会的批评的同时，又错误地理解马克思所要建立的社会主义的真正内涵。正如西方马克思主义理论家弗洛姆指出的："对马克思的这种看法进一步把马克思的社会主义天堂描绘成这样一种情景：成千上万的人听命于一个拥有至高无上权力的国家官僚机构，这些人即使可能争取到平等地位，可是牺牲了他们的自由；这些在物质方面得到满足的'个人'失去了他们的个性，而被变为成千上

---

① 马克思：《1844年经济学哲学手稿》，人民出版社，1979年，第85~86页。

万个同一规格的机器人和自动机器,领导他们的则是一小撮吃得更好的上层人物。"①在弗洛姆看来,社会主义是要消灭妨碍尊严生活的贫困,但不能由此推论出社会主义的目的就是满足消费。他说:"我们决不能把这样两个目标混淆起来,一个是要克服妨碍尊严生活的赤贫,另一个是不断增长消费,后一目标对于资本主义和赫鲁晓夫来说具有最高价值。马克思的立场是十分清楚的:既要征服贫困,又要反对把消费作为最高目的。"②应当说,弗洛姆对马克思所提出的社会主义内涵的理解基本上是正确的。

确实,按照马克思的原意,人类之所以要搞社会主义,并不仅仅在于使人们都拥有昔日的资本家所拥有的那么多的财富,使人们都过着穷奢极欲、金玉满堂、纸醉金迷的生活,社会主义与资本主义确实是两种根本对立的社会制度,在这两种制度下的人的生活方式也迥然有别,社会主义绝不把最大限度地进行消费作为自身的目的。社会主义必须消除有损人的尊严的贫困,但并不能因此得出结论说社会主义就是单纯为了获得财富。社会主义社会绝不像资本主义社会那样,把人引向一种只知道从物质方面来满足自身的"经济动物"。社会主义不是为了使资本主义条件下的生活方式更顺利地发展下去,而是旨在创建一种新的生活方式。

2.消费主义也是对中国传统的消费文化的否定

随着"国学热"的兴起,人们逐渐对中国传统文化在当代中国的价值有了新的认识。中国的消费文化是中国传统文化的一个重要组成部分。正如中国的传统文化有其优秀的成分,具有现实意义一样,中国的传统消费文化也不是一无是处,也有其当代价值。中国人原先有自己的一套活法,包括如何进行消费。当代中国人千万不能与原先的活法彻底"决裂",一下子"栽进"消费主义之中去。消费主义是从西方世界引进来的,它实际上是对中国传统的消费文化的否定。既然中国的传统消费文化也有其值得保留与吸收之处,那么这种否定并不完全是一种进步,对当今中国人来说并不完全是一件好事。

当今中国人不应抛弃中国的传统消费文化中的下述内容③:

其一,消费中提倡知足常乐。孟子曾经把中国人向往的生活目标描述

---

① [美]弗洛姆:《马克思关于人的概念》,载复旦大学哲学系现代西方哲学研究室编译:《西方学者论〈一八四四年经济学—哲学手稿〉》,复旦大学出版社,1983年,第21~22页。

② 同上,第51页。

③ 关于这些内容,杨威在《中国传统日常生活世界的文化透视》一书中曾作过系统论述,这里所用的材料大多取自该书。

为："五亩之宅,树之以桑,五十者可以衣帛矣;鸡豚狗彘之畜,无失其时,七十者可以食肉矣;百亩之田,勿夺其时,数口之家可以无饥矣。"后来又有人把这种生活目标进一步概括为："上足以事父母,下足以畜妻子。"《庄子•养生主》云："安时而处顺,哀乐不能入也。"这说的是只要不进行过分的追求,安于常分,那就能达到宠辱不惊的境界。我国长期处于个体农业和家庭手工业相结合的自然经济,这种生活目标、生活态度是与自然经济相适应的。从表面上看,这种知足常乐的消费方式,是得过且过、不求进取的生活态度,确实一些人就是这样认为的。如钱穆先生就持这种观点,他曾把这种态度概括为："故彼之心中不求空间之扩张,惟望时间之绵延,决不想人生有无限向前之一境,而认为当体具足,循环不已。"①那么钱先生的这种理解是正确的吗?未必。关键在于,怎么来理解知足常乐这种消费方式?知足常乐这种消费方式难道一定意味着是得过且过、不求进取吗?实际上,中国数千年所崇尚的知足常乐的这种消费方式,更多的不是把中国人民引向得过且过、不求进取,而是造就了中国人民独特的适可而止、悠然自得的精神境界。让我们放眼看一看当今世界流行的得陇望蜀、利欲熏心、贪心不足、欲壑难填的消费方式和生活态度,在一些人那里越来越变成司空见惯。这种消费方式和生活态度与知足常乐的消费方式形成了鲜明的对照。我们现在太需要继承和弘扬中国传统的知足常乐、适可而止、悠然自得的消费方式和生活态度,并用其来纠正和消除当今一些人的得陇望蜀、利欲熏心、贪心不足、欲壑难填的恶习。

其二,消费中提倡崇俭黜奢。崇俭黜奢是中国传统消费文化的核心。孔子就主张"与其奢也,宁俭"。打开中国历史上各种版本的"治家格言",崇俭黜奢总是其核心内容。如《朱子家训》中有这样一段话："一粥一饭当思来之不易,半丝半缕恒念物力维艰。宜未雨而绸缪,毋临渴而掘井。自奉必须俭约,宴客切勿流连。器具质而洁,瓦缶胜金玉。饮食约而精,园蔬愈珍馐。勿营华屋,勿谋良田。"这是要人们万分珍惜来之不易的财物,反对穷奢极欲、声色犬马,要人们精打细算,量入为出。这里特别提到"器具质而洁,瓦缶胜金玉",所用的物品只要质地好和清洁卫生就行了,只要经久耐用,哪怕是瓦缶也要胜过金玉。这里还提到"饮食约而精,园蔬愈珍馐",吃东西要做到简约和清淡,粗茶淡饭、园中蔬菜比什么都珍贵。又如叶梦得的《石林治生家训要略》云："夫俭者,守家第一法也。故凡日用奉养,一以节省为本,不可过多,宁使家有赢余,毋使仓有告匮。"这是把节俭视为守家第一要务,要

---

① 钱穆:《中国文化史导论》,商务印书馆,1994年,第3页。

人们千万合理开支，不可吃光用光。还如萧绎在《立言》中明确地提出"居家之方，惟俭与约"。那么我们究竟如何看待中国传统的这种崇俭黜奢的消费观念呢？现在有一种说法，即认为这种崇俭黜奢的消费观是在物质生活资料贫乏的状态下所不得不采取的一种态度，也就是说，在他们看来，在当时贫乏的状态下，人们为了抵御由消费资料的贫乏所带来的对生存的威胁，不得不节衣缩食，不得不在日常生活中处处精打细算，不这样做，人们就无法生存下去。他们的言下之意是，如果消费资料的贫乏基本上消除了，人们进入了"富裕"的状态，那么人们就可以挥金如土、骄奢淫逸、酒池肉林、暴殄天物了。这实际上把崇俭黜奢视为一种权宜之计，把中华民族的一种优秀美德"矮化"为一种权宜之计。综观中华民族数千年的文明史可以知道，崇俭黜奢作为一种传统美德已融入中国人的血脉之中，它已经成为世世代代中国人的一种最基本的消费观念。对这种消费观念，即使物质生活资料再丰富，我们也不能随便丢掉，丢掉它就是丢掉中国人的传统美德。实际上，物质财富的增加永远跟不上人们的欲望上升。正如印度圣雄甘地所说的："世界满足人的需要绰绰有余，但却不能满足人的贪婪。"只要人们处于贪婪之中，物质财富是永远不会丰富的，永远是"贫乏"的。不论我们是处于"贫乏"还是处于"富裕"状态，崇俭黜奢作为一种传统美德都是我们的精神财富，都应当力戒贪婪。

其三，在消费中提倡俭而不吝。在中国传统的消费文化中，是把节俭与吝啬严格地区别开来的，尽管主张节俭，但又反对吝啬。北齐的颜之推在其《颜氏家训•治家》中明确要人们做到"俭而不吝"，他把两者作了如下区分："俭者，省约为礼之谓也；吝者，穷急不恤之谓也。"这就是说，节俭是一种高尚的行为，而吝啬则是在别人处于危难之际而袖手旁观。何大复在《四箴杂言》中则提出："吝则不俭，俭则不吝。"他认为，节俭与吝啬是水火不相容的两回事，吝啬者不一定就是节俭者，而真正的节俭者不会是一个吝啬者。对于这两者的关系，王夫之在《俟解》中则讲得更加清楚明白："俭者，节其耳目口体之欲，节己不节人……吝者，贪得无已，何俭之有！"在王夫之看来，所谓节俭，实际上就是对自己的七情六欲加以节制，真正的节俭者是针对自己而不是针对他人的，即"节己不节人"；而所谓吝啬，实际上是不愿意施舍与帮助别人，这正表明其贪得无厌的本性，而贪得无厌哪里还谈得上什么节俭！中国的消费文化对慷慨解囊历来是十分赞赏的，韩愈在《答窦秀才书》中作过这样的描述："虽使古之君子，积道藏德，遁其光而不曜，胶其口而不传者，遇足下之请恳恳，犹将倒廪倾囷，罗列而进也。"这说的是君子虽然平时看上去十分内敛，但一旦有人向他求助，他马上会倾其所有、在所不惜、全力帮助。俭而不吝，必然不会斤斤计较。中国传统的消费文化对斤斤计较向来是持批评态度的。《老子》中有这样一段话："是故甚爱必大费，多藏必厚亡。"对这段话，王弼注释道："甚爱不与物通，多藏不与物散。求之者多，攻之者众，不物所病，故大费厚亡也。"按照王弼的解释，《老子》"多藏厚亡"的思想说的是，聚财过多而不能施以济众，引起众怨，最终会损失更大。当今一些人的消费方式与中国传统的消费文化所提倡的俭而不吝恰好相反，他们一方面对自己金迷纸醉、朝朝寒食、夜夜元宵，另一方面对别人则锱铢必较、分斤掰两，其结果必然是《老子》所说的"多藏厚亡"。在这种情况下，重温一下中国传统的俭而不吝的消费文化实在太有现实意义了。我们的社会太需要那种一方面对自己尽量"节俭"，即对自己的七情六欲加以节制；另一方面对他人尽力"施舍"，即一旦有人求助马上倾其所有在所不惜的美德了。

3. 人只是从消费领域寻找满足是生活方式的堕落

马克思对人只是从消费领域寻找满足的生活方式展开过深刻的批判，当今的生态学的马克思主义者继承了马克思的这一批判传统。在生态学的马克思主义者中，最早也是最系统地论述"人的满足最终在于生产活动而不在于消费活动"的是莱易斯。他在《满足的极限》一书中批判了现代工业社会把满足等同于无休止的物质消费的观念。他指出，现代工业社会正在把人们引向这样一种生活方式：人们居住在城市的多层高楼中，其能源供应、食品和其他必需品乃至废物的处理都依赖于庞大而复杂的体系，与此同时，人们又误认为不断增长的消费似乎可以补偿其他生活领域，特别是劳动领域遭受的挫折。因此，人们便疯狂地追求消费以宣泄劳动中的不满，从而导致把消费与满足、与幸福等同起来，换句话说，只用消费的数量来作为衡量自己的幸福的尺度。莱易斯指出，把消费与满足、幸福等同起来，正是现代工业社会处于异化之中的明证。

莱易斯强调，必须改变把消费与满足等同起来的观念。贯穿于傅立叶、马克思、马尔库塞著作的是这样一种认识：人的满足应到自己能从事的活动中去寻找，也就是说人的满足最终取决于生产活动。他说："满足的可能性将主要是生产活动的组织功能，而不是像今天的社会那样主要是消费活动的功能。"[1]如果人们弄懂了这样一个事实：不断增长的消费是不可能补偿其他生活领域中遭受的挫折的，那么他们就会认为，进步的社会变革的前景取决于在消费领域之外的其他领域，即在消费领域之外，照常能够达到满足和

---

[1]　W. Leiss, *The Limits to Satisfaction*, Toronto, 1976, p.105.

幸福。

莱易斯进而指出，人的基本需求是多方面的，满足这些需求的手段更是极其丰富，根本用不到非要由过分专门化的商品和服务来提供。"就个人活动而言，替代方案的满足前景将与克服提供商品和劳务的劳动的极度专业化和克服由此而产生的商品交换领域的局限性有关。"①人们天生具有康复、种植、缝纫、运动、学习、筑屋、安葬的能力，每一种这样的能力都可以满足一种需要。

莱易斯认为，把注意力集中于生产领域而不是消费领域，这绝不仅仅是人们注意力的转移，而且是创造出一种能促进人们在其中直接参与同满足自己需要的有关活动的环境。创造这一环境的过程也就是解决生态危机的过程。让人类在生产领域中得以满足，是解决生态危机最有效的途径。人的需求对生态环境的压力问题，现在已到了这样一个程度，即我们必须把人的需求问题看作生态相互作用的更大系统的一个不可分割的组成部分。因此，必须把降低人的消费需求、改变高消费的生活方式与使一切个人的劳动活动和自由时间的活动都具有丰富意义联系在一起，尽可能让人们靠自己的双手来满足自己需求。

他总结说，人类之所以能在生产领域获得真正的满足，关键在于：其一，通过参加直接性的生产活动得以自我实现，使人们能创造性地生活，而且这种生活是丰富多彩的，人们在这种生产活动本身中会获得享受；其二，由于这种生产不是为了支撑恶性消费而进行的生产，由于割断了生产与消费的直接联系，由于这是在缩减了资本主义的生产能力基础上的生产，所以这种生产的结果不是与自然日益对立而是与自然建立起和谐的关系，人类在这种崭新的关系中会感到无比满足和幸福。

另一位著名的生态学的马克思主义者高兹，把是沉醉于消费领域获得满足还是寻求在生产领域获得满足，概括为经济理性与生态理性之间的区别。他认为，经济理性有各种各样的特征，其中最主要的一点就是全社会紧紧围绕着消费这个中心动作，千方百计地把人们引导到消费这一道路上去，即生产出尽可能多的东西供人们无止境地消费。而为了做到这一点，又必须通过严密的计算和核算，最大限度地提高生产效率，获取利润。

高兹说道："在经济理性的指导下，生产必然仅仅是被商品交换所支配，它必然被在一个自由的市场上进行交换这一原则所驱使，在这一市场上，被

---

① W. Leiss, *The Limits to Satisfaction*, Toronto, 1976, p.106.

割裂的生产者面对着同样是被割裂的购买者,它们在竞争中发现自身。"①既然在经济理性的指导下,生产主要是为了交换,那么这种生产必然是越多越好。于是,"足够的"这一范畴就不像在传统社会中那样仅仅是一个文化的范畴,而是变成了经济的范畴。其标志是突破了原来的"够了就行"(Enough is Enough)的原则,而开始崇尚"越多越好"(The More the Better)的原则。他说:"替代'够了就行'这种体验,提出了一种用以衡量工作成效的客观的标准,即利润的尺度。从而成功不再是一种个人评价的事情,也不是一个'生活品质'的问题,而是主要看所挣的钱和所积累的财富的多少。量化的方法确立了一种确信无疑的标准和等级森严的尺度,这种标准和尺度现在已用不到由任何权威、任何规范、任何价值观念来确认。效率就是标准,并且通过这一标准来衡量一个人的水平与效能:更多要比更少好,钱挣得更多的人要比钱挣得少的人好。"②他的意思是,在经济理性的支配下,利润的尺度至高无上,用以衡量一个人是否处于幸福之中以幸福的程度的唯一标准是视其消费掉多少东西和拥有多少财富。

高兹认为,马克思对资本主义生产方式的批判就是对把注意力集中于消费领域的经济理性的批判,所以他借用马克思的观点来揭示经济理性的危害。他说,在马克思和恩格斯看来,作为资本主义特征的经济合理性"要扫除所有从经济的观点看来是不合理的价值和目标,而只是留下个人之间的金钱关系,留下阶级关系,留下人与自然之间的工具关系,从而产生了一个一无所有的工人–无产者阶级,这个阶级沦为只是可以无限地加以交换的劳动力,被剥夺了任何特殊的利益"③。按照马克思主义的观点,推行经济理性的过程"一方面在人与自然之间造就了一种造物主性质的、创造性的关系,这种关系是机械化的一大成果;另一方面又赋予这样一种劳动组织难以置信的支配生产力的权力,这种劳动组织既使劳动又使劳动者失去一切人性味"④。"作为资本主义合理化的一大成果,劳动不再是一种个人的活动,不再受制于基本的必然性,但也付出了重大代价,这就是劳动失去了其界限,劳动不再变成有创造性的了,不再是对普遍的力量的肯定,它使从事劳动的人非人化。"⑤高兹在这里强调,按照马克思的观点,经济理性的危害可以归结为,一方面使人与人之间的关系变成金钱关系,另一方面使人与自然之间

---

① A. Gorz, *Critique of Economic Reason*, London, 1989, pp.110–111.

② Ibid., p.113.

③ Ibid., p.19.

④⑤ Ibid., p.20.

的关系变成工具关系,而核心的问题是使劳动者失去人性。

在高兹看来,实现从经济理性向生态理性转换的过程,也是人们不断从生产领域而不是从消费领域获取满足的过程。高兹认为,只有挣脱掉经济理性的禁锢,使整个社会转移到从生产领域中获取满足的轨道上来,才能为现代人开辟出一个足够大的自由空间。在这一空间中,人们的生活不再完全被消费所占据,从而也不再被只是作为谋取生活资料的手段的劳动所占有。人们发现这是一个价值不能被量化的领域,发现这才是生活自主的领域。以经济为目的所进行的劳动大大减少之时,自主的行为有可能在社会中占据支配地位。应当把经济理性从闲暇时间中驱除出去。这样,闲暇将不再只是剩余或补偿,而是必不可少的生活时间和生活的原因。要使闲暇压倒劳动的同时,使自由时间压倒非自由时间。让这种自由时间成为一切普遍价值的承担者,即让创造性、欢乐、美感和游戏战胜劳动中各种效率、谋利的价值。高兹提出,当这种劳动降低到从属的地位,而自由的时间成为一切普遍价值的承担者之时,就出现了"一个可能的其他社会的远景"。他说:"这里所涉及的是从一个生产主义的以劳动为基础的社会向一个时间解放了的社会的转折,在这一社会中文化和社会被赋予比经济更大的重要性,一句话,这是向一个德国人称之为'文化社会'(Kulturgesell-schaft)的社会的转折。"①

4.消费应从量的标准转向质的标准

生态学的马克思主义者不但有针对性地向当代人提出了不在消费领域而在生产领域寻求满足的理念,而且就如何具体落实这一理念提出了种种要求。

这些生态学的马克思主义者要人们把注意力集中于生产领域,在生产领域寻求满足,并不意味着他们让人们完全放弃消费,他们只是要人们按照新的理念对目前的消费方式作出重大改变。在他们看来,即使消费领域不能成为人们获取快乐的主要场所,但人们不可能游离于消费领域,这里还是有一个消费导向的问题。因此,他们就落实"不在消费领域而在生产领域寻求满足"的理念所提出的许多要求中,很大一部分是集中于消费领域的。他们在消费领域所提出的基本要求是打断"更多"与"更好"之间的联结,使"更好"与"更少"结合在一起。

高兹就提出,只要我们生产更多的耐用品和更多的不破坏环境的东西,

---

① A. Gorz, *Critique of Economic Reason*, London, 1989, p.183.

或者生产更多每个人都可以得到的东西,那么消费得越少,生活却更好这是可能的。他说:"特别是当人们发现更多的并非必然是更好的,发现挣得越多、消费得越多并非必然导向更好的生活,从而发现还有着比工资需求更重要的需求之时,他们也就逃脱了经济合理性的禁锢……当人们认识到并不是所有的价值都可以量化的,认识到金钱并不能购买到一切东西,认识到不能用金钱购买到的东西恰恰正是最重要的东西,或者甚至可以说是最必不可少的东西之时,'以市场为根基的秩序'也就从根本上动摇了。"①在他看来,关键在于对"足够的"这一概念要给予正确的解释。实际上,"'足够的'概念并不是一个经济的概念,它是一个文化的和存在论的范畴。说'够了就行'是指使用更多的东西未必就能提供更好的服务,更多并不是更好。诚如英国人所言:'知足常乐'(Enough is as good as a feast)"②。

高兹还指出,只要在消费领域真正能打断"更多"与"更好"之间的联结,实现"更好"与"更少"的结合,那么人类就将进入"更少地生产,更好地生活"的境界,而这正是理想中的社会主义的主要生活模式。这里所说的"更少地生产"应正确地表述为"人们根据他们的想象而不是根据需要来进行生产"。正是根据想象来生产,即"最大限度的生产率和利润率的经济标准服从于社会-生态标准"③,所以能使人们进入一种新的境界。在那里,市场消失,每个人都感到满足,人们共聚在一起,每个人各自计划自己的生活。

高兹认为,社会主义是一个充满平等的社会,而"更少地生产,更好地生活"将直接导致社会走向平等。他说,现代资本主义的生产方式所带来的经济增长,使广大人民群众享受原来只有那些精英们才能享受的特权的同时,又把他们排挤在新的特权之外。现代资本主义社会的座右铭是:"对每个人都一样好的东西没有价值,你必须有着若干东西好于他人才能受到尊敬。"这一座右铭是现代资本主义社会中人们普遍接受的价值观念。当人们都拥有了某种物品以后,这件物品就失去了价值,而唯有那些只有少数人占有的物品才是高贵的,才值得人们追求。现代资本主义社会的统治者正是利用了这样一种价值观念和心理状态,才得以不断地制造新的需求,控制人们,维护不平等。随着"更少地生产,更好地生活"的实施,人们所生产的是那些为所有人真正需要的东西,既不给予任何人以特权,也不减少任何人的权利。这样的社会,诚如马克思所言:"每个人的自由发展是一切人的自由发

---

① A. Gorz, *Critique of Economic Reason*, London, 1989, p.116.

② Ibid., p.112.

③ A. Gorz, *Capitalism, Socialism, Ecology*, London, 1994, p.32.

展的条件。"社会主义的平等正是从这里开始产生。

莱易斯则提出,在消费领域打断"更多"与"更好"之间的联结,实现"更好"与"更少"的结合,实际上就是从"由量的标准转向质的标准"的转移。他提请人们注意一百多年之前约翰·斯图亚特·穆勒在《政治经济学原理》一书中关于创立稳态经济的论述。穆勒提出,经济增长和人口增长要趋于稳定。穆勒在当时就告诫人们生产能力和人口水平已趋于极限,不需要再进一步发展了。尽管穆勒也承认人们之间在自我实现的机会方面和生活愉快的程度方面存在着严重的不平等现象,但他强调这种不平等现象只能通过建立较合理的社会组织来补救,而不能一味地寄希望于量的增长,即借助于增加总量来解决。在他看来,量的增加并不能必然改善整个人类的命运。莱易斯认为,穆勒观点的"正确性已得到了证明",他高度赞赏穆勒所提出的"由量的标准转向质的标准是未来社会迫切需要解决的事情"。①

莱易斯注意到,面对日益恶化的生态环境,西方社会终于有人开始提及穆勒的理论。但他指出:"最近的讨论只倾向于认为穆勒的担心在这样一点上才是有效的,即他的稳态经济思想只是在解决紧迫困难时才需要认真对待,而不是把它当作质的改进的理想的理论结构。"②莱易斯绝对不能同意西方社会有些人把穆勒的理论只是当作解决当务之急的权宜之计,而不是视为走向理想社会的有效途径。在他看来,注重质的标准的穆勒的解决方案是建立在这样一种基本理念的基础之上的:人类满足的前景必须根植于创造一个运转良好的共同活动和决策的领域,使每个个人能在其中锻造出满足自己需要的手段。他说:"对这种解决方案来说,最重要的是改变表达需求和满足需求的方式,而不是确定或预先确定一套可替代需求本身。"③这里关键的是要实现需求结构的革命,即要建立一种把消费的质、生活的质放在第一位的需求结构。

针对有些人可能会产生的"从量的标准转向质的标准"后,会不会使人们重新回到过去那种以穷乡僻壤为特征的艰苦生活环境中去的担心,莱易斯还特地作了说明。他指出,现代文明是同商品和市场交换联系在一起的,现代人的富裕也是建立在商品和市场交换的基础之上,欲知按照穆勒的理论,即生态学的马克思主义的方案重新组织生活方式是不是会带来贫困,首先取决于对商品和市场交换的态度。他说:"我们认为商品生产重要性的程度是随着具体历史环境和社会组织及个人愿望的变化而变化的。甚至在一

---

① ② W. Leiss, *The Limits to Satisfaction*, Toronto, 1976, p.104.

③ Ibid., p.105.

个特定的社会内部也不需要有任何统一的模式,如果这种社会分散到足以使其成员可以得到范围广泛的种种不同的选择权的话。支配这些选择的准则是如此简单明了:对通过市场交换来得到复杂的制成品的依赖程度与对满足需要手段的局部的直接支配程度成反比。"①在莱易斯看来,在他们所设计的生活方案中,一方面对满足需要手段的直接支配程度不断增加,另一方面对市场交换来获得复杂的制成品的依赖程度将大大减弱,而这两方面正是使人真正过上幸福、富裕生活的保证。

当代最有影响的生态学的马克思主义者阿格尔把在消费领域打断"更多"与"更好"之间的联结,实现"更好"与"更少"的结合表述为"消灭异化消费"。他确认,当今资本主义社会"危机的趋势已转移到消费领域","资本主义由于不能为了向人们提供缓解其异化所需要的无穷无尽的商品而维持其现存工业增长速度,因而将触发这一危机"。②他说道:"在考察危机理论时,我们将对我们称之为'异化消费'的现象加以特别的关注。"③

阿格尔所说的"异化消费"指的是当代资本主义社会为了延缓经济危机而力图歪曲满足需要的本质,诱使人们在市场机制下把追求消费作为真正的满足,从而导致过度消费。它表现为人们往往根据消费的多少来衡量自己幸福的程度,其结果是造成这种需求超出自然界所能承担的程度。他认为,"异化消费"现象所代表的资本主义社会的危机孕育着"破碎了的期望的辩证法"(the dialectic of shattered expectations),"这种辩证法是消费者突然从对资本主义的生产和消费的幻想中清醒过来和可能重新调整对于幸福含义理解的过程"。④按照他的解释,"破碎了的期望的辩证法"包含着下述不可分割的四个过程:

其一,当代资本主义社会从人类可以期望得到永无止境的商品的消费中获得其合法性,这就是说,当代资本主义社会的合法性是建立在刺激人们对商品的没完没了的消费的期望的基础上的;其二,由于生态系统无力支撑欲望的无限增长,人们本以为可以源源不断提供商品的局面不可能持久下去,这样就使当代资本主义在工业繁荣和物质丰裕的时期竟出现了供应危机,这就是说,当代资本主义社会的生态危机必然转化为供应危机;其三,人们已习惯于把自己期望的那份物质丰裕看作异化劳动的补偿,当供应危机来临之时,他们的期望破碎了,开始时对资本主义可以无限满足人的物质欲

---

① W. Leiss, *The Limits to Satisfaction*, Toronto, 1976, p.106.

② B. Agger, *Western Marxism: An Introduction*, Goodyear Publishing Company, 1979, p.316.

③④ Ibid., p.272.

求这一点丧失信心,继而对整个资本主义制度产生怀疑,于是他们重新考虑人究竟需要什么;其四,正是在期望破碎的过程中,在重新考虑人究竟需要什么的过程中,产生了出人意料的后果,这就是摧毁了许多陈腐的需求观念和价值观念,产生了新的期望和满足这些期望的方式,正是在那些期望破碎了的人的身上焕发出了新的期望。他强调,人的需求结构的革命,打断“更多”与“更好”之间的联结,实现“更好”与“更少”的结合,正是这种新的期望的具体内容。

5.创建一种与消费主义有别的新的生活方式是当代中国人的重大历史责任

综上所述,我们可以清楚地看到,消费主义既有违于马克思为人类所设计的生活方式,又不符合中国传统的消费文化。创建一种与消费主义有别的新的生活方式,是当代中国人的重大历史责任。目前,西方一些人在讨论21世纪是否有可能成为中国世纪的问题,在他们看来,如果说20世纪是美国世纪,那么21世纪完全有可能成为中国世纪。那么中国究竟发展成为什么样子才有可能成为21世纪人类世界最具代表性、贡献最大的“领头羊”呢?

我们认为,即使到了21世纪,中国的国内生产总值赶上甚至超过了美国,中国人的物质消费水平赶上甚至超过了美国,也不可能使21世纪成为中国世纪。中国的国内生产总值必须不断增加,中国人的物质消费水平必须不断提高,但中国人目前最需要做的事情是改变消费主义的生活方式,创建一种有别于消费主义的新的生活方式。这种新的生活方式的创建离不开对原有的思想资源的利用。原有的思想资源一是马克思主义,二是中国优秀的传统文化。中国人新的生活方式的形成一方面来源于当代中国人的生活实践,另一方面又产生于这两大思想资源。这种新的生活方式的形成标志着一种新的现代文明样式的出现。以消费主义为核心的正在流行的那种生活方式、那种文明样式确实已到了悬崖勒马、改弦易辙的时候了,目前整个人类都在呼唤一种新的生活方式、一种新的文明样式的出现。在这个节骨眼上,如果在中华民族的大地上,这种新的生活方式、新的文明样式率先被创建起来,那么这难道不是对整个人类的划时代的贡献吗?这件事情做成了,21世纪难道还不是中国世纪吗?

人类自进入文明状态以来所犯的一个最大的错误可能就是只是在消费领域内寻求满足,而把在生产领域的活动都视为只是谋取满足消费的手段。到了20世纪后半期,这种错误愈演愈烈。

在漫长的人类发展史上,虽然曾有不少先哲对这种寻求满足的方式提出过种种质疑,但真正对这一错误作出彻底的清算,并在此基础上为人类的幸福和满足指出正确方向的是马克思。马克思基于对人的本质和人的需求的正确的分析得出结论,即人并不是消费动物,寻求物质享受是人的一个基本的需求,但并不是真正使人成其为人的本质的需求。

为了改变那种以消费主义为核心的生活方式,并相应地创建出一种与此迥然有别的新的生活方式,当今我们应当从何入手呢?或者说当今我们能够做些什么呢?我们认为,需要做的事情很多,但以下三个方面是必须要做的:

其一,必须切实地把我们的注意力转移到生产领域,引导人们不是首先在消费领域而是在生产领域获取满足。人类对自己的最大误解就在于,只是在消费领域寻求满足。人类之所以能在生产领域获得真正的满足,关键在于:首先,通过参加直接性的生产活动得以自我实现,使人们真正能创造性地生活,而且这种生活又丰富多彩,人们在这种生产活动本身中会获得享受;其次,由于这种生产不是为了支撑恶性消费而进行的生产,由于割断了生产与消费的直接联系,由于这是在缩减了资本主义的生产能力基础上的生产,所以这种生产的结果不是与自然日益对立,而是与自然建立起和谐的关系,人类在这种崭新的关系下会感到无比满足和幸福。把注意力集中于生产领域而不是消费领域,这绝不仅仅是人们注意力的转移,而且是真正获取解放的问题。人的最终的解放是劳动的解放,而把注意力转移到生产领域,是实现劳动解放的先决条件。

其二,必须全面地满足自己的需求,特别是精神和文化方面的需要。人的消费既有物质方面的消费,也有精神和文化方面的消费,应当加大文化消费活动在整个消费活动中的比重。文化消费是一种高层次的日常活动,它能较好地满足我们的精神文化需求,而这种精神文化需求的满足的重要性一点也不亚于通过有形的物质消费过程对人的生理需求的补偿作用。文化消费是呈现在人们内心中的一种精神快感与情绪体验,具有愉悦身心的功能。确实,只有在满足衣食住等基本的物质消费之后,人们才有精力或闲情逸致进行文化消费,即古人所谓"衣食足,知荣辱",但是我们不能因此而认为文化消费可有可无。

其三,必须在物质消费领域打断"更多"与"更好"之间的联结,使"更好"与"更少"结合在一起。只要我们生产更多的耐用品和更多的不破坏环境的东西,或者生产更多每个人都可以得到的东西,那么消费得越少,生活却更好是可能的。只要在消费领域真正能打断"更多"与"更好"之间的联结,实现"更好"与"更少"的结合,那么人类就将进入"更少地生产,更好地生活"的境界。在消费领域打断"更多"与"更好"之间的联结,实现"更好"与"更少"的结合,实际上就是从"由量的标准转向质的标准"的转移。单纯量的增加并不能必然改善整个人类的命运,而只有注重质的标准才能从根本上解决人类获取幸福的问题。这是一场改变人的需求结构的革命,即要建立一种把消费的质、生活的质放在第一位的需求结构。

(五)我们究竟如何交往

交往在人的生活中的地位越来越突出了。交往方式,即人与人之间打交道的方式,也是人类生活方式的重要组成部分。我们必须认真审视当下流行的交往方式,按照马克思主义关于人的相互关系的理论花大气力解决人在社会交往过程中遇到的新问题和新情况,把创造相互关注、信任、依存的人际关系,作为创建新型生活方式的关键性措施。人都是经济人,人都是在追求自己个人利益的最大化,人都是自私自利的,这些论证正在成为一个"公理"广泛流传。随着市场经济的普遍推行,信奉这个"公理"的人与日俱增。而实际上,正是在这个"公理"的影响下,社会变得越来越尔虞我诈,善自为谋,唯利是图。我们确实需要一种能正确地揭示人与人之间应该具有的关系的理论,来矫正目前的人际关系,以及指引人们去建立符合人的本性的、能使人的生存真正具有意义的新的人际关系。在这一问题上,我们只能再一次求助于马克思,因为在马克思主义中包含着如何正确处理人际关系的基本准则,而唯有这些准则才能使我们建立起真正使人生具有意义和价值的人际关系。

1.从人情的过剩转为人情的淡漠

交往在人类社会生活中的地位越来越突出,但是人们交往遇到的问题太多了。应该说中国传统文化给我们留下了充足的财富。首先,我们说一下中国传统交往文化是怎么交往的,它教我们怎么交往。一是讲等级,二是讲人情。中国著名的理学家程颢、程颐说:"上下之分,尊卑之义,理之当也,理之本也。"交往要讲究上下、尊卑。林语堂在《中国人》这本书中说:"中国人从来不讲'平等'之类的废话。"交往没有平等的废话,就讲等级。这样说来,等级是中国人交往的原则,但显然中国人不能再用等级作为交往的原则了。

问题是人情作为交往的原则对不对呢? 我们还是看林语堂怎么说。他说:"对中国人来说,一个观点在逻辑上正确还远远不够",符合逻辑还不行,也就是符合道理还不行。"它同时必须合乎人情",就是一种行为、一种观点是否站得住脚,关键要看是不是合乎人情。"实际上,合乎人情,即'近情'比合乎逻辑更重要。中国人会想尽一切办法来反对符合道理的事情。"也就是说,中国人交往的主要原则是注重血缘情感和亲情纽带,所以中国人日常交往的实质即为人情交往,中国人在人际话语中形成了人情关系网与人情磁力场。这就是中国特有的,也是华夏文化特有的。

改革开放以来,我们抨击中国传统文化,向西方学习,最大的一个"靶子",就是向中国的人情世界开炮,与中国的人情关系战斗。那么现在我们在努力寻求的一种新的交往方式是什么呢?那就是注重实利。我们希望人情法则向法律规范转换,即处理人与人的关系时更多地讲法律、讲规范。也就是说,从"耻感文化"向"罪感文化"转换。在中国人的交往之中,如果交往不好就会感到很羞耻。但现在很少讲羞耻,而是有没有犯罪,是不是符合法律。触犯法律会有犯罪感,羞耻感向罪恶感转化,也就是从注重人情关系,讲求为他人尽义务,转向注重法律关系,讲求维护自身权利。从人情的过剩转为人情的淡漠,是当前中国人际关系表现更多的状态。

那么有一个尖锐的问题摆在我们面前:当前中国人的人际关系当中是继续沿着注重利、注重理、注重法的道路走下去,还是继承我们中国传统文化,注重情、注重义?要重新构建一个人情世界,不仅要注重利、注重理、注重法,要合情、合理、合法。我认为,要构建人的交往的生活,构建交往世界,当前主要的问题是要正确处理情和理之间的关系。中国人既不能没有情,也不能没有理,要在情和理之间保持张力,但目前主要问题是,当前中国人太注重理、注重利,而忘了情。不只是一个人,在任何团体里面,包括在企业里面,仅仅讲究利是不行的,是没有出路的。中国人就是中国人,中国人就是要讲良知、要讲情。在情的基础上,才能更好地讲规范。什么是良知和良心呢?良知是先天的情感,而不是先天的理性。我们讲良心是情感,而不是西方的理性,所以说关键不在于是使私情变成公理,而是使私情变成公情。

许多有识之士越来越认识到,这种以功利为驱动力的薄情寡义的交往方式不是人的理想的交往方式。西方马克思主义理论家就对此作过尖锐的抨击。哈贝马斯把人的行为分为工具行为和交往行为,前者是"有目的的合理行为",实际上就是平时所说的劳动,它涉及的是人与自然的关系;后者是"以符号为媒介的相互作用",它涉及的是人与人之间的关系,实际上是指人与人之间的相互作用。他认为,交往行为是以"理解"为目的的行为。他强调，人类奋斗的目标不是使"工具行为"而是使"交往行为"合理化，"交往行为"合理化的社会就是人类的理想社会。他构建了一个庞大的"交往行为"理论体系，一个重要内容就是批判现代资本主义社会中的交往行为越来越走向不合理。他认为，晚期资本主义社会的一个重要特征就是交往行为的不合理。交往行为被吸收到"有目的的合理行为"的功能范围中，必然造成正常的交往变得不合理，受到了控制，遭到歪曲，交往者也从而陷入痛苦之中。交往行为的不合理意味着行为主体之间的"不理解""不信任"，意味着人与人之间的冲突与矛盾的产生。交往主体之间进行的对话变成了争辩，交往双方各自为自己的主张或行为进行辩解。他强调，在今天的西方社会中，交往行为领域已完全离开了"以理解为目的"，而纯粹"以金钱和权力为媒介"，所以实现交往行为的"合理化"已变得刻不容缓。他把当今西方社会的交往行为的不合理所造成的社会冲突称为"人的生活世界的殖民化"。在他看来，现代社会的冲突不是根源于社会再生产领域与分配不合理，而是根源于交往行为的不合理，即根源于人与人之间的不信任、不理解。当然，哈贝马斯当时所批判的人的交往行为的不合理，主要针对的是西方资本主义社会，但实际上，随着全球化的推进，这种交往行为的不合理也波及了整个世界。

2.必须正视市场经济的负面效应

人的交往行为，作为人的生活方式的一个重要组成部分，确实日益变得不合理，甚至出现了危机，这是我们必须正视的。问题在于，造成这种局面的原因何在？

一个重要的原因是当代人居住条件的改善，这导致了人际交往的淡薄，我们可以把此称为"高楼效应"。先看城市，原先人们居住在石库门房子里，几家甚至十多家一起挤在一幢石库门房子里，共用卫生间、厨房，洗衣、做饭以及干其他家务活都是在一起的，互通有无，其乐融融，一到傍晚，老人、小孩都走出家门，来到弄堂口，谈天说地。现在这种情景已很少见到。现在一家一个独立的空间，不要说别墅，就是一般的公寓房，也是把人们紧紧地封闭在一个天地里，根本无须求于人，就是同一个楼层的对门人家，也很少来往。再看农村，也好不到哪里去，原先是几家共用一个院子，现在是一家一院，以前一家来了什么客人或有了什么事，邻居都会来凑热闹，到了夏天，几乎是家家出动，把台子椅子搬到院子里，聚在一起"乘风凉"，数星星、看月亮，这种情景现已只存在于美好的记忆之中。居住条件的改善，确实限制了人们正常的交往。由独门独户的公寓房代替石库门房、大杂院所带来的邻里相识度低从而互助意识淡薄的负面效应，确实在影响着人际交往。

"高楼效应"是一个原因，但肯定不是主要原因。主要原因还在于市场经济的负面效应。市场经济搞活了经济，带来了巨大的财富，但无疑也带来了负面效应，其中一个就是使人与人之间的交往染上了功利主义的色彩。我们生活在商品社会之中，商品的普遍交换产生和发展着普遍的交往与联系，人们在进行这种交往时必须遵照市场经济的要求，所以又不可避免地使这种交往染上浓重的功利色彩。

关键在于，目前中国不能超越市场经济的发展阶段，在中国实施市场经济是一种历史的必然，而市场经济无疑是一种认可个人利益、肯定竞争的经济，这种经济模式必须以功利主义、个人主义作为精神动力。没有一大批一心追求个人利益最大化、与他人处于激烈的竞争状态的弄潮儿，市场经济是不可能蓬勃发展的。市场经济必然要滋生一切向钱看、一切为自己的人性，与此同时，市场经济也需要这种人性作为精神动因和支撑力。

我不同意把市场经济说成是一种"道德经济"，即反对那种把大公无私的无产阶级人性也说成是市场经济的一个驱动力的观点。市场经济靠的就是不择手段、唯利是图的"经济人"，它永远和纵欲与贪婪联系在一起。尼采宣布"上帝死了"，实际上就是宣布人类社会一进入市场经济状态，对人的欲望的一切束缚与压抑就不存在了。尼采所说的"上帝"死了，但"新的上帝"已产生了，这个"新的上帝"就是人的私欲本身。古典经济学和新、老自由主义者用了一个非常文气的名字来指称这一"新的上帝"，即所谓"追求个人利益最大化的经济人"。市场本身也有"德性"，这个"德性"就是不顾一切地获利。我们常常把市场说成是一只"看不见的手"，这只"看不见的手"可不是文质彬彬的，可不是温良恭俭让的，可不是请客吃饭。西方的市场经济就是这么走过来的。在当代，我们既然已选择了市场经济，也得走这条道路，就得认可在市场经济条件下产生出唯利是图的资产阶级人性，也得让人与人之间的关系变成竞争关系，同时也得认可这种资产阶级人性有其历史的功能。市场经济和资产阶级人性是不可分割的，要么两者都要，要么两者都不要，不可能在两者中只取其一。

当今，中国推行社会主义核心价值观的一个重要目的，就是为了改善目前那种社会交往变成了社会交换的人的生活方式。但在市场经济条件下，这是有难度的。难就难在社会主义核心价值观在现行的经济关系中得不到强有力的支持。

恩格斯提出："每一历史时代的经济生产以及必然由此产生的社会结

构,是该时代政治的和精神的历史的基础"①,是贯穿《宣言》的基本思想"②,实际上这也是整个马克思主义的核心观点。按照这一马克思主义唯物史观,任何一种理想、价值观念都产生于某种特定的经济关系,都以某种特定的经济关系为基础。

当今中国的实际情况是,我们要培育和践行社会主义核心价值观,要把社会主义核心价值观作为整个社会发展的主要精神动力。但是我们的经济关系中存在着大量的非社会主义的成分,我们实施的是市场经济,各种形式的非公有制和市场经济不可能产生社会主义的交往模式。社会主义核心价值观绝对不可能仅仅在观念领域靠思想教育培育出来,因此我们千万不能把培育社会主义核心价值观变成一种脱离现实生产关系变革的抽象的虚构,只是在道义与虚妄的世界里兜圈子。在这种情况下,我们要创建和谐、共生的人际关系,就必须限制市场经济的负面效应,把这种负面效应降低到最低限度,营造有利于和谐、共生、互利的人际关系的新的社会环境。

3.不能让"经济人"的概念在中国的大地上畅行无阻

当前,这种唯利是图、损人利己的人际关系的形成,与"经济人"概念的广泛流行是分不开的。所以要建立如联合国所提出的那种"相互关照的社会",建立起一种对别人表现出爱心和体贴之情的新的生活方式,必须正确地看待和使用"经济人"这一概念。

必须指出,"经济人"的概念在当代中国是在遭到曲解的前提下被普遍接受的。在有些人看来,认可人都是"经济人",也就等于认可人都是自私自利的,都是追求自己利益最大化的,都是按照个人利益最大化的原则来处理人际关系的,而这恰恰不完全符合"经济人"概念提出者的原意。

最早提出"经济人"概念的是亚当·斯密。诚然,亚当·斯密强调人都是按照普遍的行为方式从事经济活动的人,而这种普遍的行为方式就是由人的基本动机决定的"以牟取利润为唯一的目的"。与此同时,亚当·斯密又指出支配人类行为的动机不仅有"自爱",即利己心的一面,而且还有"同情",即利他心的一面,他认为这两种基本动机总是相互伴随的。

亚当·斯密以后,以"经济人"假设为理论前提的自由主义思潮不断丰富和发展,形成了众多的理论流派。其中以哈耶克为代表的极端新自由主义对"经济人"的推崇尤甚,他公开倡导由人们的价值判断来支配个人的行为,

---

①② 《马克思恩格斯文集》(第二卷),人民出版社,2009年,第9页。

而这种价值判断的标准应当是"个人的利益高于一切"。可如果仔细分析一下包括哈耶克在内的各种新、老自由主义者的观点,不难发现,他们尽管强调应以个人的利益作为出发点,但没有赤裸裸地宣称人性都是恶的,人都是完完全全自私的。可"经济人"的概念一来到中国,竟变成了利己、自私的代名词。在中国,一些人之所以如此迷恋于新自由主义,很重要的一个方面就是因为在他们看来,新自由主义信奉"人不为己,天诛地灭"的观点。

我觉得,在人性问题上还是应当回到马克思的一些论述上去。尽管有不少人不太情愿,但事实证明,还得从马克思的论述中去寻找正确的答案。说马克思不研究人,这完全是一种误解。马克思在谈及自己学说的研究对象时指出:"在社会中进行生产的个人,——因而,这些个人的一定社会性质的生产,当然是出发点。"[①]可见,马克思主义像许多学说一样也是以人为出发点的,问题在于,作为马克思主义出发点的"人"是什么样的人?显然,"人"在马克思那里,不是孤立的、抽象的人,而是具体的、现实的人。马克思明确指出,他所研究的人,"它的前提是人,但不是处在某种虚幻的离群索居和固定不变状态中的人,而是处在现实的、可以通过经验观察到的、在一定条件下进行的发展过程中的人"[②]。正因为马克思研究的不是抽象的、孤立的人,所以马克思也反对有抽象的、普遍的人性的存在,反对把人的本质"理解为一种内在的、无声的、把许多个人自然地联系起来的普遍性"[③]。马克思反对对人性进行主观假设,反对把人的范畴,特别是人性永恒化,反对把特定的、具体的时代的人视为历史的起点,而不是视为历史的结果。他反对亚当·斯密认为合乎自然的个人不是在历史中产生而是由自然造就的观点,也反对费尔巴哈把人的范畴,特别是人性永恒化的观点,提出"要从费尔巴哈的抽象的人转到现实的、活生生的人,就必须把这些人作为在历史中行动的人去考察"[④]。

马克思反对先天的、抽象的人性存在,但马克思并没有否定后天的、具体的人性存在。马克思不但分析了外在的环境是如何影响和造就人的本性和人的主观动机的,而且又探讨了人的本性和人的主观动机对改变环境的能动作用。他反对将人与环境之间的关系作决定论的解释,把"认为人是环境和教育的产物"的观点当作机械唯物主义的论调加以批判,认为这种学说

① 《马克思恩格斯文集》(第八卷),人民出版社,2009年,第5页。
② 《马克思恩格斯文集》(第一卷),人民出版社,2009年,第525页。
③ 同上,第501页。
④ 《马克思恩格斯文集》(第四卷),人民出版社,2009年,第294页。

忘记了"环境是由人来改变的,而教育者本人一定是受教育的"。①马克思努力在纷繁复杂的人类行为中寻找支配其行为的,像内在的、本质的规律一样起作用的人的主观动机和人的本性。我们可以看到,马克思对资本主义社会的剖析是在两个方面同时展开的:一方面,分析资产阶级社会条件下的社会关系如何形成了资本主义时期人的那种追求自身私利的本性;另一方面,又分析这种作为资产阶级普遍人性的追求自身私利的本性如何在维护和扩展资本主义中起着作用。

马克思确实看到了人的那种追求自身私利的本性,但他没有把人看作生来就是如此的,而是强调了这种人性是资产阶级的世界观和人生观,是资本主义生产关系的产物。当然,由于马克思是历史地看待这种追求私利的人的本性的,从而他深信这种人性也是要历史地消亡的。他在资本主义生产关系占统治地位的条件下,已经看到了另一种人性——大公无私的无产阶级人性的存在,认为具有这种人性的人是已超越了个人本位而达到了类本位境界的新人,并预言这种新人总有一天在人类社会中将占有统治地位。

4.实现从利己主义的个人向社会化的、高尚的人的转换

建立一种和谐、共生、互利的新型的人际关系,关键是处理好个人与集体、利己主义与自我牺牲之间的关系。在这方面,马克思作出过精辟的、辩证的论述,我们完全可以用马克思的论述作为我们处理这些关系的基本准则。

在马克思那里,共产主义既表征一种合乎人性的,即使人的生命真正获得意义的存在模式,又是为保证这种存在模式得以实现而设想的一种特定社会制度安排。对这种存在模式和社会制度安排,马克思称之为"自由人联合体":"在那里,每个人的自由发展是一切人的自由发展的条件。"②可见,"自由人联合""每个人的自由发展是一切人的自由发展的条件"是马克思所构建的人际关系中处理个人与个人之间,特别是个人与集体之间关系的基本准则。马克思在这里起码告诉我们两层意思:

其一,在作为一种真正理想的存在模式的"自由人联合体"中,不可能把个人吞没了,不可能把个人的利益完全排除掉了,恰恰相反,其出发点是现实中的、有生命的、从事实际活动的个人。在"自由人联合体"中联合起来的是"个人","在这个集体中个人是作为个人参加的"。③这意味着,自由发展

---

① 《马克思恩格斯文集》(第一卷),人民出版社,2009年,第500页。

② 《马克思恩格斯文集》(第二卷),人民出版社,2009年,第53页。

③ 同上,第83页。

的个人是这一联合体的宗旨。对此,马克思讲得十分清楚明白:"共产主义所建立的制度……排除一切不依赖于个人而存在的东西。"①

其二,在这个"自由人联合体"中,尽管个人的全面发展是宗旨,但个人只有在集体中通过"自由的联合"才能实现这种发展。马克思说:"只有在集体中,个人才能获得全面发展其才能的手段,也就是说,只有在集体中才可能有个人自由。"②他还设想在这种新的人的存在模式中,"集体的活动和集体的享受,亦即直接通过同其他人的实际聚合来表现自己和确证自己的那种活动和享受……是到处存在的"③。我们看到,在这里,马克思既表现了对"个人"利益的强烈关注,又强调了"联合体"是通向个人自由,确保个人利益的唯一道路。④

马克思在这里所说的"个人"与"集体"的关系,在一定意义上也就是所谓"利己主义"与"自我牺牲"的关系的问题。而对"利己主义"和"自我牺牲"的关系,马克思和恩格斯在《德意志意识形态》一书中有一段非常精辟的论述:"对我们这位圣者来说,共产主义简直是不能理解的,因为共产主义者既不拿利己主义来反对自我牺牲,也不拿自我牺牲来反对利己主义,理论上既不是从那情感的形式,也不是从那夸张的思想形式去领会这个对立,而是在于揭示这个对立的物质根源,随着物质根源的消失,这种对立自然而然也就消灭。共产主义者根本不进行任何道德说教,施蒂纳却大量地进行道德的说教。共产主义者不向人们提出道德上的要求,例如你们应该彼此互爱呀,不要做利己主义者呀等等;相反,他们清楚地知道,无论利己主义还是自我牺牲,都是一定条件下个人自我实现的一种必要形式。"⑤

马克思和恩格斯在这里所说的这位"圣者",就是19世纪的德国哲学家约翰·施米特,麦克斯·施蒂纳是他的笔名。施蒂纳出版过一本题为"唯一者及其所有物"的书,他在书中从作为"自我""唯一者"的个人出发,宣扬绝对自由的极端利己主义和唯我主义,并用虚构和夸张的宣传把"利己主义"和"自我牺牲"对立起来。马克思和恩格斯的上述这段话,以及《德意志意识形态》整部著作,一方面解开了施蒂纳布下的利己主义的迷魂阵,另一方面又深刻地阐明了"利己主义"和"自我牺牲"、个人利益和普遍利益之间的关系,这成为他们所构建的"意义世界"中的一项不可或缺的重要内容。

---

① 《马克思恩格斯文集》(第二卷),人民出版社,2009年,第78页。

② 同上,第82页。

③ 马克思:《1844年经济学哲学手稿》,人民出版社,1979年,第75页。

④ 参见张盾:《马克思哲学革命中的伦理学问题》,《哲学研究》,2004年第5期。

⑤ 《马克思恩格斯全集》(第3卷),人民出版社,1960年,第275页。

从马克思和恩格斯的这段话中,我们起码可以获得以下三点启发:其一,无论是"利己主义"还是"自我牺牲",都是一定历史条件下自我实现的一种必要形式。个人的自我实现的过程,也是个人的生存和发展的过程,而在这一过程中具体采取何种形式则完全取决于每个个人的具体条件,具体地说,取决于个人与社会、主观与客观的综合条件。自我实现既可能是为己、利己的,也可能是为他、利他的。必须肯定的是,无论是为己、利己,还是为他、利他,都是在一定历史条件下形成的,从而都是自我实现的一种形式。

其二,既不能拿"利己主义"来反对"自我牺牲",也不能拿"自我牺牲"来反对"利己主义"。既然"利己主义"和"自我牺牲"都是人的自我实现形式,那就可以顺理成章地得出结论:不能用其中的一个去否定和反对其中的另一个的存在。在现实的社会中,由于个人的具体情况和社会条件的不同,一些人更倾向于利己,另一些人则更倾向于利他,这都是十分正常的现象,这些不同的境界或表现不是截然对立的。而且这种利己与利他的不截然对立,在现实社会中具体的每一个个人身上表现得更为明显,因为就某一个具体的个人来说,不可能只利己而完全不利他,或者只利他、自我牺牲而完全没有利己。如果是这样,那么这样的人就是抽象的人,而不是现实的人。

其三,努力揭示"利己主义"和"自我牺牲"对立的物质根源,必须明确随着物质根源的消失,这种对立自然而然也就消失。不能把克服"利己主义"和"自我牺牲"的对立,以及反对"利己主义"的道德要求建立在想象的、幻想的基础上,即不能认为只要依靠道德的手段,甚至某种想象的方式,就可以把这种对立消除了,而是应当把对立的消除建立在现实的基础上,即只有在现实中根除造成这种对立的基础,这种对立才能相应地消除。这就是说,关键在于,我们千万不可仅仅从道德情感或思辨理论的形式上去理解这两者之间的对立,而且应当坚持用唯物史的观点来理解这种对立,一定要从对立产生、发展的根源和条件上去理解和解决它们之间的对立。当然,当我们对这种对立有了唯物、辩证的理解,我们在着手解决这种对立时,也不能片面地用坚持一个方面、反对另一方面的方法去解决。[①]

千万不能把马克思和恩格斯的这段话理解成马克思主义者不要批判"利己主义",更不要宣扬"自我牺牲"。马克思和恩格斯在这里之所以希望人们不要从情感的形式或单纯的思想的形式去理解"利己主义"和"自我牺牲"之间的对立,之所以强调在现实的社会中这两者都是自我实现的形式,

---

[①] 参见宋希仁:《唯物史观视界下的"利己主义"与"自我牺牲"》,《中国矿业大学学报》,2004年第2期。

而不能简单地用其中的一个去反对另一个，之所以要求人们通过消除两者对立的物质根源来最终消除两者对立，就是为了使人们自觉地从"利己主义"的个人成为社会化的、高尚的人。马克思和恩格斯强调要注意人们不能不追求个人利益，但这并不意味着在应当反对"利己主义"的时候也不加以反对，应当提供公共利益的时候也不加以提倡。施蒂纳提出"在我们能够为某件事情做些什么以前，我们必须首先把它变成自己的事，利己的事"，就像做事必须首先为了自己的胃而吃饭一样。马克思和恩格斯认为施蒂纳的这一思想并没有什么错，要加以吸收，但他们同时又强调，不要因此而陷入"利己主义"的个人中，而是要把"利己主义"的个人引向一种社会化的、高尚的人。恩格斯就曾经说过，他和马克思也是"从利己主义走上共产主义的"。

5. 在实现共享发展中创建新型的人际关系

"创新、协调、绿色、开放、共享"的新发展理念不仅是新时代中国特色社会主义的基本方略，也是引领我国经济社会发展的指南。其中，共享发展理念作为新发展理念的归宿和目的，集中体现中国特色社会主义的本质要求，也是在新时代创建新型的人际关系的有效途径。

从中国的历史进程看，共享发展理念是伴随着解决不同时期面临的问题中形成和发展的，无论是新中国成立初期、社会主义建设时期、改革开放时期，还是中国特色社会主义新时代，虽然时代的发展带来不同的社会矛盾，以及社会客体和主体之间的差异性，但为了实现人民共同富裕和共享发展的目标从未动摇，共享发展也要在解决贫富差距和分配不公，以及由此带来的人际交往的不合理等现实问题中来完成。由于改革开放初期以效率优先为原则，公平只能兼顾，长时期积累导致不同群体和不同区域收入差距过大，导致城乡基础设施和公共资源分配不公的问题，这必然要带到人际关系上，造成人与人之间的不协调、不和谐。这严重阻碍了社会主义制度优越性的发挥，如果问题不能得到解决，将不利于社会秩序的建构。

发展理念坚持为了人民、依靠人民和成果由人民共享，为问题的解决提供了有效的制度安排，不断增强人民群众的幸福感和获得感，也为创建新型的和谐人际关系提供坚实的基础。不平衡不充分的发展不仅仅是当前区域之间、城乡之间和收入水平的不平衡等，更是党的十九大报告中提到的"发展质量和效益还不高、创新能力不够强、实体经济水平有待提高和生态环境保护任重道远"等问题，这就形成供给侧与需求侧的不平衡。解决这种不平衡，就是解决人与人之间生存和发展的不平衡。而人的生存与发展的不平衡不能有效地根除，新型的和谐人际关系的建立也就成了一句空话。共享发展的共享主体是"全体社会成员",终极目标是人的自由全面发展,当"社会全体成员"真正能够共享社会发展之时,他们之间还有什么理由不处于和谐、共生的状态呢?

共享发展理念的实践诉求本来就是多方面的。首先,要筑牢人民美好物质生活需要的共享经济基础,在实现更高水平的供需平衡中显著增强我国经济质量优势,从而为人民实现共享经济提供发达的社会生产力和供需动态平衡,满足人民对于美好物质生活的需要。其次,要提供人民美好政治生活需要的机会共享,在社会主义市场经济自由竞争的条件下,机会对于每一位社会成员是至关重要的,一个人对机会享有的多少直接影响社会资源的分配,在未来发展中产生不同的结果。再次,要共建实现人民美好文化生活的精神家园,在众多的精神文化生活中,需要一个建立在全体人民群众的文化基础之上,作为支撑人民群众精神生活、精神支柱和精神动力的总和。最后,要打造共建共治共享的社会治理格局,通过打造共建共治共享的格局,要让全体成员能够享受到政府为其提供的基本公共服务,使社会治理的成效更多地、更公平地惠及全体人民,增强人民的获得感、幸福感和安全感。所有这些共享发展的实践诉求,实际上都是创建新型的人际交往方式,甚至整个新型的人的生活方式必须要做的事。

借助于共享发展创建新型的和谐人际关系,而和谐的人际关系本来就是和谐社会的一个基本要素。一个和谐的社会必然是一个人际交往合理的社会,实现人际交往的合理化是构建和谐社会的一个基本要求。而要实现人际交往的合理化就必须消除造成不合理的因素,其中最主要的因素便是发展成果不能共享,并由此带来两极分化。不能设想一个存在着严重的贫富差异的社会能是一个人与人之间关系正常且非常稳定的社会。就和谐社会基本内容而言,它应包括三个方面的和谐:一是人与人之间的和谐,二是人与自然之间的和谐,三是人的各种需求和功能之间的和谐。把这三个方面统一在一起,就是社会以及组成社会的一个个人的和谐、协调、全面发展。

马克思对什么是社会主义有过许多论述,其中的一个基本要求就是实现社会,以及人与人之间的和谐。人类已经有了资本主义制度,马克思为什么还要人们超越这一制度去建立社会主义制度呢?显然在马克思看来,后者与前者是两种性质迥然有别的制度,而且后者要比前者优越得多,主要优越之处就体现在其会把人引向一种更人性化的、更加和谐的生活方式。请看马克思对社会主义、共产主义基本内涵的经典表述:"共产主义是私有财产即人的自我异化的积极扬弃,因而也是通过人并且为了人而对人的本质的真正占有;因此,它是人向作为社会的人即合乎人的本性的人的自身的复归,这种复归是彻底的、自觉的、保存了以往发展的全部丰富成果的。这种共产主义,作为完成了的自然主义,等于人本主义,而作为完成了的人本主义,等于自然主义;它是人和自然界之间、人和人之间的矛盾的真正解决,是存在和本质、对象化和自我确立、自由和必然、个体和类之间的抗争的真正解决。它是历史之谜的解答,而且它知道它就是解答。"①马克思在这里既讲了人与自然之间矛盾的解决,也讲了人与人之间矛盾的解决。马克思在这里讲的是共产主义社会,作为共产主义社会的初级阶段的社会主义社会虽然不能完全做到如此,但也应处在向这一方向迈进的进程中。

(六)我们究竟如何去爱

爱的内涵是有狭义和广义之分。狭义的就是指两性之间的爱情,而广义的则是包括对父母、子女、兄弟姐妹等的亲情,对朋友、同事等的友情。爱情生活是每个人都会经历的事情。人的幸福,活得有意义,在很大程度上取决于他的爱情生活的质量,对此我们每个人都有深切的体验。人不断追求爱情的历史,也就是不断完善自己的历史,用马克思的话来说就是不断向自身"复归"的历史。可以说,人的爱情生活就是人整个生活的浓缩。研究人的生活方式,不能回避必须研究人的爱情生活。提高我们生活的质量,当然包括提高我们爱情生活的质量。这里我们以论述狭义的爱情生活为主,也适当扩展到广义的爱情生活。马克思对此也有许多深刻的论述,而且也身体力行。

1.警惕将爱情变成交易

中国传统文化告诉我们何为爱情。在这方面,从一些大家耳熟能详的词句就可以看出,譬如男女授受不亲,明媒正娶,父母之命、媒妁之言,从一而终,守身如玉,这在很大程度上代表了中国传统文化对爱情的态度。

从这些对爱情的态度中,又引出了中国传统文化对家庭的看法。中国是家庭本位社会。"家之外无事业,家之外无思虑,家之外无交际,家之外无社会,家之外无日月,家之外无天地。"家就是一切。爱情生活和家庭生活是合二为一的。

那么我们如何评价中国传统文化所告诉我们的爱情呢?中国传统的爱

---

① 马克思:《1844年经济学哲学手稿》,人民出版社,1979年,第73页。

情是有弊端的,所以中国近代史上发生的家庭革命,主要针对的是爱情生活。这些弊端的主要一点是,具有强制性。它不是出于一种真挚的爱情,而是媒妁之言。但是中国传统的爱情生活也有一个可取之处,那就是责任——性爱是和责任联系在一起的,要对对方负责任,要对家庭负责任,要对自己负责任。

中国近百年间对传统文化冲击最大的是对中国传统的爱情观的冲击。中国人目前感到最痛苦的,或者最忧虑的、最受煎熬的,可能也是爱情生活的问题。我们感到,最现实的问题是能不能把爱情作为一种交易。近几十年来,对中国爱情生活的最大冲击,就是商品交换原则侵入到两性关系,将婚姻关系、爱情关系作为一种交易来进行。有些人往往把性作为获得金钱或者达到其他目的的手段。原先讲人的爱情有三大敌人:第一是金钱,第二是道德,第三是权力。如果说在中国传统社会里,爱情的主要敌人是道德的话,那么今天爱情的主要敌人是金钱和权力。金钱可以购买爱情,权力也可以占有爱情。

最近几十年,我国的婚姻和爱情生活方式出现了世俗化的趋向。婚姻爱情生活日益脱离政治化的影响,即不受政治的"支配",在一定程度上,婚姻爱情生活越来越属于个人选择的范围。但这只是世俗化的一个方面,世俗化更明显的表现是大众消费文化渗透于婚姻爱情生活之中。我们看到,婚姻爱情关系与社会文化的互动日益频繁。大众消费文化使当代中国的择偶方式发生改变,出现了电视征婚、报刊征婚、婚姻介绍所、电脑红娘之类新的择偶方式。世俗化趋向还表现在婚姻爱情生活越来越"高物质化",即越来越表现出对物质生活的重视。年轻人的结婚费用之巨令人望而生畏。显然,仅仅把这种世俗化趋向视为婚姻爱情生活自由度的增加是片面的。婚姻爱情生活的世俗化趋向,确实使人们的婚姻爱情生活获得了更多的自由,但所带来的仅仅是获得了更多的自由吗?

一个严峻的事实是,伴随婚姻爱情生活世俗化的是婚姻爱情生活的功利化,即在这种世俗化增强的同时,功利化也日趋严重。市场经济的发展,商品交换关系普遍化的一个后果就是人们之间的利益关系变得突出。人们不再回避而是公开重视自身的利益,实现自身利益最大化。这种观念也深深地渗透于婚姻爱情生活之中,它促使人们在婚姻择偶中的功利尺度不断强化。而其神圣性逐步消失不见了,婚姻爱情生活被越来越多的人视为一种工具和手段,即视为获得某种社会地位、经济地位,调整利益关系的一种选择。在这种观念的支配下,婚姻爱情生活中占优势的条件无疑是财产、收入、住房、权力、地位等,在这些方面拥有了优势,就等于拥有了择偶的优势。

更有甚者,有些人竟然以出国为目的、以做洋太太为目标来进行自己的婚姻爱情生活的功利选择。

随着婚姻爱情生活世俗化、功利化的增强,我们看到婚姻爱情生活的个性化也被强化了,即婚姻爱情生活越来越成为个人的私事,带有鲜明的个人色彩。中国现代化进程对人的深刻影响是开发了个人的需求,其中包括对婚姻爱情生活的个人需求的开发。人们在婚姻爱情生活中追求和表现出了强烈的个人独特性,这使原先的婚姻爱情生活的同质化程度大大降低了。一代人一个样,同一代人中间也千差万别,甚至一个人一个样。即使是同一个婚姻关系、同一个家庭关系内部也存在着不同的个人生活方式、不同的婚姻爱情生活方式。人们在婚姻爱情生活中可以抱着不同的需求作各种各样的选择。即使两个人成了夫妻,也因个性差异和爱好不同,彼此无法忍受放弃自我的同一化,以致相互抵触,最后走向婚姻解体,这种现象也很多。婚姻爱情生活的个性化被强化,就意味着婚姻关系显得松散了。中国当代婚姻关系比之过去显得松散,这已是个不争的事实。

上述所有这些婚姻爱情生活中的新趋向综合交错在一起,带来的一个严重后果是中国确实出现了婚姻爱情关系的危机。原先总认为只有在西方社会里才会出现的婚姻爱情关系的危机,在当今中国也出现了。这种婚姻爱情关系的危机体现在各个方面,如独身人数的增加,离婚率上升,与离婚率上升并行的单亲家庭增多,同居、试婚行为变得习以为常,婚外恋现象不再鲜见,不要孩子的家庭也时髦起来等。①面对中国人的婚姻爱情生活的这一变化,许多人都发出了这样的声音:中国人的婚姻爱情生活究竟怎么了?当前中国人的爱情生活幸福吗?

2.爱情是一门艺术

古今中外,研究爱情的思想家很多,他们所提出的许多真知灼见对于我们创建美好的爱情生活给予启示。其中,西方马克思主义理论家弗洛姆的相关理论尤其值得引起我们关注。

弗洛姆向人们提出这样一个问题:爱是一门艺术吗? 如果是,那么要获得爱就得具备一定的知识和付出一定的努力。或许,爱只是一种愉快的感受,体会这种感受不过是机缘问题,谁交上了好运就可堕入其间。他自己回答说,在今天,绝大多数人都赞成后一种说法,而他本人却立足前一种观点。

---

① 上述对中国婚姻爱情生活现状的分析,参见李真等:《当代中国生活方式》,东南大学出版社,1997年,第175~177页。

他坚决主张把爱视为一种艺术，他的至理名言就是："爱是一门艺术。"①

正因为他认为爱是一门艺术，所以他认为他是需要学习的。他抱怨人们祈求、渴望爱，然而几乎把所有别的东西都置于爱之上，成功、名誉、金钱、权势——人们把所有的精力都耗费在学会如何实现这些目标上，而不去钻研爱的学问。他说："我们无须学习如何施爱，导致这种臆说的谬误在于分不清'堕入情网'和'长久相爱'之间的区别"②，"任何关于爱的理论必须从某种关于人及人类生存的理论开始"③。

他认为，爱的重要特征是主动。当我们爱某人时，我们就是主动地、不断地关心所爱的人，而不是仅仅与所爱的人待在一块儿。他说："爱即是一种主动行为"，"爱意味着主动深入他人，由深入而达到的结合平息了我求知的渴望"，"爱是行动，是人的能力的体现"，④"爱是唯一的求知途径"⑤。我奉献爱，我捧出我自身，我融入他人，由此我找到自己、发现自己。在他看来，既然爱的重要特征是主动，所以爱是无法由他人代替的，爱必须由自己亲自去体验。他说："爱，乃是纯个人的体验，无论何人，都只有通过自己的努力去亲身体验。"⑥

他强调，爱总是和关切与责任联系在一起的。他说："关切和责任表示爱是一种活动性而不是一种征服人的感情，也不是一种'感动'人的感情。"⑦他以母爱为例指出，"母爱的真正实质就是关怀和责任"，"母爱是无条件的"。⑧

他指出，爱是热烈地肯定他人的本质、积极地建立与他人的关系，是双方各自在保持独立与完整性基础上的相互结合。虽然爱打破了使人隔绝的围墙，使人与人和谐相融，但是爱又让人仍使他自己伫立于其整体性之中。他说："在爱中萌生出这样的二律背反：相爱双方融合为一，但仍为二体"⑨，"爱是在保有自我的分离性与完整性的情况下，与自身以外的某人或某物的合一"⑩。

他认为，爱本身就是目的，而不是手段。他说："爱的唯一重要性就在于

① ［德］弗洛姆：《爱的艺术》，陈维纲等译，四川人民出版社，1986年，第1页。

② 同上，第4页。

③ 同上，第8页。

④ 同上，第24~25页。

⑤ 同上，第35~36页。

⑥ 同上，第122~123页。

⑦⑩ 《弗洛姆著作精选》，上海人民出版社，1989年，第166~167页。

⑧ ［德］弗洛姆：《爱的艺术》，陈维纲等译，四川人民出版社，1986年，第45页。

⑨ 同上，第24页。

本身"，"爱是人类的自我表达，是使人的力量得到充分发挥的方式"，①"爱是造就爱的能力，无能即是无力造就爱"②，"爱的行动超越思想、超越语言，是跃入融合的壮举"③。他区别了童稚之爱和成熟之爱，认为只有成熟之爱才是真正的爱。他说："童稚之爱的原则是：'因为我被爱，所以我爱'；成熟之爱的原则是：'因为我爱，所以我被爱'"，"童稚之爱的爱声称：'因为我需要你，所以我爱你'；成熟之爱则认为：'因为我爱你，所以我需要你'。"④从这里出发，他进一步得出结论，成熟之爱即真正的爱首先是给予，为此他提出了这样一个著名命题："爱本质上是给予而非获取。"⑤

在他看来，爱某个人实际上就是对人的本质的爱。如果我能说"我爱你"，则我所说的是"我爱你整个的人性，爱你所有的充满生气的东西，也爱你中的我"。他说："爱包含着根本的肯定，它把所爱者作为本真人性的化身而予以肯定"，"我爱某个具体的人，这意思是我把他当作人性的化身来爱"。⑥

他还提出，人只有通过爱才能理解他人和整个世界。他说："人通过爱和理性，从心智上和情感上理解世界。"⑦他具体解释说，人的理性力量使他能通过和客体发生能动的联系，透过事物的表面抓住它的本质，"人的爱的力量使他冲垮他与别人分离的围墙并去理解别人"⑧。

他认为性爱往往是自私的，所以他反对把如此博大的爱仅仅归结为性爱。他认为，性爱只有与情爱结合在一起才是真正的爱。他说："愉快的性享受，根植于充裕和自由之中，它是性和情感方面的创发性的表现。"⑨男女之爱只有超越性爱而成为一种情爱，才是有意义的。他还指出，人们常常看不到性爱中的一个重要因素，那就是意志。爱一个人并不仅仅是一种强烈的感情，这是一个决定、一个判断、一个承诺，"如果爱仅仅是一种感情，永远相爱只能是一句空话"⑩。

以上是弗洛姆的爱情伦理学最引人注目之处。他关于要掌握爱的艺术、爱的知识的告诫，他对爱在本质上是给予而非获取的探讨，他对爱的种

---

① [德]弗洛姆：《生命之爱》，罗原译，工人出版社，1988年，第143~144页。
② [德]弗洛姆：《爱的艺术》，陈维纲等译，四川人民出版社，1986年，第28~29页。
③ 同上，第36页。
④ 同上，第45~46页。
⑤ 同上，第25页。
⑥ 同上，第68页。
⑦⑧ 《弗洛姆著作精选》，上海人民出版社，1989年，第165页。
⑨ [德]弗洛姆：《寻找自我》，陈学明译，工人出版社，1988年，第244页。
⑩ [德]弗洛姆：《爱的艺术》，陈维纲等译，四川人民出版社，1986年，第64页。

种方式的分析,他关于性爱必须上升为情爱的研究,都对我们具有很大的价值。我们读了弗洛姆的这些论述,会情不自禁地开始剖析自己,开始考虑自己在爱的海洋中的位置及自己创建美好的爱情生活的途径。

3.以马克思为光辉榜样

我们究竟如何对待婚姻和爱情生活,让我们先看看马克思。习近平在纪念马克思诞辰200周年大会上说,马克思是顶天立地的伟人,也是有血有肉的常人。

马克思有一个容颜美丽、品德高尚的妻子——燕妮。他曾经说:"她同我生命中最美好的一切是分不开的。"他们甜蜜的爱情生活,帮助他们顽强地经受住了命运的种种波折。

马克思喜爱的德国诗人歌德在《绿蒂与维特》中说:"哪个青年男子不善钟情?哪个妙龄女郎不善怀春?"早在大学求学期间,马克思就堕入爱河,热切地追求童年时的女友,比他大4岁的燕妮。燕妮被马克思决心为人类幸福而工作的崇高志向、孜孜不倦的求知精神所折服,马克思则着迷于燕妮楚楚动人的容貌,好学好思、聪明纯洁的气质。1836年暑假,马克思兴冲冲地回到家乡,向自己日夜思念的心上人倾吐了爱慕之情。燕妮接受了马克思的求婚,两人秘密地约定了终身。

回到学校后,马克思沉浸在对燕妮无限的思慕和眷恋之中。他常常夜不成寐,于是就写情诗,把火一般的感情倾泻在诗行间。马克思把寄托着对远方恋人的热切爱情和无限思念的诗篇装订成三本诗集,寄给燕妮。三本诗集分别为《爱之书》第一部、《爱之书》第二部、《歌之书》。每当收到燕妮的来信,他总是欣喜若狂。一次,他这样向他的双亲诉说接到燕妮来信后无比兴奋和喜悦的心情:"请向我亲爱的好燕妮致意!她的来信我已经看了十二遍,每一遍我都发现引人入胜的新东西。这是一封在一切方面包括文体在内我所能想象的出自一位妇女之手的最好的信。"①

1843年6月19日,马克思和燕妮举行了婚礼,实现了彼此多年的心愿。由于他们的爱情是以崇高的理想作为牢固基石的,所以婚后的爱情之花常开不败,而且愈开愈鲜艳。他们女儿在描述她的父母忠贞不渝的爱情时说道:"两个生命(两个卓越的生命)能结合得如此紧密,互相取长补短,的确是见所未见的……整整的一生中,不论在幸福的时刻或在困难的日子里,爱情和友谊始终联系着他们,他们从不知道动摇和疑虑,他们互相忠实到生命的

---

① 《马克思恩格斯全集》(第40卷),人民出版社,1982年,第19页。

最后一刻,甚至死亡也未能使他们分开。"①

马克思非常尊重自己的妻子。他对于自己的妻子的才智和批判力非常钦佩。他把自己的所有手稿都交给她看,并且非常重视她的意见。他让她参与自己的科学研究工作,不事先听完燕妮的意见和评论,是决不付印任何东西的。他把连自己也无法辨认的大量手稿交给燕妮誊写。燕妮则把誊写丈夫的手稿视为自己的幸福。她说:"我坐在卡尔小房间里转抄他那潦草不清的文章的日子,是我一生最幸福的时刻。"②

马克思常常为自己有一个心贴心、忧患与共的妻子而自豪。燕妮在一生中无私地追随着马克思,把为马克思献身和马克思的事业当作自己的事业。马克思多次被各国反动当局驱逐,燕妮跟着他辗转欧洲各地,饱受重重苦难。为使马克思摆脱繁重的家务,燕妮毫无怨言地挑起家务重担。马克思每当讲起燕妮所做的这些贡献时总自豪地说,燕妮"一切都自然而真实,朴素而不做作,因此她给人的印象是富有朝气和乐观愉快"。

马克思对自己的妻子体贴入微。1852年五六月间,马克思为了同恩格斯合写《流亡中的大人物》一书,离家外出,燕妮操持家里的一切事务。为了使马克思安心在外,燕妮写信给马克思婉转地说明了家里的情况。马克思非常感激燕妮的一片心意,回信说:"我亲爱的:你的信使我非常高兴。你根本不应该总是不好意思把什么事都告诉我。如果可怜的你,不得不在实际上身受这一切的话,那末正义要求我至少在思想上同你一起经受一切痛苦。"③

夫妻间的谅解比什么都重要。像千千万万个普通家庭一样,马克思的家并不总是充满阳光,也有烦恼、忧愁和苦闷,尽管这些仅仅是他们生活长河中冒出来的一点泡沫而已。每当出现这种情况时,马克思总是首先自责,而对自己的妻子处处体谅。燕妮出身于贵族家庭,从小过惯了物质方面无忧无虑的生活,有段时期,由于摆脱不了极端贫困的阴影,她不止一次地祈求死亡降临到自己和孩子的身上。马克思这时对她毫无责怪之意,反复地说:"我不能责怪她,因为我们目前处境而忍受的屈辱、痛苦和可怕的事情实在非笔墨所能形容。"安娴和文静的燕妮在恶劣环境的煎熬下有时会变得急躁起来,好发脾气。马克思在这种情况下加倍地体谅妻子,认为在极端困难生活中,自己可以进入科学圣殿从事理论研究,以忘却生活烦恼,而燕妮"自

---

① [法]保尔·拉法格等:《回忆马克思和恩格斯》,马集译,人民出版社,1973年,第293页。

② 同上,第148页。

③ 《马克思恩格斯全集》(第28卷)(下),人民出版社,1973年,第528页。

然没有这样的避难所"。

马克思确实是个多情的丈夫,他全身心地爱着自己的妻子。1856年夏天,燕妮带着三个儿女回故乡特利尔去探望病危的母亲。在燕妮离开一个月后,马克思给燕妮写了一封思恋悠悠的长信。马克思的女儿爱琳娜在谈到这封信时说:"马克思一生中不是普通而是炽热地爱他的妻子。我这里有一封他的情书,信中燃烧着那样炽热的爱情,就像18岁时写的情书一样,其实马克思在写这封信时,燕妮已经是六个孩子的母亲了。"①1865年春,马克思到荷兰和德国去办事,为了让自己的妻子喜出望外,来了个不期而归。果然,当马克思踏进家门,燕妮欣喜若狂。她在一封信中谈起马克思回家时的情形说:"上星期一摩尔突然不期而归,大家高兴极了。直到深夜,我们还在聊天,说东道西,回忆往事,开心逗乐,嘻嘻哈哈,开玩笑和相互接吻。我能摆脱开我临时执掌的政权而重新成为一个普通老百姓,感到特别愉快。"②1863年12月至1864年2月,马克思因母亲去世后的遗产问题回到故乡。在这两个多月里,他每天到燕妮的旧居去瞻仰。他充满激情地写信给燕妮:"它比所有的罗马古迹都更吸引我,因为它使我回忆起最幸福的青年时代,它曾收藏过我最珍贵的珍宝。此外,每天到处总有人向我问起从前'特利尔最美丽的姑娘'和'舞会上的皇后'。做丈夫的知道他的妻子在全城人的心目中仍然是个'迷人的公主',真有说不出的惬意。"③

马克思对自己的妻子的情与爱最突出地表现在燕妮生病卧床以后。马克思日夜守候在燕妮的病榻前,不离左右。为了减轻她的痛苦,马克思强打精神与她有说有笑。有时,在病房中,他们竟像身处热恋中的青年男女,而不是彼此正向生命话别的一个被疾病摧残的老头和一个垂危的老妇。

燕妮逝世后,马克思悲痛至极,无论如何不能止住丧偶的悲切。他不论到哪儿,都忘不了燕妮,总是随身带着一张镶有镜框的燕妮照片。他在给恩格斯的信中写道:"我的思想大部分沉浸在对我的妻子——她同我的生命中最美好的一切是分不开的——怀念之中。"在燕妮逝世那天,恩格斯悲痛地预感到:"摩尔也死了。"事实正是如此:燕妮死了,马克思的生命也将结束。④

① [法]保尔·拉法格等:《回忆马克思和恩格斯》,马集译,人民出版社,1973年,第293页。
② [苏联]波·维诺格拉茨卡娅:《燕妮·马克思》,高宁哲、赵德成译,生活·读书·新知三联书店,1981年,第209页。
③ 《马克思恩格斯全集》(第30卷),人民出版社,1974年,第640页。
④ 参见陈学明:《和中学生谈马克思主义》,辽宁教育出版社,1992年,第16~21页。

4.不要让婚姻成为"爱情的坟墓"

当今中国人的爱情与婚姻生活,比较而言,问题不是出在恋爱阶段,而是出在婚姻时期,有些人在结束美好的恋爱生活步入婚姻以后,会产生另一种感觉,即感觉到婚姻家庭生活的不愉快,对自己的婚姻家庭生活大失所望。"婚姻是爱情的坟墓"的说法正是在这样一种背景下产生的。所以当今构建美好的爱情生活,应当把关注点首先放在建构好更好的婚姻家庭生活上。

英国一位大哲学家说过:"婚姻就像一个金色的鸟笼,在外面的人想进去,在里面的人却想出来。"他的意思是说,爱情与婚姻是不能统一的,有了爱情就不可能有婚姻,有了婚姻则没有了爱情。这句话用来表述现实的一种情形是正确的,但作为一个结论,似乎在婚姻与爱情之间存在着天然的对立的,则是错误的。上面我们所描述的马克思与燕妮之间,就实现了爱情与婚姻的统一。

这里还在于对爱情的看法。如果把爱情完全等同于中世纪的那种所谓"浪漫式的爱情",那么爱情确实很难与婚姻相统一。最早提出爱情与婚姻相对立的是欧洲11世纪许多贵族远赴沙场后留守的一群"娇妻"。她们耐不住寂寞,大搞婚外性行为,把这种婚外的热情称为"爱情"。她们组织了所谓的"爱情会议",并于1774年5月制定了一套爱情法则。她们在这一"爱情法则"中这样说道:我们宣言,我们制定,爱情的力量不可能伸展于两个已婚夫妻之间,因为爱人必须奉献一切,相互地、不计酬报地、且不能受拘于义务地相互奉献,而夫妻之间因限于职责,才互相协调、互相取悦。"她们还在这一"爱情法则"中公开表示:请把这一份宣言,这一份我们以十二分的谨慎,加上许多贵妇们的意见而通过的宣言,当作无可置疑、无可变更的真理吧!

由此可见,中世纪这些贵妇人所追求的爱情是一种"浪漫式的爱情",而所谓"浪漫"就是为了爱而爱。一方面,这种爱情只讲奉献与付出,而不图回报;另一方面,这种爱情不承认任何义务和责任,它的特点只是一个字,那就是"爱"。这种"爱"是纯粹的、赤裸裸的,不附加任何东西,除了"爱",什么也没有,什么也不是。在这种爱面前,婚姻不值一提,这是因为婚姻是和义务、职责紧密相连,而婚姻一旦和义务、职责"捆绑"在一起,就丧失了相爱的条件,也就是说,连相爱的前提也荡然无存了。按照这一"爱情法则",已婚夫妻之间是不可能存在爱情的,即使婚前有,婚后也消失了。这些贵妇人的"爱情法则"就这样把爱情和婚姻完全对立起来,在她们眼中,两者是根本不可能统一在一起的,人们面对爱情和婚姻只能在两者之间择其一,而不可能兼而得之。①

我们究竟该如何看待这些中世纪贵妇人的"爱情法则"呢?当然,倘若我们把这群贵妇人的这一"宣言"理解为她们对爱情的渴求,对中世纪的禁欲主义的抵抗,那倒真有一定的积极意义。但是她们的这一"宣言"主要内容无疑是片面与错误的。让我们思索一下,她们所说的爱情是一种什么样的爱情?这种爱情在现实生活中能够存在吗?关键在于,她们把爱情置于一个虚幻的领域,使爱情完全脱离了现实生活。她们把爱情与义务、职责分离开来,这样的爱情就不可能成为人们感情的自然升华,不可能存在于现实生活之中,充其量她们宣传这样的爱情仅仅是表现了对不满意婚姻的一种反抗而已,或者说仅仅是一种感情发泄而已。如果真如她们那样,在现实生活中,把人们的爱情目标引向不切实际的虚幻境界,让爱情与现实相分离,那么这固然可以增加人们对浪漫爱情的向往,但最终的结果无疑是给人们带来了对现实婚姻的恐惧。人们一旦"迷恋"于这样的爱情,伴随的必然是内心矛盾的激化,人们必然处于痛苦的挣扎之中。这就是:人们一方面企求这样的爱情,希望自己陶醉于这样的爱情之中,另一方面又害怕这样的爱情会导向婚姻;一方面总想能和相爱的人在一起生活,长相厮守,另一方面又害怕真正厮守在一起将打破爱情的神秘,对爱情的所有期望会化为泡影、灰飞烟灭。真所谓"是退亦忧,进亦忧,然则何时而乐焉?"实际上,真的是无乐可言。

毫无疑问,今天我们要构建美好的爱情婚姻生活,必须从这种虚幻的世界中走出来。当今,有些人之所以称自己的婚姻为爱情的"坟墓",强烈不满,甚至抱怨自己的婚姻,其中一个重要原因就是他们犯了同这些中世纪的贵妇人一样的错误。他们像这些中世纪的贵妇人一样,把自己的爱情太理想化了,从而脱离了现实的世界。什么是现实生活的爱情?现实生活中纯粹、单一的爱情是不可能存在的,生活在现代生活中的人所追求的不可能是单一的、纯粹的爱情,而是会追求爱情与婚姻的完满结合,追求寓于婚姻之中的自然的爱情。与爱情完美结合在一起的婚姻生活,既不是那种没有感情色彩的冰冷的现实生活,也不会存在于现实生活之外的飘浮不定的什么地方。人应当有自己的婚姻生活,我们能够做的是,一方面给自己婚姻生活以丰富的色彩、情感的形式,即让自己的婚姻生活以爱情作为"底

---

① 这里对中世纪贵妇人的"爱情法则"的介绍与分析,参见何眉等:《生活方式研究——大众交往与爱情生活》,甘肃人民出版社,1990年,第539~542页。

色"；另一方面，务必使自己的婚姻生活"落地生根"，即给其深刻的质地、实际的内容。对于婚姻生活，我们必须明白不只是让这种生活处于看不见的世界之中，即处于理想状态，还要让这种生活处于看得见的世界之中，即处于现实状态。从爱情到婚姻确实有一个过程，关键在于我们不能使这一过程变成爱情逐渐消失的过程，而应当使这一过程变成爱情"现实化"的过程。确实，我们的爱情往往发生在婚姻之前，那个时候相爱的两人确实卿卿我我、难舍难分。相爱的一对恋人为什么还要步入婚姻的大门？当然原因也可列举很多，但我们必须正视这一点：两人相恋了之所以还要去结婚，就是要把这种难舍难分上升为不舍不分，使相互间的爱情以一种固定的、更为紧密的形式存在和发展着。有了爱情还要去追求婚姻，说明爱情与婚姻是有区别的，它们在不同的层面上满足着人们的需求。爱情的基础是男女间共同追求和给予，它是最深层的情感联系，婚姻则以男女间的共同的背景和创造为基础，它是最深层的生活。正因为它们有着不同点，所以它们对于人们的意义也就不一样，在某种意义上可以这样来表达：爱情给人带来快乐，而婚姻则使人沉浸于幸福。与爱情相连的是人的心灵，而与婚姻相连的则是整个的人。我们在这里既可以看到爱情与婚姻之间的区别，更可以把握到这两者在人的生活中的地位。

将爱情拉回到现实世界，不使它太浪漫、太虚幻，必须对爱情加以一番重新认识。这一点，对当代人来说特别重要，在一个注重索取，不注重奉献的时代，爱情的本质被严重歪曲了。上面我们作过介绍，弗洛姆总是把爱和关切与责任联系在一起，这是极有针对性的，不把这一种同关切与责任联系在一起的爱"注入"婚姻，我们的婚姻会永远处于风雨飘摇之中。婚姻是靠经营的。弗洛姆告诉我们在经营婚姻时，有若干要素必须切记：首先是要关切，"爱是我们对所爱者生命与成长的主动关切，没有这种关切就没有爱"[①]；其次是责任，"本真意义上的责任乃是绝对自愿的行为，是我对他人要求所做出的积极'响应'"[②]；再次是尊重，"尊重只能伫立在自由的基础上"[③]，尊重意味着无所剥夺，我祈望我所爱者为他本人，以他特有的方式而发展，而不是为了服务于我的利益；最后是知识，作为爱的构成要素的知识不是指滞留在表面现象的一般知识，它深入核心，触及底蕴，"没有知识引导的关切与责任是盲目的，但不以关切为动机的知识则是空洞的"[④]。他的结论是："关切、

---

① [德]弗洛姆：《爱的艺术》，陈维纲等译，四川人民出版社，1986年，第30~31页。

② 同上，第31~32页。

③ 同上，第32~33页。

④ 同上，第33页。

责任、尊重、知识是一切类型的爱和婚姻所共同具有的要素。"①

5.让世界上真正相爱的人都能生活在一起

马克思主义之所以要推翻资本主义社会,一个重要原因是让人们充分享受爱情婚姻生活的快乐。恩格斯曾经说道:"结婚的充分自由,只有在消灭了资本主义生产和它所造成的财产关系,从而把今日对选择配偶还有巨大影响的一切附加的经济考虑消除以后,才能普遍实现。到那时,除了相互的爱慕以外,就再也不会有别的动机了。"②按照马克思和恩格斯的设想,进入社会主义社会后,爱情婚姻生活将出现以下特点:其一,由于资本主义私有制的消灭,经济因素不再对婚姻关系产生巨大影响;其二,婚姻的基础是爱情,其他功利权势在新的一代成长起来后不再存在;其三,只有以爱情为基础的婚姻才是合乎道德的婚姻,因而也只有继续保持爱情的婚姻才合乎道德。③

应当说,马克思和恩格斯所说的这种爱情婚姻生活就是我们今天所要构建的爱情婚姻生活。但现实是,目前我国还处于社会主义初级阶段,我们还不可能实现马克思和恩格斯所设想的那种爱情婚姻生活。关键在于,我们还不完全具备马克思和恩格斯所预言的那种爱情婚姻生活的现实条件。以公有制为主体的社会主义制度业已建立,男人对女人的奴役在法律上也已取消,这从法律上反对了男性"用金钱或其他社会权力手段去买得妇女的献身"。尽管如此,社会主义初级阶段客观的经济因素,实际上还影响着人们选择配偶、组建家庭,甚至成为人们选择配偶、组建家庭的重要考虑。一个严酷的事实是,经济生活水平还没有发展到马克思和恩格斯所设想的那种水平,这样,低下的经济生活水平必然限制着人们组建幸福家庭、限制着真正相爱的人生活在一起。确实,社会主义制度为追求以爱情为基础的婚姻开辟了新的可能性,但可能性要变成现实性总要经历一个过程。在社会主义一定的历史阶段,即在现阶段我国的经济文化及社会条件下,就出现了爱情没有成为缔结和维持婚姻的唯一基础的现象,相应地也出现了婚姻中的情感因素的作用常是和其他功利性考虑共同起作用的现象。

那么在这种情况下,即在处于社会主义初级阶段的现实条件下,我们是不是可以放弃对马克思和恩格斯所构建的那种爱情婚姻生活的追求呢?显

---

① [德]弗洛姆:《爱的艺术》,陈维纲等译,四川人民出版社,1986年,第30~31页。

② 《马克思恩格斯选集》(第四卷),人民出版社,1995年,第80页。

③ 对马克思恩格斯社会主义社会中婚姻爱情生活的设想的分析,参见李真等:《当代中国生活方式》,东南大学出版社,1997年,第183~184页。

然不能。我们必须朝着这一方向去努力,我们不能超越历史阶段去做将来才能实现的事,但不等于现在什么都不能做。"只有以爱情为基础的婚姻才是合乎道德的",虽然不能作为现实道德意识的出发点,但这一道德尺度的正确性不能加以怀疑,还是应当在一定的范围内加以使用,或者说,加上一些限制条件后加以使用。家庭的稳定和健全是社会稳定与安定的基础,从而应当减少缔结或解除婚姻的随意性,这并没有错,但这并不等于可以限制婚姻自由,婚姻的可离异性还是应当视为社会进步的表现。社会主义初级阶段的家庭婚姻生活方式的发展应当是爱情至上、婚姻自由目标不断被接受的过程。

这里的全部关键是应当让世界上真正相爱的人生活在一起,这是我们构建社会主义的爱情婚姻生活的一个基本原则,即使在社会主义初级阶段,也应当坚持这一原则。理想的爱情婚姻生活就是世界上真正相爱的人能够生活在一起,即使在社会主义初级阶段我们也应当尽最大可能地做到这一点。马尔库塞说:"人正是在他的满足中,特别是在他的爱欲满足过程中,才成了一种高级存在物,才有了较高的存在价值。"[1]我们的社会一定要让社会成员最大限度地享受"寓于爱情中的自然的幸福"。保加利亚哲学家瓦西列夫在《情爱论》中给爱情下了一个定义:爱情是"在传宗接代的本能基础上产生于男女之间、使人能获得特别强烈的肉体和精神享受的这种综合的(既是生物的、又是社会的)互相倾慕和交往之情"[2]。应当说,这个定义基础上是正确的。不是真正相爱的男女一起,是不可能产生这种"特别强烈的肉体和精神享受"的。

通过构建新的爱情婚姻生活方式,让世界上真正相爱的人生活在一起,绝不等于提倡爱情婚姻中的"杯水主义",即恋爱结婚如选购商品一样,"试试货色""尝一尝",随时可以扔掉,更不等于"纵欲主义",即放纵自己的动物性本能行为。在这方面,列宁作出过深刻的论述。俄国十月革命胜利后不久,列宁就废除沙皇时期的婚姻法,制定了新的婚姻法,宗旨是提倡婚姻自由,确保相爱的人能够生活在一起,据说当时的普通老百姓,听到沙皇时期的婚姻法被废除了,纷纷走出家门热烈庆祝。但与此同时,列宁针对当时苏联的实际情况,马上声明苏维埃政权主张婚姻自由,并不是提倡"纵欲主义"和"杯水主义"。他在与蔡特金的一次谈话中明确指出,"纵欲主义""杯水主

---

① H. Marcuse, *Ero and Civilization*, London: Routedge and Kegan Paul, 1956, p.183.

② [保]瓦西列夫:《情爱论》,赵永穆、范国恩、陈行慧译,生活·读书·新知三联书店,1984年,第5~6页。

义""同我们共产党人所理解的恋爱自由,毫无共同之处","你一定知道一个著名的理论,说在共产主义社会,满足性欲和爱情的需要,将像喝一杯水那样简单和平常。这种杯水主义已使我们的一部分青年人发狂了,完全发狂了。这对青年男女是个致命伤"。他还说:"自然,渴是要满足的。但难道正常环境下的正常的人会爬到街上去喝那里的脏水,或者从那沾有许多人的唇脂的脏杯子里喝水吗?"①列宁在这里对"杯水主义""纵欲主义"的批评,说明他尽管维护青年人的性权利,但他反对青年人对性爱和爱持一种放纵、随意的态度,并不是随便什么人都可以成为自己的性伙伴。列宁强调,如果青年人放任自己,在性爱中不讲"温情",不以感情为基础,那么这"不过是另一种形式的陈旧保守主义","只是苦行僧禁欲思想的绝对对立面而已","是一种反社会的、不能令人满足的生活"。②我们要构建的社会主义的爱情婚姻生活显然不是这样一种生活。

(七)我们究竟如何休闲

随着科学技术的发展,随着产业结构的调整,人的休闲时间在增多,所以休闲在人的生活中所占的地位在上升。闲暇时间的增多为我们建立新生活方式提供了广阔的空间和时间。闲暇生活是指在一定的社会历史条件下,人们在由其自由支配时间内的活动方式。在我们所要构建的真正属人的各种生活方式中,闲暇生活方式是最令人神往的,因为它才是属于自由支配时间内的活动方式。休闲是人从外在压力下解脱出来而获得一种相对自由的生活。被誉为西方"休闲学之父"的亚里士多德,曾在他的《政治学》中指出,"在一个政治修明的城邦中,必须大家都有'闲暇',不要因为日常生活所需而终身忙碌不已","个人和城邦都应具备操持闲暇的品德"。③马克思为我们构想的美好的生活方式,最高层次应当说就是闲暇生活方式。马克思主义理论体系的核心终极价值是个人的自由全面发展,它有两个内在逻辑基点:一是劳动,二是休闲。我们一定要深入领会马克思主义的休闲理论,并以此为精神

① 参见[美]威廉·赖希:《性革命》的附录《评威廉·赖希及其〈性革命〉》,陈学明等译,东方出版社,2010年,第299页。据译者说,翻译列宁的这段话时参阅了中译本蔡特金:《列宁印象记》(1924年1月),生活·读书·新知三联书店,1979年,第68~70页。

② 参见[美]威廉·赖希:《性革命》的附录《评威廉·赖希及其〈性革命〉》,陈学明等译,东方出版社,2010年,第300页。

③ [古希腊]亚里士多德:《政治学》,吴寿彭译,商务印书馆,1965年,第82、392页。

力量,构建我们理想的闲暇生活,只有我们不仅具有了自己的闲暇生活,而且赋予这一生活以文化含量,我们的生活才能说是真正美好的。

1.必须珍惜来之不易的休闲时间

对于闲暇生活方式,必须用历史唯物主义的观点来加以分析。按照历史唯物主义的观点,闲暇生活方式的出现是要具备一定的历史条件的,只有当社会生产力发展到一定的水平,才有可能出现闲暇生活方式。试想一下,当人们只有全力从事生产活动才能维持自己的生存之时,当生产活动吞没了人的整个生活活动状态,也就是说,当人们处于自然经济形态之下,他们还有时间去"闲暇"吗?怎么可能还有所谓的闲暇生活方式呢?那个时候,生产就是一切,生命活动就是生产,人类的全部活动就是维持生计的生产活动。只有随着生产力的发展,生产效率相应地提高了,才能缩短社会必要劳动时间;而只有随着社会必要劳动时间的缩短,人类才有可能实现从自然经济向商品经济的过渡;而只有随着从自然经济向商品经济的过渡,人类才会产生对人自由支配的闲暇时间和对闲暇活动的需求;而只有随着对人自由支配的闲暇时间和对闲暇活动的需求的产生,人类的闲暇活动方式才能应运而生。对于整个人类是如此,对于我们每个具体的个人来说也是这样。我们每个人,倘若还处于贫穷状态,必须整天劳作才能解决自己基本的生存所需要的物质生活资料,那么对他来说,就不可能有闲暇的生活方式。也就是说,只有首先解决了温饱问题,才有可能考虑如何度过自己的闲暇生活。

马克思研究"闲暇"总是同研究"时间"联系在一起的。马克思说,自由时间是"使个人得到充分发展的时间,而个人的充分发展又作为最大的生产力反作用于劳动生产力"①,"自由时间,可以支配的时间,就是财富本身:一部分用于消费产品,一部分用于从事自由活动,这种自由活动不像劳动那样是在必须实现的外在目的的压力下决定的,而这种外在目的的实现是自然的必然性,或者说社会义务——怎么说都行"②。马克思在这里论述了什么是自由时间。时间作为运动着的物质的一种存在方式,历来都会引起人们的关注。18世纪美国的发明家富兰克林说,时间就是生命。鲁迅也指出,生命是以时间为单位的,浪费别人的时间等于谋财害命,浪费自己的时间等于慢性自杀。③但是在我们所拥有的时间中,不是所有的时间都是闲暇时间,

---

① 《马克思恩格斯全集》(第46卷)(下),人民出版社,1980年,第225页。
② 《马克思恩格斯全集》(第26卷)(Ⅲ),人民出版社,1972年,第282页。
③ 参见王伟光等:《社会生活方式论》,江苏人民出版社,1988年,第171页。

只有自由时间才是闲暇时间。

自由时间亦即闲暇时间是使个人充分发展的时间。所谓自由时间关键在于"自由"两字,它首先意味着它是生活的主体可以按自己的意愿来支配自己的时间。自由时间的活动一般来说是在生产之外进行的。在生产中,人们必须按照必然性来行动。在生产的领域中,人们的行动一方面要受到客观必然性的制约,另一方面还要受到占有生产资料的人的意愿和目的的制约。在社会发展的一定阶段上,这两种制约是不可避免的。所以在生产发展的一定阶段上,生产活动不可能是一种自由活动。到了社会主义社会,尽管生产活动的时间已经包含了自由的性质,尽管生产活动为人的全面发展开辟了广阔的天地,但是生产活动仍然不可能完全是人的自觉自愿的活动,从事生产活动的时间还不可能是自由时间,只有到了共产主义社会,劳动成了人的第一需要,从事生产活动的时间与自由时间合而为一。这说明,在共产主义实现之前,我们总面临着一个如何在生产活动的时间之外争取更多的自由时间的问题。也就是说,我们将尽一切可能使用于满足自己生存需要的时间在整个生活中占得越来越少,而用于满足自己享受和发展需要的时间越来越多;使用于生产活动的时间越来越少,而用于闲暇活动的时间越来越多,而且即使在生产活动中也应使之包含着越来越多的自由成分。

在马克思那里,资本主义社会与未来的共产主义社会是截然有别的。马克思从各个角度论述了两者的区别,其中一个重要的区别就是自由时间的多少。也就是说,马克思在论述资本主义社会和未来的美好的共产主义社会的区别时,往往把自由时间的多寡作为一个重要的标志。与此相应,他在批判资本主义社会时,也把对工人的自由时间的剥夺作为一个重要内容。马克思的论述是清晰又富有说服力的:当工人的劳动时间是一个定额的时候,他的必要劳动时间和剩余劳动时间就是此消彼长的关系。工人的一部分劳动时间是"必要劳动时间",在"必要劳动时间"之外就是"剩余劳动时间",工人在"剩余劳动时间"里所创造的财富为资本家无偿占有,这些财富成了资本家自由时间和享受生活的物质基础,这里资本家所得到的正是工人所失去的。显然,无偿占有工人的剩余劳动成了资本家占有工人剩余价值的主要手段。资本家"无偿占有工人的剩余劳动"意味着什么?意味着对工人自由时间权利的侵犯,也就是说,意味着靠强力和饥饿纪律来剥夺工人享受自由时间和权利。马克思在这里对资本家占有工人创造的剩余价值的揭露和批判,实质上是对资本家侵犯工人的自由时间权利的揭露和批判,这正是马克思批判资本主义社会的深层意蕴之所在。当然,在资本主义制度下,实际上自由时间远没成为广大劳动者普遍享受的现实,在这种情况下,马克思能够做的就是从最内在的时间维度上对自由时间的合法性作最直接论证。马克思对"自由时间"的具体内容则只能作为资本主义制度的对立面、对照物或否定态中来隐喻,作为否定资本主义制度的成果来体认。在马克思的著作中,我们时常会看到像"自主自由劳动""联合劳动""剩余劳动"这样的概念,这些概念直接涉及的是劳动,但无疑它们已隐含着闲暇时间的意蕴,我们从这些概念中可以领略到"自由时间""闲暇时间"究竟是怎么回事。[①]

我们得承认,在中国特色社会主义新时代,我们已有了大把的闲暇时间。对此,我们每个人都有深切的体会。跟以前相比,我们用不着花那么多的时间进行单纯为了谋取生活资料的劳动,纯粹为了生产出人的物质生活资料的劳动时间日益减少,大量时间可被用作休闲。知晓了马克思和恩格斯关于"自由时间"的论述,我们深深感到今天有这么多的闲暇时间享用是多么来之不易。这说明,新时代的中国特色社会主义社会向共产主义的目标已越来越接近了。我们应当充分珍惜和享受这来之不易的闲暇时间,尽量地使自己通过休闲活动获取精神上美的享受和愉悦。

2.赋予休闲以文化含量

人整天劳作而没有休闲时间是可悲的,但有了休闲时间却使休闲丧失文化含量,即休闲根本没有情趣,那也是可悲的。一方面,我们要守住来之不易的休闲的机会;另一方面,要尽量使自己通过休闲活动获取美的享受和愉悦,这就是要赋予休闲以文化含量。闲暇活动主要是精神活动,就不能不涉及从事闲暇活动的主体自身的思想和文化素质。

在中国封建社会里,老百姓实在太劳碌了,根本谈不上什么休闲,所以休闲只是那些上层人物,特别是士大夫的事情,但他们还讲出了不少道理。这里用几个成语来反映:修身养性、闲情逸致、逍遥自在、怡然自得、优哉游哉。所以欧阳修有这么一句话:"金马玉堂三学士,清风明月两闲人。"这都是讲休闲的状态。中国的士大夫讲休闲,有一点给了我们很大的启示:它有文化含量。休闲不等于一般的逍遥、一般的发泄,不是一种感官的直接满足。所以中国的士大夫讲休闲,是跟作诗、画画、音乐、旅游、学习、打太极拳等联系在一起的。从《诗经》《楚辞》,到汉赋、唐诗、宋词、元曲、清代文人小品,直到衣食住行、诗词歌赋、琴棋书画,都是当时社会休闲文化的产物。这就是中国传统的休闲文化给我们留下的遗产:休闲是与文化联系在一起的。

---

① 参见刘晨晔:《解读马克思休闲思想的几个问题》,《自然辩证法研究》,2003年第6期。

我们看看当下的一些中国人。一般正常工作的人一个星期有两天休闲时间，而且一天劳动八个小时，剩下的时间也可以休息；有些人在工作岗位上连八个小时也不到，甚至他全部时间都在休闲。但他们是如何度过休闲时间的呢？非常可惜，他们采取了"反文化"的方式进行休闲。例如，许多人通过赌博的方式进行"休闲"。休闲一旦与"反文化"联系在一起，就不会给人以美的愉悦，不是在矫正人性，而是在迎合人的一种劣根性。我们不得不正视一个事实：当代休闲生活面临着人文精神的严重缺失。

　　这种休闲的"反文化"，或者说休闲的"异化"，不仅发生在当今的中国，实际上伴随着整个资本主义发展过程。早在1899年，美国经济学家凡勃伦出版了他的专著《有闲阶级论》，就是对当时美国的"有闲阶级"的奢华生活和"休闲反文化理念"的揭示。凡勃伦在这本书里提到，休闲是一种阶级的社会象征，是一种标志和社会制度，人们用它来区别上层阶级与广大劳动群众之间不同的生活方式。他还指出，在休闲过程中对奢侈品或是对休闲活动支付昂贵价格进行无节制的消费，是一种社会差别的象征，是有闲阶级带有社会优越感和阶级荣誉感的消费心理的表现。[①]应当承认，凡勃伦所说的这种休闲理念确实已经和正在产生着非常恶劣的影响。当然，凡勃伦是一个经济学家，他所能做的只是从经济学的角度来分析这种消费行为，我们应当进一步从人文的角度来看这种消费行为。从人文的角度来看这种消费行为必须借助于马克思的休闲观，而从马克思的休闲观来看，凡勃伦所说的这种休闲活动显然是一种严重背离休闲本义的休闲活动，当然是一种异化的休闲活动。实际上，资本主义将休闲理念奢侈化、庸俗化、盲目化、物质化，凡勃伦所说的这种休闲理念是由资本主义制度造就的资本主义的休闲理念。遗憾的是，这种资本主义的休闲理念正严重地影响着、侵蚀着当今的社会。这里仅举若干例证：

　　例一，把休闲行为等同于奢侈行为，这实际上是直接受到资本主义休闲理念影响的结果。在这样的休闲理念支配下，许多人竟然认为休闲只属于上层有钱人的事，对于普通的老百姓，由于口袋里没有钱，从而根本没有可能去休闲的，当休闲文化在中国刚刚起步的时候，我们常常看到不少人持有这样一种看法。

　　例二，有些人即使有时间和钱出去休闲了，但由于受到了资本主义休闲理念的影响，不是通过休闲陶冶情操，让自己身心舒适、健康向上，而是比花钱、比刺激。

---

　　① 　参见[美]凡勃伦：《有闲阶级论》，蔡受百译，商务印书馆，1964年。

例三，还有人竟然把休闲与懒惰联系在一起，难以分辨懒惰和休闲之间的区别，把"休闲行为"视为"懒惰行为"，这实际上也是资本主义休闲理念所带来的结果。我们不时地会看到一些和"闲"有关的词，如"闲人""游手好闲""闲言闲语"等，之所以把"闲"与这些词联系在一起，就是为了引导人们从贬义方面去理解"休闲"，让人们产生这样的印象："休闲"的关键在于"闲"，而与"闲"相应的就是"懒"。

例四，在资本主义休闲理念的影响下，还有一部分人根本不去思考自己究竟为什么要去休闲，往往是为了休闲而休闲的，从而出现了"跟风休闲"现象，别人去休闲了，也就盲目跟着去，在休闲中没有主动性和主导性。这种人在所谓的休闲活动中只是体会到了疲劳、花钱，至于休闲在精神层面对人的修复和完善作用，对于他们来说是完全茫然的。[①]

在这种情况下，我们确实需要深刻反思一下我们究竟为什么要休闲？休闲的本意究竟是什么？《现代汉语词典》对"休闲"如此定义：本义为（可耕地）闲着，一季或一年不种作物；引申义为余暇时的休息和娱乐。从休闲的本义我们可看出：种农作物的耕地需要一段时间休养，才能长出更好的庄稼来；人和地是一样的，也需要休息，需要身心的放松和休养，需要汲取更多的能量，才能创造出更多的物质和精神财富。英文中有句谚语："只工作不玩耍，聪明的孩子会变傻。"可见，休闲和劳动一样，都是人存在和发展的必然方式。[②]

马克思在《剩余价值理论》中这样说道：可以自由支配的时间，也就是真正的财富，这种时间不被直接生产劳动所吸收，而是用于娱乐和休息，从而为自由活动和发展开辟了广阔的天地。[③]马克思把休闲视为生命个体生存和发展的必然要求。显然，休闲一方面让人放松、消遣、休息、舒适；另一方面，真正的休闲不是让人沉迷于放松、放纵于享乐，而是一种压力的释放和力量的聚集，休闲的终极目标不是停留在休闲活动本身，而是为了更远大目标的实现和更高意义上的自我完善，正如马克思所说："个性得到自由发展，因此，并不是为了获得剩余劳动而缩减必要劳动时间，而是直接把社会必要劳动缩减到最低限度，那时，与此相适应，由于给所有的人腾出了时间和创造了手段，个人会在艺术、科学等等方面得到发展。"[④]我们一定要像马克思

---

① 上述对于休闲活动现状的一些分析，参见孙宁：《当代休闲文化的人文精神缺失与人本主义建构》，《社会科学家》，2013年第7期。

②③ 参见孙宁：《当代休闲文化的人文精神缺失与人本主义建构》，《社会科学家》，2013年第7期。

④ 《马克思恩格斯全集》（第46卷）（下），人民出版社，1980年，第218~219页。

所说的那样,赋予休闲以文化含量和人文价值,让休闲生活成为我们自由自觉的一种活动,让我们在这样一种活动中实现自己的自由全面的发展。

3.充分利用旅游给我们带来的愉悦

旅游、度假、观光是闲暇活动的重要组成部分。当快捷的旅游工具使人们花在去风景地的强制性时间消耗越来越缩短之时,顺理成章地,我们会把更多的闲暇时间花在旅游观光上。旅游在当今世界具有很大的民众性,旅游已从有闲阶层"飞入寻常百姓家",旅游观光已成了人们选择的一种主要的闲暇生活方式。

但问题还是在于,现在旅游观光给人们带来的愉悦和享受,离应当达到的水准还很远。休闲缺少文化含量这一点突出地表现在旅游观光这一闲暇活动上。我们去旅游,来到了风景区,但人在风景区,人在如画的环境中,你有没有做到了陶醉其中,充分享受呢? 许多人没有。旅游对于他们来说仅仅是消磨体力而已,没有提升自己的精神境界。旅游是具有文化涵养的人才能真正享受的。对于没有文化涵养的人,没有审美能力的人,旅游充其量是体育锻炼。

前几年,我和几个朋友在太湖边上旅游。我很喜欢太湖,太湖很美。当时是夕阳西下,太湖更是美丽极了。此时,太湖边上有条渔船在卖鱼。几个游客就跳到渔船上买鱼。一边买,一边抢,还和几个渔民发生了争吵,打起来了,很多人围观。我们看到后,就非常不理解。我们走上前去故意问那几位正在吵架的游客:"你们到这里来是干什么来的? 是买鱼来的? 还是打架来的? 还是来欣赏太湖风景的?"这几位游客一下子被我们问住了,不知怎么回答我们才好。事实上,由于这几位游客根本不具备欣赏自然风景的审美能力,所以即使到了风景如画的太湖边,他们关注的还是鱼,而太湖的风景进入不了他们的视野。旅游作为一种闲暇活动,是需要文化和审美的。

旅游观光同样需要马克思主义相关理论的指引。马克思主义的功能不仅仅在于可以指导我们认识世界、改造世界,还在于可以指导我们享受世界。马克思主义功能的拓展为旅游业的发展提供了基本的理论依据。人类享受世界需要有一定的载体,而旅游是人类享受世界的最佳载体。马克思主义不仅告诉我们旅游作为一种闲暇活动对我们的重要意义,而且还使我们知道究竟怎样做才能使这一闲暇活动给我们带来巨大的精神享受。

究竟怎么样正确地看待旅游? 这同样得求助于马克思主义的相关理论。按照马克思主义的相关理论来认识旅游,我们应着重把握以下三点:

首先,旅游是需要一定的物质条件作为保障的,而这些物质条件必须由人自身通过改造世界来加以创造。旅游作为一种综合性的社会活动当然是一种享受，但这种享受，无疑是建立在一定的物质基础之上的，这是人类对认识世界和改造世界物质成果的一种享受。

其次，旅游当然是一种物质享受，但如果我们只是把旅游当作一种物质享受那则是片面的，它更是一种精神享受。人们在旅游中会获取无穷的乐趣，这种乐趣主要是精神和心理方面的，如欣赏美景、亲近自然等都将给人们带来精神上的享受。旅游总能让人在浮躁中找到安静，在行走中品味快乐。我们旅游的目的往往主要是精神上的，即通过旅游领略大自然的优美风光，从中寻求一份心情上的愉快与轻松。正因为旅游能带来精神上的享受，所以尽管人们在旅游中消耗了大量的体力，但人们还是乐意去旅游，关键就在于，所有这些体力上的消耗和辛苦，与在精神上所获取的那份悠闲和惬意相比，太微不足道了。也正是因为旅游主要是一种精神享受，所以旅游是需要"品"的，即只有像欣赏小说或电影一样，来细细品味旅游，才能从旅游中获得精神上的愉悦。

最后，从精神享受的角度来认识旅游的内涵和意义，比仅仅把旅游的享受归结为物质享受当然是进了一步，但还没有完全把旅游的内涵和意义揭示出来。要真正认识旅游的内涵和意义，还必须把旅游与文化联系在一起，即把旅游视为一种文化享受和文化熏陶。按其本质，旅游活动是一种文化活动，旅游具有强烈的文化性。旅游总离不开旅游消费活动和旅游经营活动，无论是旅游消费活动还是旅游经营活动都离不开一定的文化。旅游者在旅游中，进入他们视野的不仅是大自然美好的风光，还有不同地方的文化、风俗和传统，有些旅游本身主要是参观名胜古迹，从这一意义上说，旅游的过程就是文化教育和文化熏陶的过程。再说，旅游往往是"成群结队"的，人们在旅游中可以进行人际交流。旅游为人们沟通心灵、增进友谊提供最好的场合和机会。人们面对大好的自然景色和灿烂的名胜古迹，边欣赏边交流，原先的"矛盾"和"烦恼"都置之脑后了。所以旅游在锻炼体魄与耐力，陶冶心灵和性情的同时，大大地缩短了人们之间的距离，它起到了非常重要的作用。[①]

只要我们认真地按照物质享受、精神享受、文化享受三者相融合的要求来组织和实施我们的旅游观光活动，我们就这一定能使这一活动成为我们人生中最愉悦的活动。

---

① 关于旅游的功能与作用的论述，参见范德华：《旅游的哲学理论基础探析》，《思想战线》，2012年第2期。

在所有的休闲旅游中,我们应当特别注重生态休闲旅游。"生态休闲旅游"是指与生态相关的、建立在保护环境和促进生态良性健康发展基础上的休闲旅游。生态休闲旅游当然也属于休闲旅游,但无疑它是一种高层次、高品位的休闲旅游方式,越来越成为时代发展的必需,它在所有休闲旅游方式中占有特殊的地位。人们在生态休闲旅游中,能够使自己所持有的生态行为规范、生态思维方式、天人合一的感情,以及关爱生命的伦理,都得以充分的展现。人们在生态休闲旅游中可以创建出一种生态文化的意境。人们正是通过这样的意境,达到个体身心和意志品德的全面完整的发展。生态休闲旅游具有一切休闲旅游所具有的特征,能够享受到一切休闲旅游所带来的享受与愉悦:人们身处生态风景区,往往是"此地无景胜有景",一种平和、宁静、舒心的意境油然而生,当人们进入这样的意境,那马上会获得精神上的愉悦。生态休闲旅游除了具有一切休闲旅游所具有的特征,能够使人享受到一切休闲旅游所带来的享受之外,它还具有自身的特征,还能够使人享受到更多的愉悦。关键在于,生态旅游除了具有"休闲性"之外还具有"生态性",它把"休闲性"与"生态性"紧密地结合在一起。人们在生态休闲旅游中,会特别注重对旅游对象的保护,特别注重由生态所带来的享受。人们在分享大自然带给我们的休闲快乐之时,还会有意识地去保护环境和维护生态的健康发展。旅游者一方面自觉地保护生态,另一方面又尽情地享用生态所带给我们的一切。可以预料,生态休闲旅游会逐步成为我们选择的主要休闲旅游方式。①

4.让学习成为一种闲暇的生活方式

闲暇的生活方式包括两个方面的内容:一是消遣性的娱乐活动,二是提高性的学习创造活动。②对学习的重要性人们或多或少都有所认识,但真正把学习提到作为生活方式,特别是作为闲暇生活方式的一项重要内容的高度来认识则是为数不多的。我们重建新的生活方式,就是要把学习纳入其中。只有包含着学习在内的生活方式,才能称得上是一种新的生活方式。

作为一种新的闲暇生活方式的学习,必然是要把学习的"谋生"的功利性与学习的"乐生"的价值性有机地结合一起,也就是说,必然要把学习作为"美好的生活"来体验。毫无疑问,我们将会把更多的时间花在学习上,随着

---

① 参见邓小艳:《生态休闲旅游开发的理论基础及其适用价值探析》,《社会科学家》,2005年第6期。

② 本节内容参见王雅林主编的《生活方式概论》有关章节,黑龙江人民出版社,1989年。

劳动时间的大大缩短，我们必然会把省下来的工作时间投入到学习之中。问题在于，为什么学习和怎样学习？我们之所以勤奋学习，当然首先是为了谋生。在知识更新如此快速的年代，一个人要想在新的工作环境中无丢职之虞，并获得好的职位，不通过刻苦学习提高自己的技能和知识素养，是断然不行的。在这种意义上，对学习者来说，学习具有一种外在于生活的强制性。但如果学习只是作为一种谋生的手段，那这种学习就不能说是已成了一种生活方式，特别是闲暇生活方式。问题在于，我们不能仅仅停留于此，我们一定要使学习活动更多地向个性发展的要求靠拢，使学习活动具有高雅和浪漫的情调，使学习活动不是成为一种负担而是成为一种娱乐。在这种情况下，由于学习不再仅仅与"谋生"联系在一起，而且又与"乐生"密不可分，即由于学习在更高、更新的层次上复归了作为"美好的生活"的闲暇本意，从而这种学习活动也不是外在于，而是内在于自己的生活活动了，人们从事这种学习活动也不是强制的，而是完全自觉的了。当然，在目前的中国，离这种学习的境界还有很大的差距，但我们一定要朝这一方面努力。

正规的学校教育，当然是学习的一个重要方面。但目前中国的正规教育，特别是高等教育，与作为一个新崛起的大国地位极不相称，同世界上教育真正发达的国家相比，也不占优。所以大力扩展中国的教育规模，特别是高等教育的规模，是当务之急。我们的学习活动还得依托于正规教育，只要我们的正规教育扩展了，我们的学习活动才能有一个坚实的基础。但必须指出的是，倘若我们把强化学习活动作为重建生活方式的一个抓手，那么搞好正规教育并不是我们所要做的工作的全部，甚至还不是工作的主干。

在我看来，如果我们真正要把学习引向一种作为闲暇活动的"美好的生活"，必须从以下两个方面作出努力：

其一，让学习不再局限于学校，而是要使每个工作单位、每个家庭都成为学校。我们要记住这一著名的拉丁格言："我们不是为学校而学，而是为生活而学。"电子产品的普及，为每个工作单位、每个家庭都成为学校创造了极为有利的条件。

其二，让学习不再局限于一个人的在校阶段，而是贯穿其一生。在传统的教育体制下，每个学校都把自己视为教育的终点，一个人一旦上完了足够的学期，教育过程即告完成。我们应该构建一个无终点的教育体制，让学习伴随每个人的一生。

让学习成为人们整个生活的重要内容和律令，成为人们的一种生活方式，这是千百年来人们的一个梦想，我们要让这一梦想在中国成为现实。外国人到时将会看到，一到休息日，许多中国人脚步匆匆奔向书店、图书馆和课堂，读书听演讲；一到夜晚，许多中国家庭或坐在电脑前，或围在一起举家学习，中国正在成为一个酷爱学习的国家，学习活动给中国人带来无穷的乐趣。

在古希腊、古罗马的哲人那里，学习本来就是同闲暇连在一起的，那既然闲暇即是"美好的生活"，能够发展人的智慧、思想和良知，那么学习同样是"美好的生活"，同样能够发展人的智慧、思想和良知。现在英语中的"学校"一词就是从希腊语的"Skole"和拉丁语"Schoia"中引申而来的，而这两个词的原意都是"闲暇"，闲暇正是生活方式的重要组成部分。但到了传统的工业社会，学习的性质似乎开始变化了，学习活动不再具备那么高雅和浪漫的情调，而是主要同谋生的考虑联系在一起，具有外在于人们生活的强制性。

在21世纪，我们一定要改变这种状况。我们完全有条件在更高的层次上复归学习活动作为"美好的生活"的闲暇本意，一定要让学习成为我们生活方式的有机组成部分。"即使在娱乐，也包含学习"，这是日本著名的管理学家土光敏夫的一句名言。他从最普遍意义上表述了娱乐的认识价值，认为娱乐也包含着学习的内容，娱乐也有学习的意蕴。土光敏夫所说的确实有其道理，真正的消遣娱乐活动必然是放松身心的活动，人们通过真正的消遣娱乐活动，必然会消除脑力劳动和体力劳动所带来的紧张，伴随这一过程的也必然是开发人的智能。对于娱乐活动能开发心智这一点，我们都是深有体会的。这在信息化时代，尤其突出。在信息化时代，电脑进入家庭，人们在电脑上做游戏，这一方面是一种娱乐活动，另一方面也能从中获得知识。但是在我们看来，对于娱乐与学习的关系，仅仅停留在土光敏夫所说的把娱乐作为学习还是不够的，我们还应当进入更高的境界，即应当把学习也视为娱乐。这就是要把土光敏夫的名言倒过来说："学习也将是娱乐。"这就是说，我们应当使学习成为一种娱乐，让人们在学习中体会到无穷的乐趣。现在利用电脑等高科技手段开发心智的学习活动已成为一种时尚，试问一下，何以会受到如此广泛的欢迎？难道仅仅是因为借此开发了人们的心智吗？显然不全是。关键在于，利用电脑等高科技手段开发心智的学习活动在开发心智的同时，也给人们带来了在其他场合很难体会到的愉悦。这种愉悦的内容是多方面的，既有人们通过学习体会到了获得新知识的快乐，也有通过学习品味到了创造新人生的满足，更有在这一过程中所呈现出来的奇妙和变幻莫测，这本身给我们带来了极大的乐趣。在新时代，那种"在娱乐中学习""在学习中娱乐"的新的闲暇生活方式，一定能够在中国的大地上出现。

5.自觉地通过闲暇活动来促进人的全面发展

人的全面发展是马克思和恩格斯针对资本主义生产对人的异化造成的人的畸形发展而提出的人的发展的理想状态的终极目标,并把它作为共产主义的本质特征。我们一定要自觉地把休闲与这一终极目标联系在一起,即自觉地通过闲暇活动来促进人的全面发展。

马克思和恩格斯不但提出了人的全面发展这一人的发展的终极目标,而且又把休闲的不断增加作为实现这一目标的重要途径。在马克思看来,要实现人的全面发展,就必须缩短劳动时间,增加休闲时间,即增加能使人的爱好、特长、兴趣充分自由发展的时间。他曾经这样说道:"自由王国只是由必需和外在目的规定要做的劳动终止的地方才开始",存在于"物质生产领域的彼岸"。因此,在物质生产领域,人的能力总是只能有限地发展,而在非物质生产领域,则能使人的能力得到充分自由和全面的发展。[1]站在今天的历史高度重读马克思的著作,对马克思关于人的自由全面发展进行再认识,我们无疑会受到一种启发,即从人的社会生活层面上看,人的全面自由和彻底解放有两个基点,那就是劳动和休闲。总的说来,一切人的自由和解放都存在于劳动和休闲之间,都是劳动和休闲合理配置的产物。有前者而无后者,人就不成其为人,而是"役畜";有后者而无前者,人也不成其为人,而是寄生虫。[2]著名休闲学家杰弗瑞•戈比在《21世纪的休闲与休闲服务》一书中提出,休闲是人们在外在压力下解脱出来的一种相对自由的生活。换句话说,休闲使人们在精神领域获得了自由和提高。休闲和人的全面发展有着密切的联系,这是不用争辩的事实。我们通过休闲,能促进自己的全面发展。而人只有把休闲与实现人的全面发展联系在一起,才能充分认识休闲的意义。

目前制约休闲促进人的全面发展的因素有很多。例如,从休闲主体看,不同人群之间的差距很大。一般来说,社会成员享有休闲时间的多少是由其能力的高低决定,即获取财富能力强的人休闲时间多,反之则少。但是在我国往往出现了相反的情况,即能者多劳,不能者闲。又如,从休闲内容看,存在着许多不健康现象。赌博、醉酒等不健康的娱乐活动,都会给社会造成不同程度的危害,并严重影响人的素质、能力的提高,不利于人的全面发展。

---

① 参见黄铁苗等:《发展休闲　促进人的全面发展》,《消费经济》,2004年第5期。

② 参见于桂芝:《劳动和休闲的哲学基础——马克思关于人的自由全面发展的再认识》,《社会科学战线》,2004年第4期。

再如,从休闲的方式看,存在被动、消极的现象。很多人在休闲时间里表现为"无意义损耗"状态,对休闲时间的利用程度很低。这种被动消极的休闲会使人丧失积极进取的斗志,束缚在无聊打发时间的困境之中,也不利于人的全面发展。还如,从休闲环境看,也有待改善。生活中流行的"穷山恶水出刁民",也反证出环境对人的修养的重要性。恶劣的自然环境吞噬着人们的休闲空间,降低人们的休闲质量。再如,从休闲时间看,也有待增加。就有关规定看,人们现阶段可以有三分之一的时间用于休闲,可实际上,一些人很难享受到这么多的休闲时间,即使享受到了,与发达工业国家相比仍有差距。[1]

由于存在着这么多的制约因素,所以当下我们的休闲离实现人的全面发展的要求确实差距很远。为了使我们的休闲真正走在实现人的全面发展的轨道上,就必须正视这些差距,努力克服这些制约因素。当前可以从以下五个方面着手:

其一,休闲要有一定的时间作为保证,而只有提高了劳动生产率才能增加休闲时间,所以围绕着休闲,当今首先要做的是提高劳动生产率,让人们"腾"出时间来进行休闲,从而为人的全面发展提供前提条件。马克思在谈到实现人的全面而自由的发展时指出:"自由王国只有建立在必然王国的基础上才能繁荣起来,工作日的缩短是根本的条件。"马克思还曾转述修鞋匠麦克库路赫的一个精彩的命题:"一个国家只有在……劳动6小时而不是劳动12小时的时候,才是真正富裕的。财富就是可以自由支配的时间,如此而已。"[2]按照马克思的观点,离开自由时间来谈论人的全面发展完全是侈谈。那么怎样才能缩短劳动时间,增加休闲时间呢?马克思也讲得十分清楚,那就是尽力提高劳动生产率。

其二,休闲需要有一定的相应的经济模式加以配套,这种经济模式可以简称为"休闲经济"。当今推进休闲所要做的主要工作就是大力发展"休闲经济"。发展"休闲经济"可以从扩展休闲内容、完善休闲设施、创造丰富多彩的休闲方式、营造优良的休闲环境入手。从经济学的角度表述,发展"休闲经济"实际上主要是发展休闲产业和扩大休闲消费。于光远认为:"争取有闲是生产的根本目的之一。这之一不是许许多多当中的一个,而是两个之中的一个,还有一个'之一'是消费生活资料。"[3]

---

① 关于对当今休闲的一些制约因素及如何克服它们的分析,参见黄铁苗等:《发展休闲　促进人的全面发展》,《消费经济》,2004年第5期。

② 《马克思恩格斯全集》(第26卷)(Ⅲ),人民出版社,1974年,第280页。

③ 转引自黄铁苗等:《发展休闲　促进人的全面发展》,《消费经济》,2004年第5期。

其三,休闲是建立在良好的生态环境的基础之上的,没有相应的良好的生态环境,人们的休闲就失去了空间,而没有了良好的生态环境这一休闲的"空间保证",那么人们即使有了时间去休闲,也将无处可去。良好的生态环境有利于人的身体健康,能使人精神舒畅,因此我们必须把休闲同资源的节约和环境的保护联系在一起。所以推进休闲必须要做的事情就是创建良好的生态环境。可以把与创建良好的生态环境结合在一起的休闲称为"绿色休闲"。发展绿色休闲的要旨就是在休闲中千方百计地保护好生态资源,把绿色休闲纳入建设资源节约型社会的大目标之中。

其四,如前所述,休闲实质上是一项文化活动,休闲之所以属于人类独有的行为,就在于它是以一定的文化为底蕴的。既然如此,我们在推进休闲的过程中务必在"文化"两个字上下功夫,努力为休闲提供文化和精神支持。在某种意义上,确实可以把休闲视为"玩",但必须明白,这不是一般的"玩",而是一种渗透着文化的"玩","休闲文化"满足人们"玩"的需要,是一种综合性的人的物质和精神的需要。组织休闲时在"文化"上做文章,就是要让休闲通过渗透、融合、凝聚、净化等多种形式影响人们的生活方式和生活质量。于光远说:"玩是人类基本需要之一,要玩得有文化,要研究玩的学术,要掌握玩的技术,要发展玩的艺术。"[①]

其五,休闲是需要学习的,"自发性"的休闲往往达不到休闲应有的目的,从而在组织和实施休闲时必须强化学习,即加强休闲教育,正确引导休闲。随着人们闲暇时间的日益增加,可以预见休闲将在中国的大地上大规模地展开。面对这样一种态势,当务之急是建立起一门系统的关于休闲的课程。让人们无论在休闲前、休闲中还是休闲后,都围绕着休闲进行系统的学习,对什么是休闲、休闲的意义何在,以及如何进行休闲这些问题都有较好的知识储备。休闲教育旨在让学习者通过学习,正确认识休闲和进行积极有益的休闲活动。这实际上也是对人们的休闲活动进行引导,真正让人们在休闲中获得舒畅的心理体验、饱满的精神状态和知识上的充实,从而实现人的全面发展。

---

① 转引自黄铁苗等:《发展休闲 促进人的全面发展》,《消费经济》,2004年第5期。

参考文献

（一）著作类

1.《马克思恩格斯全集》（第1卷），人民出版社，1956年。

2.《马克思恩格斯全集》（第2卷），人民出版社，1972年。

3.《马克思恩格斯全集》（第3卷），人民出版社，1960年。

4.《马克思恩格斯全集》（第4卷），人民出版社，1972年。

5.《马克思恩格斯全集》（第12卷），人民出版社，1962年。

6.《马克思恩格斯全集》（第19卷），人民出版社，1963年。

7.《马克思恩格斯全集》（第23卷），人民出版社，1972年。

8.《马克思恩格斯全集》（第30卷），人民出版社，1974年。

9.《马克思恩格斯全集》（第40卷），人民出版社，1982年。

10.《马克思恩格斯全集》（第42卷），人民出版社，1979年。

11.《马克思恩格斯全集》（第46卷）（下册），人民出版社，1980年。

12.《马克思恩格斯选集》（第一~四卷），人民出版社，1995年。

13.《马克思恩格斯文集》（第一~十卷），人民出版社，2009年。

14. 马克思：《1844年经济学哲学手稿》，人民出版社，2000年。

15. 马克思：《资本论》（第一卷），人民出版社，1975年。

16. 马克思、恩格斯：《德意志意识形态》（节选本），人民出版社，2003年。

17. 恩格斯：《自然辩证法》，人民出版社，1984年。

18.《列宁选集》（第二、三卷），人民出版社，1972年。

19.《列宁专题文集·论马克思主义》，人民出版社，2009年。

20.《列宁专题文集·论无产阶级政党》，人民出版社，2009年。

21.《列宁专题文集·论资本主义》，人民出版社，2009年。

22.《列宁专题文集·论辩证唯物主义与历史唯物主义》，人民出版社，

2009年。

23.《毛泽东选集》(第一卷),人民出版社,1991年。

24.《毛泽东文集》(第二卷),人民出版社,1993年。

25.《邓小平文选》(第二卷),人民出版社,1994年。

26.《邓小平文选》(第三卷),人民出版社,1993年。

27.《十七大以来重要文献选编》(下),中央文献出版社,2013年。

28.《十八大以来重要文献选编》(上),中央文献出版社,2014年。

29.《习近平总书记系列重要讲话读本》,学习出版社、人民出版社,2016年。

30.习近平:《决胜全面建设小康社会 夺取新时代中国特色社会主义伟大胜利——在中国共产党第十九次全国代表大会上的报告》,人民出版社,2017年。

31.习近平:《在文艺工作座谈会上的讲话》,人民出版社,2014年。

32.习近平:《在哲学社会科学工作座谈会上的讲话》,人民出版社,2016年。

33.[德]伽达默尔:《哲学解释学》,夏振平、宋建平译,上海译文出版社,1994年。

34.[德]海因里希·格姆克夫:《恩格斯传》,易廷镇、侯焕亮译,生活·读书·新知三联书店,1980年。

35.[德]海因里希·格姆克夫等:《马克思传》,易廷镇、侯焕亮译,生活·读书·新知三联书店,1978年。

36.[德]黑格尔:《小逻辑》,贺麟译,商务印书馆,2007年。

37.[德]康德:《实践理性批判》,韩水法译,商务印书馆,1999年。

38.[德]柯尔施:《马克思主义和哲学》,王南湜、宋新海译,张峰校,重庆出版社,1993年。

39.[德]马克斯·韦伯:《社会科学方法论》,朱红文等译,中国人民大学出版社,1992年。

40.[德]玛丽安妮·韦伯:《马克斯·韦伯传》,阎克文、王利平、姚中秋译,江苏人民出版社,2002年。

41.[法]保尔·拉法格:《回忆马克思恩格斯》,马集译,人民出版社,1973年。

42.[法]弗雷德里克·勒诺瓦:《幸福,一次哲学之旅》,袁一筱译,南海出版公司,2015年。

43.[法]托克维尔:《论美国的民主》(下册),董果良译,商务印书馆,1991年。

44.[古希腊]亚里士多德:《政治学》,吴寿彭译,商务印书馆,1983年。

45.[美]宾克莱:《理想的冲突》,马元德等译,商务印书馆,1983年。

46.[美]凡勃伦:《有闲阶级论》,蔡受百译,商务印书馆,1964年。

47.[美]列奥·施特劳斯:《自然权利与历史》,彭刚译,生活·读书·新知三联书店,2003年。

48.[匈]卢卡奇:《历史与阶级意识》,杜章智等译,商务印书馆,1999年。

49.[印度]泰戈尔:《人生的亲证》,宫静译,商务印书馆,1992年。

50.[英]伯特兰·罗素:《伦理学和政治学中的人类社会》,肖巍译,中国社会科学出版社,1992年。

51.[英]戴维·麦克莱伦:《马克思传》,王珍译,中国人民大学出版社,2006年。

52.蔡尚思:《中国现代思想史简编》(第二卷),浙江人民出版社,1982年。

53.陈学明:《和中学生谈马克思主义》,辽宁教育出版社,1992年。

54.杜任之主编:《现代西方著名哲学家述评》,生活·读书·新知三联书店,1983年。

55.冯平:《评价论》,东方出版社,1995年。

56.复旦大学哲学系现代西方哲学研究室编译:《西方学者论〈一八四四年经济学—哲学手稿〉》,复旦大学出版社,1983年。

57.高建德主编:《马克思主义哲学方法论》,中国政法大学出版社,1992年。

58.何畏等:《生活方式研究——大众交往与爱情生活》,甘肃人民出版社,1990年。

59.贺麟:《文化与人生》,商务印书馆,1988年。

60.李真等:《当代中国生活方式》,东南大学出版社,1997年。

61.林方主编:《人的潜能和价值》,华夏出版社,1987年。

62.刘济良:《生命教育论》,中国社会科学出版社,2005年。

63.刘建军:《马克思主义信仰论》,中国人民大学出版社,1998年。

64.马俊峰:《马克思主义价值理论研究》,北京师范大学出版社,2012年。

65.倪志安等:《马克思主义哲学方法论研究》,人民出版社,2007年。

66.钱穆:《中国文化史导论》,商务印书馆,1994年。

67.孙显元:《马克思主义科学方法论》,人民出版社,1993年。

68.王伟光等:《社会生活方式论》,江苏人民出版社,1988年。

69.肖前等编:《辩证唯物主义原理》,人民出版社,1981年。

70.俞吾金、陈学明:《国外马克思主义哲学流派》,复旦大学出版社,

1990年。

71.周辅成:《西方伦理学名著选辑》(下卷),商务印书馆,1987年。

(二)文章类

1.习近平:《坚持历史唯物主义不断开辟中国马克思主义发展新境界》,《求是》,2020年第2期。

2.习近平:《在纪念邓小平同志诞辰110周年座谈会上的讲话》,《人民日报》,2014年8月21日。

3.习近平:《在纪念五四运动100周年大会上的讲话》,《人民日报》,2019年5月1日。

4.蔡潇等:《马克思主义发展史上的列宁帝国主义论——纪念列宁〈帝国主义是资本主义发展的最高阶段〉诞生100周年》,《南京政治学院学报》,2016年第4期。

5.陈新汉:《评价论研究的新进展》,《哲学动态》,1999年第12期。

6.陈玉君:《继承与超越:马克思价值理论与西方价值理论的关系》,《学术论坛》,2012年第12期。

7.邓如辛:《以人为本:马克思主义理论的价值取向》,《理论探讨》,2009年第6期。

8.邓小艳:《生态休闲旅游开发的理论基础及其适用价值探析》,《社会科学家》,2005年第6期。

9.范德华:《旅游的哲学理论基础探析》,《思想战线》,2012年第2期。

10.郭凤志:《人性:社会塑造与主体性选择的统一》,《东北师大学报》,2001年第6期。

11.郭星华:《也谈价值中立》,《江苏社会科学》,2000年第6期。

12.何卫平:《回到作为理想和信念的家园——马克思主义哲学》,《人文杂志》,2000年第6期。

13.贺方彬:《革命理想主义——马克思主义的理想的结构性分析》,《井冈山学院学报》(哲学社会科学),2009年第9期。

14.贺善侃:《马克思主义价值哲学:理论价值和实践价值的统一》,《上海师范大学学报》(哲学社会科学版),2014年第6期。

15.侯惠勤:《当代中国信仰问题的出路是坚定马克思主义信仰》,《思想政治工作研究》,2011年第4期。

16. 胡素清：《论马克思主义在我国信仰体系中的主导地位》，《社会科学战线》，2011年第12期。

17. 贾鹏飞：《关于马克思主义信仰大众化的几点思考——基于布洛赫希望哲学的视角》，《思想政治教育研究》，2015年第1期。

18. 焦佩锋：《马克思"价值哲学"的性质及其原则性启示》，《学习与探索》，2015年第4期。

19. 荆品娥：《理想的本质内涵探讨》，《河南师范大学学报》（哲学社会科学版），2004年第5期。

20. 荆学民：《社会哲学视野：信仰的两大类型及其关系》，《求是学刊》，2004年第1期。

21. 荆学民等：《论信仰价值的结构》，《天津社会科学》，1999年第5期。

22. 黎昔柒：《事实与价值的辩证统一：马克思的研究方法探析》，《湖南社会科学》，2018年第6期。

23. 李佃来：《马克思主义哲学的三次方法论变革及其意义》，《社会科学战线》，2017年第1期。

24. 李金锴：《简述事实判断与价值判断的区别与联系》，《华北水利水电学院学报》（社科版），2013年第3期。

25. 刘建军：《论马克思主义信仰的基本内容和主要结构》，《思想理论教育》，2013年第2期。

26. 刘建军：《论中国共产党人的信仰家园》，《河海大学学报》（哲学社会科学版），2014年第1期。

27. 刘建军：《习近平理想信念论述的历史梳理与理论阐释》，《河海大学学报》（哲学社会科学版），2015年第3期。

28. 刘建伟：《作为信仰的马克思主义》，《求实》，2013年第9期。

29. 鲁克俭：《论马克思研究方法从思辨到实证的转向》，《中国人民大学学报》，1999年第3期。

30. 吕其庆：《不忘革命传统　坚定理想信念》，《红旗文稿》，2016年第9期。

31. 罗成富：《论马克思主义立场观点方法整体性特征的主要表现及其意义》，《求实》，2010年第11期。

32. 秦维红：《马克思主义信仰与宗教信仰的关系辨析》，《北京行政学院学报》，2013年第5期。

33. 邱卫东等：《列宁帝国主义论的时代困境：历史根源及当代启示》，《当代世界与社会主义》，2016年第3期。

34. 商戈令：《道德价值判断及其标准》，《学术月刊》，1985年第11期。

35. 商逾：《马克思历史决定论新释：历史尺度与价值尺度的相互转换》，《山东大学学报》，2004年第5期。

36. 宋希仁：《唯物史观视界下的"利己主义"与"自我牺牲"》，《中国矿业大学学报》，2004年第2期。

37. 宋杨：《马克思恩格斯分配伦理思想的价值取向及启示》，《道德与文明》，2018年第1期。

38. 孙宁：《当代休闲文化的人文精神缺失与人本主义建构》，《社会科学家》，2013年第7期。

39. 孙喜香等：《中国特色社会主义道路的共产主义之维》，《西南大学学报》，2018年第7期。

40. 汪信砚：《马克思主义哲学与价值哲学》，《社会科学辑刊》，2004年第2期。

41. 王小章：《从韦伯的"价值中立"到哈贝马斯的"交往理性"》，《哲学研究》，2008年第6期。

42. 王亚珍：《价值与实践关系的历史轨迹——重思马克思哲学的性质》，《华侨大学学报》（哲学社会科学版），2012年第1期。

43. 魏佳：《共产主义远大理想：新时代中国特色社会主义的鲜明特征》，《中国社会科学院研究生院学报》，2018年第2期。

44. 吴向东：《论价值观的形成与选择》，《哲学研究》，2008年第5期。

45. 徐斌：《论坚定马克思主义信仰》，《马克思主义研究》，2013年第3期。

46. 杨松：《马克思主义实践观的视角："事实"何以推出"价值"》，《中国人民大学学报》，2018年第3期。

47. 杨昳婧等：《马克思主义信仰的哲学沉思》，《理论月刊》，2013年第11期。

48. 曾俊：《马克思伦理思想立足点的转换》，《山东社会科学》，2018年第6期。

49. 张雷声：《从世界观、方法论相统一角度研究马克思主义基本原理整体性》，《马克思主义研究》，2012年第4期。

50. 张轩等：《马克思主义信仰及其构筑》，《科学与无神论》，2019年第6期。

51. 兆戈：《理想概念内涵的探析》，《上海社会科学院学术季刊》，1989年第4期。

52. 赵磊：《马克思主义政治经济学创新与发展的方法论逻辑》，《当代经济研究》，2018年第3期。

53.郑敬斌：《怎样认识马克思主义信仰与宗教信仰的关系》，《思想理论教育导刊》，2016年第3期。

54.邹佰峰等：《马克思恩格斯关于价值认识的基本逻辑》，《理论视野》，2019年第6期。

55.左亚文：《信仰与人生根本问题》，《华中师范大学学报》（人文社会科学版），2015年第6期。

后　记

这一著作的初稿，我完成于 2021 年的春夏之交。交给出版社以后，他们马上建议我将这一著作压缩至 15 万字左右，先推出一个通俗版本。于是，我根据他们的建议，按照通俗化的要求作了删改，将 30 多万字的书稿缩减了一半。他们则加班加点，在 2021 年 6 月出版了作为本书通俗版本的《马克思主义与我》一书。

本书申请并成功入选国家社会科学基金后期资助的重点项目（批准号：20FKSA002）。由于申报成功后，还要经过结项等一系列复杂的程序，所以本书的正式出版拖到了现在。

出版社把本书称为学术版本。确实，本书与《马克思主义与我》相比较有很大的区别，除了本书的字数是《马克思主义与我》的两倍以外，似乎还更具有一些学术味。

长期以来，我一直致力于研究马克思主义的当代价值，而且主要是从宏观的角度加以探讨，即探讨马克思主义对我们这个世界，对我们的国家、民族的意义。至于最近几年我何以转至着重从微观的角度研究马克思主义的价值，即着重探讨马克思主义对促进我们个人的成长，对提高我们个人的素质、底气、核心竞争力的意义，我在本书的"序论"中已加以论述，这里就不再赘述了。

这里，有两点必须说明一下：

其一，我从四个方面论述马克思主义对我们个人成长的意义。我发现，实际上在国内学术界对每一个方面都已有非常深入的研究，并有一系列现成的学术成果。我大量吸收了这些成果，直接大段地引用这些成果的原文。对这些原文，尽管我有时没有用引号标出，但也——注明了出处。可以说，没有学术界这些现成的学术成果，我是不可能在很短的时间内完成本书的写作的。

其二，在本书的写作过程中，有四位学者一直帮助我收集相关资料供我阅读参考。他们是上海财经大学的姜国敏、安徽师范大学的单传友、复旦大学的李健、东北师范大学的韩秋红。可以说,没有他们的协助,我同样无法顺利地撰写这一著作。

上述两点,我在《马克思主义与我》一书的"后记"中已作交代,我认为有必要在这里重复一下。

最后,还应衷心感谢出版社的领导与编辑们。没有他们,就没有《马克思主义当代价值的微观研究》。他们常常说,作者是他们的"衣食父母",但我更深切地感受到应当倒过来,他们才是我们这些作者的"衣食父母"。

这一著作的写作总的来说比较仓促,其中不当甚至错误之处肯定不少,敬请读者批评指正。

陈学明

2022 年 3 月 15 日